Investment Bank

投資銀行學

趙洪江 ● 編著

（第二版）

財經錢線

第二版前言

第二版基本保持了第一版的章節結構和內容特點：①註重投行業務板塊的理論介紹；②註重內容的實用性、時效性和趣味性；③註重投資銀行的中國背景；④註重知識內容的拓展。在以上基礎上，第二版更新主要體現在以下幾個方面：

（1）增加了投資銀行技術環境的介紹，在後續具體業務環節，增加了金融科技對投行業務影響的介紹。比如在第二章介紹了互聯網、移動互聯網、大數據、雲計算、人工智能、區塊鏈等現代信息技術對金融市場及投資業務的影響。第六章具體介紹了金融科技支持下的資產管理業務。

（2）對部分資料性內容進行了更新。大部分資料更新到2016年，部分資料更新到2017年。這些更新資料包括國內外投行在收入上的對比、證券公司與商業銀行對比、全球交易所發展趨勢等。在債券承銷業務部分，更新了債券承銷案例。在第五章更新了併購案例。

（3）對部分知識點、小資料內容進行了擴充。比如在第二章投資銀行經營環境部分增加了Q版、E版、N版、P2P、股權眾籌、新的《證券法》修改方向的介紹。在投資銀行經紀業務部分，增加了國金證券投顧寶、九州證券經紀寶等案例的介紹。在信用業務方面，增加了買空賣空業務保證金計算的內容。在投行承銷業務部分，增加了我國IPO暫停及發行制度最新修訂內容的介紹、增加了全國中小企業股份轉讓系統上市條件的介紹。

本書的讀者對象是：證券公司、商業銀行、信託公司、基金管理公司、VC/PE等金融機構的中高級管理人員和實務人員，各類實業企業的中高級管理人員和財務人員，大學本科高年級學生以及其他對投資銀行理論和實務感興趣的人員。

在再版過程中，重慶大學張國宏博士、電子科技大學餘運、李霞、李雨薇碩士在資料收集方面做出了重要的工作。

感謝出版過程中相關工作人員的努力，感謝汪涌波編輯的組稿工作。特別感謝高小田責任編輯熱情而細緻的工作，她謙遜優雅的作風使溝通過程十分順暢。由於編者水平學識有限，文中的錯誤和不當之處在所難免，懇請廣大讀者和同仁批評指正。

趙洪江

前言

目前,市場上有關投資銀行學的教材版本較多,但總體質量並不令人滿意。存在的問題主要表現爲:

(1) 内容結構相似,存在低水平重複傾向;

(2) 投資銀行業務及管理缺乏深層次的理論背景介紹。

本教材的創新主要體現在以下幾個方面:

一、註重文獻整理和理論介紹。比如第一章對投資銀行與投資銀行業務的概念進行了澄清;第三章在展開經紀業務之前介紹了證券交易基本原理;第四章在介紹證券承銷業務之前回顧了企業證券發行所面臨的問題及相關理論;第五章在介紹併購業務之前回顧了併購相關理論;第九章在介紹金融工程業務之前回顧了金融工程的概念及理論;第十一章在介紹風險管理業務之前介紹了風險管理基本理論;此外在第十二章、十三章、十五章,分別介紹了組織理論、社會責任理論、監管理論。

二、註重内容和案例的時效性。比如第一章在投資銀行概述中增加了我國投資銀行現狀的介紹;第三章在二級市場業務中增加了代辦股份轉讓業務、融資融券業務、期貨介紹業務(IB)内容的介紹;第四章在證券承銷業務中增加了保薦業務的介紹;第六章在資產管理業務中增加了另類資產(Alternative Assets)管理業務的介紹;第七章在證券研究業務中增加了利益衝突與道德風險的内容;第八章在自營業務與直投業務中增加了直投業務的介紹。在大的章節結構方面,增加了第二章投資銀行經營環境、第十三章投資銀行社會責任、聲譽與誠信問題方面的内容。特別是十三章,其主題直接源於美國次貸危機後,對投資銀行道德風險和社會責任的考量。此外,各章節中的絕大部分案例和資料均直接來源於近兩年相關財經新聞、上市公司的公開披露等信息渠道,並在此基礎上經整理而成。

三、註重投資銀行的中國背景。比如在第一章中以工商銀行與中信證券的差異來比較商業銀行與投資銀行的差別,此外第二章中的代辦股份轉讓業務、期貨介紹業務、第八章的券商直投業務、第十二章投資銀行的治理結構和組織結構、第十四章銀行自身的風險管理、第十五章投資銀行的監管模式和監管等内容均以中國的實際情況爲教學背景。

四、註重教學内容的拓展性。在每個章節增加了拓展閱讀的環節,通過列示一些經典的文獻,方便於有興趣的讀者進一步深入瞭解該章所涉及的内容。

此外,相對於其他教材,本教材在很多章節後面的練習題部分中設置了計算題的内容,比如在第三章~第六章、第八章、第十章分別設計了與該章投資銀行業務相關的計算题，從而有利於讀者加深對投資銀行業務的認識。

投資銀行學的教材難以編寫，其難處在於：如果過多地強調投資銀行業務細節，則勢必造成公司金融和投資學教學內容的簡單重複；如果過多地強調投資銀行作爲一個金融企業管理方面的問題，則投資銀行學變成了投資銀行角度的企業管理學，致使其具體的業務特徵難以呈現。如何平衡這兩者的關係，使投資銀行學在學科和課程知識方面具有自己的特色和不可替代性，這是編寫此教材的重點和難點所在。

趙洪江

目錄

第一章　投資銀行概述　　/ 1
　學習目標　　/ 1
　學習內容　　/ 1
　第一節　投資銀行的概念　　/ 2
　第二節　投資銀行業務範圍　　/ 8
　第三節　投資銀行分類　　/ 13
　第四節　西方投資銀行發展歷程　　/ 15
　第五節　我國投資銀行現狀　　/ 19
　本章小結　　/ 23
　拓展閱讀　　/ 23
　思考題　　/ 24

第二章　投資銀行經營環境　　/ 25
　學習目標　　/ 25
　學習內容　　/ 25
　第一節　金融體系結構與投資銀行業務機會　　/ 25
　第二節　金融市場類型與投資銀行業務機會　　/ 26
　第三節　證券市場層次與投資銀行業務機會　　/ 30
　第四節　投資銀行所面臨的法律法規環境　　/ 38
　第五節　投資銀行面臨的技術環境　　/ 41
　本章小結　　/ 43
　拓展閱讀　　/ 43
　思考題　　/ 44

第三章　投資銀行二級市場業務　　/ 45
　學習目標　　/ 45
　學習內容　　/ 45
　第一節　證券交易基本原理　　/ 45

第二節　證券經紀業務　/ 47

第三節　做市商業務　/ 52

第四節　代辦股份轉讓業務　/ 55

第五節　融資融券業務　/ 57

第六節　期貨介紹業務　/ 59

本章小結　/ 61

拓展閱讀　/ 62

思考題　/ 62

第四章　投資銀行證券承銷業務　/ 63

學習目標　/ 63

學習內容　/ 63

第一節　企業證券發行所面臨的問題及理論　/ 64

第二節　股票發行管理制度　/ 72

第三節　股票發行過程　/ 76

第四節　證券承銷業務概念及盈利模式　/ 85

第五節　股票承銷業務過程中的技術問題　/ 88

第六節　投資銀行保薦業務　/ 102

第七節　投資銀行債券承銷業務　/ 103

本章小結　/ 109

拓展閱讀　/ 109

思考題　/ 111

第五章　投資銀行併購業務　/ 113

學習目標　/ 113

學習內容　/ 113

第一節　公司重組的形式與併購類型　/ 114

第二節　併購相關理論　/ 117

第三節　投資銀行併購業務概念及內容　/ 120

第四節　企業併購的操作程序　/ 122

第五節　併購交易過程技術細節　/ 125

本章小結　/ 132

拓展閱讀　/ 132

思考題　/ 133

第六章　投資銀行資產管理業務　　／135

學習目標　／135
學習內容　／135
第一節　資產管理業務的概念　／135
第二節　資產管理業務運作過程　／140
第三節　資產管理業務投資過程　／144
第四節　另類資產管理業務　／150
第五節　金融科技支持下的資產管理業務　／159
本章小結　／162
拓展閱讀　／162
思考題　／163

第七章　投資銀行證券研究業務　　／164

學習目標　／164
學習內容　／164
第一節　證券研究業務的概念　／165
第二節　證券研究業務內容和方法　／167
第三節　證券研究能力　／177
第四節　證券研究業務利益衝突與道德風險　／180
本章小結　／183
拓展閱讀　／183
思考題　／184

第八章　投資銀行自營業務與直投業務　　／185

學習目標　／185
學習內容　／185
第一節　自營業務內涵及盈利模式　／185
第二節　自營商的投機交易　／187
第三節　自營商的套利交易　／190
第四節　券商直投業務概念及盈利模式　／191
第五節　券商直投業務規範及道德風險控制　／192
本章小結　／195
拓展閱讀　／195

思考題　　/ 196

第九章　金融工程業務之證券設計　　/ 197

學習目標　　/ 197
學習內容　　/ 197
第一節　金融工程概述　　/ 197
第二節　金融工程工具　　/ 202
第二節　衍生工具的定價　　/ 205
第四節　證券設計　　/ 214
本章小結　　/ 224
拓展閱讀　　/ 225
思考題　　/ 225

第十章　金融工程業務之資產證券化業務　　/ 226

學習目標　　/ 226
學習內容　　/ 226
第一節　資產證券化和資產證券化業務概念　　/ 227
第二節　資產證券化運作過程　　/ 228
第三節　住房抵押貸款支持證券　　/ 232
第四節　其他資產證券化形式　　/ 238
本章小結　　/ 243
拓展閱讀　　/ 243
思考題　　/ 243

第十一章　金融工程業務之風險管理業務　　/ 245

學習目標　　/ 245
學習內容　　/ 245
第一節　風險管理概論　　/ 245
第二節　利用遠期合約進行風險管理　　/ 247
第三節　利用期貨合約進行風險管理　　/ 248
第四節　利用期權合約進行風險管理　　/ 250
第五節　利用互換合約進行風險管理　　/ 252
本章小結　　/ 256
拓展閱讀　　/ 257

思考題　　　/ 257

第十二章　投資銀行組織形式、治理結構與組織結構　/ 258
學習目標　　/ 258
學習內容　　/ 258
第一節　投資銀行組織形式　/ 258
第二節　投資銀行治理結構　/ 263
第三節　投資銀行組織結構　/ 268
本章小結　　/ 277
拓展閱讀　　/ 278
思考題　　　/ 278

第十三章　投資銀行社會責任、聲譽與誠信問題　/ 279
學習目標　　/ 279
學習內容　　/ 279
第一節　投資銀行社會責任　/ 279
第二節　投資銀行聲譽及誠信問題　/ 287
本章小結　　/ 292
拓展閱讀　　/ 292
思考題　　　/ 292

第十四章　投資銀行自身風險管理　/ 293
學習目標　　/ 293
學習內容　　/ 293
第一節　投資銀行面臨的風險種類　/ 293
第二節　風險管理組織架構　/ 295
第三節　風險管理運行體系　/ 297
第四節　主要風險的監控和管理　/ 299
本章小結　　/ 303
拓展閱讀　　/ 303
思考題　　　/ 303

第十五章　投資銀行業的監管　/ 304
學習目標　　/ 304

學習內容　　／304
第一節　監管理論　　／304
第二節　投資銀行監管模式　　／306
第三節　投資銀行監管內容　　／308
本章小結　　／310
拓展閱讀　　／311
思考題　　／311

第一章　投資銀行概述

學習目標

掌握投資銀行的概念、特點、投資銀行業務範圍、投資銀行分類,瞭解投資銀行的發展歷程及我國投資銀行的現狀。

學習內容

- 投資銀行的概念
- 投資銀行與商業銀行的區別
- 投資銀行的業務範圍
- 投資銀行的類型
- 投資銀行的發展歷程
- 我國投資銀行的發展現狀

作為一類金融機構,投資銀行起源於歐洲,在西方國家經歷了幾百年的發展。投資銀行業雖然發端於歐洲,但狀大於美國。1792年5月,美國華爾街的24位經紀商簽訂了具有歷史意義的《梧桐樹協議》,1863年紐約證券交易所成立。美國投資銀行誕生於紐約證券交易所,1933年《格拉斯—斯蒂格爾法》將投資銀行與商業銀行分離開來,使投資銀行成為一種獨立的金融業態。在次貸危機發生之前,以高盛、美林、摩根斯坦利、雷曼兄弟等為代表的美國投資銀行業十分發達,為美國經濟的繁榮作出了重要的貢獻。次貸危機之後,美國投資銀行業雖然受到一定衝擊,但仍保持世界領先地位。

第一節　投資銀行的概念

一、投資銀行的定義

投資銀行是現代金融體系中與商業銀行、保險公司等金融中介相平行，具有特定業務範圍和功能的金融機構。在不同國家，投資銀行有不同的稱謂，在美國被稱爲投資銀行（Investment Bank）；在英國，投資銀行主要指商人銀行（Merchant Bank）；而在我國和日本，具有投資銀行功能的金融機構被稱爲證券公司（Security Firm）。

投資銀行區別於其他金融機構的地方主要在於其業務範圍與經濟作用不一樣，在金融體系中體現了不同的分工。當然，這種分工既可能是市場競爭自然演化的結果，也可能源於政府的強製作用。由於不同學者對投資銀行業務範圍和經濟作用的理解不盡相同，因此投資銀行定義存在多個版本。

博迪等《金融學》（2011 年影印版）教材認爲投資銀行是幫助企業、政府和其他主體發行證券籌集資金，或者推進、發起併購的企業。[①]

在馬杜拉《金融市場與金融機構》（2010 年第 8 版）教材的概念體系中，投資銀行是從事投資銀行業務的一類證券公司，即投資銀行是從事證券承銷，並爲公司槓桿收購、套利活動、重組活動提供諮詢和融資服務的證券公司。[②]

米什金和埃金斯《金融市場與金融機構》教材（2008 年第 5 版）認爲：投資銀行是區別於股票經紀人和經銷商的金融中介，在股票和債券承銷、併購領域、做市商、公司買賣的中介人以及富人的私人經紀人方面發揮關鍵的作用。[③]

以上定義均強調了投資銀行在證券承銷和併購方面的作用，反應了承銷業務和併購業務是投資銀行本源業務這一事實，是區別於其他金融機構的重要標誌。

與投資銀行緊密相關的是投資銀行業務（investment banking）的概念。根據馬杜拉（Madura, 2010）：投資銀行業務泛指金融機構爲客户所提供的新股發行、債券、可轉債等證券的發行，以及在公司槓桿收購、套利活動及重組活動中諮詢和融資等方面的服務。許多金融機構，比如商業銀行設有投資銀行事業部，這意味着投資銀行業務不爲投資銀行所獨有，商業銀行也可以從事投資銀行業務。但對商業銀行來說，該業務不是主流業務，而

[①] Z. Bodie, R. C. Merton, D. L. Cleeton. Financial Economics [M]. 影印版. 北京：中國人民大學出版社，2011：59.
[②] 杰夫·馬杜拉（J. Madura）. 金融市場與金融機構 [M]. 8 版. 何麗芬，譯. 北京：機械工業出版社，2010.
[③] 米什金（Mishkin），埃金斯（G. Eakins）. 金融市場與金融機構 [M]. 5 版. 張瑩，劉波，譯. 北京：機械工業出版社，2008.

是表外業務。

毫無疑問，投資銀行是主要從事投資銀行業務的金融機構。美國著名投資銀行家庫恩（Robert Lawrence Kuhn，1990）根據投資銀行業務範圍由寬到窄，將投資銀行分爲四個層次。最廣泛定義：經營任何華爾街金融業務的公司，包括保險公司和不動產經營公司，都被稱作投資銀行；次廣泛定義：經營所有資本市場業務的金融機構。包括發行與承銷、公司理財、收購兼併、基金管理、風險資本運作、私募發行、諮詢服務、風險管理和風險工具的創新等；次狹義定義：僅從事承銷和併購的金融機構；最狹義定義：從事一級市場承銷、二級市場交易的金融機構。

次廣泛定義最符合當代投資銀行業的現狀和人們的普遍看法，因而可視爲投資銀行的定義。考慮到部分商業銀行通過表外業務也在從事證券承銷業務和諮詢業務的事實[1]，何小鋒、黃嵩（2008）認爲並不是所有經營投資銀行業務的企業都是投資銀行，只有主業爲投資銀行業務的企業才是投資銀行；此外並不是經營所有投資銀行業務的企業才是投資銀行，只要部分主營業務是投資銀行業務的企業也可稱爲投資銀行[2]。

綜上所述，我們認爲投資銀行是立足於資本市場爲客戶提供證券承銷、併購、證券交易、資產管理、套利交易、私募股權、金融工程、風險管理、證券諮詢等全部或其中部分業務以獲取利潤並追求利益最大化的金融中介。跟其他企業一樣，投資銀行同樣面臨着戰略定位、內部成本管理、公司治理結構、組織結構、企業社會責任、市場競爭能力等方面的問題。

表 1-1 列出了國際和國內著名的投資銀行名單，並根據 2016 年收入情況進行了排序。從表中可以看出，2016 年收入最高的外國投資銀行是 JP Morgan，達到 900 億美元。2016 年國內收入最高的投資銀行是中信證券，大致爲 60 億元美元。

表 1-1　　　　　　　　　　國際和國內著名的投資銀行

國際著名投資銀行	收入（10 億美元）	國內著名投資銀行	收入（10 億美元）
JP Morgan	90	中信證券	6
Wells Fargo Securities	84	海通證券	4
Bank of America Merrill Lynch	80	國泰君安	4
Citi	63	廣發證券	3
Deutsche Bank	41	華泰證券	3
Morgan Stanley	35	申萬宏源	2

---

[1] 比如我國企業短期融資、融券主要通過各大商業銀行發行。
[2] 何小鋒，黃嵩. 投資銀行學 [M]. 2 版. 北京：中國發展出版社，2002.

表1-1(續)

國際著名投資銀行	收入（10億美元）	國內著名投資銀行	收入（10億美元）
Goldman Sachs	31	中信建投	2
UBS	28	銀河證券	2
Barclays	19	國信證券	2
Credit Suisse	19	招商證券	2

資料來源：Wind資訊和中國證券業協會網站

匯率換算：2017年7月26日，1美元＝6.7558元人民幣

資料1-1：《Global Finance》雜誌排名

《Global Finance》雜誌每年都對全球投資銀行進行排名。UBS被評為2016年世界最佳投資銀行。最佳精品店式投資銀行是LionTree Advisors。債券業務最佳投資銀行是Bank of America Merrill Lynch，併購業務最佳投資銀行是Goldman Sachs，資產證券化業務最佳投資銀行是Citi。《Global Finance》雜誌出版商Giarraputo認為最佳金融機構是那些理解市場、執行力好，並且能夠創造創新手段滿足顧客獨特需求的機構。

資料來源：《Global Finance》雜誌，2017

二、投資銀行與商業銀行的區別

投資銀行與商業銀行雖然同屬金融中介，但兩者在經濟功能、業務範圍、利潤來源、監管機構等方面存在很大的區別（表1-2）。

（一）金融中介經濟功能不一樣

在金融中介過程中，商業銀行通過出售自己的負債來融資，通過購買其他公司的負債來投資，從而將資金短缺的企業、家庭與資金富餘的企業、家庭聯繫起來，完成資金融通的過程。在這個過程中，商業銀行既是債權人又是債務人，即對擬借款家庭、企業或政府而言，銀行是債權人，但對存款企業和家庭而言，銀行是債務人。商業銀行的金融中介體現為間接融資（圖1-1）。商業銀行的經濟功能理論模型包括商業銀行的監督功能（Diamond，1984）、商業銀行的信息創造功能（Boyd & Prescott，1986）、商業銀行的消費平滑功能（Diamond & Dybvig，1983）[1]。

而投資銀行作為金融中介，其主要作用是在融資方與投資方信息不對稱條件下，利用投資銀行的聲譽提高融資的效率。具體作用體現在：融資工具的建議與設計、融資數量的建議、融資時機的把握、證券承銷等。投資銀行自身與融資方或者投資方均不存在直接的

---

[1] 轉引自：張春. 公司金融學 [M]. 北京：中國人民大學出版社，2008：197-219.

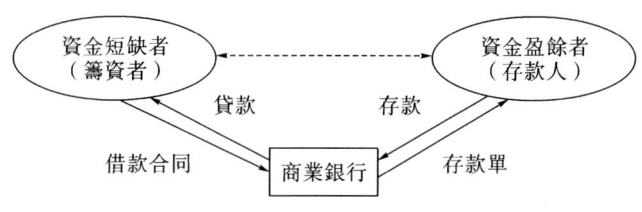

图1-1　商业银行的金融中介作用

债权债务关系。因此，投资银行的金融中介过程更多体现为：在融资主体直接融资过程中，提供证券承销、咨询建议等金融服务（见图1-2）。

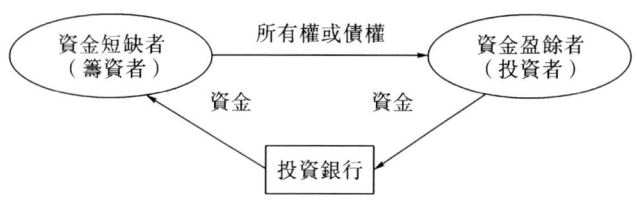

图1-2　投资银行的金融中介作用图

（二）本源业务与利润来源不一样

商业银行金融中介作用的特征决定了其本源业务是吸收存款，发放贷款，通过存贷差获取主要收入。其他业务如资产管理、证券投资业务及种类繁多的表外业务对银行的利润构成虽然也很重要，但居于从属地位。

投资银行业务范围非常广泛，包括证券承销、证券交易、资产管理、套利交易、私募股权、金融工程、风险管理、证券咨询等。但从投资银行的发展历程看，投资银行业务首先意味着证券的承销，因而证券承销是投资银行的传统业务和本源业务。通过该项业务，投资银行获得的佣金收入成为其基本收入来源。

（三）服务金融领域不一样

商业银行除了为金融体系提供基本的支付、清算作用外，在资金融通上主要定位于货币信贷市场，通过贷款的方式为客户提供短期资金融通。而投资银行则主要定位于资本市场，通过证券设计、证券承销为企业直接融资和获取长期资本服务。

（四）经营风格不一样

由于商业银行是金融体系的基础性金融机构，商业银行高负债的特点要求其特别注重风险控制和稳健经营，而投资银行业务的特点使其具有极大的开拓性和创新性。

（五）监管机构不一样

在分业经营情况下，商业银行与投资银行具有各自的监管体系。在美国，商业银行监管机构主要是美联储；在我国，银行监督管理机构主要是银行监督管理委员会（简称银监會)。在美國，證券監管機構主要是證券交易委員會（SEC）；在我國，主要是證券監督管理委員會（簡稱證監會）。見表1-2。

表1-2　　　　　　　　投資銀行與商業銀行的區別表

	投資銀行	商業銀行
經濟功能	直接融資、長期融資	間接融資、短期融資
本源業務	證券承銷	存貸款
利潤來源	傭金	存貸利差
服務領域	資本市場	貨幣信貸市場
經營風格	在控制風險前提下，更重開拓	穩健原則
管理機構	美國是證券交易委員會（SEC）、我國是證券監督管理委員會（證監會）	美國是美國聯邦儲備局（美聯儲）、我國是銀行監督管理委員會（銀監會）

三、從財務報表看投資銀行與商業銀行的差別

(一) 資產負債表的差別

表1-3和表1-4分別是中信證券（600030）、工商銀行（601398）2010年的資產負債表及利潤表。中信證券資產總額爲1 532億元，而工商銀行爲134 586億元，後者是前者的近88倍。中信證券淨資產爲709億元，而工商銀行爲8 216億元，後者是前者的近12倍。說明商業銀行資產規模一般比投資銀行大。

中信證券資產負債率爲54%，而工商銀行爲94%，其中客户存款負債比率爲83%，反應了商業銀行資金來源主要是存款的事實，說明商業銀行具有高槓桿經營特徵。從資產結構看，中信證券資產主要爲貨幣資金（42%）、結算備付金（10%）、可供出售金融資產（24%），三項占到76%；而工商銀行資產主要爲貨幣資金（17%）、客户貸款及墊款總額（50%）、證券投資淨額（28%），其中貸款資產達到資產總額一半，這反應了商業銀行以貸款爲主要資金投向的事實。由於商業銀行主要資產是貸款，而投資銀行主要資產是現金及證券資產，因此投資銀行的資產流動性好於商業銀行。

表1-3　　　　　　中信證券、工商銀行2016年資產負債表　　　　　單位：億元

項目	中信證券		項目	工商銀行	
貨幣資金	1 329	22%	貨幣資金	33 500	14%
結算備付金	1 010	17%	客户貸款及墊款總額	128 000	53%
交易性金融資產	–	–	存放同業和其他金融機構款項	2 701	1%
可供出售金融資產	849	14%	持有至到期投資	29 700	12%
長期股權投資	40	1%			

表1-3(續)

項目	中信證券		項目	工商銀行	
資產總額	5 974	100%	資產總額	241 000	100%
衍生金融負債	26	1%	客戶存款	178 000	74%
代理買賣證券款	1 344	22%	同業及其他金融機構存放款項	15 200	6%
			拆入資金	5 001	2%
			歸屬於母公司股東的權益	19 700	8%
負債總額	4 517	76%	負債總額	222 000	92%
股本	121	2%	股本	3 564	1%
			資本公積金	1 520	1%
			盈餘公積金	2 050	1%
			未分配利潤	9 407	4%
股東權益	1 458	24%	股東權益	19 800	8%

①資料來源：根據2016年公司財務報表整理，http://www.eastmoney.com
②表中百分數＝項目/資產總額×100%，所有數據四捨五入

（二）利潤表的差別

從表1-4可以看出，中信證券利息淨收入、手續費及佣金淨收入、投資收益分別占到營業收入的6%、59%、26%，說明投資銀行利潤主要來源是手續費及佣金淨收入、投資收益，利息收入只占很少的比重，而工商銀行利息淨收入、手續費及佣金淨收入分別為營業收入的70%和21%，說明商業銀行的主要收入來自存貸利差。

表1-4　　　　　　中信證券、工商銀行2016年利潤表　　　　　　單位：億元

項目	中信證券		項目	工商銀行	
利息淨收入	24	6%	利息淨收入	4 718	70%
手續費及佣金淨收入	224	59%	手續費及佣金淨收入	1 450	21%
投資收益	100	26%			0%
公允價值變動收益	-14	-4%			0%
營業收入	380	100%	營業收入	6 759	100%
營業支出	238	63%	業務及管理費	1 752	26%
		0%	資產減值損失	879	13%
營業利潤	142	37%	營業利潤	3 603	53%
利潤總額	143	38%	利潤總額	3 633	54%

①資料來源：根據2016年公司財務報表整理，http://www.eastmoney.com/
②表中百分數＝項目/營業收入×100%，所有數據四捨五入

第二節　投資銀行業務範圍

一、投資銀行業務範圍劃分

投資銀行業務範圍很廣泛，吉斯特（Geisst, 1998）將其分爲三類：承銷業務（Underwriting）、收費的銀行業務（Fee Banking）、交易服務（Transaction）。承銷業務包括公募和私募；收費的銀行業務包括併購顧問、經濟研究、其他金融諮詢；交易服務包括二級市場交易（做市商）、自營交易和零售經紀。[①]

表1-5　　　　　　　　　　投資銀行業務範圍表

業務大類	具體業務
承銷業務（Underwriting）	公募、私募
收費的銀行業務（Fee Banking）	併購顧問、證券研究、其他金融諮詢
交易服務（Transaction）	二級市場交易、自營交易和零售經紀

表1-6　　　　　　　　　　投資銀行業務範圍表

業務大類	業務內容
資金募集	國內承銷、國際承銷、私募業務、創投事業
財務顧問	企業估價、併購顧問、融資收購、項目融資規劃、民營化業務
資產管理	資產管理技術、對衝基金操作
金融工程與風險管理	利率風險、匯率風險、權益風險管理、金融資產證券化

我國臺灣學者謝劍平（2004）將投資銀行業務分爲四個部分：資金募集、財務顧問、資產管理、財務工程與風險管理。與吉斯特相比，沒有包括投資銀行的交易服務，但增加了資產管理業務和金融工程與風險管理業務。[②]

在以上基礎上，本教材根據投資銀行在各業務中的作用，將其大致分爲五類，分別是一級市場業務、二級市場業務、財務顧問業務、資產管理業務、金融工程與風險管理業務和自投業務。每一業務大類的業務細分及業務描述見表1-7。

一級市場業務指投資銀行在證券一級市場所提供的金融服務，主要內容是幫助企業發

---

① 吉斯特（C. R. Geisst）. 金融體系中的投資銀行［M］. 郭浩，譯. 北京：經濟科學出版社，1998.
② 謝劍平. 現代投資銀行［M］. 北京：中國人民大學出版社，2004.

行證券，籌集資本，具體包括國際（國內）證券公募承銷、保薦業務、私募發行等。

二級市場業務指投資銀行在證券二級市場所提供的金融服務，主要內容是幫助證券投資者進行證券交易，具體包括證券經紀、融資融券或者做市商業務。

財務顧問業務指投資銀行利用自己的專業知識或信息優勢所提供的金融、財務及資本運作方面的顧問服務。具體內容包括企業估價、併購顧問、融資收購、項目融資、私有化等方面的服務。

資產管理業務指投資銀行利用自己在金融學、投資學、投資組合管理等學科的專業知識以及在人才、信息等方面優勢幫助其他機構或個人進行打理錢財方面的服務。具體內容包括基金管理、委託理財、私募股權基金管理等服務。

金融工程與風險管理業務指投資銀行利用自己在金融衍生工具、金融工程、風險管理等學科的專業技術知識或人才優勢所提供的幫助機構或個人進行風險管理、金融創新等方面的服務。具體內容包括資產證券化、利率風險、匯率風險、權益風險管理等。

自投業務指投資銀行利用自己在金融學、投資學、投資組合管理等學科的專業知識以及人才、信息優勢就自己的資金在一級市場或二級市場所開展的投資活動，具體內容包括二級市場自營、直接投資業務（PE）等。

在上述各種細分業務中，根據我國的實踐，自營業務、資產管理、直接投資等又稱為證券市場買方業務，證券承銷發行、兼併收購服務、零售經紀、金融產品創造等稱為證券市場賣方業務。

不同類型的投資銀行業務範圍不一樣，大型綜合性投資銀行可能包括上述所有業務，小型或者精品店型的投資銀行可能只包括上述業務中的部分業務，經紀類證券公司則只經營證券經紀業務。美國著名投資銀行高盛的業務分為三大板塊：投資銀行、交易與本金投資、資產管理與證券服務。在這三大板塊之下，高盛業務分為五大業務線：投資銀行、交易、本金投資、資產管理、證券服務。

表1-7　　　　　　　　　　投資銀行業務範圍表

業務大類	業務細分	業務描述
一級市場業務	國際（國內）公募承銷、保薦業務、私募業務	幫助企業籌集資金，提供建議融資方案建議、證券保薦、承銷單項或一攬子服務
二級市場業務	證券經紀、融資融券、做市商	幫助證券持有者進行證券交易，提供交易經紀、融資融券或者做市商服務
財務顧問業務	企業估價、併購顧問、融資收購、項目融資規劃、私有化業務	幫助企業進行收購、反收購、私有化、項目融資、私有化等資本運作，提供方案建議或者過橋融資等服務
資產管理業務	基金管理，委託理財、私募股權基金	幫助客戶進行資產管理，或者發起基金進行專項投資

表1-7(續)

業務大類	業務細分	業務描述
金融工程與風險管理業務	資產證券化、利率風險、匯率風險、權益風險管理	幫助創造新的證券或者幫助企業融資或套利,通過衍生工具幫助客戶進行風險管理
自投業務	二級市場自營、直投業務(PE)	投資銀行利用自有資金進行二級證券市場投資或者對未上市股權進行投資

二、投資銀行業務專長

在長期激烈的市場競爭中,一些著名投資銀行逐漸建立了自己的業務專長,並形成了自己的專業特色和市場競爭優勢(見表1-8)。

表1-8　　　　　　　　　　國際著名投資銀行的專長表

投資銀行	優勢
美林 (Merrill Lynch)	世界領先的債券及股權承銷人,在債務抵押證券和資產擔保證券市場分別位居世界第一和第二,在美國IPO市場位居第一,並在組織項目融資、產權交易以及為個人投資者提供經紀服務方面享有盛譽
摩根斯坦利 (Morgan Stanley)	是全球證券、資產管理和信用卡市場的佼佼者,2007年在全球併購市場排名第二,在美國股權市場位居第一
高盛 (Goldman Sachs)	在投資、融資、收購兼併、股票債券研究方面處於世界領先地位,2007年在全球併購市場上獨占鰲頭
所羅門美邦證券 (Salomon Smith Barney)	所羅門兄弟主營證券交易並以商業票據發行見長
瑞士信貸第一波士頓 (Credit Suisse First Boston)	第一波士頓則擅長組織辛迪加包銷證券,安排私人募債和策劃公司合併以及為機構投資者提供經紀服務等

資料來源:謝劍平.現代投資銀行[M].北京:中國人民大學出版社,2004:3

比如美林證券在債務抵押證券和資產擔保證券市場分別位居世界第一和第二,並在組織項目融資、產權交易以及為個人投資者提供經紀服務方面享有盛譽。摩根斯坦利則是全球證券、資產管理和信用卡市場的佼佼者,2007年在全球併購市場排名第二,在美國股權市場位居第一。高盛在投資、融資、收購兼併、股票債券研究方面均處於世界領先地位,2007年在全球併購市場上獨占鰲頭。所羅門美邦證券則主營證券交易並以商業票據發行見長。瑞士信貸第一波士頓則擅長組織辛迪加包銷證券,安排私人募債和策劃公司合併以及為機構投資者提供經紀服務等。

三、投資銀行業務資格的獲取

與其他金融中介一樣,投資銀行受到政府嚴格的監管,其業務範圍受到嚴格的準入限制。也即，爲了從事相關業務，投資銀行必須取得相應的業務資格。在我國，主要通過券商註冊資本數量等措施來限制公司所能夠從事的業務範圍。

我國《證券法》第一百二十五條規定，證券公司可以經營下列部分或者全部業務：①證券經紀；②證券投資諮詢；③與證券交易、證券投資活動有關的財務顧問；④證券承銷與保薦；⑤證券自營；⑥證券資產管理；⑦其他證券業務。

第一百二十七條規定：證券公司經營本法第一百二十五條第①～③項業務的，註冊資本最低限額爲人民幣 5 000 萬元；經營第④～⑦項業務之一的，註冊資本最低限額爲人民幣 1 億元；經營第④～⑦項業務中兩項以上的，註冊資本最低限額爲人民幣 5 億元。

2003 年《證券發行上市保薦制度暫行辦法》規定：證券經營機構履行保薦職責，應當註冊登記爲保薦機構。保薦機構履行保薦職責應當指定保薦代表人具體負責保薦工作。保薦機構負責證券發行的主承銷工作，依法對公開發行募集文件進行核查，向中國證監會出具保薦意見。也就是說，保薦機構自然取得主承銷商資格。

對於上市推薦人業務資格，我國 2002 年上海證券交易所上市規則規定上市推薦人應當符合下列條件：①具有上海證券交易所會員資格；②從事股票承銷工作或具有上海證券交易所會員認可的其他資格一年以上且信譽良好；③最近一年內無重大違法違規行爲；④負責推薦工作的主要業務人員熟悉本所有關上市的業務規則。

四、投資銀行業務範圍與收入構成

各項業務構成了投資銀行的收入來源和利潤中心。

投資銀行總收入 = Σ 各項業務收入

投資銀行總利潤 = Σ 各項業務收入 − Σ 各項業務成本 − Σ 管理成本

爲了提高投資銀行的收入和利潤水平，投資銀行必須盡可能拓展業務範圍，同時要提高各項業務的市場占有率。爲了提高投資銀行的利潤水平，投資銀行除了提高收入外，還需合理地降低成本。究竟涉足哪些業務範圍，將是投資銀行的戰略決策和市場定位問題。

（一）國際投行業務及收入構成狀況

表 1-9 顯示了高盛 2014—2016 年業務收入數量及結構情況。從 2016 年來看，高盛主要收入來源是機構客戶服務，其次是投行業務，再次是投資管理業務，最後是投資與借貸業務。

表 1-9　　　　　高盛 2014—2016 年業務收入數量及結構　　　　單位：百萬美元

業務品種	2016 金額	2016 比例	2015 金額	2015 比例	2014 金額	2014 比例
投資銀行業務（investment banking）	6 273	20.5%	7 027	20.8%	6 464	18.7%

表1-9(續)

業務品種	2016 金額	2016 比例	2015 金額	2015 比例	2014 金額	2014 比例
機構客户服務（institute client service）	14 467	47.3%	15 151	44.8%	15 197	44.0%
投資與借貸（investing & lending）	4 080	13.3%	5 436	16.1%	6 825	19.8%
投資管理（investment management）	5 788	18.9%	6 206	18.3%	6 042	17.5%
總計	30 608	100%	33 820	100%	34 528	100%

資料來源：高盛2016年經營年報

(二) 我國證券公司業務及收入構成狀況

表1-10顯示了2015年我國淨利潤排名前5名的證券公司的收入構成情況。從表中可以看出，我國證券公司的業務主是代理買賣證券業務（平均51%）。其次是證券投資業務（平均33%），最後是投資銀行業務（平均9%），從而與國外投資銀行形成較大的對比[1]。由於我國證券公司的利潤水平極大地受制於二級市場的繁榮，因而業績波動較大。

表1-10　　2015年我國證券業淨利潤排名前5名證券公司收入占比　　單位：百萬元

	代理買賣證券業務 金額	代理買賣證券業務 比例(%)	代理銷售金融產品業務 金額	代理銷售金融產品業務 比例(%)	受托資產管理業務 金額	受托資產管理業務 比例(%)	投資銀行業務 金額	投資銀行業務 比例(%)	證券投資業務 金額	證券投資業務 比例(%)	總收入 金額
中信證券	12 502	35	1 308	4	1 750	5	3 776	11	16 562	46	35 899
國泰君安	15 891	55	144	0	1 523	5	2 838	10	8 550	30	28 946
海通證券	10 673	53	100	0	1 415	7	1 578	8	6 540	32	20 306
國信證券	14 430	64	286	1	547	2	2 145	9	5 204	23	22 612
廣發證券	12 236	51	371	2	1 163	5	1 971	8	8 283	34	24 024
平均	13 147	51	442	1	1 279	5	2 462	9	9 028	33	26 357

資料來源：根據中國證券業協會網站資料整理。http://www.sac.net.cn/hysj/zqgsyjpm/201606/t20160606_128074.html

---

[1] 小型證券公司主要以經紀業務爲主，交易傭金及相關收入一般占營業收入的80%以上。

第三節　投資銀行分類

一、根據規模劃分投資銀行

根據規模和投資銀行業務範圍，投資銀行可分爲以下幾類：華爾街領軍型投資銀行、一線投資銀行、區域投資銀行以及專業型投資銀行（見表 1-11）。[①]

表 1-11　　　　　　　　　　　　投資銀行分類表

分類	特點	舉例
華爾街領軍型投資銀行	規模 100 億美元以上；爲客戶提供全方位服務	摩根斯坦利、高盛、美林證券、花旗集團、蘇伊士信貸等
一線投資銀行	大型的金融服務產品公司	雷曼兄弟、美聯銀行、瑞銀集團等
區域投資銀行	在國家的某個地區擁有分支機構網路，通常通過兼併進入投資銀行業務	如 2006 年富國銀行收購專業銀行博靈頓投資銀行
專業型投資銀行	規模較小，專註於某一類投行業務	如拉扎德銀行、羅斯柴爾德銀行兩家都擅長收購和兼併諮詢服務

二、根據業務範圍劃分投資銀行

根據業務範圍，投資銀行可劃分爲獨立型投資銀行與全能型投資銀行。獨立型投資銀行只從事傳統投資銀行業務。全能型銀行（Universal Bank）實行混業經營，即不僅從事投資銀行業務還從事商業銀行業務，如德意志銀行、荷蘭銀行、瑞士銀行、瑞士信貸銀行等。

20 世紀 90 年代中期，由於《格拉斯—斯蒂格爾法》的取消，美國商業銀行按照歐洲綜合性商業模式進行發展。大型商業通過兼併小型投資銀行和經紀公司在經紀業務和投資銀行業務中形成強大的競爭力。高盛、摩根斯坦利、美林、雷曼兄弟以及拉扎德在 2007 年美國次貸危機之前曾經保持獨立投資銀行身份，危機之後很多大型獨立型投資銀行已不復存在。

[①] 米歇爾·弗勒里耶.一本書讀懂投資銀行 [M].朱凱譽,譯.北京：中信出版社,2010：41-44.

三、我國證券公司分類

(一) 綜合類與經紀類

我國原《證券法》(2004 年修正版) 第一百一十九條規定：國家對證券公司實行分類管理，分為綜合類證券公司和經紀類證券公司，並由國務院證券監督管理機構按照其分類頒發業務許可證。經紀類證券公司只允許專門從事證券經紀業務。綜合類證券公司可以從事：①證券經紀業務；②證券自營業務；③證券承銷業務；④經國務院證券監督管理機構核定的其他證券業務。新《證券法》(2006) 取消了證券公司分類管理的規定，僅限定了證券公司的業務範圍。經證監會批準，所有證券公司均可經營部分或者全部業務。

(二) 創新類與非創新類

除了按規模對證券公司分類外，我國證券公司還存在創新類與非創新類、合規類與非合規類證券公司的劃分。2004 年 8 月 12 日中國證監會發布了《關於推進證券業創新活動有關問題的通知》，明確了證券公司創新試點工作的基本框架和基本要求，8 月 13 日中國證券業協會發布了《關於從事相關創新活動證券公司評審暫行辦法》，啓動了創新試點類證券公司的評審工作，2005 年 4 月又啓動了規範類證券公司評審。截至 2007 年 8 月底，協會共評審產生了 29 家創新類證券公司，31 家規範類證券公司。

創新類證券公司是指依據《關於從事相關創新活動證券公司評審暫行辦法》(2007) 通過中國證券業協會組織創新試點類評審的證券公司。創新類證券公司在其風險可測、可控和可承受的前提下，進行業務創新、經營方式創新和組織創新。具體創新方案經協會組織的專業評審通過後實施。申請試點的證券公司必須符合下列要求：

(1) 經營單一證券經紀業務的證券公司最近半年淨資本不低於 1 億元；經營證券承銷與保薦業務的證券公司最近半年淨資本不低於 3 億元，同時也經營證券自營業務、或證券資產管理業務、或其他證券業務的，每增加一項證券業務，其淨資本要求需相應增加 2 億元；既經營證券經紀業務，同時也經營證券承銷與保薦業務、或證券自營業務、或證券資產管理業務、或其他證券業務的證券公司，最近半年淨資本不低於 8 億元；

(2) 最近半年流動資產餘額不低於流動負債餘額 (不包括客戶交易結算資金和客戶委託管理資金) 的 150%；

(3) 最近半年對外擔保及其他形式的或有負債之和不高於淨資產的 10%，因證券公司發債提供的反擔保除外；

(4) 最近半年淨資本不低於淨資產的 70%；

(5) 客戶資產管理業務、證券自營業務、債券回購業務等嚴格按照《證券公司客戶資產管理業務試行辦法》《證券公司證券自營業務指引》及相關法律法規要求規範操作；

(6) 設立並持續經營 3 年以上 (含 3 年)，具有一定的業務規模。證券公司綜合治理期間因證券公司重組新設立的公司，持續經營 12 個月以上 (含 12 個月)。

(三) 合規類與非合規類

規範類證券公司是指依據《規範類證券公司評審暫行辦法》(2005) 通過中國證券業協會組織規範類評審的證券公司。

評審判斷的標準主要是證券公司公司財務狀況、經營風險、規範經營情況、客戶交易結算資金及客戶託管的國債、企業債等客戶資產的安全狀況，公司治理和內控制度執行情況、客戶資產管理業務、自營業務的規模和規範運作情況，經紀業務規範運作情況以及公司是否存在違規債務、帳外經營情況等。參與評審的證券公司應首先通過註冊地證監會派出機構組織的評審，然後作爲將其評審作爲材料之一向中國證券業協會申請規範類證券公司資格。

對申請評審的證券公司還要求具備以下條件：①設立並持續經營 1 年或 1 年以上；②綜合類（含比照綜合類）證券公司最近 1 年淨資本不低於人民幣 2 億元；經紀類證券公司最近 1 年淨資本不低於人民幣 2 000 萬元；③最近 1 年流動資產餘額不低於流動負債餘額（不包括客戶交易結算資金和客戶委託管理資金）；④最近 1 年對外擔保及其他形式的或有負債之和不高於淨資產的 20%，因證券公司發債提供的反擔保除外；⑤最近 1 年淨資本不低於淨資產的 50%。

截至 2007 年 5 月 31 日，我國證券公司數量及分類見表 1-12：

表 1-12　　　　截至 2007 年 5 月 31 日我國證券公司數量及分類表

項目	數量（家）
證券公司總數量	104
其中：經紀類	21
綜合類	83
創新類證券公司	22
合規類證券公司	34

資料來源：中國證監會、中國證券業協會網站

第四節　西方投資銀行發展歷程

投資銀行的起源可以追溯到幾個世紀以前，但現代投資銀行業帶有強烈的美國烙印，大多數人認爲約翰·皮爾龐特·摩根在 19 世紀早期開創了投資銀行業。美國 1933 年《格拉斯—斯蒂格爾法》(Glass-Steagall Act) 要求綜合性銀行在一年內選擇從事零售銀行業務還是從事證券發行業務，而不能同時經營兩項業務，將投資銀行與商業銀行分離開來。自

此投資銀行與商業銀行開始分業經營制度，其作爲一個單獨的金融業態的影響力日漸擴大。

一、投資銀行得以興起的歷史原因

歐洲的佛羅倫薩、阿姆斯特丹、倫敦曾經是全球金融中心，在華爾街崛起之前，投資銀行主要在歐洲，由商人銀行家成立，具有濃厚的家族背景，如巴林（Baring）、羅斯柴爾德（Rothchild）、漢布羅（Hambros）等。投資銀行的興起與以下因素有關：

（一）貿易活動的日趨活躍

伴隨著貿易範圍和金額的擴大，客觀上要求融資信用，於是一些信譽卓著的大商人便利用其積累的大量財富成爲商人銀行家，專門從事融資和票據承兌貼現業務，這是投資銀行產生的根本原因。

（二）股份公司制度的發展

股份制的出現和發展，不僅帶來了西方經濟體制的一場深刻的革命，也使投資銀行作爲企業和社會公衆之間資金中介的作用得以確立。

（三）證券業的興起與發展

證券業與證券交易的飛速發展是投資銀行業迅速發展的催化劑，爲其提供了廣闊的發展天地。投資銀行則作爲證券承銷商和證券經紀人逐步奠定了其在證券市場中的核心地位。

（四）基礎設施建設的高潮

資本主義經濟的飛速發展給交通、能源等基礎設施造成了巨大的壓力，爲了緩解這一矛盾，18～19世紀歐美掀起了基礎設施建設的高潮，在這一過程中，巨大的資金需求使得投資銀行在籌資和融資過程中得到了迅猛的發展。

二、早期的投資銀行

1837年，法國銀行家、政治家雅克·拉菲特創立了拉菲特銀行，銀行的主要業務從吸納存款轉變爲向長期工業股票和鐵路投資。1852年佩雷爾兄弟創立了動產信托銀行，通過發行短期債券和定期存單爲鐵路和冶金企業提供融資。

德國私人銀行起源於18世紀後期"勤勞的猶太人"的繁忙的商業和金融活動。1848年科隆銀行（Schaafhausenscher Bankverein）的成立，標誌着在德國有了第一家真正意義上的投資銀行。

三、美國投行的興起

1863年美國頒布的《國家銀行法》第一次確立了美國的國家銀行體系——管制特許銀行，其發行的票據必須由美國政府債券提供支持。與英國相同的是，特許銀行不能混業經營；與英國情況不同的是，私人銀行卻可以。

1895 年，約翰·皮爾龐特·摩根統一了摩根家族的銀行事業，擔任了紐約、費城、倫敦和巴黎 4 家相關公司的資深合夥人，這家公司即後來的 J. P. 摩根公司。J. P. 摩根公司在美國工業界融資和重組方面扮演了一個非常重要的角色，比如爲建立通用電氣提供幫助，通過購買卡內基公司的鋼鐵業務，建立美國鋼鐵公司。20 世紀初，J. P. 摩根公司、庫恩勒布公司和斯派爾公司承銷了大量公共事業和鐵路證券。

1869 年，馬庫斯·戈德曼在紐約創立馬庫斯·戈德曼公司從事借據的經紀業務，1882 年公司更名爲高盛，19 世紀末成長爲美國最大的商業票據公司。1844 年，德裔移民亨利·雷曼創立日用品小商店——雷曼兄弟公司，在 19 世紀 50 年代，將業務範圍拓展到商業銀行的經紀業務。

在 20 世紀初，高盛與雷曼聯合承銷股票發行。由於工業企業和公用事業發行市場幾乎被 J. P. 摩根公司壟斷，它們就專攻零售企業的發行業務。在接下來近 30 年時間裡，它們聯合爲 56 家不同的發行者承銷了 140 宗證券發行。

1848 年，拉扎德公司在新奧爾良從事干貨生意，後逐漸介入銀行業務和外匯業務。1876 年，它完全集中於提供金融服務。第一次世界大戰後，獲得了併購的霸主地位，與此同時獲得"卓越金融顧問"的美名。20 世紀初，在當時最重要、最複雜的併購案和最知名的大型跨國公司的重組案中，拉扎德都扮演着核心顧問的角色。

查爾斯·馬瑞在 1914 年創建了美林證券。1926 年，美林證券收購了西夫韋公司。1930 年公司將經紀業務賣掉，重點發展西夫韋公司，聲稱"要將華爾街帶到各主要大街"，即要將證券賣給普通的美國人。1938—1941 年，美林通過收購和併購重回經紀業務市場，1941 年成爲當時世界上最大的證券公司。

四、現代投資銀行的誕生

1863 年美國頒布的《國家銀行法》禁止特許銀行從事承銷、配售公司債券和股票等證券活動，但是大型銀行被確立爲國有銀行後，不受此限制。1927 年《麥克法頓法》(The Mcfadden Act) 禁止州際銀行業務，但允許全國性銀行通過自有證券部門經營和承銷、投資證券業務。這樣商業銀行要麼通過自有證券部門涉足證券業務，要麼通過國有會員的形式活躍在證券市場上。

1929—1933 年，美國爆發了史上最嚴重的經濟大危機。政府當局認爲，銀行信用的盲目擴張和商業銀行直接或間接卷入風險很大的股票市場是 1929 年股市大崩潰的罪魁禍首。

1933 年，作爲羅斯福新政的一部分，美國國會通過《格拉斯—斯蒂格爾法》(The Glass-Steagall Act，也稱爲 1933 年銀行法)。該法規定：商業銀行只能從事存貸款等商業銀行業務，不能經營證券業務；而投資銀行只能從事證券投資業務，不能從事存貸款業務。大型銀行必須在投資銀行業務和存款業務中任選一項，現代意義上的投資銀行由此產生。

與此同時，英國和法國的銀行業幾乎沒有發生什麼大事。在德國，銀行被國有化。比利時、義大利、瑞典、瑞士的銀行業則按照美國的模式把商業銀行業務和投資銀行業務強制分離。

資料 1-2：高盛原則

高盛"14 條原則"中的第 1 條原則是把客户的利益永遠放在第一位。1956 年福特汽車的首次公開募股（IPO）對於整個美國投行界來説是石破天驚的一幕，高盛憑借這個經典案例一夜之間在 IPO 市場躋身業界前列。不過，鮮爲人知的是，他們在此前的兩年準備時間里，主要合夥人嘔心瀝血，先後準備出了 56 個上市方案。

資料來源：《Partnership：The Making of Goldman Scchs》（《合夥制：高盛是怎樣煉成的》，作者：Charles D. Ellis.）

五、20 世紀 60 年代以來的投資銀行業

《麥克法頓法》限制了商業銀行跨地區的擴張能力，《格拉斯—斯蒂格爾法》則限制了銀行提供的產品範圍。然而，該法案沒有禁止商業銀行從事美國以外地區的承銷和證券交易業務。20 世紀 60 年代，歐洲美元市場的發展使得美國商業銀行獲得承銷巨額歐洲證券的機會。

1999 年《金融服務現代化法案》，又稱"Gramm-Leach-Bliley"法案，修改了 1933 年"Glass-Steagall"法關於禁止同一家金融機構的分支機構同時從事銀行業務和證券業務的規定；修改了 1956 年《銀行控股公司法》關於禁止同一家金融機構的分支機構同時從事銀行業務與保險業務的規定；取消了現有對銀行從事證券業務和保險業務的限制。

《金融服務現代化法案》的推出開啓了商業銀行成爲綜合性銀行的大門。同時，《格拉斯—斯蒂格爾法》的終結，意味着投資銀行失去了過去不與商業銀行競爭的保護優勢，使其面臨較大的競爭壓力。

六、美國次貸危機對投資銀行業的衝擊

次貸危機又稱次級房貸危機，是指 2007 年開始發生在美國，並席捲歐盟和日本等西方金融市場的因次級抵押貸款機構破產、股市劇烈震盪並導致其他金融機構出現連鎖虧損或破產的金融危機。

在次貸危機中，綜合性大銀行如摩根大通、花旗和瑞士銀行並未出現大的問題，而曾經叱咤風雲的華爾街五大獨立投行或倒閉，或被收購，或轉型，反應出獨立投資銀行在抵御市場風險方面的弱勢。此次危機或標誌着華爾街獨立投資銀行模式的終結，將來或許走向全能銀行模式（見表 1-13）。

表 1-13　　　　　　　美國次貸危機中破產或轉型的投資銀行

投資銀行	事件	直接原因
貝爾斯登 （Bear Stearns）	2008年3月被摩根大通以每股2美元的低價收購。2010年1月，摩根大通決定不再繼續使用"貝爾斯登（Bear Stearns）"的名稱	2007年美國出現次貸危機，房地產泡沫破裂。由於持有包括債務抵押債券，投資者對其信心下降並兌現大量現金，導致貝爾斯登現金儲備基本爲0，面臨倒閉。
雷曼兄弟 （Lehman Brothers）	2008年9月15日宣布破產	因爲持有大量抵押債券，次貸危機爆發後，損失慘重。關鍵時刻，美聯儲拒絕救助，同時美國銀行和巴克萊銀行放棄收購。
美林證券 （Merrill Lynch）	2008年9月14日與美國銀行達成協議，被後者以每股29美元，以換股方式，約440億美元收購	受次貸危機拖累，美林證券已經蒙受了超過500億美元的損失以及資產減計。2008年9月，該公司決定接受美國銀行提出的競購請求，以避免破產的命運。
摩根斯坦利 （Morgan Stanley）	2008年12月改變公司章程，轉型成爲商業銀行	槓桿率太高，流動性不足，受金融危機的影響，該公司的市值蒸發了87%
高盛集團 （Goldman Sachs）	2008年12月改變公司章程，轉型成爲商業銀行	槓桿率太高，流動性不足

資料來源：湯世生．次貸危機嚴重衝擊美國金融市場，金融機構陷困境［N］．中國證券報，2008-07-29

　　西方投資銀行發展歷程表明，金融機構發展既受到金融市場需求的內在驅動，也受到政府的管製作用。市場環境是變化的，因而金融機構的存在方式也是變化的。

第五節　我國投資銀行現狀

　　我國證券市場有着較早的歷史。1891年成立上海股份公所，1918年成立北京證券交易所，1920年成立上海華商證券交易所。新中國成立後，1952年至20世紀80年代實行計劃經濟，證券市場作爲資本主義的東西，不允許存在。改革開放後，1984年，全國首家股份有限公司——北京天橋發行股票，期限3年，同年11月飛樂音響公開向社會發行股票。1990年12月19日，上海證券交易所開業；1991年7月3日，深圳證券交易所成立；1992年，國務院證券監督委員會成立，中國證券市場逐漸進入規範階段。

　　1987年9月，新中國第一家證券公司——深圳經濟特區證券公司成立。證券機構經歷多年的發展及2003—2006年的券商整治，目前我國大大小小的證券公司已達100多家。

一、我國投資銀行與西方投資銀行的比較

（一）我國投資銀行歷史較短

　　國外投資銀行經歷了較長的歷史沉澱，歐洲部分投資銀行具有近200年的歷史，美國

雷曼則有近160年的歷史。在其漫長的歷史過程中，各投資銀行形成了自己獨特的企業文化和專業優勢，幾大巨頭是長期市場競爭、優勝劣汰的結果。而我國證券公司大部分成立於20世紀90年代，成立時間較短，歷史積澱尚淺。

（二）我國投資銀行多爲國有企業

跟其他私有企業一樣，國外投資銀行發端於私有金融企業，投資銀行名稱有創建者個人及其家族的印記。而我國證券公司多爲地方或中央國有企業，在上市之前爲國有有限責任公司，上市後則爲國有股份公司。

信譽反饋機制使私有投資銀行十分註重自己的聲譽，在具體業務過程中，註意與客户建立起長期的信任關係。雄厚的個人信用積累，在特定局面下甚至可以使投資銀行憑借個人資信而力挽狂瀾。相比之下，由於我國國有產權高度壟斷、經理人與行政官員身份模糊可能導致國有投資銀行的短期行爲，同時管理層的頻繁更換和不穩定預期使國有投資銀行難以建立一種持久的企業文化。

（三）我國投資銀行創建之初採取公司制

華爾街上大多數金融企業，包括投資銀行，在其成立之初，基本上採取合夥制，之後才轉變爲公衆持股公司，1985年貝爾斯登成爲第一家上市公司；1986年，摩根斯坦利上市；1999年，高盛上市；2005年，拉扎德上市。而我國證券公司一開始就採取了公司制的組織形式。

（四）我國投資銀行規模較小、投行之間業務品種雷同

在經營層面上，國外投資銀行規模較大，金融技術先進，處於壟斷競爭狀態，對金融市場有着巨大的影響力。而相比之下，國內證券公司數量衆多，但規模普遍較小，對市場影響有限。

此外，目前國內證券公司大多數業務範圍僅限於一級市場承銷和二級市場代理服務、自營業務。對於投資銀行的新興業務如企業兼併和收購、風險投資、金融衍生工具、資產證券化等則較少涉及。

資料1-3：我國首家投資銀行

我國首家真正意義上的投資銀行是1995年8月中外合資組建的中國國際金融有限公司（簡稱中金公司），由中國建設銀行、中國經濟技術投資擔保公司與美國摩根·斯坦利公司、新加坡政府投資公司、香港名利集團合資組建，其中中國建行控股比例達42.5%。該公司按國際慣例運作，正努力成爲一家具有國際水準的專業投資銀行。

資料來源：根據公開資料整理。

二、近年來我國投行業發展的動向與趨勢

（一）通過IPO或借殼上市，進行快速資本擴張

表1-14顯示了近年來我國通過借殼或者IPO上市的我國證券公司名單。

表 1-14　　　　近年來我國通過借殼或者 IPO 上市的證券公司

序號	券商簡稱	代碼	上市或借殼時間	股本（億）
1	中信證券	600030	2002，IPO	99.46
2	海通證券	600837	2007，借殼都市股份	82.28
3	招商證券	600999	2009，IPO	35.85
4	光大證券	601788	2009，IPO	34.18
5	廣發證券	000776	2010，借殼延邊公路	25.27
6	山西證券	002500	2010，IPO	24
7	長江證券	000783	2007，借殼石煉化	23.71
8	西南證券	600369	2009，借殼長運股份	23.23
9	興業證券	601377	2010，IPO	22
10	國元證券	000728	2007，借殼北京化二	19.64
11	太平洋	601099	2007，IPO	15.03
12	華泰證券	601688	2010，IPO	14.82
13	宏源證券	000562	2010，宏源信托改組	14.61
14	國金證券	600109	2008，借殼成都建投	10
15	東北證券	000686	2007，借殼錦州六陸	6.39
16	東吳證券	601555	2011，IPO	30
17	方正證券	601901	2011，IPO	82.32
18	西部證券	002673	2012，IPO	35.02
19	國信證券	002736	2014，IPO	82
20	申萬宏源	000166	2015，IPO	200.6
21	東興證券	601198	2015，IPO	27.58
22	東方證券	600958	2015，IPO	62.15
23	國泰君安	601211	2015，IPO	87.14
24	第一創業	002797	2016，IPO	35.02
25	華安證券	600909	2016，IPO	36.21
26	中原證券	601375	2017，IPO	39.24
27	中國銀河	601881	2017，IPO	101.4
28	浙商證券	601878	2017，IPO	33.33

（二）通過併購、參股等手段，實現基金、期貨等多元化經營

近年來，國內一些證券公司除了傳統的投行業務外，通過併購、參股等手段，實現基金、期貨等多元化經營。比如2007年9月，招商證券收購新基業期貨。

（三）國際化努力

中國香港已成爲內地券商國際化戰略的首選基地。目前包括中金公司、海通證券、招商證券、安信證券在內的13家內地券商已經在香港設立了分公司。截至2011年4月，國泰君安國際、申銀萬國已經在香港上市，2010年7月20日，國元證券宣布啓動香港公司的上市進程。

2010年1月，海通證券根據海通（香港）與創建集團有限公司簽訂的《股權買賣協議》，雙方已於2009年12月21日完成買賣股份交割手續，完成海通（香港）對大福證券的收購工作。收購完成後，海通（香港）共持有4.27億股大福證券股票，占大福證券已發行股份的60.48%。

三、未來我國投行業發展趨勢

（一）業務多元化

根據彭博財經（Bloomberg）統計，1980年以來，美國證券公司營業收入年均複合增長率爲10.5%，其中經紀、自營與承銷業務收入的年均複合增長率分別爲4.9%、5.9%與10%，而資產管理業務的年均複合增長率則達到18.7%，其增長速度超過了經紀、自營、承銷等傳統業務。

最近幾年，我國證券行業業績整體實現了大幅增長，但其主要推動力仍然來自於傳統的經紀、承銷和自營三大業務。受市場和政策環境制約，創新類業務只在集合理財、權證創設、QDII和直接投資等局部領域獲得突破。2010年以來，融資融券、股指期貨業務先後推出，傳統業務的占比將逐漸下降，創新業務的業務收入占比將逐漸增加。

隨著證券市場制度變革和產品創新的加速，未來醞釀多時的一些創新業務都將可能推出試點。由此證券公司業務創新的空間將得到實質性拓展，業務結構也將得到有效改善。

（二）經營規範化

經過綜合治理以及國債回購、自營和委託理財等高風險業務的有效規範，以淨資本爲核心的風險機制已經建立，目前我國證券公司的風險已得到有效釋放，證券行業經營步入合規經營的階段。

（三）競爭國際化

競爭國際化表現在國際投資銀行進入中國市場參與競爭，我國證券公司進入國際市場參與國際競爭兩方面。目前我國已取消外資證券公司進入國內市場的禁令，並將逐步擴大符合條件的外資證券公司的業務範圍，允許其從事證券經紀、自營和資產管理等業務。隨著國內證券市場的對外開放，國內證券行業的競爭將更加激烈。

本章小結

1. 投資銀行是立足於資本市場爲客户提供證券承銷、併購、證券交易、資產管理、套利交易、私募股權、金融工程、風險管理、證券諮詢等全部或其中部分業務以獲取利潤並追求利益最大化的金融企業。

2. 投資銀行在經濟功能、本源業務與利潤來源、服務金融領域、經營風格、監管機構等方面不同於商業銀行。

3. 投資銀行業務範圍很廣泛，大致分爲五類，分別是一級市場業務、二級市場業務、財務顧問業務、資產管理業務、金融工程與風險管理業務和自投業務。

4. 各項業務構成了投資銀行的收入來源和利潤中心。爲了提高投資銀行的收入和利潤水平，投資銀行必須拓展業務範圍，同時要提高各項業務的市場占有率。

5. 根據規模和投資銀行業務範圍，投資銀行可分爲以下幾類：華爾街領軍型投資銀行、一線投資銀行、區域投資銀行以及專業型投資銀行。我國證券公司分爲綜合類與經紀類、創新類與非創新類、合規類與非合規類。

6. 與西方投資銀行相比，我國投資銀行歷史較短、我國投資銀行多爲國有企業、我國投資銀行一開始就採取公司制，我國投資銀行規模較小、投行之間業務品種雷同。

7. 未來我國投行業發展趨勢：業務多元化、經營規範化、競爭國際化。

拓展閱讀

1. 爲獲取更多的關於投資銀行的歷史知識，參閱：

Roberts, R. What's in a name? Industrial bankers and investment bankers [J]. Business History, 1993, 35: 22-38.

2. 希望以輕鬆的語言獲取關於投資銀行的普及性知識，參閱：

米歇爾·弗勒里耶. 一本書讀懂投資銀行 [M]. 朱凱譽, 譯. 北京：中信出版社, 2010.

3. 爲獲取更多的關於投資銀行的故事性知識，參閱：

①約翰·S. 戈登. 偉大的博弈——華爾街金融帝國的崛起 [M]. 祁斌, 譯. 北京：中信出版社, 2005.

②查爾斯·蓋斯特. 最後的合夥人——華爾街投資銀行的秘密 [M]. 向楨, 譯. 北京：中國財政經濟出版社, 2003.

③一個中國人在華爾街做投資銀行交易員的故事：http://www.douban.com/group/topic/21060382/.

思考題

1. 如何理解投資銀行的定義？
2. 投資銀行跟商業銀行有什麼區別？
3. 投資銀行有哪些業務種類？
4. 投資銀行有哪些分類？
5. 我國證券公司有哪些特點？現狀如何？
6. 投資銀行未來的發展趨勢是什麼？

第二章　投資銀行經營環境

學習目標

通過本章的學習，掌握投資銀行經營過程中所面臨的金融系統環境、金融市場環境，瞭解投資銀行的法律法規環境。

學習內容

- ■　金融系統類型與投資銀行業務機會
- ■　金融市場類型與投資銀行業務機會
- ■　證券市場層次與投資銀行業務機會
- ■　投資銀行所面臨的法律法規環境

第一節　金融體系結構與投資銀行業務機會

在當代經濟中，金融系統對資源配置至關重要。通過金融系統，家庭儲蓄流向企業部門，並在不同企業之間配置投資資金。金融系統使家庭能夠平滑跨期消費，企業能夠平滑跨期支出。

各個國家的金融體系千差萬別，比較有名的是艾倫和蓋爾（Allen & Gale，1999）對金融系統的劃分，即從大的方面來說，主要存在兩種類型的金融體系：以美國爲代表的以金融市場爲主導的金融體系和以德國爲代表的以銀行爲主導的金融體系。在美國，金融市場在資源配置上發揮重要作用，銀行相對不重要；而在德國，金融市場相對不重要，銀行在資源配置上起着重要作用。其他國家如英國、日本、法國處於這兩種情形之間（見圖2-1）。

當前金融體系的發展趨勢是趨向市場主導型的金融系統。自20世紀80年代中期以

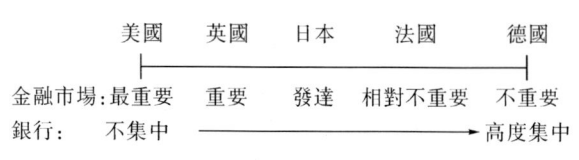

```
        美國      英國    日本    法國      德國
          |————————————————————|
金融市場:最重要  重要    發達   相對不重要  不重要
銀行:    不集中 ————————————————→ 高度集中
```

圖 2-1　西方主要國家金融體系概覽

資料來源:艾倫,蓋爾. 比較金融系統 [M]. 王晉斌,等,譯. 北京:中國人民大學出版社, 2002

來,法國一直在刻意選擇增強金融市場重要性的政策。日本正在計劃其金融系統的"大爆炸"改革,以使日本的金融系統更具效率,並使東京金融市場能夠與紐約和倫敦的金融市場相競爭。歐盟正在走向單一的歐洲共同體市場,這將增加歐盟的競爭力和其在金融市場上的地位,巴西及其他拉丁美洲國家正在進行變革以創造美國型的金融系統。

很明顯,在金融市場為主導的金融體系中,投資銀行將獲得更多的證券承銷、證券交易及併購業務機會。美國金融市場較為發達,因此其投資銀行業規模更為龐大。此外,美國投資銀行採取與商業銀行相分離的獨立投資銀行模式,而德國等歐洲國家投資銀行主要採取與商業銀行混業經營的全能銀行模式。

第二節　金融市場類型與投資銀行業務機會

　　金融市場按照大類可分為貨幣市場、資本市場、金融衍生市場和外匯市場。每個市場又可做進一步細分,每種金融市場為投資銀行提供了相應的業務機會(見表 2-1)。

　　對金融市場上的金融工具來說,金融工具是投資銀行一級市場業務的承銷對象,是投資銀行二級市場業務的交易對象,是投資銀行資產管理業務的管理對象,是投資銀行金融工程、金融創新業務的使用對象,是投資銀行研究業務的研究對象。

表 2-1　　　　　　　　　金融市場及投資銀行業務機會表

市場種類	種類細分	投行業務機會
貨幣市場	短期國債	證券承銷 做市 自投資等
	回購協議	
	可轉讓存單	
	商業票據	
	銀行承兌匯票	

表2-1(續)

市場種類	種類細分		投行業務機會
資本市場	債券	政府債券	證券承銷 金融工程（如住宅抵押債券的設計） 做市 自投資 證券研究等
		公司債券	
		金融債券	
		住宅抵押債券	
	股票	普通股	
		優先股	
金融衍生市場	金融遠期市場		風險管理 套利交易 結構性產品設計等
	金融期貨市場		
	金融期權市場		
	金融互換市場		
外匯市場	外匯現貨市場		做市 投機等
	外匯衍生品市場		

一、貨幣市場

貨幣市場（Money Market）是指期限在1年或1年以內短期金融工具交易所形成的供求關係及其運行機制的總和。貨幣市場為工商企業、銀行等金融機構、政府等提供短期融資通道，同時也為投資者提供了短期投資的金融產品。在信息不對稱問題不嚴重的情況下，貨幣市場在為企業提供短期資金方面比銀行具有明顯的成本優勢。

貨幣市場具體的金融工具包括短期國債、回購協議、可轉讓存單、商業票據、銀行承兌匯票等，美國還包括聯邦基金。我國貨幣市場包括國庫券、同業拆借市場、銀行承兌匯票和商業票據（短期融資券）。

貨幣市場為投資銀行提供了證券承銷、做市商與自投資等業務機會。比如2010年3月22日，在招商銀行擔任主承銷商情況下，西部超導材料科技有限公司成功發行2 000萬元，利率為4.3%的1年期短期融資券。

在美國，短期國庫券大多通過拍賣方式發行，投資者可以兩種方式來投標：①競爭性方式，競標者報出認購國庫券的數量和價格，所有競標根據價格從高到低（或收益率從低到高）排隊；②非競爭性方式，由投資者報出認購數量，並同意以中標的平均競價購買。

證券交易商在進行國庫券交易時，通常採用雙向式掛牌報價，即在報出一交易單位買入價的同時，也報出一交易單位的賣出價，兩者的差額即為交易商的收益，投資者不需額外支付備金。

二、資本市場

(一) 債券市場

資本市場是企業、政府或金融機構籌集長期資金的場所，其期限都在 1 年以上，包括債券、股票等工具。債券市場又具體包括政府債券、公司債券、金融債券、住宅抵押債券等，我國債券市場分類見表 2-2。發行人選擇長期債務的主要原因是爲了降低利率風險。

表 2-2　　　　　　　　　　　我國債券市場分類

債券大類	債券市場細分
政府債	國債（記帳式、憑證式）
	地方政府債券
	政府機構債券（中央匯金公司）
中央銀行	央行票據
金融債	政策性金融債（農業發展銀行、進出口銀行、開發銀行）
	普通金融債（商業銀行、財務公司、租賃公司）
	次級債券（商業銀行）
	混合資本債券（商業銀行）
公司債	企業債（包括中期票據企業債）
	可轉債
	集合票據（中小企業）
國際開發機構債券	亞洲開發銀行等發行的債券
資產支持證券	資產支持證券

資料來源：根據中國債券網整理（www.chinabond.com.cn）

證券交易所是債券二級市場的重要組成部分，在證券交易所申請上市的債券主要是公司債券，但國債一般不用申請即可上市，享有上市豁免權。場外交易市場是債券二級市場的主要形態。

(二) 股票市場

股票種類主要分爲普通股和優先股。在我國股票根據發行地點和貨幣的不同具體還可分爲 A 股、B 股、H 股、N 股、S 股。具體特徵如表 2-3 所示。

第一家發行股票的是 1606 年荷蘭東印度公司，這種聯合所有權制度的創新使荷蘭能夠大量融資以建造船只，從而使其成爲海上強國。在美國 200 多年的金融發展史中，早期 1790—1850 年的金融發展主要是靠政府公債和企業債券市場，1850—1890 年，資本市場開始從側重債券市場轉向側重股權市場發展，這對於當時美國產業結構的轉變作出了重要的貢獻。目前美國最大的電話公司創立於 1891 年，於 1895 年前後上市，通用電器（GE）於 1890 年在紐約上市。在 1890 年之後美國的資本市場促進了電子技術、電話技術的發展，於 1900 年後促進了美國汽車產業的發展。

表 2-3　　　　　　　　　　　我國股票種類

種類	特點
A 股	人民幣普通股，境內公司發行，境內人民幣認購和交易
B 股	人民幣特種股票，境內公司發行，人民幣面值，外幣（美元或港元）認購和交易
H 股	境內公司香港發行，面值爲港元，香港證券市場認購和交易
N 股	境內公司美國發行，面值爲美元，美國證券市場認購和交易
S 股	境內公司新加坡發行，面值爲新加坡元，新加坡證券市場認購和交易

資本市場爲投資銀行提供了證券承銷（包括參與政府債券拍賣）、金融工程（如住宅抵押債券的設計）、做市和自營投資的業務機會。

三、金融衍生品市場

金融衍生品市場具體包括金融遠期市場、金融期貨市場、金融期權市場、金融互換市場。

（一）金融遠期市場

遠期合約（Forward Contracts）：是指雙方約定在未來的某一確定時間，按確定的價格買賣一定數量的某種資產的合約。金融遠期合約：合約標的物爲金融資產的遠期合約。與債務工具相關的遠期合約成爲遠期利率合約。比如 A 銀行承諾在 1 年後向 B 保險公司出售面值爲 500 萬元，票面利率 6%，2023 年到期的長期國債。

（二）金融期貨市場

期貨（Future）是標準化的遠期合約。根據標的物不同，金融期貨可分爲利率期貨、股價指數期貨和外匯期貨。利率期貨是指標的資產價格依賴於利率水平的期貨合約。股指期貨的標的物是股價指數。外匯期貨的標的物是外匯。

（三）金融期權市場

期權（Option），又稱選擇權，是指賦予其購買者在規定期限內按雙方約定的價格（簡稱協議價格）或執行價格購買或出售一定數量某種資產的權利的合約。金融期權：指合約標的物爲金融資產的期權合約。

（四）金融互換市場

金融互換是兩個或兩個以上當事人按照商定條件，在約定的時間內交換一系列現金流的合約。具體包括利率互換、貨幣互換、股票互換。

投資銀行在金融衍生品市場中的作用是利用金融衍生產品進行風險管理、利用金融衍生產品進行套利交易、利用基本衍生工具進行結構化金融產品設計並與客戶進行交易。比如國際投行在 2010 年之前曾經設計出 KODA（Knock-Out Discount Accumulator，KODA），一種跟股票掛勾的風險極高的複雜金融衍生品（又稱"累計期權合約"），並與國內個人客戶和企業進行交易。

四、外匯市場

不同國家具有不同的貨幣單位，外匯市場指不同貨幣現金及存款之間兌換和交易的市場。外匯交易的需要來自一個國家企業或居民購買國外產品、服務、金融資產，或者賣出本國產品、服務、金融資產進行結算的需要。外匯市場為投資銀行提供了做市業務和投機交易的機會。

第三節 證券市場層次與投資銀行業務機會

一、根據證券階段劃分的證券市場層次

根據證券發行與交易階段，證券市場分為一級市場與二級市場。一級市場又稱發行市場，或初級市場（Primary Market），是企業發行證券、籌集資金的場所。二級市場（Secondary Market），又稱交易市場，是一級市場證券投資者所持證券交易的場所（見表 2-4）。兩者的關係是，二級市場為一級市場發行的證券提供了流通功能，一級市場因為二級市場的存在而更有吸引力，因而二級市場對一級市場具有支撐作用。

表 2-4　　　　　　　　根據證券階段的證券市場層次劃分

資本市場劃分	市場細分	投行業務機會
一級市場	公募：IPO、SEO	融資方案建議
	私募	承銷 分銷等
二級市場	場內市場	做市商
	場外市場	代理商（經紀人）等

（一）一級市場

在一級市場，根據證券發行對象的不同，證券發行分為公募（Public Offering）發行和私募（Private Placement）發行。公募發行指向不特定投資者發行，籌資金額較大；私募

主要向機構投資者或富有的個人投資者發行，融資數額相對較少。普通股公募市場，又可細分為首次公開發行（Initial Public Offering，IPO）和新股增發（Seasoned Equity Offering，SEO）。IPO 是指準上市公司首次將股票銷售給公眾的過程；新股增發則是指已上市公司再次發行新股的過程。

一級市場為投資銀行提供了融資方案建議、證券承銷、證券分銷等業務機會。投資銀行在一級市場中的主要作用是利用自己的專業知識為企業提供融資計劃方案和建議，利用自己的聲譽和客戶關係網路幫助企業銷售證券。企業發行證券之所以需要投資銀行的參與，是因為相對於企業直接向市場籌資而言，投資銀行能夠利用自己的聲譽優勢降低企業的籌資成本。

(二) 二級市場

二級市場又分為場內交易市場和場外交易市場。場內交易市場是指由證券交易所組織的集中交易市場，有固定的交易場所和交易活動時間。證券交易所接受和辦理符合有關法令規定的證券上市買賣，投資者則通過證券商在證券交易所進行證券買賣。二級市場為投資銀行提供了做市商業務或經紀業務的機會。

1. 場內交易市場

從組織形式上看，國際上的證券交易所可分為會員制證券交易所和公司制證券交易所。會員制證券交易所是以會員協會形式成立的不以營利為目的的組織，主要由證券商組成。只有會員及享有特許權的經紀人，才有資格在交易所中進行交易。目前大多數國家的證券交易所實行會員制。我國法律規定，證券交易所必須是會員制的事業法人，目前我國上海、深圳證券交易所都實行會員制。公司制證券交易是由各類出資人共同投資入股建立起來的公司法人，以營利為目的。美國紐約證券交易所是一個擁有 1 366 個正式會員的公司，會員選舉產生由 26 人組成的董事會負責交易所的經營和管理。

場內交易市場為投資銀行提供了做市商業務（美國具體為特許經紀商，即 Specialist）或經紀業務的機會。為了獲得在大廳內進行證券交易的資格，投資銀行必須擁有交易所交易席位，交易席位原指交易所交易大廳中的座位，座位有電話等通信設備，經紀人可以通過它傳遞交易與成交信息。在電子交易情況下，交易席位仍然存在，但不具有實際意義，更多的體現為交易資格牌照。為獲得交易席位，投資銀行必須繳納席位費，該費用構成投資銀行經紀業務或做市商業務的固定成本支出。

2. 場外交易市場

場外交易市場，又稱櫃臺交易或店頭交易市場，指在交易所外由證券買賣雙方當面議價成交的市場，它沒有固定的場所，其交易主要利用電話進行，交易的證券以不在交易所上市的證券為主，在某些情況下也對在證券交易所上市的證券進行場外交易。美國納斯達克（NASDAQ）是全球最著名的櫃臺交易市場。在場外交易市場，投資銀行可以為上市公司做市或者代理客戶交易。作為做市商，它可以把自己持有的證券賣給顧客或者買進顧客的證券，賺取買賣價差；作爲代理商，它又可以代理客户買賣證券。

資料2-1：全球證券交易所發展趨勢

20世紀90年代以來，在信息技術革命和金融自由化浪潮的推動下，全球證券交易所逐漸從完全壟斷轉向自由競爭，出現了公司化改制、聯盟與合並、市場層次與產品多元化、交易系統電子化及跨境連接的發展趨勢。

1. 證券交易所治理轉向公司制

傳統的證券交易所多採用會員所有制方式，是非營利的互助性組織，只有會員才能直接進入交易系統進行交易。會員制交易所的所有權、控制權與交易權不可分。在技術發展和全球化競爭的推動下，爲降低會員與交易所的利益衝突、優化資源配置、強化決策效率，1933年瑞典斯德哥爾摩交易所率先實行公司化改制，改制的核心目標是採納股份制的所有權模式和管理結構，把交易所塑造成爲一個以客户和盈利爲導向的商業機構，使交易所的利益和市場參與者的利益達到統一，並按照客户的要求提供產品和服務，做出快速反應。

2. 證券交易所趨向集中化和全球化整合

近年來，世界各國交易所競相開展跨境結盟、延伸與收購重組活動，以吸收全球性上市資源、投資者和中介機構。跨境結盟是在不同國家交易所間建立戰略合作關係，通過降低經紀交易商的營運成本形成競爭優勢；而跨境重組，包括跨境延伸和跨境合並，是現有交易所以合資、合並、延伸等方式形成跨地域的國際性證券市場，提供國際性交易平臺。

3. 證券交易所市場層次與交易產品多元化創新

20世紀80年代以來，在金融自由化和競爭市場環境中，交易所金融創新有了突飛猛進的發展。除固定傭金制的改革、做市商報價驅動交易制度的採用及提供多種報盤途徑等制度創新外，還集中體現在市場層次和交易產品的新設與創新。

4. 交易系統的電子化、無縫化與跨境聯網

電子通信技術和因特網給證券交易帶來巨大的影響，傳統交易所受到來自機構投資者和證券經營機構開發的獨立電子交易系統的競爭，特別是1998年以後，美國證監會準許此類交易系統登記爲獨立的"證券交易所"，直接形成了對傳統交易所的挑戰。爲保留競爭優勢，傳統交易所不斷進行技術創新，採用了自動化電子交易系統，如紐交所目前約80%的訂單撮合和40%的成交量是通過電腦自動下單和電子交易系統來完成；澳大利亞證券交易所已經在網上開設了發行市場。不僅如此，爲降低交易過程中的風險、成本及系統誤差，越來越多的證券交易所採用了"直通式"交易體系，即證券公司的買賣盤傳送系統、風險管理系統、交易確認系統、交易所撮合系統、信息系統、交易監視系統和結算機構系統等不再各自獨立，而是通過網路有機聯繫在一起，形成交易過程中的"無縫化"。

資料來源：蕭鶯. 全球證券交易所四大發展趨勢[J]. 中國金融，2012（02）.

二、美國證券市場體系

(一) 根據交易機制劃分

根據交易機制不同，美國證券市場體系分爲場內交易市場、場外交易市場、電子交易市場（見表2-5）。場內交易市場具體包括國家級證券交易所、地區級交易所。國家級交易所又具體包括紐約證券交易所（NYSE）、美國證券交易所（Amex）。對場內市場（交易所市場）來說，只有取得交易席位的會員才有資格在交易所進行股票交易。

場內交易市場採用特許經紀商（Specialist）制度，以維持證券的持續交易。投資銀行在交易所市場的作用是擔當某一公司的特許經紀商或者經紀人，作爲特許經紀商，可獲取買賣價差收入；作爲經紀人，則可獲得傭金收入。爲了獲得場內交易業務資格，投資銀行必須購買交易席位，交易席位的價格隨著證券行情的波動而變動紐約證交所席位價格在1876—1878年降到歷史最低點4 000美元，1942年爲1.7萬美元，1999年8月達到265萬美元，2008年5月4日該交易所席位價格達到300萬美元[①]。除了擔當特許經紀商、證券經紀商外，投資銀行在場內交易市場還擁有資產管理、自營業務等業務機會。

表2-5　　　　　　　根據交易機制劃分的美國證券市場體系

交易場所	具體市場	交易機制	投行業務機會
場內交易市場 （交易所市場）	紐交所（NYSE）	特許經紀商市場	特許經紀商 證券經紀商 資產管理 自營業務等
	美國證交所（Amex）		
	地區交易所如芝加哥、波士頓、辛辛那提、太平洋、費城等交易所		
場外交易市場 （櫃臺市場）	納斯達克全國市場	多元做市商市場	做市商 證券經紀商 資產管理 自營業務等
	納斯達克小型資本市場		
	招示板市場（OTCBB）		
	粉單市場（Pink Sheets）		
	地方櫃臺交易市場		
	其他如第三市場、第四市場、私募證券的自動報價系統PORTAL	—	證券經紀商 自營業務等
電子交易市場	Archipelago等	電子撮合ECN	—

場外市場又具體分爲納斯達克全國市場（NASDAQ-NM）、納斯達克小型資本市場

---

① 1942年席位價格是20世紀紐交所最低價格。

（NASDAQ-SM）、招示板市場（OTCBB）、粉單市場（Pink Sheets）、地方櫃檯交易市場。場外市場採取多元做市商制度維持證券交易。投資銀行在場外交易市場的業務機會包括做市商業務、證券經紀業務、資產管理業務及自營業務等。

其他市場如第三市場、第四市場、私募證券的自動報價系統PORTAL為投資銀行提供了證券經紀業務的機會或自營業務機會。電子交易市場如Archipelago等採取電子連接網路交易方式（ECN），無須經紀人或交易商，將對投資銀行現有做市商業務或者經紀業務造成衝擊。

（二）根據上市條件和服務對象劃分

根據上市條件和服務對象，美國證券市場可分為五個層次（見表2-6）[①]：

第一層次：由紐約證券交易所（NYSE）和納斯達克全國市場（NASDAQ National Market，NASDAQ-NM）構成，上市標準較高，主要是面向大企業提供股權融資的全國性市場。

表2-6　　根據上市條件和服務對象劃分的美國證券市場體系

美國證券市場層次	具體市場
第一層次	紐約證券交易所（NYSE）、納斯達克全國市場（NASDAQ-NM）
第二層次	美國證券交易所（AMEX）、納斯達克小型股市場（NASDAQ-SC）
第三層次	太平洋交易所、中西交易所、波士頓交易所、費城交易所、芝加哥證券交易所、辛辛那提證券交易所
第四層次	OTCBB市場、粉單市場
第五層次	地方性櫃檯交易市場

紐約證券交易歷史最早可追溯至1792年，是全球規模最大和流通性最強的交易所，俗稱"大交易所"（Big Board）。截至2006年1月底共有2 267家上市公司，全球市值接近14萬億美元，在NASDAQ-NM市場上市的公司大概有3 151家，股票總市值超過3.78萬億美元。經過近30年的時間，在NASDAQ市場發行的外國公司股票數量，已超過紐約證券交易所和美國證券交易所的總和，成為外國公司在美國上市的主要場所。

2006年2月15日納斯達克市場宣布，將納斯達克市場內部進一步調整為三個層次：Global Select Market、Global Market（即原National Market）和Capital Market，並於7月全面實施。其目的主要是為了在納斯達克市場中建立一個最高上市標準的市場層次Global Select Market，以與紐約證券交易所市場競爭。

[①] 以下部分內容參照：史永東、趙永剛. 我國多層次資本市場建設研究[R]. 深圳證券交易所綜合研究報告，2006.

第二層次：由美國證券交易所（AMEX）和納斯達克小型股市場（NASDAQ Small-Cap Market，NASDAQ-SC）構成，主要是為中小企業提供股權融資服務的全國性市場。

美國證券交易所成立於1849年，於1953年正式命名為美國證券交易所。相對於紐約證券交易所，上市公司標準較低，俗稱"小交易所"（Little Board 或 Curb Board）。截至2005年10月，共有832家上市公司，總市值為473億美元。雖然上市公司市值和股票交易量小於紐約和納斯達克證券交易所，但它是全球最大的ETF交易所和美國第二大股票期權交易所。美國證券交易所於1998年與美國全國交易商協會（NASD）合並，作為美國全國交易商協會下屬的交易所獨立運營。

納斯達克小型股市場，是專門為中小型高成長企業提供融資服務的市場，上市標準較低，可以滿足以高風險、高成長為特徵的高科技企業和其他符合條件的企業的要求。

第三層次：由太平洋交易所、中西交易所、波士頓交易所、費城交易所、芝加哥證券交易所、辛辛那提證券交易所等區域性交易所構成，是交易地方性企業證券的市場，除此之外，還有一些未經註冊的交易所，主要交易地方性中小企業證券。

第四層次：由招示板市場（OTCBB）、粉單市場（Pink Sheets）構成，是主要面向廣大中小企業，為其提供股權融資的場外市場。招示板市場即全國性管理報價公告欄系統，任何未在納斯達克或其他全國性市場上市或登記的證券，包括在全國、地方、國外發行的股票、認股權證、組合證券、美國存托憑證、直接參股計劃等，都可以在該市場上顯示當前交易價格、交易量等信息。與納斯達克相比，招標板門檻較低，對企業基本上沒有規模或盈利上的要求，只要有三名以上的做市商願為該證券做市，企業股票就可以到該市場上流通。許多公司的股票先在OTCBB上市，獲得最初的發展資金，通過一段時間積累擴張，達到納斯達克或紐約證券交易所的掛牌要求後升級到這些市場。因而OTCBB又被稱為納斯達克的預備市場或是納斯達克摘牌公司的後備市場。截至2005年9月，OTCBB共有3 280只股票。

粉單市場（Pink Sheets）為未上市公司證券提供交易報價服務，其主要服務是搜集場外市場中做市商對各類店頭交易股票的報價信息並將其公布。在粉單市場上的證券有全國和地方股票、外國股票、認股權證、組合證券和美國存托憑證等，這些證券比OTCBB上的證券信譽等級更低；掛牌公司不必向SEC和NASD披露財務信息和任何報告，相比OTCBB市場，監管更少。目前在粉單市場上報價的證券有6 600多只（其中有一部分股票是在Pink Sheets和OTCBB上雙重掛牌）。

第五層次：由地方性櫃臺交易市場構成，是面向在各州發行股票的小型公司的櫃臺市場，通過當地的經紀人進行櫃臺交易。

各類層次的資本市場均為投資銀行提供了業務機會，業務機會包括證券承銷、證券經紀、做市商、自營業務等，大型投資銀行的主要業務集中在第一層次和第二層次。

三、我國證券市場體系

(一) 根據交易機制劃分

根據交易機制不同，目前我國證券市場分為場內交易市場和場外交易市場（見表2-7）。其中場內市場採取電子撮合交易機制，場外市場採取做市商制度。由於我國場內市場採取電子撮合機制和會員制，因此投資銀行的主要業務機會是證券經紀業務、自營業務、證券研究業務等。經紀業務代理投資者進行證券交易，獲取佣金收入。自營業務獲得證券差價收入，研究業務獲得諮詢收入或勞務收入。

目前我國的場外市場主要指全國股份代辦轉讓市場，又稱新三板，該市場將採取做市商制度[①]。在該市場中，投資銀行的業務機會主要是做市商業務、自營業務、證券研究業務等。

表2-7　　　　　　　　　根據交易機制劃分的我國證券市場體系

交易場所	具體市場	交易機制	投行作用與業務機會
場內交易市場（交易所市場）	上海證券交易所	電子撮合機制	證券經紀業務 自營業務 證券研究等
	深圳證券交易所		
場外交易市場（櫃臺市場）	全國股份代辦轉讓市場（新三板）	做市商機制	做市商業務 自營業務 證券研究等

我國債券市場結構比較複雜，具體包括銀行間債券市場、交易所債券市場和商業銀行債券櫃臺市場三個層次。銀行間債券市場成立於1997年6月6日，採取詢價談判機制，主要面向機構投資者，是我國債券市場的主體部分。交易所市場面向非銀行機構和個人，採取競價撮合機制。銀行櫃臺面向非金融機構和個人，採取雙邊報價機制。對投資銀行來說，銀行間債券市場的業務機會主要是債券承銷，在交易所市場的業務機會是債券承銷和交易經紀業務。在商業銀行債券櫃臺市場，擔當做市商的是各大商業銀行，投資銀行的業務主要是自營業務或資產管理業務。

資料2-2：全國中小企業股份轉讓系統

全國中小企業股份轉讓系統有限責任公司於2012年9月20日在國家工商總局註冊，2013年1月16日正式揭牌運營，註冊資本30億元。根據2013年12月13日國務院《關於全國中小企業股份轉讓系統有關問題的決定》（國發〔2013〕49號），全國股轉系統主要為創新型、創業型、成長型中小微企業發展服務。截至2016年12月31日，全國股轉

[①] 截至書稿定稿時，新三板具體的交易規則尚處於制定過程中。

系統掛牌公司達 10 163 家，其中創新層公司 952 家、基礎層公司 9 211 家；總市值約 4.06 萬億元；3 939 家掛牌公司完成 5 894 次股票發行，融資 2 749.17 億元。

資料來源：根據公開資料整理。

（二）按交易所市場層次劃分

根據上市條件和服務對象劃分，我國交易所市場又可分為主板、中小板、創業板、國際板，分別為大型企業、中小企業、科技企業、國外企業的融資和上市服務①，各個層次的交易所市場與場外交易市場一起，形成了我國多層次資本市場體系（見表 2-8）。在各個市場中，投資銀行分別獲得證券保薦、證券承銷、證券經紀、自營業務、證券研究等業務。

表 2-8 我國交易所市場層次劃分

交易所市場層次	特點	地點	投行業務機會
主板	主要面向大型企業	上交所、深交所	證券保薦 證券承銷 證券經紀 自營業務 證券研究
中小板	主要面向中小企業	深交所	
創業板	主要面向科技企業	深交所	
新三板	主要面向中小企業	全國股轉公司	
非上市股份有限公司股份轉讓系統（E 板）	主要面向有意願進入資本市場的非上市股份公司	上海股權託管交易中心	
中小企業股權報價系統（Q 板）	主要面向創業期的小微企業	上海股權託管交易中心	
四新版（N 版）	面向新技術、新產業、新業態、新模式的初創企業	上海股權託管交易中心	

資料 2-3：上海股權託管交易中心

上海股權託管交易中心經國務院同意，由上海市人民政府批準設立，遵循中國證監會對中國多層次資本市場體系建設的統一要求，是上海市國際金融中心建設的重要組成部分，也是中國多層次資本市場體系建設的重要環節。截至 2017 年 7 月上海股權交替託管中心市場概況如下：

掛牌或融資狀況	數量
N 板掛牌企業	122 家

---

① 截至書稿定稿時，我國國際板尚處於醞釀和準備階段。

表(續)

掛牌或融資狀況	數量
E 板掛牌企業	690 家
Q 板掛牌企業	8 971 家
託管企業	170 家
股權融資	208.14 億元
債權融資	40.36 億元

資料來源：上海股權託管交易中心網頁。

資料 2-4：P2P 與股權眾籌

在直接融資的市場體系中，P2P 和股權眾籌是值得關註的未來動向。所謂 P2P，是指個人與個人之間通過網路平臺的小額借貸交易，一般需要借助電子商務專業網路平臺幫助借貸雙方確立借貸關係並完成相關交易手續。所謂股權眾籌，是指公司通過網路平臺向眾多小額投資者募集股權資金的新型融資方式。2012 年 4 月美國《喬布斯法案》（Jobs Act）賦予股權眾籌合法地位，確立了新興成長企業（EGC）對眾籌融資的發行豁免條件：發行人每年最高合計的眾籌融資不超過 100 萬美元，投資者的投資金額需滿足以下要求：第一，年收入少於 10 萬美元的個人累計投資至多為 2 000 美元或年收入的 5% 中的高者；第二，年收入超過 10 萬美元的個人可將其收入的 10% 用於投資。必須通過經紀人或資金門戶進行眾籌融資。

資料來源：根據公開資料整理。

第四節　投資銀行所面臨的法律法規環境

證券市場的法律和行政規定是投資銀行運行的重要環境。投資銀行的業務經營必須遵守所在國的法律法規，否則將面臨法律法規的懲罰，甚至失去業務資格。

一、美國證券市場主要法律架構

表 2-9 按時間順序列出了美國證券市場的主要法律框架，分別涉及證券發行信息披露問題、管理資產問題、投資者保護問題、金融機構（銀行）的組織管理問題，這些法規構成了投資銀行在美國從事相關業務的法規環境。

表 2-9　　　　　　　　　　　美國證券市場主要法律架構

主要法律	法律主要內容
1933 年《證券法》 （Securities Act of 1933）	●要求全面披露與新證券有關的信息 ●對於證券價值，投資者自行判斷
1933 年《銀行法》 （Glass-Steagall Act of 1933）	●要求商業銀行與投資銀行分離 ●禁止商業銀行從事投資銀行業務
1934 年《證券交易法》 （Securities Exchange Act of 1934）	●要求交易所發行證券的公司必須定期公布財務信息
各州的《藍天法》 （Uniform Securities Act of 1956）	●要求發行人和各投資銀行必須披露該州所要求的任何信息
1956 年《銀行控股公司法》	●禁止同一家金融機構的分支機構同時從事銀行業務與保險業務的規定
1970 年《證券投資者保護法》 （Securities Investor Protection Act of 1970）	●在經紀公司出現問題時保護投資者免受限額 500 000 美元賠償
1974 年《雇員退休收入安全法》 （The Employee Retirement Incomes Securities Act，ERISA）	●要求委託人必須將客戶的資金謹慎、合理地投向顧客期待的目標，否則可能面臨法庭訴訟和賠償損失
1999 年《金融服務現代化法案》 （Gramm-Leach-Bliley Act）	●修改了"Glass-Steagall"法關於禁止同一家金融機構的分支機構同時從事銀行業務和證券業務的規定 ●修改了《銀行控股公司法》關於禁止同一家金融機構的分支機構同時從事銀行業務與保險業務的規定 ●取消了現有對銀行從事證券業務和保險業務的限制
2010 年《金融監管改革法案》 （2010 年 7 月 21 日）	●篇幅長達 2 300 多頁 ●徹底扭轉了 20 世紀 80 年代以來金融業放鬆管制的潮流，對金融業施加了眾多約束，從業務範疇、資本充足率、銀行對基金的直接投資、業務防火牆直至賦予監管機構必要時分拆大銀行和金融機構的權力

二、我國證券市場的主要法律架構及部門行政法規

表 2-10 列出了我國證券市場主要的法律及部門行政法規。其中《中華人民共和國公司法》《中華人民共和國證券法》《中華人民共和國證券投資基金法》是我國證券市場基礎性法律。相對於美國，我國此方面的法律較少，行政規定較多。

表 2-10　　　　　　　我國證券市場主要的法律及部門行政法規

主要法律法規	法律主要內容
《中華人民共和國公司法》 （1993 年發布，2005 年修訂）	● 規定了有限公司的成立、組織機構、股權轉讓問題 ● 規定了股份有限公司設立、組織機構、股份發行和轉讓 ● 規定了公司財務制度等
《中華人民共和國證券法》 （1998 年通過，2014 年修訂）	● 規定了證券發行、證券交易、證券上市、信息披露、禁止的交易行爲、上市公司的收購等事宜 ● 規定了金融機構和服務機構，如證券交易所、證券公司、證券登記結算機構、證券服務機構 ● 規定了內部管理機構和監管機構，如證券業協會、證券監督管理機構
《中華人民共和國證券投資基金法》 （2003 年 10 月 28 日，主席令 [2003] 第 9 號）	● 就證券投資基金管理人、基金託管人、基金的募集、基金份額的交易、基金份額的申購與贖回、基金的運作與信息披露、基金份額持有人權利及其行使等進行規定
《證券發行上市保薦制度暫行辦法》 （2003 年 12 月 28 日，證監會令第 18 號）	● 規定了保薦機構和保薦代表人的註冊登記 ● 規定了保薦機構的職責、保薦工作規程、保薦工作的協調等
《上市公司證券發行管理辦法》 （2006 年 5 月 6 日，證監會令第 30 號）	● 規定了公開發行證券的條件 ● 規定了非公開發行股票的條件，信息披露等
《首次公開發行股票並上市管理辦法》 （2006 年 5 月 17 日，證監會令第 32 號）	● 規定了首次公開發行條件、發行程序、信息披露等
《上市公司收購管理辦法》 （2006 年 7 月 31 日， 證監會令第 35 號）	● 就上市公司收購中權益披露、要約收購、協議收購、間接收購、豁免申請、財務顧問等進行規定
《證券發行與承銷管理辦法》 （2006 年 9 月 17 日，證監會令第 37 號）	● 規定了公司證券發行中證券詢價與定價、證券發售、證券承銷、信息披露等問題
《國債承銷團成員資格審批辦法》 （2007 年 3 月 6 日，中華人民共和國財政部、中國人民銀行、中國證券監督管理委員會第 39 號令）	● 對國債承銷團成員資格條件、申請與審批、增補與退出、成員權利與義務進行了規定
《上市公司非公開發行股票實施細則》 （2007 年 9 月 17 日， 證監會發行字 [2007] 302 號）	● 在《上市公司證券發行管理辦法》（證監會令第 30 號）基礎上就公司非公開證券發行、發行對象、公司決議、核準與發行方面做了細化規定
《首次公開發行股票在創業板上市管理辦法》 （2009 年 3 月 31 日，證監會令第 61 號）	● 就公司首次發行並擬在創業板上市過程中的發行條件、發行程序、信息披露等進行了規定

資料來源：根據我國證券市場相關法律和規定整理

資料2－5：新《證券法》的修訂方向

《中華人民共和國證券法》繼2014年修訂後，面臨着新的修訂。全國人大常委、財經委副主任委員吳曉靈認爲從法制講，需要修改證券法，擴大證券的定義，把集合投資計劃明確爲證券，納入證券法調整範圍，由證監會統一監管；要修改信托法，明確信托經營的原則；要把證券投資基金法改爲投資基金法，將所有的公募、私募集合投資行爲納入調節範圍，規範資產管理市場。

資料來源：根據公開資料整理。

第五節　投資銀行面臨的技術環境

　　金融科技是指互聯網、移動互聯網、大數據、雲計算、人工智能、區塊鏈等現代信息技術所帶來的金融創新，它能創造新的模式、業務、流程與產品，從而對金融市場提供的服務和模式產生重大的影響。金融科技極大改變了投資銀行的經營環境。華爾街金融巨頭高盛CEO Lloyd Blankfein 聲稱自己是一家科技公司。在高盛36 800名雇員中，25%爲工程師和編程人員（約9 000人），超過以技術知名的互聯網巨頭facebook、twitter、linkedin。摩根大通CFO Marianne Lake 在2016年度投資者會議上稱，摩根大通不僅是一家投行，也是一家科技公司。

1. 互聯網和移動互聯網

　　互聯網和移動互聯網的發展使得支付清算活動、證券交易活動、理財等金融活動可以搬到互聯網或智能手機上來進行。第三方支付是指具備一定實力和信譽保障的第三方獨立機構提供的交易支持平臺。目前移動支付和第三方支付成爲繼銀行卡、現金外最常使用的支付工具。移動支付和第三方支付的快速發展使人們進入無現金社會，2016年我國移動支付金額達到5.5萬億美元，是美國1120億美元市場規模的50倍左右。

2. 大數據

　　麥肯錫全球研究所對大數據的定義是：一種規模大到在獲取、存儲、管理、分析方面大大超出了傳統數據庫軟件工具能力範圍的數據集合，具有海量的數據規模、快速的數據流轉、多樣的數據類型和價值密度低四大特徵。大數據技術的意義不在於掌握龐大的數據信息，而在於對這些含有意義的數據進行專業化處理，即通過對數據的加工，實現數據的"增值"。大數據在金融上的應用包括利用大數據進行信用評估、投資管理、風險管理等方面。

3. 雲計算

　　雲計算（Cloud Computing）是一種基於因特網的超級計算模式，在遠程的數據中心里，成千上萬臺電腦和服務器連接成一片電腦雲。雲計算具有每秒千億次甚至10萬億次以上的運算能力，這種強大的計算能力可以模擬核爆炸、預測氣候變化和市場發展趨勢。用戶通過電腦、筆記本、手機等方式接入數據中心，按自己的需求進行運算。大數據與雲計算密不可分，大數據無法用單臺的計算機進行處理，必須依託雲計算的分布式處理、分布式數據庫和雲存儲、虛擬化技術。大數據在金融上可運用於需要大量計算和峰值處理的地方，比如基金管理、網路借貸、網路保險等。

4. 人工智能

人工智能是計算機科學的一個分支，它企圖瞭解智能的實質，並生產出一種新的能以人類智能相似的方式做出反應的智能機器，包括機器人、語言識別、圖像識別、自然語言處理和專家系統等。人工智能在金融領域的應用包括智能風控、智能投顧等方面。

5. 區塊鏈

區塊鏈是一種按照時間順序將數據區塊以順序相連的方式組合成的一種鏈式數據結構，並以密碼學方式保證的不可篡改和不可偽造的分布式帳本。區塊鏈技術可以解決交易中的信任和安全問題，通過區塊鏈，金融交易雙方可在無需借助第三方信用中介的條件下開展經濟活動，從而降低資產能夠在全球範圍內轉移的成本。具體包括跨境支付、保險、證券、股權登記、眾籌等應用方向。

以上技術對投資銀行業務的影響如下表 2-11。從該表可以看出，以互聯網、移動互聯網、大數據、雲計算、人工智能、區塊鏈等現代信息技術對投資銀行業務影響是巨大的。

表 2-11　　　　　　　　　現代信息技術對投行業務的影響

技術	對投行業務的影響
互聯網和移動互聯網	經紀業務（網路交易）等
大數據	資產管理（大數據基金）等
雲計算	資產管理（貨幣基金）等
人工智能	諮詢業務（智能投顧）等
區塊鏈	發行業務（股權登記、眾籌）等

資料 2-6：金融科技企業案例 Nav 公司

Nav 在美國是中小企業信貸及金融細分業務領域的佼佼者，通過網站和 APP 為中小企業和個人提供徵信報告便捷查詢服務、現金流數據等信用信息。Nav 建設了一個平臺，幫助其用戶依照自身信用情況對接最合適的金融服務提供商。通過這樣的"一站式服務"，Nav 幫助用戶有效降低成本，更快速地獲得更多的貸款。

Nav 的聯合創始人兼 CEO 利維・金（Levi King）表示，"我們的商業模式就是採用現代化科技解决融资难的问题。我们充分利用数据来帮助企业主瞭解自己企业的财务情况，并极大地缩短中小企业的贷款及融资过程。"

在提供个人信用和企业信用评分之外，Nav 刚刚推出了一款名爲"Business Loan Reality Check"的免费应用软件，这个软件能够对企业主的现金流状况进行评估并以此爲依据针对他们的借款能力给出专业意见。

资料来源：中国网，2017-07-22。

本章小结

1. 世界上主要存在兩種類型的金融體系，即以金融市場爲主導的金融體系和以銀行爲主導的金融體系。在金融市場爲主導的金融體系中，投資銀行將獲得更多的證券承銷、證券交易及併購業務機會。
2. 金融市場按照大類可分爲貨幣市場、資本市場、金融衍生市場和外匯市場，每種金融市場爲投資銀行提供了相應的業務機會。
3. 貨幣市場爲投資銀行提供了證券承銷、做市商與自投資等業務機會。
4. 資本市場爲投資銀行提供了證券承銷、金融工程、做市和自營投資的業務機會。
5. 投資銀行在金融衍生品市場中的作用是利用金融衍生產品進行風險管理、利用金融衍生產品進行套利交易、利用基本衍生工具進行結構化金融產品設計並與客戶進行交易。
6. 外匯市場爲投資銀行提供了做市業務和投機交易的機會。
7. 一級市場爲投資銀行提供了融資方案建議、證券承銷、證券分銷等業務機會。
8. 二級市場爲投資銀行提供了做市商業務或經紀業務的機會。
9. 證券市場的法律和行政規定是投資銀行運行的重要環境。

拓展閱讀

1. 爲更好地瞭解金融系統的知識，參閱：

艾倫，蓋爾. 比較金融系統 [M]. 王晋斌，等，譯. 北京：中國人民大學出版社，2002.

Boot, A., A. Thakor. Financial System Architecture [J]. Review of Financial Studies, 1997, 10 (3): 693-733.

2. 爲更好地認識投資銀行在金融系統中的作用，參閱：

Boot, A., A. Thakor. Banking Scope and Financial Innovation [J]. Review of Financial Studies, 1997, 10 (4): 1099-1131.

思考題

1. 各個國家金融體系主要有哪些類型？不同的金融體系對投資銀行業務具有哪些影響？
2. 金融市場有哪些類型？在每種市場類型中，投資銀行的業務機會是什麼？
3. 證券市場有哪些層次？投資銀行的業務機會是什麼？
4. 法律法規環境怎樣影響投資銀行的經營活動？

第三章　投資銀行二級市場業務

學習目標

通過本章的學習，掌握投資銀行二級市場業務的概念、二級市場業務的具體內容及特點。

學習內容

■　證券交易基本原理
■　證券經紀業務
■　做市商業務
■　代辦股份轉讓業務
■　融資融券業務
■　期貨介紹業務（IB）

投資者的證券交易需求爲投資銀行提供了證券經紀、做市商及融資融券的業務機會。所謂二級市場業務，是指投資銀行（證券公司）通過提供證券經紀、做市商、融資融券等與證券交易有關的服務，並借此獲得收入的業務。二級市場業務是現代投資銀行的重要業務，構成投資銀行收入和利潤的重要來源。

第一節　證券交易基本原理

一、證券交易的產生

人們之間的交易行爲是古老的經濟現象，根據埃奇沃思方盒圖，我們可以知道，產品交易可以促進交易雙方福利的提高。證券交易的內在原因是：①證券持有者變現的需要；②證券持有者改變資產組合的需要；③證券持有者價格投機和套利的需要。

很明顯，高效運作的證券交易市場爲一級市場投資者或者初始創業者提供了順暢的退出通道，從而有利於促進人們對一級市場的投資。美國學者布萊克和吉爾森（Black & Gilson, 1998）認爲正是美國發達的股票市場爲風險投資提供了快速退出機制，從而促進了美國風險投資業的高度發達。

證券作爲收益要求權工具，由於其標準化、小面額的特點，爲證券交易提供了良好的條件。但由於證券持有人在交易過程中，存在搜尋成本以及信息不對稱問題，因此高效的證券交易還必須依賴於一定的交易機制設計來克服這些問題。投資銀行在克服證券交易的這些問題方面發揮了重要作用。

二、證券交易的進行

（一）交易市場的類型

交易市場可分爲四種類型：直接交易市場、經紀人市場、交易商市場和拍賣市場（見表3-1）。直接交易市場的特點是交易商品非標準化、買賣雙方直接相互搜尋、交易者零星參與，因此交易效率較低。

經紀人市場的特點是交易雙方聘請經紀人來承擔搜尋工作，從而提高了交易效率。一級市場和大宗交易市場是經紀人市場的例子。交易商市場的特點是交易商專註於某類資產進行買賣，交易商從交易價差中獲取利潤，市場參與者無須搜尋交易對象直接與交易商進行交易。櫃臺市場是交易商市場的例子。拍賣市場的特點是所有交易者聚集在同一地點買賣某種資產。相比交易商市場，拍賣市場的優勢在於無須在交易商中尋找某種商品的最優價格；紐約交易所是典型的拍賣市場。

表3-1　　　　　　　　　　　交易市場類型

交易市場類型	特點
直接交易市場	直接相互搜尋，交易效率較低
經紀人市場	通過經紀人的介紹完成交易
交易商市場	交易商專註於某類資產進行買賣，市場參與者直接與其交易
拍賣市場	所有交易者聚集在同一地點買賣某種資產，無須在交易商中尋找某種商品的最優價格

資料來源：博迪，等．投資學[M]．7版．陳收，楊艷，譯．北京：機械工業出版社，2009

（二）證券交易機制

實際的證券交易過程較爲複雜，一種證券的交易可能涉及上述多個交易市場種類。在美國，場內交易市場與場外交易市場交易機制不盡相同，場內交易市場採取特許經紀商制，場外交易市場採取多元做市商制。

在場內交易市場中，特許經紀商（Specialist）是交易過程中的中心，充當了經紀人或做市商的角色。每家上市公司必須聘請一名特許經紀商，每名特許經紀商可爲多家上市公司服務。首先是投資人給經紀人下訂單，然後經紀人將訂單轉移給特許經紀商。作爲經紀人，特許經紀商將經紀人送過來的訂單按照一定的規則進行匹配交易。在經紀過程中，特許經紀商實際上組織了一個拍賣市場，並成爲"經紀人的經紀人"。

當交易一方找不到合適的另一方時，爲避免交易中斷，特許經紀商必須運用自己的帳户與客户進行交易，因此特許經紀商在此時又擔當了做市商的角色。

在場外市場交易中，每家做市商爲多家上市公司的股票進行做市，每家上市公司聘請多家做市商，做市商之間在報價方面存在激烈的競爭，代表投資者的經紀商需要在多個做市商中尋找最好的價格。

我國證券交易所的交易機制相對簡單，由於採取電子撮合競價機制，因此不需要特許經紀商，也不需要做市商。由於交易所實行會員制，因此投資者的證券交易必須通過經紀人來完成，投資銀行在其中擔當了經紀人的角色。

第二節　證券經紀業務

一、證券經紀業務

所謂證券經紀業務，是指投資銀行作爲證券買賣雙方的經紀人，按照客户的委託指令在證券交易所或櫃臺買入或賣出證券，並按照交易金額的一定比率收取傭金的業務。幾乎所有的金融產品的交易，都需要經紀服務。目前我國證券經紀業務的對象包括 A 股、B 股、國債、公司債、企業債、期貨、權證等。

證券經紀業務是我國證券公司最基本的一項業務，從事經紀業務必須經中國證監會批準設立證券營業部（含證券服務部）或獲得網上證券委託業務資格。

二、經紀業務的特點

（一）無風險性

在該業務中，投資銀行爲客户提供代理買賣服務，並根據買賣金額的大小按比例向客户收取傭金。由於投資銀行與投資者之間是一種委託代理關係，因此投資銀行自身不墊付資金，買賣盈虧風險由客户（投資者）自己承擔，因而沒有任何資金風險。

（二）業務被動性

經紀業務量的大小依賴於市場行情和投資者的交易習慣。市場行情向好，投資者交易活躍，投資銀行將獲得大量傭金收入；反之，則效益不佳。

(三) 競爭激烈

由於經紀業務相對技術含量不高，進入門檻較低，能提供經紀業務的證券公司很多，導致該業務競爭異常激烈。在現實生活中，證券公司往往通過傭金戰或者免費提供停車、午餐、開戶送禮物等方式爭奪客戶，從而提高了經營成本。

三、經紀業務利潤公式

假設投資者在一定時期通過某投資銀行買入或賣出任意證券 j，其總金額爲 S_j，傭金費率爲 I_j，交易所席位費爲 C_1，經紀業務對應的運營成本（包括房租、水電、工資）爲 C_2，管理費用爲 C_3，則在該時期，投資銀行：

經紀業務收入 $= \sum S_j \times I_j$

經紀業務的利潤 $= \sum S_j \times I_j - C_1 - C_2 - C_3$

通過上式可以看出，客戶通過該投資銀行買賣的證券總金額越大，傭金費率越高，交易所席位費、經紀業務運營成本、管理費用越低，經紀業務利潤就越大。在傭金費率，交易所席位費不變的情況下，經紀業務擴大利潤的任務主要是通過擴充客戶基礎、降低成本來完成。

例 3-1．經紀業務利潤的計算

假設某證券公司一年內代理股票買賣金額爲 1 000 億元，傭金費率爲 0.115%，該業務對應的一年總成本爲 8 000 萬元，交易所席位費爲 60 萬元，則該公司一年中經紀業務所帶來的利潤 = 10 000 000 × 0.115% − 8 000 − 60 = 3 440（萬元）

四、傭金制度

根據各國情況，經紀商傭金制度大體分爲固定傭金制和浮動傭金制。早期證券經紀業務大多採用固定傭金制度，即經紀公司在全國使用統一的費率，傭金費率不因交易量的大小而變化，經紀公司也不得給客戶任何形式的回扣和補貼。1792 年，美國 24 個股票經紀商達成了一項關於相互交易證券及彼此收取最低傭金的《梧桐樹協議》，該協議可以被視爲現代證券交易史上最早的固定傭金制度。

1975 年 5 月 1 日，美國證券交易委員會頒布了《有價證券修正法案》，規定經紀人必須與客戶就傭金費率問題進行充分協商，從而打破了以前的固定傭金制度，引入了競爭性的，自由協商的傭金制度。在此之後，其他國家的資本市場也紛紛引入自由協商的傭金制度。

20 世紀 80 年代，澳大利亞、法國和英國等市場相繼取消了固定傭金制。在亞洲，韓國於 1995 年取消了 6‰ 的最高傭金限制，允許自由協商傭金收費。以封閉著稱的日本證券市場也於 1999 年 10 月全面實行傭金收費的自由化。2000 年，中國香港聯交所董事局決定自 2002 年 4 月 1 日起正式取消證券及期貨交易最低傭金制，引入傭金協商制。

我國《證券法》第四十六條規定：證券交易的收費必須合理，並公開收費項目、收費標準和收費辦法。證券交易的收費項目、收費標準和管理辦法由國務院有關主管部門統一規定。我國最早的證券交易傭金採用的是 3.5‰ 的固定傭金比例，其市場化程度較低、傭金水平較高。當時的傭金比例是由上海、深圳證券交易所制定的。到 2000 年，由於證券交易額急劇放大，證券公司傭金收入成倍增長，部分證券公司出於搶佔市場份額的考慮開始"傭金打折"，固定傭金實際上已不固定。

2000 年底，中國證監會經過廣泛調查和深入研究，在反覆權衡各種傭金改革方案優劣的基礎上，提出了最高限額內向下浮動的優選傭金改革方案。2002 年 4 月 4 日，證監會經商國家計委和國家稅務總局共同發布《關於調整證券交易傭金收取標準的通知》，規定證券公司向客戶收取的傭金不得高於交易金額的 3‰ 也不得低於代收的證券交易監管費和證券交易手續費等。因此我國現行的證券交易傭金制度，是最高限額內向下浮動的傭金制度，而非完全的傭金自由化。

在傭金定價自由化的趨勢下，證券交易傭金費率不斷降低。美國證券交易委員會（SEC）的調查統計表明：1975 年美國傭金制度改革以後，傭金費率大幅下降。傭金自由化以前，股票交易傭金平均每股 26 美分；5 年後（1980 年）下降為平均每股 11.9 美分；22 年後（1997 年）則降為平均每股 5 美分。1973 年，傭金收入佔證券行業收入的 56%，而傭金自由化政策之後，這一比重不斷下降，到 1991 年降到 16%。英國 1986 年改革傭金制度之後，平均傭金費率由 0.7% 下調到 0.28%，其中個人投資者的平均傭金費率由 1.07% 降為 0.28%，機構投資者的平均傭金費率由 0.42% 下調到 0.21%。

五、傭金價格戰

傭金價格戰是指券商為了爭奪證券經紀業務市場份額而競相直接或變象降低傭金費率的行為。表 3-2 顯示了 2014 年、2015 年我國多家證券公司的傭金費率水平，從該表可以看出券商傭金費率 2015 年比 2014 年均進行了不同程度的降低。

表 3-2　　　　　　　2014 及 2015 年我國證券公司傭金費率水平

證券公司	2015 年傭金率（‰）	2014 年傭金率（‰）
中信證券	0.534	0.946
海通證券	0.467	0.688
光大證券	0.494	0.665
招商證券	0.561	0.654

表3-2(續)

證券公司	2015年傭金率（‰）	2014年傭金率（‰）
華泰證券	0.280	0.421
廣發證券	0.531	0.746
東北證券	0.632	0.983
國元證券	0.515	0.714
長江證券	0.504	0.772
西南證券	0.470	0.626
太平洋證券	0.818	1.069
國金證券	0.454	0.677
平均值	0.522	0.747

資料來源：根據證券公司公開資料整理

資料3-1：傭金價格戰

我國券商傭金"價格戰"屢屢上演，但均因違規而被很快叫停。中山證券曾在2014年3月推出"零傭通"產品，聲稱投資者在二個月推廣期內，享有滬、深、美、港實時股票行情服務的同時，通過手機開立證券帳戶享有證券交易零傭金。平安證券和國金證券2014年曾推出A股萬分之二的傭金費率活動。

為了抑制券商傭金惡性競爭的局面，2016年監管部門開始醞釀《證券經紀業務管理辦法（草案）》，該辦法從證券經紀業務定義，證券經紀業務開展基本原則，證券經紀業務各環節、分支機構和外包管理等多方面進行規定。

資料來源：根據公開資料整理。

六、券商經紀業務的競爭策略

（一）提供增值服務

證券經紀服務商包括綜合服務經紀商（Full-Service Broker）和折扣經紀商（Discount Broker）。綜合服務經紀商除了執行買賣指令、提供保證金貸款等基本服務外，還提供投資決策相關的信息和建議。有些客戶對綜合服務經紀商給予充分的信任，甚至將證券帳戶全權委託給它們。

折扣經紀商除了提供執行指令、提供保證金貸款等基本服務外，不提供投資決策相關的信息和建議，唯一提供的信息是價格行情。如嘉信理財（Schwab）、在線交易（E*Trade）等。增值服務可以异化經紀業務差異，減少同質競爭，從而避開傭金價格戰。

案例3-1：國金證券重推投顧寶

某券商經紀業務負責人認為，券商傭金價格已經非常之低，傭金再低也不一定能夠吸引投資者。大部分券商為了擺脫傭金戰的"泥沼"，紛紛開始尋找經紀業務的差異化之路，而增值服務則成為首選。

2016年國金證券推出經紀業務增值服務品牌"投顧寶"。其主要特點在於集研究、諮詢、服務為一體，為不同風險傾向的客戶定制個性化的理財服務。服務內容主要包括專家投資建議、投資掘金組合、深度諮詢報告、高端投資主題會議等。

資料來源：和訊網，http://stock.hexun.com/2016-05-09/183746525.html。

（二）提供在線交易服務

目前，美國股市的交易傭金根據交易通道的不同可以分為三類，分別是網上交易、電話交易以及由經紀人協助下單。不同的交易通道，經紀商收取的交易傭金也是不一樣的。

由於網上交易節省了經紀商的場地、人工等成本，因此傭金標準較低。以在全美擁有390多家分支機構或營業網點的史考特證券公司為例，其現行的股票交易傭金標準為：網上交易每單傭金7美元，電話交易每單傭金17美元，經紀人協助下單的每單傭金27美元。

網路交易具有手續費低廉、資訊便捷等特點，自1994年全美第一家折扣經紀商嘉信理財跨入網路交易後，網路交易迅速增長。目前我國絕大部分券商推出了網路交易，相當一部分投資者通過網路進行證券買賣。

券商經紀業務的競爭最終是品牌、信息、顧問、價格、成本等綜合服務能力的競爭，因此投資銀行應從塑造品牌、提供更多信息、降低成本等方面著手，提高經紀業務競爭力，增加市場份額。

資料3-2：美國網路證券交易

美國是最早開展網上交易的國家。目前美國網路證券交易模式隨著各證券經紀公司差異化服務的不斷發展，逐漸形成以E-trade、TD Ameritrade為代表的純粹網路證券經紀公司、以嘉信理財、Fidelity為代表的綜合型證券經紀公司，以及美林證券、A. G. Edwards為代表的傳統證券經紀公司。

以E-trade為代表的純粹網路證券經紀公司，其優勢主要在於有較強的技術開發能力，便捷的網上交易通道，由於未設立實體營業網點，因而成本較低。主要面向對價格敏感但服務要求不高的客戶。以嘉信理財為代表的綜合型證券經紀公司主要面向中產階級個人投資者和部分機構投資者。美林證券等傳統證券經紀公司則主要定位於高端客戶，為客戶提供面對面、全方位資產投資諮詢服務，擁有強大的投資研究能力和資產組合諮詢能力。

資料來源：根據公開資料整理。

(三) 經紀業務模式創新

爲了應對激烈的經紀業務競爭，近年來我國一些證券公司嘗試通過"互聯網＋"策略改組公司組織結構，創新業務模式。

案例 3-2：九州證券推出經紀寶

近年來，九州證券細分市場客戶，創新打造"4＋2"的業務開發及服務體系，致力於爲客戶提供一站式、專業服務。所謂"4"，即總部層面設置投資銀行、資產管理、固定收益、經紀與交易 4 大業務模塊，總部承擔投資定價、產品研發、風險控制等職能；所謂"2"，即線上、線下兩條行銷體系。其中，線下體系主要分布於全國各省市區的 30 餘家分支機構。而線上體系，也就是九州證券的互聯網戰略，主要借助於經紀寶，通過直接服務於證券經紀人群體，間接服務於海量的大衆客戶。

借助移動互聯、在線辦公、大數據等技術手段，經紀寶爲證券經紀人提供移動辦公平臺，向經紀人提供更加有效的業務支持，幫助其提升專業能力。基於專業的證券經紀人，九州證券爲大衆投資者開發了證券"投資大師"交易軟件，致力於打造金融服務提供者（投資顧問、證券經紀人）和金融服務消費者（投資者）一體化、社交化服務生態。

資料來源：根據公開資料整理。

第三節　做市商業務

一、做市商

做市商（Market Maker）是指運用自己的帳戶從事證券買賣，以維持證券價格的穩定性和市場的流動性，並從買賣差價獲取利潤的金融服務機構。

二、做市商的功能

現代證券市場存在兩種基本的交易機制：報價驅動機制（Quote-Driven Sytem）和指令驅動機制（Order-Driven System）。

指令驅動制度，是指買賣雙方將委託指令下達給各自的代理經紀人（交易所的會員），再由經紀人將指令下達到交易所，由交易所交易系統按照價格優先和時間優先的原則進行撮合成交，完成交易。其特點是交易價格由交易雙方同時自主報價，以競價方式確定，由此該交易機制又稱競價制，或雙向拍賣制度。目前國內兩大證券交易所和三家期貨交易所均採用此交易制度。

指令驅動制度下，雖然交易價格是最好的價格，但存在訂單執行風險，即交易者缺少交易對手而不能執行的風險。此外，由於投資者信息分布不均勻或者信息不充分而無法報出真正反應投資價值和供求關係的價格，導致價格波動頻繁。

報價驅動機制跟做市商提供的服務有關，即做市商就其負責的證券連續提供雙向報價以及在該價位上的買賣數量，投資者據此下達買賣指令，並與其成交。其特點是：①所有客戶訂單都必須由做市商用自己的帳戶買進賣出，客戶與客戶訂單之間不直接進行交易；②做市商必須事先報出買賣價格，而投資人在看到報價後才能下訂單。做市商的功能在於：

（一）為市場提供流動性

做市商有義務不斷報出買進價格和賣出價格（包括數量），使投資者可以按照做市商報價和數量隨時買進和賣出證券，不會因為買賣雙方的供求不平衡而交易中斷，從而為市場提供了流動性。

（二）保持股價穩定

做市商報價受交易所規則約束，同時做市商對於大額指令可以及時處理，在買賣盤不均衡時可以進行干預，因而可以平抑價格過大的波動。納斯達克、紐約證券交易所上市規則要求擬上市的企業必須事先確定做市商。

三、做市商業務

所謂做市商業務，是指投資銀行與擬上市公司簽訂協議，運用自己的帳戶從事證券買賣，以維持證券價格的穩定性和市場的流動性，並從買賣差價獲取利潤的業務。做市商業務是投資銀行非常重要的業務，以美國資本市場為例，做市商業務一般占據券商全部業務利潤的40%以上；此外，做市商業務反應了投資銀行的實力，對其從事一級市場承銷業務具有幫助作用，因此西方投行對此十分重視。做市商業務具體包括特許經紀商業務和多元做市商業務。

（一）特許經紀商業務

實行特許經紀商制度是紐約股票交易所區別於其他證券交易所的重要特徵之一。在該交易所，交易所將近400個特許交易商，而一個特許交易商一般負責幾只或十幾只股票。每只股票均由一個特許經紀商進行負責做市，因此屬於單一做市商制。特許經紀商藉此獲得傭金收入和買賣價差收入。

（二）多元做市商業務

美國的納斯達克市場和倫敦股票交易所是典型的多元做市商制，其中以美國納斯達克市場最為著名和完善。在該制度下，每一種股票同時由很多個做市商來負責。在納斯達克市場，活躍的股票通常有30多個做市商，最活躍的股票有時會有60個做市商。做市商通常也是代理商，代理商可以為自己、自己的客戶或其他代理商進行交易。做市商之間通過價格競爭吸引客戶訂單。因此多元做市商是一種富於競爭性的做市商制度。做市商通過做市的證券買賣價差獲得收入。

四、做市商業務的利潤公式

（一）特許經紀商業務利潤公式

特許經紀商的收入來自傭金收入和利用自己帳戶獲得的買賣價差收入兩部分。假設在一定時期投資銀行代理買賣金額為 V，傭金率為 I，買賣價差收入為 D，成本為 C，則投資銀行在一定時期該業務的利潤 L 為：

$$L = V \times I + D - C$$

（二）多元做市商業務利潤公式

假設在一定時期投資銀行對某種證券進行雙向報價，叫買價格為 P_1，買入數量為 n_1，叫賣價格為 P_2（$P_2 > P_1$），賣出數量為 n_2（$n_2 < n_1$），成本為 C，則在該時期，投資銀行獲取的利潤 L 為：

$$L = (P_2 - P_1) \times n_2 - C$$

例 3-2：多元做市商業務利潤的計算

假設在一定時期投資銀行對某種證券進行雙向報價，叫買價格為 32.4 元，買入數量為 10 萬股，叫賣價格為 33.7 元，賣出數量為 8 萬股，成本為 4 萬元，則在該時期投資銀行利潤為 =（33.7-32.4）×8-4＝6.4（萬元）

五、證券交易成本

投資銀行的經紀業務收入、做市商業務收入構成了投資者證券交易成本的一部分。投資者證券交易成本包括傭金、稅收、買賣價差、價格影響等。前兩者構成顯性成本，後兩者構成了隱性成本。傭金是投資銀行經紀服務的報酬，稅收主要指印花稅，是國家對契約交易行為的一種稅收，跟傭金一樣，通常按照交易金額的一定比例收取。我國財政部決定從 2008 年 9 月 19 日起，對證券交易印花稅實行單邊徵收，具體地，賣出時收，買入時不收。

買賣價差指在沒有新信息發布的情況下，投資者通過同一做市商高價買入、低價賣出的現象。價差是做市商為投資者提供信息的補償，做市商通過價差獲利，但對投資者來說，價差則構成交易成本。價差與交易中股票交易活動的數量成反比，即交易數量越少，越不活躍，交易商越需要獲得更大的價差。對大多數交易活躍的股票來說，價差通常低於每股價格的 1%。

價格影響指投資者在與交易商的交易過程中訂單的數量對交易價格的影響後所導致的交易成本。根據供需定律，訂單的數量越大，投資者的購買價格可能越高，或者賣價越低。

例 3-3：交易成本的計算

假設投資者張三在 2011 年年初買入 100 000 股某公司股票，買價爲 3.05 元，傭金率爲 0.125%，印花稅爲 0.1%，過戶費爲 0.2‰，則：

(1) 其投資成本是多少？

(2) 在半年後以 4.0 元賣出，淨利潤和淨收益率分別是多少？

(3) 如果半年後以 2.8 元賣出，情況又如何？

解：(1) 股票購買成本 = 100 000 × 3.05 = 305 000（元），傭金 = 100 000 × 3.05 × 0.125% = 381.25（元），過戶費 = 100 000 × 3.05 × 0.2‰ = 61（元），總投資成本 = 305 000 + 381.25 + 61 = 305 442.25（元）

(2) 半年後以 4.0 元賣出，淨利潤 = 100 000 × 4.0 × (1 - 0.125% - 0.1% - 0.2‰) - 305 442.25 = 93 577.75，淨收益率 = 93 577.75/305 442.25 = 30.64%

(3) 如果半年後以 2.8 元賣出，淨利潤 = 100 000 × 2.8 × (1 - 0.125% - 0.1% - 0.2‰) - 305 442.25 = -26 128.3（元），淨收益率 = -26 128.3/305 442.25 = -8.56%

第四節　代辦股份轉讓業務

一、代辦股份轉讓系統

代辦股份轉讓系統是我國獨立於證券交易所之外的一個系統，又稱"三板市場"。其設立的初衷是爲了妥善解決原 STAQ、NET 系統掛牌公司流通股的轉讓問題。

所謂 NET、STAQ 系統是指 1992 年 7 月和 1993 年 4 月分別開始運行的法人股交易系統，由於在交易過程中，相當數量的個人違反兩系統規定進入市場，造成兩系統流通的法人股實際上已經個人化。1999 年，兩系統停止交易。從既要規範市場又要妥善考慮投資者利益的角度出發，2001 年 6 月 12 日經中國證監會批準，中國證券業協會發布《證券公司代辦股份轉讓服務業務試點辦法》，"代辦股份轉讓系統"應運而生。

後來爲解決退市公司股份轉讓問題，自 2002 年 8 月 29 日起退市公司也納入代辦股份轉讓試點範圍。由於當時沒有強制性要求，仍有較多退市公司未到該系統掛牌。截至 2004 年 1 月底，到代辦系統掛牌轉讓的退市公司僅有 4 家。2004 年 2 月，證監會下發了《關於做好股份有限公司終止上市後續工作的指導意見》，規定了退市平移機制，強制上市公司退市以後必須進入代辦系統。隨後，作爲配套措施，中國證券業協會發布了《退市公司在代辦系統掛牌及重組有關事項的通知》等一系列文件，對退市公司進入代辦系統掛牌的程序做出了詳盡規定。強制退市公司平移至代辦系統，是代辦系統的第一次功能拓展，也爲代辦系統迎來了發展史上的第一次大擴容。自強制平移開始到 2006 年年底，進入代辦系統掛牌的退市公司已從 4 家增加至 36 家，新增 32 家；進入代辦系統掛牌的退市公司股票從 7 只增加至 40 只，新增 33 只。

2006 年 1 月，經國務院批準，中國證監會正式批復，同意中關村科技園區非上市股份有限公司進入代辦股份轉讓系統進行股份轉讓試點。因爲掛牌企業均爲高科技企業而不同於原轉讓系統內的退市企業及原 STAQ、NET 系統掛牌公司，故被形象地稱爲"新三板"。"新三板"建立之初的定位是爲高速成長的科技型中小企業提供投融資服務。2006 年中關村園區高科技公司進入代辦系統掛牌，標誌着代辦系統步入一個新的發展階段：它第一次賦予了代辦系統主動選擇優質公司進行掛牌轉讓的機會，第一次賦予了代辦系統融資功能。

二、代辦股份轉讓業務

代辦股份轉讓業務是指符合一定條件的證券公司，以其自有或租用的業務設施，爲非上市股份公司提供股份轉讓服務，並藉此向交易者收取傭金的業務。

《證券公司代辦股份轉讓服務業務試點辦法》第十一條規定股份轉讓公司應當且只能委託一家證券公司辦理股份轉讓，並與證券公司簽訂委託協議。第三十六條規定投資者參與股份轉讓，應當委託證券公司營業部辦理。第三十七條規定證券公司接受投資者委託辦理股份轉讓業務，投資者委託指令以集合競價方式配對成交。證券公司不得自營所代辦公司的股份。

三、主辦券商業務與主辦券商資格

自 2002 年開始，代辦股份轉讓系統推行主辦券商制。《證券公司從事代辦股份轉讓主辦券商業務資格管理辦法（試行）》（2002）第三條規定，代辦股份轉讓業務主辦券商是指取得從事代辦股份轉讓主辦券商業務資格的證券公司。

主辦券商業務分爲主辦業務和代辦業務。主辦業務包括：①對擬推薦在代辦股份轉讓系統掛牌的公司高管進行輔導；②辦理所推薦的股份轉讓公司掛牌事宜；③發布關於所推薦股份轉讓公司的分析報告等。代辦業務包括：①開立非上市股份有限公司股份轉讓帳戶；②受託辦理股份轉讓公司股權確認事宜；③向投資者提示股份轉讓風險，與投資者簽訂股份轉讓委託協議書，接受投資者委託辦理股份轉讓業務等。

主辦券商資格條件包括：①具備協會會員資格，遵守協會自律規則，按時繳納會費，履行會員義務；②經中國證券監督管理委員會批準爲綜合類證券公司或比照綜合類證券公司後運營一年以上；③同時具備承銷業務、外資股業務和網上證券委託業務資格；④最近年度淨資產不低於人民幣 8 億元，淨資本不低於人民幣 5 億元；⑤最近兩年內不存在重大違法、違規行爲；⑥設置代辦股份轉讓業務管理部門；⑦具有 20 家以上的營業部，且布局合理等其他條件。

主辦券商資格證書有效期爲兩年。需要維持其從事代辦股份轉讓業務資格的券商，應當在資格證書失效前三個月內，向協會提出申請並報送最近會計年度的審計報告、代辦股份轉讓業務開展情況和協會要求的其他文件，經協會複核通過後換發資格證書。

代辦系統作爲一個以契約約定各參與主體權利和義務的市場，主辦券商在其中居於核心地位，是連接掛牌公司、登記結算服務機構和管理機構等各參與方的中樞紐帶。對主辦券商設置業務範圍和資格的目的是爲了控制代辦股份轉讓系統的風險，規範代辦股份轉讓系統秩序，提高代辦股份轉讓系統的可信度和市場吸引力。

從以上規定可以看出，一家非上市公司的股份轉讓或者交易對應着一家主辦券商，主辦券商負責對其保薦和質量監督，在形式上類似於美國的特許經紀商。不同於特許經紀商的地方在於，股份轉讓以集合競價的方式配對撮合，主辦券商並沒有參與非上市公司的雙向報價，因而主辦券商並沒有提供做市商服務。由此可見，代辦股份轉讓業務是我國特定歷史階段爲解決原 STAQ、NET 系統掛牌公司、退市公司流動轉讓問題的一項證券公司業務。

第五節　融資融券業務

一、買空、賣空概念

買空、賣空屬於證券信用交易。買空又稱用保證金信貸購買（Buying on Margin），指投資者預期未來證券（股票）上漲，在自有資金（Margin）不夠的情況下，從經紀人處借入資金再買入證券的行爲。經紀人以活期借款利率從銀行借入資金以支持投資者的買入，然後再向其客戶收取貸款利率加服務費。所有以保證金信貸購買的證券（股票）由經紀公司保存，保存的目的是將該證券作爲貸款的抵押。

賣空（Short Sale）指投資者預期未來證券（股票）下跌，於是從經紀人處借入證券（股票）賣出，而後在市場中購買相同數量證券（股票）進行歸還，以博取股票價差的行爲。賣空者被要求交納保證金給他的經紀人，以確保交易者能夠負擔由於在賣空期間證券（股票）上升而發生的損失。

二、買空、賣空保證金的計算

1. 買空

例 3-3　某投資人以每股 100 元購買某股票 100 股。如果初始保證金爲 60%，那麼他至少需要多少自有資金？如果維持保證金爲 30%，那麼當股票價格跌至多少時，他將收到補充保證金的通知？

所需要的自有資金：100×100×60% = 6 000（元），需要借款 = 10 000 - 6 000 = 4 000（元）。收到補充保證金通知的價位爲：(P×100 - 4 000) / P×100 = 30% → P = 57.1 元

一般而言，假設買空初始保證金比率爲 α_0，維持保證金比率爲 α_1，初始價格 P_0，收到交保證金通知時的價格爲 P_1，則：

$$P_1 = P_0 \cdot \frac{1-\alpha_0}{1-\alpha_1}$$

2. 賣空

例 3-4 某投資人以每股 100 元購買某股票 100 股。如果初始保證金爲 60%，那麼他至少需要多少自有資金？如果維持保證金爲 30%，那麼當股票價格漲至多少時，他將收到補充保證金的通知？

所需要的自有資金：100×100×60% = 6 000（元），總資產 = 10 000 + 6 000 = 16 000（元），收到補充保證金通知的價位：(16 000 - P×100) / (P×100) = 30% → P = 123.1（元）

一般而言，假設買空初始保證金比率爲 α_0，維持保證金比率爲 α_1，初始價格 P_0，收到交保證金通知時的價格爲 P_1，則：

$$P_1 = P_0 \cdot \frac{1+\alpha_0}{1+\alpha_1}$$

三、融資融券業務的利潤公式

融資融券業務將爲證券公司帶來利息收入，根據國際慣例，券商融資利率一般在同期貸款基準利率基礎上上浮 3 個百分點左右，因而成爲證券公司的一項重要業務。在美國，1980 年的所有券商的收入中，有 13% 來自於對投資者融資的利息收入。而在中國香港和臺灣則更高，可以達到經紀業務總收入的 1/3 以上。融資融券業務的盈利計算公式如下：

融資融券業務利潤 = 券商融出資金數量 × 利率 - 資金機會成本 - 其他成本

例 3-3：融資融券業務盈利的計算

假設初始保證金比率爲 50%，一投資者擬買入價值爲 10 萬元的某證券，券商貸款利率爲 8.6%，資金機會成本爲 5.6%，該業務發生的人力等成本爲貸款數額的 0.1%，則該筆業務爲券商帶來的利潤 = 100 000 × (1 - 50%) × (8.6% - 5.6% - 0.1%) = 1 450（元）。

資料 3-3　目前我國融資融券業務現狀

截至 2011 年 3 月 30 日，滬、深兩市融資融券餘額達 205.89 億元。其中，融資餘額爲

204.6 億元，融券餘額爲 1.29 億元。

在融資費率和融券費率設定方面，截至 2011 年 3 月 31 日，25 家券商融資標的費率都爲 8.6%，而在融券標的費率上，只有海通證券、國泰君安證券、中信證券、齊魯證券爲 8.6%，其餘券商均爲 10.6%。

資料來源：百度新聞，http://www.baidu.com/.

第六節　期貨介紹業務

期貨介紹業務，又稱爲中間介紹業務（Introducing Broker，IB），是指證券公司將投資者介紹給期貨公司，爲投資者開展期貨交易提供一定的服務，期貨公司向證券公司支付佣金的業務模式。IB 制度起源於美國，目前在金融期貨交易發達的國家和地區（美國、英國、韓國、臺灣地區等）得到普遍推廣。

在證券公司 IB 制度下，作爲股指期貨介紹經紀商的證券公司，可以將投資者介紹給期貨公司並爲投資者提供期貨知識的培訓、向投資者出示風險說明書，協助期貨公司與投資者簽訂期貨經紀合同，爲投資者開展期貨交易提供設施方面的便利，協助期貨公司向投資者發送追加保證金通知書等服務，期貨公司向介紹經紀商支付佣金。但 IB 業務不得接受投資者的保證金，不得變相從事期貨經紀業務，投資者仍然需要通過期貨公司來進行股指期貨的投資。

一、期貨介紹業務的核準

我國《期貨交易管理條例》第二十三條規定：從事期貨投資諮詢以及爲期貨公司提供中間介紹等業務的其他期貨經營機構，應當取得國務院期貨監督管理機構批準的業務資格，具體管理辦法由國務院期貨監督管理機構制定。

《期貨公司爲期貨公司提供中間介紹業務試行辦法》第三條規定：證券公司從事介紹業務，應當依照本辦法的規定取得介紹業務資格，審慎經營，並對通過其營業部的介紹業務實行統一管理。

二、期貨介紹業務對象

根據《證券公司爲期貨公司提供中間介紹業務試行辦法》（2007）第十二條規定，證券公司只能接受其全資擁有或控股的，或者被同一機構控制的期貨公司的委託從事介紹業務，不能接受其他期貨公司的委託從事介紹業務。

三、券商中間介紹業務的申請條件

（1）申請日前 6 個月各項風險控制指標符合以下標準：淨資本不低於 12 億元；流動資產餘額不低於流動負債餘額（不包括客戶交易結算資金和客戶委託管理資金）的 150%；對外擔保及其他形式的或有負債之和不高於淨資產的 10%，但因證券公司發債提供的反擔保除外；淨資本不低於淨資產的 70%。

（2）已按規定建立客戶交易結算資金第三方存管制度。

（3）全資擁有或者控股一家期貨公司，或者與一家期貨公司被同一機構控制，且該期貨公司具有實行會員分級結算制度期貨交易所的會員資格、申請日前 2 個月的風險監管指標持續符合規定的標準。

（4）配備必要的業務人員，公司總部至少有 5 名、擬開展介紹業務的營業部至少有 2 名具有期貨從業人員資格的業務人員。

（5）已按規定建立健全與介紹業務相關的業務規則、內部控制、風險隔離及合規檢查等制度。

（6）具有滿足業務需要的技術系統。

（7）中國證監會根據市場發展情況和審慎監管原則規定的其他條件。

四、券商中間介紹業務申請程序

（1）證券公司申請爲期貨公司提供中間介紹業務資格，應當向中國證監會提出申請。

（2）中國證監會在規定的時間內做出批準或者不予批準的書面決定。

五、券商中間介紹業務所需材料

《證券公司爲期貨公司提供中間介紹業務試行辦法》（2007）第七條規定，證券公司申請介紹業務，應當向中國證監會提交下列申請材料：

（1）介紹業務資格申請書；

（2）董事會關於從事介紹業務的決議，公司章程規定該決議由股東會做出的，應提供股東會的決議；

（3）淨資本等指標的計算表及相關說明；

（4）客戶交易結算資金獨立存管制度實施情況說明及客戶交易結算資金第三方存管制度文本；

（5）分管介紹業務的高級管理人員和相關業務人員簡歷、期貨從業人員資格證明；

（6）關於介紹業務的業務規則、內部控制、風險隔離和合規檢查等制度文本；

（7）關於技術系統準備情況的說明；

（8）全資擁有或控股期貨公司或者與期貨公司被同一機構控制的情況說明，該期貨公司在申請日前 2 個月月末的風險監管報表；

（9）與期貨公司擬簽訂的介紹業務委託協議文本。

資料 3-4：期貨介紹業務現狀

2008 年年初，證監會開始陸續核準證券公司爲期貨公司提供中間介紹業務資格，截至 2009 年 3 月 20 日，共有 35 家證券公司獲得 IB 業務資格，占全部 107 家證券公司的三成以上。就目前情況來看，雖然内地證券公司 IB 業務成交規模和所占市場份額尚非常有限，但從與内地 IB 制度相近的我國臺灣地區的情況來看，2008 年前 9 個月，其 IB 業務交易規模占到整個市場的 24.05%，據此預期内地在股指期貨推出後，IB 業務的規模將獲得較大提升。

資料來源："IB 業務的思考"《期貨日報》，2009 年 10 月 16 日。

本章小結

1. 二級市場業務，是指投資銀行（證券公司）通過提供證券經紀、做市商、融資融券等與證券交易有關的服務，並借此獲得收入的業務。

2. 證券交易的内在原因是：①證券持有者變現的需要；②證券持有者改變資產組合的需要；③證券持有者價格投機和套利的需要。

3. 證券經紀業務是指投資銀行作爲證券買賣雙方的經紀人，按照客户的委託指令在證券交易所或櫃臺買入或賣出證券，並按照交易金額的一定比率收取傭金的業務。

4. 做市商業務是指投資銀行與擬上市公司簽訂協議，運用自己的帳户從事證券買賣，以維持證券價格的穩定性和市場的流動性，並從買賣差價獲取利潤的業務。

5. 代辦股份轉讓業務是指符合一定條件的證券公司（即主辦券商），以其自有或租用的業務設施，爲非上市股份公司提供股份轉讓服務，並借此向交易者收取傭金的業務。

6. 融資融券業務是指證券公司向客户出借資金供其買入證券或出借證券供其賣出證券的業務。

7. 期貨介紹業務是指證券公司將投資者介紹給期貨公司，爲投資者開展期貨交易提供一定的服務，期貨公司向證券公司支付傭金的業務模式。

拓展閱讀

爲了更多地瞭解證券交易成本的知識，參閱：

T. F. Loeb. Trading Cost: The Critical Link Between Investment Information and Results [J]. Financial Analysts Journal, May – June, 1983.

思考題

1. 什麼是二級市場業務？
2. 什麼是證券經紀業務？爲什麼需要證券經紀業務？其利潤公式是什麼？
4. 什麼是做市商業務？其利潤公式是什麼？
5. 什麼是代辦股份轉讓業務？其特點是什麼？
6. 什麼是融資融券業務？其利潤公式是什麼？
7. 什麼是期貨介紹業務？其特點是什麼？
8. 假設某證券公司一年內代理股票買賣金額爲 4 000 億元，傭金費率爲 0.015%，該業務對應的一年總成本爲 800 萬元，分攤交易所席位費 4 萬元，則該公司一年中經紀業務所帶來的利潤爲多少？
9. 假設在一定時期投資銀行對某種證券進行雙向報價，叫買價格爲 20.5 元，買入數量爲 10 萬股，叫賣價格爲 22.0 元，賣出數量爲 8 萬股，成本爲 4 萬元，則在該時期投資銀行利潤爲多少？
10. 假設某投資者在年初買入 10 000 股某公司股票，買價爲 10.35 元，傭金率爲 0.03%，印花稅爲 0.1%，在半年後以 13 元賣出，則：

 (1) 其購買成本各爲多少？

 (2) 淨利潤和淨收益率分別是多少？

11. 假設初始保證金比率爲 60%，某投資者擬買入價值爲 50 萬元的某證券，券商貸款利率爲 8.6%，資金機會成本爲 5.6%，發生該業務發生的人力等成本爲貸款數額的 0.1%，則該筆業務爲券商帶來的利潤爲多少？

第四章　投資銀行證券承銷業務

學習目標

通過本章的學習,首先獲得投資銀行證券承銷業務的背景知識,即企業證券發行所面臨的問題及理論、股票發行管理制度、股票發行過程,在此基礎之上掌握股票承銷業務、保薦業務、債券承銷業務的概念及各種具體業務知識。

學習內容

- 企業證券發行所面臨的問題及理論
- 股票發行管理制度
- 股票發行過程
- 證券承銷業務概念及盈利模式
- 股票承銷業務過程中的技術問題
- 投資銀行保薦業務
- 投資銀行債券承銷業務

證券承銷業務是投資銀行的本源業務和重要利潤來源,是投資銀行實力的重要標識。世界上所有有實力的投資銀行無不重視該業務的發展。證券承銷業務源於企業證券市場融資活動,因此在正式開展證券承銷業務內容之前,有必要弄清楚企業證券發行決策及證券發行管理制度、發行過程方面的知識。

第一節　企業證券發行所面臨的問題及理論

一、企業證券發行所面臨的問題

企業在有了投資機會，而內部資金不夠的情況下就產生了外部融資的需求。在外部融資需求中，企業面臨着銀行貸款、證券發行兩種方式的選擇問題。如果企業決定選擇證券發行，則在擬發行證券種類上，企業面臨着發行股票還是發行債券的選擇問題；在發行方式上，企業面臨着公募發行與私募發行的選擇問題；在發行地點上，企業面臨國內發行與國外發行的選擇問題；在發行銷售層面，企業面臨着自辦發行與聘請投資銀行協助發行的選擇問題。

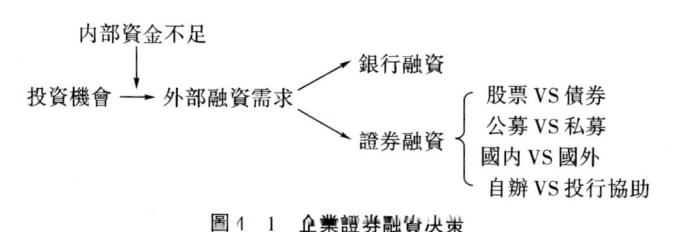

```
                         內部資金不足
                              ↓
                                    ┌→ 銀行融資
  投資機會 ──→ 外部融資需求 ┤              ┌ 股票 VS 債券
                                    └→ 證券融資 ┤ 公募 VS 私募
                                                 │ 國內 VS 國外
                                                 └ 自辦 VS 投行協助
```

圖 4-1　企業證券融資決策

以上問題是企業證券發行中必然涉及的問題，其具有較強的理論背景。厘清以上問題，對於投資銀行承銷企業證券之前企業諮詢業務的開展具有重要意義，同時對投資銀行保薦、承銷業務的正確理解具有幫助作用。

二、銀行貸款融資與債券融資的選擇問題

戴蒙得（Diamond，1991）較早研究了企業在債券融資和銀行貸款融資之間的選擇問題。債券融資區別於銀行融資的地方是：前者沒有監督，而後者具有監督。其研究結論是中等信用評級的企業選擇銀行融資以積累信用記錄和聲譽，在信用積累到一定程度後，企業將轉向債券市場融資。

瑞杰（Rajan，1992）進一步研究了企業在銀行貸款與債券融資之間的選擇問題，他發現即使銀行願意借出更多的錢，但企業卻並不願意多借而是轉向距離型融資。其原因是銀行融資既有優點，也有缺點，其缺點在於銀行融資對企業的控制力及在企業利潤上具有談判力量，從而影響企業家的事前努力工作程度，發行債券的目的在於制約銀行的力量。

三、股票融資與債券融資的選擇問題

股票融資屬於股權融資，債券融資屬於債權融資。股票持有者享有綜合權利，即除了

收取股息、分享增值等收益權外，還包括參加股東大會、投票表決、參與公司重大決策等管理權利。債券持有者享有還本付息的權利。此外，在企業不能償還到期債務時，債券持有者具有申請企業破產以清償債務的權利。

在企業發展初期，現金流比較緊張，傾向於股票融資，在企業成熟期，現金流比較充裕，市場信用狀況較好，將傾向於債券融資（Berger & Udell, 1998）。

企業股票市場融資也受到股市低迷程度的影響，股市的長期低迷會促使企業依靠內部資金或債券融資；當股市表現強勁時，企業將傾向於股票融資。

四、企業證券發行方式的選擇問題

（一）公募、私募的概念

公募發行是指企業向不特定對象銷售證券、籌集資金的行爲。我國《證券法》第十條規定，"公開發行證券，必須符合法律、行政法規規定的條件，並依法報經國務院證券監督管理機構或者國務院授權的部門核準；未經依法核準，任何單位和個人不得公開發行證券。有下列情形之一的，爲公開發行：①向不特定對象發行證券的；②向特定對象發行證券累計超過200人的；③法律、行政法規規定的其他發行行爲"。因此，在我國，公募發行是指股份公司向不特定社會公衆或累計超過200人的特定對象發行股票籌集資金的行爲。

私募發行是指公司向特定對象的發售證券、籌集資金的行爲。私募區別於公募的地方在於：私募證券的發行通過投資者和發行人之間的直接協商進行，免去了註冊登記要求。正因爲沒有註冊要求，在美國，銷售對象被限制在35人以下，要求投資者必須是富有經驗的投資者，比如保險公司、保險基金或者富有的個人。

私募證券不能在公開市場上進行交易，因而私募證券流動性較差，買賣交易成本較高。1990年之前，投資者交易私募證券必須要有2年的等待期。1990年SEC採取了144A規則，允許資產超過1億美元的機構投資者之間在發行後任何時間進行私募證券的交易，從而提高了私募證券市場的流動性。

私募發行在我國又稱爲非公開發行。《上市公司證券發行管理辦法》（2006年5月6日，證監會令第30號）第36條規定："非公開發行股票，是指上市公司採用非公開方式，向特定對象發行股票的行爲。"由此可見，我國私募發行主要指上市公司的融資行爲。此外，我國對私募發行對象、發行價格、發行資格等都作出了明確的規定。

具體地，《上市公司證券發行管理辦法》第三十七條規定，非公開發行股票的特定對象應當符合下列規定：①特定對象符合股東大會決議規定的條件；②發行對象不超過10名。發行對象爲境外戰略投資者的，應當經國務院相關部門事先批準。

《上市公司證券發行管理辦法》第三十八條規定，上市公司非公開發行股票，應當符合下列規定：①發行價格不低於定價基準日前20個交易日公司股票均價的90%；②發行的股份自發行結束之日起，12個月內不得轉讓；控股股東、實際控制人及其控制的企業認購的股份，36個月內不得轉讓；③募集資金使用符合本辦法第十條的規定；④本次發行將導致上市公司控制權發生變化的，還應當符合中國證監會的其他規定。

《上市公司證券發行管理辦法》第三十九條規定，上市公司存在下列情形之一的，不得非公開發行股票：①本次發行申請文件有虛假記載、誤導性陳述或重大遺漏；②上市公司的權益被控股股東或實際控制人嚴重損害且尚未消除；③上市公司及其附屬公司違規對外提供擔保且尚未解除；④現任董事、高級管理人員最近36個月內受到過中國證監會的行政處罰，或者最近12個月內受到過證券交易所公開譴責；⑤上市公司或其現任董事、高級管理人員因涉嫌犯罪正被司法機關立案偵查或涉嫌違法違規正被中國證監會立案調查；⑥最近一年及一期財務報表被註冊會計師出具保留意見、否定意見或無法表示意見的審計報告，保留意見、否定意見或無法表示意見所涉及事項的重大影響已經消除或者本次發行涉及重大重組的除外；⑦嚴重損害投資者合法權益和社會公共利益的其他情形。

(二) 私募發行的優缺點及相關理論

私募發行的優缺點見表4-1。私募發行的優點在於：節省註冊費用、證券條款可以根據個別投資者需求量身定做、無須公布公司的機密信息、條款易於協商、節省承銷費用、發行風險較低等；私募發行的缺點在於：流動性差，致使資金成本較高。據統計，在美國流動性溢價平均為50個基點；由於是私募，投資者範圍受到限制；此外，很多私募發行仍需金融中介如投資銀行的介入，我國上市公司的私募發行幾乎都聘請了投資銀行參與。

表4-1　　　　　　　　　　　　私募發行的優缺點

私募發行優點	私募發行缺點
● 節省註冊費用 ● 證券條款可以根據個別投資者需求量身定做 ● 無須披露公司機密信息 ● 易於再協商 ● 節省甚至沒有公開發行所需花費的承銷費用 ● 發行風險較低	● 流動性差，資金成本相對較高。在美國，流動性溢價平均為50個基本點 ● 投資者基礎受到限制 ● 仍需通過金融中介

資料來源：根據Grinblatt & Titman (2002) 和謝劍平 (2004) 有關理論綜合整理①

關於企業上市公司私募發行的內在經濟原因，目前主要包括四個假說（表4-2）。

1. 信息不對稱假說

在企業特定階段，企業究竟該選擇公募融資還是私募融資？或者說企業在什麼階段應選擇公募而不是私募？契曼納和福海瑞(Chemmanur & Fulghieri, 1999)發展的信息不對稱

---

① 詳見：Grinblatt, M., S. Titman. 金融市場與公司戰略（英文版）[M]. 2版. 北京：清華大學出版社, 2002；謝劍平. 現代投資銀行 [M]. 北京：中國人民大學出版社, 2004.

理論從投資者信息生產成本的角度對這些問題進行了回答。兩種發行方式在信息生產方面各有優缺點，私募存在信息成本的節約，而公募存在信息成本的重複。企業選擇發行的關鍵在於兩種發行方式下投資者評估成本的權衡，只有當企業累計足夠數量的信息時，方可選擇公開發行；否則選擇私募發行。換句話說，信息不對稱的情況不嚴重的企業應選擇公募行為，信息嚴重不對稱的企業應選擇私募發行。在企業生命週期階段，年輕企業信息不對稱的情況較為嚴重，因此傾向於私募發行。

2. 監督假說

監督假說認為企業對監管水平的要求決定了企業對融資方式的選擇。希萊弗和威希尼（Shleifer & Vishny，1986）認為所有權集中度提高了監管激勵。而私募可以提高所有權集中度，因此私募行為可以提高監督水平（Wruck，1989）。

3. 自盜假說

自盜假說認為私募允許經理通過"管理者戰壕"（Entrenchment）或者低價購買而損害股東的利益。巴克萊（Barclay et al.，2007）認為"管理者戰壕"很好地解釋了私募現象。赫哲爾和史密斯（Hertzel & Smith，1993）發現對經理的私募折扣比其他投資者高，分別為44%和19%。

4. 保護商業機密假說

由巴塔恰亞和起薩（Bhattacharya & Chiesaa，1995）、約沙（Yosha，1995）發展的雙邊融資和多邊融資模型認為，由於企業在多邊融資中面臨信息披露義務，為了保守商業機密，企業將傾向於向單個投資者融資即私募。

表4-2　　　　　企業上市公司選擇私募發行原因的理論解釋

理論	主要觀點	主要文獻
信息不對稱理論	克服證券發行中的信息不對稱和逆向選擇問題	契曼納和福海瑞（Chemmanur & Fulghieri，1999）
監督假說	私募通過所有權集中監督經理	希萊弗和威希尼（Shleifer & Vishny，1986）；沃而克（Wruck，1989）
自盜假說	私募通過"私人戰壕"剝削股東	巴克萊（Barclay et al.，2007）；赫哲爾和史密斯（Hertzel & Smith，1993）
保護商業機密假說	公募將會泄露公司機密給競爭者，而私募可以避免	巴塔恰亞和起薩（Bhattacharya & Chiesaa，1995）約沙（Yosha，1995）

五、上市決策理論

股票上市（Listing）指證券交易所根據一定的條件與標準，承認股票發行公司的股票在本交易所市場上作為買賣對象，可以自由公開地交易。因此股票上市的後果是公司的股票可以被掛牌交易，企業變成公衆公司。

在我國投資者的概念中，股票公開發行就意味着股票上市，股票上市就意味着首次公開發行（IPO）和企業的籌資行爲。儘管大部分企業上市就意味着公開發行和資金籌集，但實際上有很多企業上市並非主要是爲了籌資，而是爲了其他目的。比如微軟在其 IPO 和上市過程中，僅發行很少的股份，大部分是存量發行，因爲公司 IPO 和上市並不只是爲了籌集資金，而是爲了激勵高管及套現等其他目的。表 4-3 列出了上市的理由與非上市的理由。

表 4-3　　　　　　　　　　　　上市的理由與不上市的理由

股票上市理由	股票不上市理由
● 爲公司創始人提供退出、變現、分散資產組合的機制 ● 提供員工激勵機制 ● 獲得更好的進入資本市場的通道 ● 降低銀行貸款成本 ● 提高投資者的認知度 ● 提高公司在顧客、員工及供應商中的可信度 ● 獲得外部資本市場的監督和信息作用	● 上市成本較高 ● 信息會泄露給競爭者 ● 公衆的壓力

資料來源：根據 Grinblatt & Titman（2002）和 Pagano et al（1998）的理論綜合整理

（一）上市的理由

（1）流動性與投資組合分散。爲投資者提供了流動性，爲初始所有者提供了分散資產組合的途徑。津格爾斯（Zingales, 1995）認爲公司上市是初始股東實現價值最大化的決定，最終將會賣掉公司，因而上市可以實現控制權轉移。

（2）爲企業經理和其他內部人的股票激勵提供流動渠道，因而上市成爲吸引優秀員工的手段。

（3）獲得除了銀行貸款外的融資渠道。對於需要進行大量投資、高槓桿和高成長企業來說，公開市場籌資是有吸引力的選擇。

（4）在與銀行的交往中，獲得更好的談判能力。銀行籌資的劣勢在於銀行可能利用信息優勢榨取信息租金。上市可以提高企業與銀行的談判地位，降低信用成本（Rajan, 1992）。

（5）提高投資者認知。上市提升了投資者對企業的認知度，默頓（Merton, 1987）發現知道公司股票的人數越多，公司股價就越高。

（6）提升公司在顧客、員工及供應商中的可信度。

（7）監督機制。股票市場由於敵意收購的危險，提供了監督機制。同時股票價格爲經理決策提供了信息。

(二) 不上市的理由

（1）上市成本高。通常，投資者知道的有關信息比發行者少，因而存在逆向選擇問題，逆向選擇將導致企業IPO折價，該問題對年輕企業來說尤爲嚴重（Chemmanur & Fulghieri，1999）。

此外承銷過程還包括註冊費、承銷費、會計師費、律師費、信息披露成本等直接成本。據估計，直接成本可達募集金額的11%，折價間接成本達10%～15%，總成本超過25%（Grinblatt & Titman，2002）。

（2）洩密問題。由於信息披露義務，研發項目或者未來的市場戰略將被迫對外披露，可能使企業在競爭中處於不利地位。

（3）公衆壓力。由於公衆公司透明度較高，公衆可能對上市公司在社會責任等方面具有更多的期待。

(三) 實證結果

帕加諾等（Pagano et al.，1998）以義大利市場爲例實證研究了公司上市的原因及後果，發現企業規模越大、市價—帳面價值比越高的企業上市的可能性越大。企業上市似乎不是爲了企業未來的投資和增長融資，而是爲了平衡企業在大量投資和快速成長後的報表。緊跟隨著企業上市後的是信貸成本的降低和控制權交易的增加。

六、國內發行與國外發行的選擇問題

企業可以選擇在國內發行股票，也可以在國外發行股票，去國外發行的理由如下（見表4-4）：

表4-4 國內發行與國外發行的選擇理由

國外發行的理由	國內發行的理由
●減少外國投資者投資障礙 ●利用國外交易所的專業知識 ●承諾信息披露和高標準的公司治理要求 ●流動性 ●拓展產品國外市場的需要 ●長期戰略利益的需要	●需滿足國外財務標準 ●需聘請國外投資銀行

資料來源：根據Pagano et al.（2002）、Ding（2008）有關資料整理

(一) 增加股東基礎，減少外國投資者投資障礙

增加股東基礎可以提高風險分擔水平，降低融資成本（Lombardo & Pagano，1999；Stulz，1999；Martin & Rey，2000）。國外上市可以減少外國投資者投資障礙，從而將股東基礎擴展至國外，進一步增加公司的認知度，提高公司的價值（Foerster & Karolyi，1999；

Kadlec & McConnell, 1994；Baller et al., 1999；Bancel & Mittoo, 2001）。

（二）證券分析師的專業知識

國外證券分析師具有某一行業的專業技術知識可能是企業選擇國外上市的原因之一。由於美國高科技產業發達，美國證券分析師對於高科技產業具有更多的知識和認知，因此眾多高科技公司赴美上市（Blass & Yafeh, 2000）。

（三）信息披露和公司治理水平承諾

到要求嚴格的國外交易所上市是公司對外發出的關於公司治理質量的信號，從而可以降低資金成本（Stulz, 1999）。在監管不足和信息披露標準較低的國家，自身素質較好的公司，將可能選擇到監管較嚴、信息披露要求較高的國外交易所上市。

（四）流動性

國外交易所可能提供了更高的流動性，使買賣價差縮小（Foerster & Karolyi, 1999；Kadlec & McConnell, 1994），因此選擇到國外上市。

（五）拓展國外產品市場的需要

斯道頓等（Stoughton et al., 2001）認爲上市不是爲了籌資和股東的退出，而是向消費者傳遞企業具有高質量產品的信息。到國外上市使得國外投資者、消費者更信任企業，從而有助於開拓國外市場，斯達甘倫（Saudagaran, 1988）發現國外上市公司具有更多的國外銷售比例。班塞爾和米圖（Bancel & Mittoo, 2001）研究發現16%的歐洲企業國外上市的動機是爲了實施全球化市場銷售和生產的戰略。

（六）長期戰略利益的需要

丁等（Ding et al., 2010）通過對香港上市的內地企業的考察發現，到香港上市的企業可能並非短期創業家的個人財務收益的目的，而是出自企業長期增長的戰略需要。丁等（Ding et al.）認爲來自新興經濟體的企業到基礎制度較爲完善的發達國家上市，能夠使這些企業享受到有效制度的好處，從而有助於他們對長期利益的追求。

不去國外發行的理由：需要提供滿足外國財務標準的財務報表，需要聘請外國投資銀行，因而具有較高的交易成本和發行成本。此外，國外特別是美國證券市場監管較嚴，投資者維權意識較強，容易引發法律訴訟，由此導致了國外發行的法律風險和額外成本。

在美國，個人就可以起訴上市公司，而且被告要證明自己無罪。美國的監管制度是全世界最嚴格的，美國的證券交易委員會調查權力不是來自於聯邦法律，也不是總統授權，而是美國憲法。由於我國很多企業缺乏信托概念，並不知道美國的法制和市場規則，因此很容易陷入被罰款或者被訴訟的處境。

資料4-1：中國企業赴美上市變赴美上庭？

雖然中國香港2009年已成爲全球最大的首次公開發行（IPO）市場，但對許多中國內地企業來說，美國資本市場仍是首選的融資之地。

值得投資者擔憂的是，在美國，越來越多的中國公司正被訴諸法庭，理由是它們的招股說明書涉嫌包含虛假或誤導性信息。據斯坦福法學院（Stanford Law School）證券集體訴訟信息交流所統計，在過去十年里，美國國內針對外國企業提起的證券集體訴訟案數量穩步上升；2009年此類案件占到總數的20%左右。

目前正在美國面對集體訴訟的中國公司大約有16家，多於其他國家。這些公司被起訴的原因是，它們在IPO之後發布的財務結果，據稱與招股說明書中的財務報表顯著不同。這導致它們的股價下跌，給投資者造成了損失。投資者有理由認爲，自己當初買進這些股票的價格被人爲抬高了。

亞洲公司治理協會（ACGA）秘書長艾哲明（Jamie Allen）表示，在美國受到集體起訴的外國公司有很多來自中國內地，表明中國企業在信息披露方面存在嚴重問題。

資料來源：根據英國《金融時報》，伊麗莎白·弗萊．"中國企業：赴美上市變赴美上庭？" 2010-03-03 文章改編。

七、企業自辦發行與聘請投資銀行協助發行的選擇問題

企業證券發行可以採取自辦發行，也可以通過投資銀行協助發行，但一般情況下，企業都需要投資銀行的參與，由此可見，投資銀行在企業證券發行中具有十分重要的作用。

（一）對投資銀行在新股發行中的諮詢及銷售服務需求理論

投資銀行在新股發行中的作用是承銷、諮詢及分銷。在投資銀行比發行者更加瞭解資本市場的條件下，以及發行者不能觀察到投資銀行銷售努力程度的情形下，巴倫（Baron, 1982）提出發行者對投資銀行在新股發行中的諮詢及銷售服務需求理論，該理論認爲企業對投行服務具有正的需求。

由於投資銀行對資本市場比發行者有更多的信息，因此其諮詢是有價值的，企業可以將發行定價權委託給投資銀行。此外，由於投資銀行可以通過勸說投資者購買，或者驗證作用產生證券購買需求，因此其銷售服務也具有價值。

發行者對市場需求難以把握程度越高，投資銀行的諮詢服務價值和分銷作用價值就越大。當發行者與投資銀行同樣瞭解資本市場，則發行者只需要投資銀行的銷售服務。在投資銀行具有更多信息的情況下，企業將需要購買投資銀行的諮詢服務，即企業將發行定價權也委託給投資銀行。

（二）投資銀行在新股發行中的鑒證作用

發行企業和投資者之間存在信息不對稱的問題，因此發行企業爲了獲得投資者的信任，有必要通過值得信任的第三方來向投資者傳遞相關信息，降低發行成本。

布斯和史密斯（Booth & Smith, 1986）提出一個理論，認爲投資銀行在企業與投資者存在信息不對稱的情況下，發揮了第三方鑒證（Certifying）的作用，即投資銀行向投資者承諾目前的發行價格正確反應了企業價值。投資銀行之所以能夠起到鑒證的作用，原因

在於投資銀行具有聲譽資本（Reputational Capital）。由於投資銀行處於市場之中，公衆知道投資銀行會爲維護聲譽而做到誠實可信。對投資銀行來說，他們在聲譽上的投資是一種規模經濟，這種規模經濟源於經常參與資本市場活動。

契曼納和福海瑞（Chemmanur & Fulghieri, 1994）研究了投資銀行在信息不對稱金融市場中的聲譽獲取問題。正如體驗商品（Experience Goods）[①]生產商爲了長期利益而不敢提供低質產品一樣，投資銀行爲了聲譽將對企業進行客觀的評價。因此聲譽減少了投資銀行在信息生產中的道德風險，從而使投資銀行成爲可信信息的生產者。爲此，他們預測：①由於投行聲譽越好，在減低企業與市場的信息不對稱方面越有效，因此IPO折價和新股增發的負面反應是投資銀行聲譽的減函數；②聲望更好的投行將選擇風險更小的企業；③企業籌資淨額隨著投行的聲譽增加而增加；④對股權過高定價的投資銀行將失去市場份額；⑤在不對稱信息的股權市場上，所有企業傾向於使用投資銀行，只有那些信息不對稱不嚴重的企業除外。

（三）投資銀行聲譽與IPO價格關係

IPO折價是一個普遍現象，洛克（Rock, 1986）認爲折價是對不知情投資者與具有優勢信息的發行者進行交易時所冒風險的補償。卡特和曼納斯特（Carter & Manaster, 1990）擴展該理論，認爲投資者收集信息需要花費資源，因此知情投資者參與越多，折價越大。由於折價對企業來說是很大的成本，因此低風險企業將通過聲譽卓著的投資銀行，以將其低風險特性展示給市場。其原因在於，聲譽較好的投資銀行爲了維護自己的聲譽，將會只銷售低風險的IPO。具體地，投行聲譽與IPO的價格變化幅度負相關，與IPO後的價格漲幅負相關。

第二節　股票發行管理制度

一、股票發行管理制度

股票發行管理制度主要指政府管理當局對企業股票發行進行管理的框架制度。從世界範圍來看，股票發行的審核體制一般爲註冊制、核準制和審批制三類。

（一）註冊制

註冊制又稱申報制或形式審查制，即監督管理機構對發行人發行股票的行爲事先不作實質性審查，而僅對申請文件進行形式審查。在註冊制下，只要發行人提供了正式、可靠、全面、真實的資料，即使是一些高風險、低質量的公司，監管部門都應當予以註冊。

---

① 其質量只有在購買之後才能體驗到。

註冊制是以信息披露制度爲核心的股票發行制度，其理論基礎是自由主義經濟學說，實行買者自負的投資理念和公開管理原則。多數發達國家，比如美國，採取該管理方式。註冊制的優點是以市場爲主體，程序簡單，成熟高效。缺點是註冊制下新股發行的市場操作風險較大，容易導致股票市場產生投機行爲。

1982年，美國證券發行領域進行了一次重要的創新，即415規則，又稱上架註冊登記或暫擱註冊制度。該規則允許公司在發行前進行登記，正式的發行可能延期至2年以後。具體地，公司只需要做一次登記聲明，而後可在任意時間發行任意數量的證券，而無須通知證券交易委員會，從而降低了發行成本[①]。

（二）核準制

核準制又稱準則制或實質審查制。核準制遵循實質管理原則，規定股份公司發行股票不僅要全部公開可供投資者判斷的資料，而且要符合股票發行的實質條件。監管機關依據法律法規規定的限制性條件對發行者提出的申請及呈報材料做實質性審查，發行者獲得監管部門的批準後才能發行證券。我國《證券法》第十條規定，未經依法核準或審批，任何單位和個人不得向社會公開發行證券。

核準制理論認爲，由於市場信息不對稱，即使投資者都能讀懂這些發行資料，但對於資料細節未必能透徹瞭解並進行合理判斷，因此爲了保護投資者的利益，監管部門有必要對公開發行行爲進行嚴格監督。

核準制的優點是審核條件嚴格，註重對投資者利益的保護，能夠將一些質量低劣、風險較大的公司排除在股票市場之外，因此降低了股票市場的投機風險。缺點是，在核準制下，投資者容易對證券機構的審核產生依賴心理，進而對其獨立的投資判斷產生影響。另外，審核工作繁重，審核過程耗時過多，導致審核工作和發行主體的市場效率低下。

（三）審批制

審批制是核準制的一種特殊情況。在審批制下，政府部門按照嚴格實質管理原則，要求股票發行不僅要滿足信息公開的各種條件，而且還要在計劃指標前提下實行更爲嚴格的實質性審查。因此，審批制是一種具有濃厚行政色彩的計劃經濟管理模式。

二、我國股票發行管理制度的演變

從1993年開始，我國進入股票市場的規範發展時期，不僅建立了全國性的、統一的股票發行審核制度，而且先後經歷了行政色彩較濃的審批制和市場特點的核準制兩個階段。具體來說，審批制包括"額度管理"和"指標管理"兩個階段，而核準制包括"通道制"和"保薦制"兩個階段。

---

① Bhagat et al.（1985）發現上架發行比承銷團發行成本下降13%。詳見：Bhagat, S., M. Wayne Marr, G. Rodney Thompson. The Rule 415 Experiment: Equity Markets [J]. Journal of Finance, 1985, 40 (5): 1385–1401.

(一)"額度管理"階段（1993—1995年）

1993年4月25日，國務院頒布了《股票發行與交易管理暫行條例》，標誌着審批制的正式確立。在審批制下，由國務院證券監管機構根據經濟發展和市場供求的具體情況，在宏觀上制定了一個當年股票發行的總規模（額度或指標），經國務院批准後，下達給原計劃委員會，再由計劃委員會具體分配給有關國家和地方部門。省級政府和國家有關部門在各自的發行規模內推薦預選企業，證券監管機構則對符合條件的遴選企業的申報材料進行審批。

(二)"指標管理"階段（1996—2000年）

1996年，國務院證券委員會公布《關於1996年全國證券期貨工作安排意見》，推行"總量控制，限報家數"的指標管理辦法。具體的操作方法是：國務院證券委員會確定在一定時期內應發行上市的企業家數，然後向省級政府和行業管理部門下達股票發行家數的指標，省級政府或行業管理部門在上述指標內推薦預選企業，證券主管部門對符合條件的預選企業同意其上報發行股票正式申報材料並審核。

審批制出現在我國股票市場發展的初期，在中介機構和投資者都不成熟的情況下，較爲充分地利用了國家行政權力來監管發行公司，在一定程度上保證了股票市場的健康成長。但是，這種帶有計劃經濟色彩的發行制度在股票市場不斷發展的情況下，越來越顯示出其嚴重的弊病。首先，審批制使股市擔負着爲地方或部門內其他企業"脫貧解困"的任務，導致上市公司的質量難以保障，資源難以優化配置；其次，強化對國有企業的支持，客觀上就對其他經濟成分的企業發展進行了限制，使證券市場出現了上市公司的結構性矛盾；再次，審批制導致證券機構職能錯位、責任不清，影響了資本市場的規範發展；最後，行政化的審批在制度上存在尋租行爲。

(三)"通道制"階段（2001—2004年）

2001年3月17日，中國證監會宣布取消股票發行審批制，正式實施股票發行核準制下的"通道"管理體制。其具體操作方法是：每家證券公司一次只能推薦一定數量的企業申請發行股票，由證券公司將擬推薦企業逐一排隊，按序推薦。所推薦企業每核準一家才能再報一家。具有主承銷資格的證券公司擁有的通道數量最多8條，最少2條。

通道制是核準制的第一個階段，通道制下股票發行仍然具有"名額限制"的特點，但它改變了過去由行政機制遴選和推薦發行人的做法。通道制下主承銷商在某種程度上承擔了股票發行的風險，同時也實質上有了遴選和推薦股票發行的權力。不過，通道制仍然未能徹底擺脫計劃體制的束縛。並且通道制的排隊機制抑制了證券公司之間的有效競爭。由於證券公司使用通道時，必須遵守排隊規則，按照發行申報材料報送證監會和"發審委"的順序進行排隊，導致實力較強的證券公司只能與實力較弱的證券公司一同排隊，等待審核和核準。這種排隊機制弱化了各證券公司在通道數量上的差別，降低了證券公司的競爭效率。

（四）"保薦制"階段（2004年至今）

2003年12月，證監會制定《證券發行上市保薦制度暫行辦法》等法規，於2004年2月1日起開始實行保薦制。中國的保薦制度，是指有資格的保薦人推薦符合條件的公司公開發行和上市證券，並對所推薦的發行人的信息披露質量和所做承諾提供持續訓示、督促、輔導、指導和信用擔保的制度。與通道制相比，保薦制增加了由保薦人承擔發行上市過程中的連帶責任的制度內容，對提高上市公司的質量具有積極意義。

資料4-2：我國股票市場經歷九次IPO暫停

由於多種原因，我國股票IPO市場曾經歷過數次暫停和重啟。這種現象反應出我國股票發行制度尚未完全成熟。

第一次：1994年7月至1994年12月，空窗期：5個月；
第二次：1995年1月至1995年6月，空窗期：5個月；
第三次：1995年7月至1996年1月，空窗期：6個月；
第四次：2001年7月至2001年11月，空窗期：3個月；
第五次：2004年8月至2005年1月，空窗期：5個月；
第六次：2005年5月至2006年6月，空窗期：1年；
第七次：2008年12月至2009年6月，空窗期：8個月；
第八次：2012年10月至2014年1月，空窗期：15個月；
第九次：2015年7月至2015年11月，空窗期：4個月
資料來源：鳳凰財經綜合。

資料4-3：我國IPO發行制度的最近修改內容

2015年11月6日，證監會重新啟動了新股發行工作。為具體落實新股發行制度的改革措施，證監會對《證券發行與承銷管理辦法》《首次公開發行股票並上市管理辦法》及《首次公開發行股票並在創業板上市管理辦法》規章進行修訂。自2016年1月1日起，新股發行將按照新的制度執行。投資者申購新股時無需再預先繳款，小盤股將直接定價發行，發行審核將會更加註重信息披露要求，發行企業和保薦機構需要為保護投資者合法權益承擔更多的義務和責任。主要修訂內容如下：

一是完善棄購股份處理，對投資者棄購的股份，允許承銷商按事先公布的原則配售給其他參與申購的投資者，以體現《證券法》關於承銷商應首先將股票銷售給投資者的原則。

二是完善現有報價剔除機制，規定若最高申報價格與最終確定的發行價格相同時，剔除比例可以少於10%，避免出現相同報價中部分投資者被剔除的不公平情形。

三是強化獨立性和募集資金使用信息披露，修改了招股說明書準則，增加並細化了相關信息披露要求。

四是完善攤薄即期回報補償機制，在招股說明書準則中，增加了攤薄即期回報分析的假設前提、參數設置、計算過程等披露要求。

資料來源：中國證監會。

第三節　股票發行過程

股票發行過程是在一個國家證券發行管理制度之下的技術性過程，不同國家股票發行過程不一樣。

一、美國證券發行過程

（1）在向公衆發行任何證券時，獲得董事會的同意。

（2）向SEC提供註冊登記書（Registration Statement），該註冊書包括財務年報、現有經營細節、融資計劃及未來規劃等大量財務信息。

SEC在靜候期間討論註冊登記書。在此期間，公司可以向潛在投資者分發招股說明書初稿（Prospectus），因爲初稿封面以紅色、粗體字印刷，故又稱爲"紅鯡魚"（Red Herring）。"紅鯡魚"包含了比註冊登記書更多的信息，但尚未確定新股發行價格。

（3）在註冊登記的生效日，確定發行價格，發布正式的招股說明書。

（4）根據承銷協議，進行證券銷售。

（5）在發行之後，承銷商穩定市場。

表4-5　　　　　　　　　　美國證券發行過程

公開發行步驟	時間	活動
（1）承銷前會議	數月	●籌資方案，如籌集金額、發行證券種類等 ●承銷協議談判 ●董事會批準
（2）申請註冊登記	20天靜候期	●提供註冊登記書包括所有相關財務和經營信息
（3）發行定價	通常在登記期結束前最後一天	●對於首次發行，需要廣泛研究和分析 ●對於多次發行，按接近於當時市場價格定價
（4）公開發行和銷售	登記期結束前最後一天即開始	●在包銷方式中，承銷商買入一定數量股票，然後再以較高價格售出
（5）穩定市場	通常在公開發行30天後	●承銷商做好在市場按確定價格下單買進的準備

資料來源：斯蒂芬·A.羅斯，羅德爾福·W.威斯特菲爾德，杰弗利·F.杰富.公司理財.[M].5版.吳世農，等，譯.北京：機械工業出版社，2000：383-385。

二、我國證券發行過程

我國證券發行過程較爲複雜，從大的方面來說，分爲改制與規範、申請資料準備與申請核準、發行、上市四個階段（見表4-6）。

表4-6　　　　　　　　　　我國證券發行過程

公開發行步驟		時間	活動
改制與規範階段	● 企業決定改制並上市	——	● 企業主要利害關係人就改制並上市作出決定
	● 改制設立股份有限公司	不定	● 依照《公司法》聘請中介機構或自行改制
	● 聘請保薦機構進行輔導	不定	● 簽署協議，聘請保薦機構對公司輔導
	● 企業決定公開發行並上市	不定	● 股東大會決議通過企業決定公開發行並上市
申請資料準備與申請核準階段	● 保薦機構推薦、報送申請文件	不定	● 保薦機構準備推薦並按規定報送申請文件 ● 招股意向書、保薦書、審計報告、鑒證報告、法律意見書等
	● 證監會受理申請文件	5個工作日	● 作出是否受理的決定
	● 證監會初審	—	● 相關職能部門對發行人的申請文件進行初審
	● 發行審核委員會審核	—	● 發行審核委員會依法審核股票發行申請
	● 證監會作出核準或不予核準的決定	3個月	● 依照法定條件和法定程序作出予以核準或者不予核準的決定
發行階段	● 啓動股票發行程序 ● 辦理發行事宜	6個月內發行，90日包銷或代銷	● 刊登招股意向書和詢價推介公告 ● 正式詢價、推介 ● 確定發行價格 ● 網上路演 ● 刊登正式的網上網下發行公告 ● 網上網下發行交款 ● 網上網下發行驗資 ● 是否回撥 ● 刊登網下配售及網上中簽率公告 ● 搖號抽簽 ● 刊登網上中簽公告、網上資金解凍
上市階段	● 啓動股票上市程序 ● 辦理發行事宜	不定	● 向證券交易所提出上市申請 ● 提供上市保薦書 ● 交易所發布公司即將上市公告 ● 上市公告等文件 ● 是否啓用綠鞋機制 ● 保薦機構持續督導等

（一）改制與規範階段

1. 企業同意改制並上市

2006年《首次公開發行股票並上市管理辦法》第八條規定："發行人應當是依法設立且合法存續的股份有限公司。經國務院批準，有限責任公司在依法變更爲股份有限公司時，可以採取募集設立方式公開發行股票。"因此非股份有限公司或者有限公司必須進行改制。

2. 改制設立股份有限公司

所謂改制是指根據《公司法》等法規要求，對原有企業進行資產、財務、人員、治理架構等進行改造，使公司成爲具有獨立的運營能力、主營業務突出、規範和完善的公司法人治理結構的企業。

3. 聘請保薦機構進行輔導

爲保障股票發行核準制的順利實施，提高首次公開發行股票公司的素質及規範運作的水平，2001年中國證監會《首次公開發行股票輔導工作辦法》第二條規定凡擬在中華人民共和國境內首次公開發行股票的股份有限公司，在提出首次公開發行股票申請前，需要聘請輔導機構進行輔導。

輔導工作的總體目標是促進輔導對象建立良好的公司治理；形成獨立運營和持續發展的能力；督促公司的董事、監事、高級管理人員全面理解發行上市有關法律法規、證券市場規範運作和信息披露的要求；樹立進入證券市場的誠信意識、法制意識；具備進入證券市場的基本條件。同時促進輔導機構及參與輔導工作的其他中介機構履行勤勉盡責義務。

同時規定輔導期限至少爲1年。但2009年中國證監會《證券發行上市保薦業務管理辦法》第二十五條規定：保薦機構在推薦發行人首次公開發行股票並上市前，應當對發行人進行輔導，但對於輔導持續時間並沒有明確的規定。

4. 企業決定公開發行股票並上市

股東大會決議通過企業決定公開發行股票並上市，並就募集資金使用作出決定。

（二）發行申請資料準備與申請核準階段

1. 保薦機構推薦、報送申請文件

《首次公開發行股票輔導工作辦法》第四十六條規定：發行人應當按照中國證監會的有關規定製作申請文件，由保薦人保薦並向中國證監會申報。

《證券法》第十四條規定，公司公開發行新股，應當向國務院證券監督管理機構報送募股申請和下列文件：①公司營業執照；②公司章程；③股東大會決議；④招股說明書；⑤財務會計報告；⑥代收股款銀行的名稱及地址；⑦承銷機構名稱及有關的協議。依照本法規定聘請保薦人的，還應當報送保薦人出具的發行保薦書。其他還包括審計報告、鑒證報告、法律意見書等。

招股說明書是股份有限公司發行股票時就發行有關事項向公衆作出披露，並向特定或非特定投資人提出購買或銷售其股票的要約或要約邀請的法律文件。是發行審核的重點材料和申報材料的最核心文件。此外保薦書也是非常重要的文件。

預披露制度自 2012 年 2 月 1 日起實施。招股意向書，又稱爲預先披露的招股說明書（申報稿）：說明公司擬首次公開發行的數量，擬募集資金總額，募集資金投向，股票發行方式（網下發行數量與網上申購發行數量），明確詢價及推介時間，正式發行時間。但不含有價格信息，發行人不得據此發行股票。

2. 證監會受理申請文件

證監會收到申請文件後，在 5 個工作日內作出是否受理的決定。

3. 證監會初審

證監會受理申請文件後，由相關職能部門對發行人的申請文件進行初審。證監會在初審過程中，將徵求發行人註册地省級人民政府是否同意發行人發行股票的意見，並就發行人的募集資金投資項目是否符合國家產業政策和投資管理的規定徵求國家發展和改革委員會的意見。在初審期間，證監會可能提出初步審查意見，公司根據意見進行修改。

4. 發行審核委員會審核

國務院證券監督管理機構設發行審核委員會，依法審核股票發行申請。發行審核委員會由國務院證券監督管理機構的專業人員和所聘請的該機構外的有關專家組成，以投票方式對股票發行申請進行表決，提出審核意見。

5. 證監會作出核準或不予核準的決定

國務院證券監督管理機構或者國務院授權的部門應當自受理證券發行申請文件之日起 3 個月內，依照法定條件和法定程序作出予以核準或者不予核準的決定，發行人根據要求補充、修改發行申請文件的時間不計算在內；不予核準的，應當說明理由。

（三）發行階段

自中國證監會核準發行之日起，發行人應當在 6 個月內發行股票；超過 6 個月未發行的，核準文件失效，須重新經中國證監會核準後方可發行。與此對應，招股說明書的有效期爲 6 個月。證券的代銷、包銷期限最長不得超過 90 日。

在實務中，包括了刊登招股意向書和詢價推介公告、正式詢價、推介、確定發行價格、網上路演、是否回撥、刊登正式網上網下發行公告、網上網下發行交款、網上網下發行驗資、刊登網下配售及網上中簽率公告、搖號抽簽、刊登網上中簽公告、網上資金解凍等一系列過程。

詢價是指承銷商通過發行前機構投資者的認股數量與認股價格的摸底調查來最終確定發行價格的活動。路演（Roadshow）是股票承銷商幫助發行人安排的發行前的調研活動。一般來講，承銷商先選擇一些可能推銷出股票的地點，並選擇一些可能的投資者，主要是機構投資者進行說明和證券銷售。詢價及推介時間一般持續 3 個工作日，正式發售時間在緊接着的 5~6 個工作日之後。

回撥機制是指在同一次發行中採取兩種發行方式時，爲了保證發行成功和公平對待不同類型投資者，先設定不同發行方式下的發行數量，然後根據認購情况，調整不同投資者證券發售數量的行爲。

詢價和網上路演之後，基本確定了證券發行的最終發行價格和發行總量、網上發行的數量以及網下配售的數量，具體體現在"網上網下發行公告"中，即募集資金＝發行價格×發行總量，如募集資金大於擬募集資金，將出現超募現象。

申購過程。確定申購代碼，申購簡稱。配售對象只能選擇網下發行或者網上發行一種方式進行申購。配售對象參與初步詢價的，將不能參與網上發行。每個證券帳戶只能申購一次，同一帳戶的多次申購委託（包括在不同的證券交易網點各進行一次申購的情況），除第一次申購外，均視爲無效申購。

搖號抽簽，確認中簽結果。認購倍數＝有效申購股數/計劃對象計劃發售股數，中簽率＝計劃對象計劃發售股數/計劃對象有效申購股數×100％，認購倍數和中簽率反應了市場對公司發行股票的歡迎程度，認購倍數越高，中簽率越低，說明該公司越受市場歡迎。由於網上、網下申購戶數、申購資金量、計劃發行量不一樣，因此會出現網上網下中簽率不一樣的情況。爲了平衡利益，保薦人可能會在發行過程中啓用回撥機制。

（四）上市階段

《證券法》規定申請證券上市交易，應當向證券交易所提出申請，由證券交易所依法審核同意，並由雙方簽訂上市協議。申請股票、可轉換爲股票的公司債券或者法律、行政法規規定實行保薦制度的其他證券上市交易，應當聘請具有保薦資格的機構擔任保薦人。

股份有限公司申請股票上市，應當符合下列條件：①股票經國務院證券監督管理機構核準已公開發行；②公司股本總額不少於人民幣 3 000 萬元；③公開發行的股份達到公司股份總數的 25％ 以上；公司股本總額超過人民幣 4 億元的，公開發行股份的比例爲 10％ 以上；④公司最近 3 年無重大違法行爲，財務會計報告無虛假記載。證券交易所可以規定高於前款規定的上市條件，並報國務院證券監督管理機構批準。

申請股票上市交易，應當向證券交易所報送下列文件：①上市報告書；②申請股票上市的股東大會決議；③公司章程；④公司營業執照；⑤依法經會計師事務所審計的公司最近三年的財務會計報告；⑥法律意見書和上市保薦書；⑦最近一次的招股說明書等。

資料 4-4：綠鞋機制

"綠鞋機制"也叫綠鞋期權（Green Shoe Option）或超額配售選擇權（Over-Allotment Option）。因美國波士頓綠鞋製造公司（Green Shoe Manufacturing Co.）1963 年首次公開發行股票（IPO）時率先採用這一機制而得名。該機制的最初目的是爲了減少承銷商在首日交易中的風險，如今已成爲多數 IPO 的組成部分。我國自 2006 年引入這一制度，並在 2006 年工商銀行、2010 年農業銀行 IPO 中成功採用這一機制。

資料來源：根據百度百科、新浪財經等公開資料整理。

案例 4-1　桂林三金藥業股份有限公司發行與上市過程

桂林三金藥業股份有限公司（簡稱桂林三金，代碼 002275）是我國證券市場自 2008 年 9 月新股發行暫停以後第一家獲準新股發行的公司。整個發行及上市過程見表 4-7。

（1）該公司 2000—2001 年完成改制。2007 年進行了上市輔導。2007 年 5 月 23 日決定公開發行及上市。

（2）2009 年 1 月 20 日分別完成內部鑒證報告、審計報告、法律意見書申報材料，2009 年 5 月 31 日完成保薦書、招股意向書申報材料。保薦人為招商證券。2009 年 6 月 18 日獲得證監會發行審核批復。

（3）2009 年 6 月 19 日公布的招股意向書顯示，公司擬首次公開發行不超過 4 600 萬股人民幣普通股，占發行後總股本的比例不超過 10.14%，發行前每股淨資產 1.91 元。募集資金計劃投向特色中藥三金片技術改造工程等十大項目，投資總額達 63 412.53 萬元。發行方式擬採用網下向詢價對象詢價配售與網上資金申購定價發行相結合的方式進行。

初步詢價及推介公告顯示，此次網下發行不超過 920 萬股，即占發行數量的 20%。網上發行數量為發行總量減去網下最終發行量。

（4）2009 年 6 月 22 日至 2009 年 6 月 24 日公司分別在北京、上海、深圳通過網下發行電子平臺進行初步詢價及推介，2009 年 6 月 25 日確定發行價格為 19.8 元，以公司 2008 年攤薄後 0.6 元的每股收益計算，發行價對應的市盈率約為 32.89 倍，處於多家證券機構估值上限。

（5）2009 年 6 月 26 日刊登發行公告，明確本次發行採用網下向詢價對象詢價配售與網上資金申購定價發行相結合的方式同時進行，由保薦人組織承銷團，分別通過深交所網下發行電子平臺和深交所交易系統實施。本次發行網下發行數量為 920 萬股，為本次發行數量的 20%；網上發行數量為 3 680 萬股，為本次發行數量的 80%。

（6）2009 年 7 月 1 日，桂林三金發布公告稱發行網上定價發行有效申購戶數為 336.81 萬戶，有效申購股數為 214.85 億股，認購倍數為 584 倍，網上申購資金量為 4 254 億元，中簽率為 0.171 3%。

網下配售提交有效報價的配售對象為 278 家，有效申購數量為 15.17 億股，認購倍數為 164.92 倍，網下有效申購資金為 300.43 億元，有效申購獲得的配售比例為 0.606 3%。分析人士認為，本次桂林三金網上發行網上中簽率明顯提高，0.17% 的網上中簽率遠高於 2008 年網上平均 0.08% 的中簽水平。

（7）2009 年 7 月 9 日，公司發布上市公告書。本次發行募集資金總額為 91 080.00 萬元①；發行費用總額為 5 152.17 萬元，其中承銷費 2 732.40 萬元、保薦費 1 728.64 萬元、審計、驗資費 239.00 萬元、律師費 130.00 萬元、登記託管費 45.40 萬元、信息披露及路演推介費 276.73 萬元。每股發行費用為 1.12 元。本次發行募集資金淨額為 85 927.83 萬

---

① 擬募集資金數量為 63 412.53 萬元，超出發行人擬募集資金數量 27 667.47 萬元。

元。本次發行後每股淨資產爲3.61元（以截至2008年年末經審計數據爲基礎加本次募集資金淨額按發行後總股本計算）。本次發行後每股收益爲0.602元（按照2008年經審計的扣除非經常性損益前後孰低的淨利潤除以本次發行後總股本計算）。

表4-7　　　　　　　　桂林三金藥業股份有限公司發行與上市過程

公開發行步驟	時間	工作內容
改制與規範階段	2000—2001年	●改制
	2007-03-16—2007-05-16	●輔導階段
	2007-03-10—2007-05-16	●申報文件製作
	2007-05-16—2007-06-05	●內部核查
	2007-05-25	●股東會關於公開發行及上市決議
申請資料準備與申請核準階段	2009-01-20	●內部鑒證報告、審計報告、法律意見書
	2009-05-31	●公司章程、招股意向書、保薦書
	2009-06-18	●證監會發行審核批復
發行階段	2009-06-19	●刊登招股意向書 ●初步詢價及推介公告
	2009-06-22—2009-06-24	●北京、上海、深圳初步詢價及推介（通過網下發行電子平臺），截止時間爲2009年6月24日下午15：00時
	2009-06-25	●刊登《網上路演公告》 ●確定發行價格
	2009-06-26	●刊登《網下網上發行公告》、《新股投資風險特別提示公告》、刊登正式招股説明書
	2009-06-29	●網下發行繳款日（截止時間爲15：00時）網上發行申購日，網上投資者繳款申購
	2009-06-30	●網下、網上申購資金驗資
	2009-07-01	●刊登《網下配售結果公告》、《網上中簽率公告》搖號抽簽
	2009-07-02	●刊登《網上中簽結果公告》、網上申購資金解凍
上市階段	2009-07-06	●上市保薦書
	2009-07-08	●交易所發布上市公告
	2009-07-09	●上市公告書
	2009-07-10	●深交所上市交易

資料來源：根據深交所網站刊發桂林三金藥業股份有限公司發行公開資料整理，http://disclosure.szse.cn/m/search0425.jsp，2009

三、投資銀行在企業證券發行過程中的作用

從表4-8可以看出，投資銀行承銷行為包含了大量工作，對企業證券的成功發售起到了十分關鍵的作用，其在企業證券發行中的工作主要體現在改制諮詢、上市輔導、申報資料準備、發行保薦、發行承銷、上市保薦、上市後市場穩定、持續督導等方面。

表4-8　　　　　　　　　投資銀行在企業證券發行過程中的作用

公開發行步驟		活動
改制與規範階段	●企業決定改制並上市	●客戶培育，情況摸底，上市前景判斷
	●改制設立股份有限公司	●改制諮詢、設計
	●聘請保薦機構進行輔導	●發行上市前輔導
	●企業決定公開發行並上市	—
申請資料準備與申請核準階段	●保薦機構推薦、報送申請文件	●組織會計師、評估師、律師，分別撰寫招股意向書、保薦書、審計報告、鑒證報告、法律意見書等申報文件 ●提交申報文件 ●保薦
	●證監會受理申請文件	—
	●證監會初審	—
	●發行審核委員會審核	—
	●證監會作出核準或不予核準的決定	—
發行階段	●啟動股票發行程序 ●辦理發行事宜	●組織正式詢價、推介 ●確定發行價格 ●組織網上路演 ●網上網下發行收款（承銷） ●計算網下配售及網上中簽率公告 ●決定是否啟用回撥 ●組織搖號抽籤 ●返回網上解凍資金
上市階段	●啟動股票上市程序 ●辦理發行事宜	●提供上市保薦書 ●保薦 ●決定是否啟用綠鞋機制 ●上市後保薦機構持續督導

案例4-2　A股首例IPO失敗公司

2011年6月7日，民生證券承銷的新股八菱科技因詢價機構只有19家，不到法定的20家而被迫中止發行。這是新股市場化發行後，首家發行失敗的公司。

根據最新的《證券發行與承銷管理辦法》（簡稱《辦法》）第三十二條規定，初步詢價結束後，公開發行股票數量在 4 億股以下，提供有效報價的詢價對象不足 20 家的，或者公開發行股票數量在 4 億股以上，提供有效報價的詢價對象不足 50 家的，發行人及其主承銷商不得確定發行價格，並應當中止發行。但《辦法》中同時規定，發行人在中止發行後，在核準文件有效期內，經向中國證監會備案，可重新啓動發行。

這一事件說明：在一個透明的市場化的環境下，新股價格並非越高越好，除了考慮發行人的利益，發行人和承銷商還應該照顧到投資者的利益。

八菱科技的發行失敗既和上市主體對投資者吸引力不夠有關，同時也意味着保薦機構民生證券自身資源不足。有業內人士認為，八菱科技發行失敗的案例或將引領投行業重新洗牌，一些強勢券商今後將會更容易獲得 IPO 企業認可，而中小券商尤其是資源有限的券商可能會被企業拋棄。

資料來源：2011 年 6 月 7 日《證券時報》："八菱科技乏人詢價被迫中止發行，A 股首例 IPO 失敗公司"。

四、證券發行過程中的相關理論

（一）投行與發行公司互選理論

費南多等（Fernando et al.，2005）認為投資銀行承銷過程不是發行者對承銷商的單獨選擇行為，而是發行者與承銷商相互選擇的過程。即高質量的企業與高能力的投資銀行相匹配，低質量的企業與低能力的投行相匹配。在這種理論下，投資銀行對發行企業的承銷服務將是一種現貨市場關係，以交易為基礎而不是以關係為基礎；能力更強的投資銀行將承銷更多的證券，因而占有更大的市場份額；投資銀行的承銷費用將是門當戶對的發行者與承銷商討價還價的結果。

（二）承銷團理論

證券承銷通常不是一家投資銀行單獨完成，而是由多家投資銀行組成的承銷團來完成。承銷團具有以下作用：

1. 信息生產

IPO 定價是部分科學、部分藝術的工作。由於不同的投資銀行其投資者背景不同、地理位置不同，因此承銷團能夠提高信息生產質量，使 IPO 定價更為準確。即使副主承銷商（Co-managers）不能向簿記管理者提供信息，出於以後獲取主承銷商業務的考慮，他們會"在發行者耳邊說悄悄話"（whispering in the issuer's ear），以糾正目前主承銷商可能發生的損害發行者的行為。

2. 認證作用

有聲望的承銷團成員提高了衆多承銷商的鑒證作用。這是因為所有承銷團成員將為登記說明書上的虛假或誤導信息負責。

3. 分析師覆蓋

發行者願意選擇那些能提供良好的分析師覆蓋以及上市後能持續跟蹤股票的投資銀行。承銷團將提供更多、更高質量的分析師覆蓋。

4. 做市

承銷團成員更可能比其他成員對所承銷的股票進行做市，因而承銷團將提供更多的做市商。

(三) 投資銀行收費與最優收費理論

布斯和史密斯（Booth & Smith, 1986）認爲承銷服務費用（Underwriter Fee）在很大程度上是對承銷商作爲第三方向投資者傳遞有關發行企業信息的一種補償，這種補償是企業價值不確定性的增函數，也是承銷商聲譽的增函數。

萊文斯通納和威廉姆斯（Livingstona & Williams, 2007）研究了德崇投資銀行（Drexel Burnham Lambert）倒閉前後，垃圾債券市場承銷費的變化情況。在20世紀80年代，德崇投資銀行占據了垃圾債券市場承銷近50%的份額。但在1990年，該銀行破產後，垃圾債券承銷費顯著下降，由此他們認爲投資銀行之間的競爭是承銷費下降的主要原因。

陳和瑞特爾（Chen & Ritter, 2000）發現美國承銷商承銷IPO新股所獲得的承銷費率遠高於其他國家。尤其引人註意的是，發行規模在2 000萬~8 000萬美元的IPO新股，超過90%的承銷費率剛好爲7%，出現所謂"承銷費集聚現象"。

有人認爲7%的承銷費集聚現象顯示了投資銀行之間的串謀事實。漢森（Hansen, 2001）的研究不支持串謀理論，認爲7%的承銷收費並不意味着投資銀行獲得了異常的盈利收入。耶曼（Yeoman, 2001）提出一個投資銀行決定最優收費和發行價格的理論，解釋了這種現象。

第四節　證券承銷業務概念及盈利模式

一、證券承銷業務概念

從以上內容可以看出，證券發行雖然只是企業或政府的籌資行爲，但由於市場信息不對稱等多種原因，企業或政府的證券發行一般需要投資銀行通過證券承銷方式參與進來。因此，證券發行通常不是企業或政府的單方面行爲，而是會涉及投資銀行的承銷行爲。

所謂證券承銷（underwriting），是指投資銀行根據協議，依法協助證券發行人銷售其所發行的證券的行爲。承銷對象包括首次公開發行股票、配股、公募增發、非公開發行、可轉換債券發行、分離交易的可轉債發行以及企業和公司債券、短期融資券、次級債等固定收益證券的發行。

證券承銷業務是指具有證券承銷業務資格的投資銀行，借助自己在證券市場上的良好信譽和營業網點，在規定的發行有效期限內幫助發行人發行證券，並由此獲取一定比例的承銷費用的行為。

二、證券承銷業務資格的獲取

在我國，並不是所有證券公司都可以從事證券承銷業務。我國原《證券法》（2004）規定只有綜合類證券公司才可以從事證券承銷業務。我國新版《證券法》（2005）規定證券公司要從事證券承銷業務，註冊資本最低限額為人民幣1億元。

三、承銷方式

根據投資銀行在承銷過程中承擔的責任和風險的不同，證券承銷可分為全額包銷、餘額包銷和代銷三種方式。

（一）全額包銷

最傳統、最基本的承銷方式是全額包銷（Firm Commitment）。全額包銷是指投資銀行按照協議的價格直接從發行者手中買進全部股票，然後再出售給投資者。在包銷的過程中，投資銀行一般以略低的價格買進證券，再以較高的價格賣出，買賣價差就是承銷費用[①]。在這種方式下，由於投資銀行要承擔銷售和價格的全部風險，因而投資銀行的承銷費率要高於代銷和餘額包銷的承銷費率。

表4-9　　　　　　　　　企業證券承銷方式的選擇　　　　　　　單位：家

總收入（美元）	總發行	包銷	代銷	代銷占總發行的比例（%）
100 000 - 1 999 999	243	68	175	72
2 000 000 - 3 999 999	311	165	146	46.9
4 000 000 - 5 999 999	156	133	23	14.7
6 000 000 - 9 999 999	137	122	15	10.9
10 000 000 - 120 174 195	180	176	4	2.2
全部發行	1 027	664	363	35.3

資料來源，Ritter, Jay R. The costs of going public [J]. Journal of Financial Economics, 1987, 19 (2)：269 - 281

為了降低風險和分散發行失敗的風險，往往多家投資銀行組成承銷團。其中，一個或多個管理人來安排或共同安排整個交易，其中的某個管理人被指派為牽頭管理人或主管理人，牽頭組織本次發行事務。

[①] 根據Lee et al.（1996）有關理論，發行價差為0.5%～7%。

(二) 餘額包銷

餘額包銷（Standby Commitment）指發行人爲了防止無法完成既定的融資計劃，而與投資銀行簽訂餘額包銷協議，若股票未能全部賣出，就由投資銀行按事先協定的價格買進全部剩餘股票，再通過自己的銷售渠道把股票銷售出去。餘額包銷的風險在於投資者認購不足情況下，投資銀行必須買入剩餘的證券。

(三) 代銷

代銷（Best Efforts）指投資銀行和發行人之間的關係是純粹的代理關係，投資銀行只作爲發行人的股票銷售代理人，收取推銷股票的傭金，而不承擔按規定價格購進股票的義務。投資銀行只是同意盡力推銷股票，而未出售的股票將返還給發行人。由於所有的風險就都由發行人自己承擔，所以這種方式的承銷費率相對另外兩種承銷方式來說是最低的。

從實際統計情況來看，在美國，幾乎所有的新股增發（SEO）、知名企業首次公開發行均採取了全額包銷的方式，不知名企業在首次公開發行中則傾向於採取代銷的方式。此外，Ritter（1987）還發現，小規模 IPO 採取代銷方式，大規模的 IPO 採取包銷方式。

四、承銷業務利潤公式

(一) 全額包銷

假設公司發行價格爲 P，擬發行數量爲 N 股，對承銷商的折扣率爲 s，承銷商分攤到該筆業務的成本爲 C，則承銷商在該業務發生的收入爲：

$S = P \times N \times s$

承銷商在該業務產生的利潤爲：

$L = S - C = P \times N \times s - C$

公司的籌資淨額爲：

$D = (1 - s) \times P \times N$

例 4-1：全額包銷下承銷業務利潤的計算

某公司採取投資銀行全額包銷方式發行股票，假設發行價格爲 12 元，發行數量爲 1 000 萬股，對承銷商的折扣率爲 5%，承銷商爲該業務發生的成本爲 200 萬元，則投資銀行該筆業務收入、利潤各爲多少？公司的籌資淨額爲多少？

解：投資銀行收入 = 12×1 000×5% = 600（萬元）

投資銀行利潤 = 600 - 200 = 400（萬元）

公司籌資淨額 = 12×1 000×（1-5%）= 11 400（萬元）

(二) 餘額包銷或代銷

假設公司發行價格爲 P，擬發行數量爲 N 股，承銷商的承銷傭金費率爲 m，承銷商在該筆業務發生的成本爲 C，則承銷商在該業務發生的收入爲：

$S = P \times N \times m$

承銷商在該業務發生的利潤爲：

$L = S - C = P \times N \times m - C$

公司的籌資淨額爲：

$D = (1 - m) \times P \times N$

例 4-2：餘額包銷或代銷下承銷業務利潤的計算

某公司採取投資銀行餘額包銷方式發行股票，發行價格爲 12 元，發行數量爲 1 000 萬股，對承銷商的傭金費率爲 3%，承銷商爲該業務發生的成本爲 100 萬元，則投資銀行該筆業務帶來的收入、利潤各爲多少？公司的籌資淨額爲多少？

解：投資銀行收入 = 12 × 1 000 × 3% = 360（萬元）

投資銀行利潤 = 360 - 100 = 260（萬元）

公司籌資淨額 = 12 × 1 000 ×（1 - 3%）= 11 640（萬元）

從承銷業務利潤公式可以看出，爲了獲取更多的承銷收入收入，投資銀行應盡量爭取更多家數、更大規模、更高價格的證券發行。在我國，證券承銷數量受到保薦人人數的限制。此外，雖然承銷券商願意承擔大規模的發行，但根據發行公司與券商的互選理論，小的券商難以獲取大的發行業務。還有，較高的發行價格雖然有利於發行人和提高承銷收入，但也存在發行失敗的風險，因此發行價格不能過高。由此可見，投資銀行承銷業務的獲利能力依賴於投資銀行自身的規模和綜合能力。

第五節　股票承銷業務過程中的技術問題

一、證券發行條件

在我國，企業如果要公開發行證券並上市，必須滿足基本的法定條件，在此基礎之上，投資銀行進行遴選和承銷的準備工作。法定條件主要包括企業組織機構、財務狀況、守法狀況等方面。具體地，我國《證券法》第十三條規定，公司公開發行新股，應當符合下列條件：①具備健全且運行良好的組織機構；②具有持續盈利能力，財務狀況良好；③近三年財務會計文件無虛假記載，無其他重大違法行爲；④經國務院批准的國務院證券監督管理機構規定的其他條件。

（一）首次公開發行條件

2006 年中國證監會《首次公開發行股票並上市管理辦法》在《證券法》《公司法》基礎上就發行主體主體資格、財務指標、獨立性、規範運行、募集資金運用五個方面進行了詳細規定（見表 4-10）。

表 4－10　　　　　　　　　　　首次公開發行條件

項目	主要條款
主體資格	● 發行人應當是依法設立且合法存續的股份有限公司。經國務院批准，有限責任公司在依法變更爲股份有限公司時，可以採取募集設立方式公開發行股票 ● 發行人自股份有限公司成立後，持續經營時間應當在 3 年以上，但經國務院批准的除外。有限責任公司按原帳面淨資產值折股整體變更爲股份有限公司的，持續經營時間可以從有限責任公司成立之日起計算 ● 發行人的註冊資本已足額繳納，發起人或者股東用作出資的資產的財產權轉移手續已辦理完畢，發行人的主要資產不存在重大權屬糾紛 ● 發行人的生產經營符合法律、行政法規和公司章程的規定，符合國家產業政策 ● 發行人最近 3 年內主營業務和董事、高級管理人員沒有發生重大變化，實際控制人沒有發生變更 ● 發行人的股權清晰，控股股東和受控股股東、實際控制人支配的股東持有的發行人股份不存在重大權屬糾紛
獨立性	● 發行人應當具有完整的業務體系和直接面向市場獨立經營的能力 ● 發行人的資產完整 ● 發行人的人員獨立 ● 發行人的財務獨立 ● 發行人的機構獨立 ● 發行人的業務獨立 ● 發行人在獨立性方面不得有其他嚴重缺陷
規範運行	● 發行人已經依法建立健全股東大會、董事會、監事會、獨立董事、董事會秘書制度 ● 發行人的董事、監事和高級管理人員符合任職資格 ● 發行人的內部控制制度健全有效 ● 公司無重大違法違規行爲； ● 發行人有嚴格的資金管理制度。不存在被控股股東、實際控制人及其控制的其他企業以借款、代償債務、代墊款項或者其他方式占用的情形
財務與會計	● 發行人的內部控制有效，並由註冊會計師出具了無保留結論的內部控制鑒證報告 ● 發行人會計基礎工作規範，並由註冊會計師出具了無保留意見的審計報告 ● 關聯交易價格公允，不存在通過關聯交易操縱利潤的情形 ● 具體財務指標：最近 3 個會計年度淨利潤均為正數且累計超過人民幣 3 000 萬元，淨利潤以扣除非經常性損益前後較低者爲計算依據；最近 3 個會計年度經營活動產生的現金流量淨額累計超過人民幣 5 000 萬元；或者最近 3 個會計年度營業收入累計超過人民幣 3 億元；發行前股本總額不少於人民幣 3 000 萬元；最近一期末無形資產（扣除土地使用權、水面養殖權和採礦權等後）占淨資產的比例不高於 20%；最近一年期末不存在未彌補虧損 ● 發行人依法納稅，各項稅收優惠符合相關法律法規的規定。發行人的經營成果對稅收優惠不存在嚴重依賴 ● 發行人不存在重大償債風險，不存在影響持續經營的擔保、訴訟以及仲裁等重大或有事項 ● 具有持續盈利能力

表4-10(續)

項目	主要條款
募集資金運用	● 募集資金應當有明確的使用方向，原則上應當用於主營業務 ● 除金融類企業外，募集資金使用項目不得持有交易性金融資產和可供出售的金融資產、借予他人、委託理財等財務性投資，不得直接或者間接投資於以買賣有價證券爲主要業務的公司 ● 募集資金數額和投資項目應當與發行人現有生產經營規模、財務狀況、技術水平和管理能力等相適應 ● 募集資金投資項目應當符合國家產業政策、投資管理、環境保護、土地管理以及其他法律、法規和規章的規定

註：條款具體內容見《首次公開發行股票並上市管理辦法》第八條～第四十三條

（二）創業板首次公開發行條件

創業板發行股票與主板、中小板發行股票在合規性方面的要求條件差別不大，主要體現在盈利時間、盈利數量、成長性、資產結構等方面。根據2009年中國證監會《首次公開發行股票在創業板上市管理辦法》第十條對財務指標的規定，企業在創業板公開發行的條件爲：

（1）發行人是依法設立且持續經營三年以上的股份有限公司。有限責任公司按原帳面淨資產值折股整體變更爲股份有限公司的，持續經營時間可以從有限責任公司成立之日起計算。

（2）最近兩年連續盈利，最近兩年淨利潤累計不少於1 000萬元，且持續增長；或者最近一年盈利，且淨利潤不少於500萬元，最近一年營業收入不少於5 000萬元，最近兩年營業收入增長率均不低於30%。淨利潤以扣除非經常性損益前後孰低者爲計算依據。

（3）最近一期末淨資產不少於2 000萬元，且不存在未彌補虧損。

（4）發行後股本總額不少於3 000萬元。

創業板和主板上市要求的主要區別如下：

（1）盈利時間。創業板對企業盈利時間要求爲2年或者1年。如果2年盈利，則要求淨利潤累計超過1 000萬元，且持續增長；如果只有最近1年才開始盈利，則要求淨利潤不少於500萬元，最近一年營業收入不少於5 000萬元，最近兩年營業收入增長率均不低於30%。相比之下，主板要求最近3個會計年度淨利潤均爲正數且累計超過3 000萬元。

（2）現金流量要求。創業板沒有提及現金流量的問題，而主板要求發行企業最近3個會計年度淨利潤均爲正數且累計超過3 000萬元；最近3個會計年度經營活動產生的現金流量淨額累計超過5 000萬元，或者最近3個會計年度營業收入累計超過3億元。

（3）無形資產比例問題。創業板沒有提及無形資產占總資產的比例問題，而主板要求最近一期期末無形資產占淨資產的比例不高於20%，可見創業板考慮了高科技企業無形資產比重較大的事實。

（4）股本問題。創業板要求發行後的股本總額不少於3 000萬元，而主板要求發行前股本不少於3 000萬元,可見創業板對公司的規模要求較低。

(5) 業務多樣性方面。創業板要求企業主要經營一種業務,而主板要求企業具有完整的業務體系和直接面向市場獨立經營的能力就可以。

(6) 管理層持續性方面。創業板要求最近2年主營業務、董事和高級管理人員沒有重大變動,實際控制人沒有變更,而主板要求企業最近3年主營業務、董事和高級管理人員無重大變動,實際控制人沒有變更。

資料4-4 創業板新股發行,兩成公司被否

截至2010年10月19日,在189家擬發行的創業板企業中,發行審核未通過的有37家,被否率為19.58%。經分析,企業發行被否的原因主要有八個方面(見表4-11):

表4-11　　　　　　　　創業板發行審核企業被否原因表

被否原因	具體原因	家數	占比(%)
信息披露問題	發行申請人的信息披露不完整、不準確,出現重大遺漏或誤導性陳述,風險因素披露不詳	1	2.70
主體資格問題	發行申請人的實際控制人、管理層發生重大變化,控股股東、實際控制人存在重大權屬糾紛以及國有資產流失、集體資產被低估或非法轉讓和利益輸送等	4	10.81
發行人獨立性問題	發行申請人因改制不徹底造成對控股股東的過分依賴以及關聯交易、資金占用、同業競爭等	4	10.81
持續盈利能力和成長性問題	發行申請人的經營模式和所屬行業發生重大變化,對單一不確定性客戶存在重大依賴,收入或利潤出現負增長等;過分倚重稅收優惠和財政補貼,成長性不足;通過關聯交易輸送利潤,或者關聯交易占發行人業務收入和利潤比例較大,還有的利用研發費用資本化、提前或推遲確認收入或非經常性損益等手段調節利潤	8	21.62
募集資金使用問題	發行申請人的募集資金沒有明確的使用方向,或者募投項目技術和經營管理經驗缺乏,市場和產能消化能力不足,盈利前景風險過大等	3	8.11
規範運作和內控問題	發行申請人的稅務存在瑕疵,內控制度不健全或未能有效執行,會計核算不規範,資金非法占用,代收銷售貨款,企業財務獨立性差等	7	18.92
財務會計問題	發行申請人的財務資料及會計處理缺乏真實性、準確性和合理性	5	13.51
企業競爭能力問題	發行申請人的企業規模偏小,核心競爭力不足,抗風險能力弱	5	13.51
累計		37	100%

資料來源:根據2010年10月29日《東方早報》"創業板新股發行存八大硬傷　189家公司兩成被否"整理

註:表中占比 = 家數/37 × 100%

（三）新股增發條件

根據2006年中國證監會《上市公司證券發行管理辦法》，新股增發需滿足一般規定和特別規定（見表4-12）。

表4-12　　　　　　　　　　　　新股增發條件表

一般規定	特別規定
●上市公司的組織機構健全、運行良好 ●上市公司的盈利能力具有可持續性 ●上市公司的財務狀況良好 ●上市公司最近36個月內財務會計文件無虛假記載，且不存在重大違法行為 ●上市公司募集資金的數額和使用應當符合規定	●最近3個會計年度加權平均淨資產收益率平均不低於6% ●除金融類企業外，最近一期期末不存在持有金額較大的交易性金融資產和可供出售的金融資產、借予他人款項、委託理財等財務性投資的情形 ●發行價格應不低於公告招股意向書前20個交易日公司股票均價或前1個交易日的均價

註：條款具體內容見《上市公司證券發行管理辦法》第六條～第十三條

（四）配股條件

根據2006年中國證監會《上市公司證券發行管理辦法》，配股需滿足一般規定和特別規定（見表4-13）。

表4-13　　　　　　　　　　　　配股條件表

一般規定	特別規定
●上市公司的組織機構健全、運行良好 ●上市公司的盈利能力具有可持續性 ●上市公司的財務狀況良好 ●上市公司最近36個月內財務會計文件無虛假記載，且不存在重大違法行為 ●市公司募集資金的數額和使用應當符合規定	●擬配售股份數量不超過本次配售股份前股本總額的30% ●控股股東應當在股東大會召開前公開承諾認配股份的數量 ●採用《證券法》規定的代銷方式發行 ●控股股東不履行認配股份的承諾，或者代銷期限屆滿，原股東認購股票的數量未達到擬配售數量70%的，發行人應當按照發行價並加算銀行同期存款利息返還已經認購的股東

註：條款具體內容見《上市公司證券發行管理辦法》第六條～第十二條

（五）上市公司非公開發行條件

對於上市公司非公開發行（私募）的條件，2006年中國證監會《上市公司證券發行管理辦法》就發行對象和發行價格做了特別規定。

具體地，非公開發行股票的特定對象應當符合下列規定：

（1）特定對象符合股東大會決議規定的條件；

（2）發行對象不超過10名。

發行對象為境外戰略投資者的，應當經國務院相關部門事先批準。

上市公司非公開發行股票，應當符合下列規定：

（1）發行價格不低於定價基準日前 20 個交易日公司股票均價的 90%；

（2）本次發行的股份自發行結束之日起，12 個月內不得轉讓；控股股東、實際控制人及其控制的企業認購的股份，36 個月內不得轉讓。

（六）全國中小企業股份轉讓系統上市條件

根據 2013 年 6 月 20 日《全國中小企業股份轉讓系統掛牌條件適用基本標準指引（試行）》和《全國中小企業股份轉讓系統業務規則（試行）》，股轉系統上市條件基本標準如下：

（1）依法設立且存續滿兩年；

（2）業務明確，具有持續經營能力；

（3）公司治理機制健全，合法規範經營；

（4）股權明晰，股票發行和轉讓行為合法合規；

（5）主辦券商推薦並持續督導；

（6）全國股份轉讓系統要求的其他條件。

在股票發行實際承銷過程中，投資銀行除了從發行人主體資格、財務指標、獨立性、規範運行、募集資金運用等硬性條件考察公司是否已經符合股票發行和上市條件外，還應從該公司所處的行業、在行業中的地位、公司管理團隊、市場競爭能力等角度考察公司的亮點，並依據投資者的心理偏好，進行合理的推銷和包裝。投資銀行最看重的是那些處於行業領導地位，市場前景廣闊，管理團隊穩定且充滿活力的公司。

二、發行方式

我國證券發行主要發行方式有上網定價、上網定價與二級投資者配售、網上累計投標詢價、網下詢價配售與網上定價相結合、戰略配售、網下配售與網上定價相結合等多種方式（見表 4-14）。

表 4-14　　　　　　　　　　發行方式表

發行方式	發售對象	特點
上網定價	所有合格的投資者	過程相對簡單
上網定價與二級投資者配售	二級市場投資者	過程較為簡單
網上累計投標詢價	所有合格的投資者	過程複雜
網下詢價配售與網上定價相結合	機構投資者和普通個人投資者	過程比較複雜
戰略配售、網下配售與網上定價相結合	機構投資者和普通個人投資者	過程最為複雜

（1）上網定價方式。針對所有投資者，發行價格由發行人與承銷商事前確定。當有效申購數量大於公司擬發售股份時，發售對象通過抽籤確定。其特點是發行過程較爲簡單，最重要的工作是發行前期發行價格的確定和招股說明書的準備。

（2）上網定價與二級市場投資者配售。與上網定價方式類似，不同的是將發售對象與二級市場持股狀況聯繫起來，從而鼓勵投資者參與二級市場投資。

（3）網上累計投標詢價。發行人與主承銷商首先確定發行價格區間，而後投資者在該區間內進行競價投標。不同於以上兩種發行方式的是，這種方法多了招標過程以及累計投票統計的步驟，從而過程更長。發行成功的關鍵在於確定合理的價格發行區間以及招標過程的組織工作。

（4）網下詢價配售與網上定價相結合。相對於網上累計投標詢價方式，該發行方式並不在事前直接確定發行價格區間，而是在事前先向機構投資者進行詢價並確定價格區間，而後根據機構投資者的有效申購確定最終發行價格以及網下、網上發行數量。該種方式強調了機構投資者的信息反饋作用，過程較爲複雜。發行成功的關鍵在於主承銷商能夠提供比較正確和客觀的擬發行公司投資分析報告，合適的詢價對象隊伍的組織和過程安排。

（5）戰略配售、網下配售與網上定價相結合。與網下詢價配售與網上定價相結合發行方式類似。所不同的是，多了向戰略投資者配售、網下網上回撥等過程，時間週期更長，過程更爲複雜，適合大規模的證券發行。發行成功的關鍵在於主承銷商能夠提供比較正確客觀的擬發行公司投資分析報告，戰略投資者、詢價對象的引入以及過程安排。

三、公司股票估值與 IPO 定價

（一）公司股票估值

在投資學理論中，股票股票估值主要有三種方法：股息貼現模型、比較估價法與自由現金流估價方法[①]。

1. 股息貼現模型（DDM）

在股息貼現模型中，股票價值等於未來股息的貼現值。

$$V = \sum_{i=1}^{n} \frac{D_i}{(1+k)^i} \qquad (公式 4.1)$$

上式中，D_i 表示預期未來股息，k 表示貼現率，$k = r_f + \beta [E(r_M) - r_f]$。

2. 比較估價法

在比較估價法中，股票價值等於公司某種財務指標乘以相應的估值比率。估值比率具體包括市盈率（P/E）、市值-帳面價值比（P/B）、市值-現金流比（P/C）、市值-銷售比（P/S）、創造力比等。

---

① 參見：博迪，等．投資學 [M]．7 版．北京：機械工業出版社，2009：18 章．

市盈率法：$V = E \times P/E$。該法比較常用，市盈率跟行業增長率有很大的關係，一般電子設備、軟件等高科技行業具有較高的市盈率，傳統行業如烟草、鋼鐵、金融等行業市盈率較低。

市值—帳面價值法，又稱淨資產倍率法：$V = E \times P/B$。有分析師認爲帳面價值可以更好地衡量企業價值。

市值—現金流比法：$V = C \times P/C$。現金流受會計方法影響較小，因此估值更爲準確。

市值—銷售比法：$V = S \times P/S$。適合評估沒有盈利的公司。

創造力比法：$V = D \times P/D$。D表示點擊率，在20世紀90年代，一些分析者對零售互聯網的估價，是基於它們的網站被點擊的次數。

3. 自由現金流估價法

自由現金流是指去除資本支出後公司或股東獲得的現金流，這種方法適合於那些無須支付股息的公司。對股權價值的計算，一種方式是通過對公司自由現金流進行貼現獲得公司的價值，然後減去債務來獲得權益的價值；另一種方法是直接對股權自由現金流折現來獲得權益的市場價值。

公司自由現金流（FCFF）= $EBIT(1 - t_c)$ + 折舊 - 資本性支出 - NWC追加額

（公式4.2）

公式4.2中，$EBIT$爲息稅前利潤，t_c爲稅率，NWC爲淨營運資本。

股權自由現金流（FCFE）= $FCFF$ - 利息費用 $\times (1 - t_c)$ + 新增債務　　（公式4.3）

在第一種方法中

股權價值 = 公司價值 - 負債價值 = $\sum \dfrac{FCFF_t}{(1 + WACC)^t}$ - 負債價值　　（公式4.4）

公式4.4中，$WACC$爲加權資金成本。

在第二種方法中

股權價值 = $\sum \dfrac{FCFE_t}{(1 + k_E)^t}$　　（公式4.5）

公式4.5中，k_E爲股權資本成本。

（二）IPO定價

IPO定價被稱爲兼具科學性與藝術性的工作（McCarthy，1999）。《證券法》第三十四條規定：股票發行採取溢價發行的，其發行價格由發行人與承銷的證券公司協商確定。目前定價方法主要包括固定價格法、詢價法、公開投標法。

1. 固定價格法

我國股票發行特別是首次公開發行定價曾長期採用固定價格方法。所謂固定價格法是指在股票發行前，股票發行價格就由主承銷商與發行公司商量確定，並通過募股說明書公之於衆，然後根據此固定價格發行股票的方法。固定價格法發行價格的確定主要採取市盈率法。即：

發行價格＝每股稅後預測利潤×發行市盈率　　　　　　　　　　　　　　（公式4.6）

在處理每股利潤上，有兩種方法：即加權平均法和完全攤薄法。

在加權平均法下：每股預測稅後利潤＝$\dfrac{發行當年預測稅後利潤}{發行當年加權平均股數}$

發行當年加權平均股數＝發行前總股數＋本次公開發行股數×權數

權數＝$\dfrac{新股發行到本年度結束所餘時間（月數）}{12月}$＝$\dfrac{12-發行月份}{12}$

在完全攤薄法下，每股稅後利潤等於當年預測利潤除以總股本，即：

每股預測稅後利潤＝$\dfrac{發行當年預測稅後利潤}{發行前股數＋本次公開發行股數}$

例4-3：上海浦東銀行股份有限公司1999年9月23日發行股份。本次發行市盈率爲22.7，1999年預測盈利爲92 621.1萬元，發行前總股本爲20.1億股，本次公開發行爲4億股。

則在期末利潤加權平均法下：

發行價格＝$\dfrac{92\,621.1}{201\,000+40\,000\times\dfrac{12-9}{12}}\times22.7=0.439\times22.7=9.96$（元）

在完全攤薄法下：

發行價格＝$\dfrac{92\,621.1}{201\,000+40\,000}\times22.7=0.384\times22.7=8.72$（元）

採取固定價格法確定IPO價格，主要依賴於承銷商單方面所掌握的知識和信息，雖然過程相對較爲簡單，但忽略了投資者所掌握的信息及供求關係，因而存在定價隨意性較大和發行價格被低估的情況，由此導致部分投資者長期專注於一級市場，形成所謂"打新"一族現象。

2. 詢價法

詢價法是指發行公司和承銷商在證券發行之前，邀請機構投資者就本公司股票認購價格與認購數量表達意向，在此基礎上確定最終股票發行價格的方法。很明顯，詢價法考慮了投資者的信息和市場需求信息，有利於對公司股本發行進行公平和市場化定價。

2006年《證券發行與承銷管理辦法》第五條規定：首次公開發行股票，應當通過向特定機構投資者（稱詢價對象）詢價的方式確定股票發行價格。詢價對象是指符合本辦法規定條件的證券投資基金管理公司、證券公司、信托投資公司、財務公司、保險機構投資者、合格境外機構投資者以及經中國證監會認可的其他機構投資者。

《證券發行與承銷管理辦法》第十三條、第十四條分別規定：詢價分爲初步詢價和累計投標詢價。發行人及其主承銷商應當通過初步詢價確定發行價格區間，在發行價格區間內通過累計投標詢價確定發行價格。首次公開發行的股票在中小企業板上市的，發行人及其主承銷商可以根據初步詢價結果確定發行價格，不再進行累計投標詢價。

案例 4-3：桂林三金首次公開發行股票詢價過程

（1）本次發行採用網下向詢價對象詢價配售（以下簡稱"網下發行"）與網上資金申購定價發行（以下簡稱"網上發行"）相結合的方式同時進行，其中網下發行不超過 920 萬股，占本次發行數量的 20%；網上發行數量爲本次發行總量減去網下最終發行量。

（2）詢價對象參與初步詢價時，其管理的配售對象爲報價主體，由詢價對象代爲報價。2009 年 6 月 24 日（T-3 日）12：00 前已完成在中國證券業協會備案的配售對象方可參與初步詢價，但下述對象除外：①與發行人或保薦人（主承銷商）之間存在實際控制關係的詢價對象管理的配售對象；②與保薦人（主承銷商）具有控股關係的證券投資基金管理公司管理的配售對象；③保薦人（主承銷商）的自營帳戶。

（3）配售對象參與初步詢價報價時，須同時申報申購價格和申購數量。申報價格不低於最終確定的發行價格對應的報價部分爲有效報價。申報價格低於最終確定的發行價格的報價部分爲無效報價，將不能參與網下申購。

假設某一配售對象填寫了三檔申購價格，分別是 P_1、P_2、P_3，且 $P_1 > P_2 > P_3$，對應的申購數量分別爲 Q_1、Q_2、Q_3，最終確定的發行價格爲 P，則若 $P > P_1$，則該配售對象不能參與網下發行；若 $P_1 \geq P > P_2$，則該配售對象可以參與網下申購的數量爲 Q_1；若 $P_2 \geq P > P_3$，則該配售對象可以參與網下申購的數量爲 $Q_1 + Q_2$；若 $P_3 \geq P$，則該配售對象可以參與網下申購的數量爲 $Q_1 + Q_2 + Q_3$。

（4）初步詢價時，每個配售對象每次可以最多申報三檔申購價格，對應的申購數量之和不得超過網下發行量，即 920 萬股，同時每一檔申購價格對應的申購數量不低於網下發行最低申購量，即 100 萬股，且申購數量超過 100 萬股的，超出部分必須是 10 萬股的整數倍。

（5）配售對象只能選擇網下發行或者網上發行中的一種方式進行申購。凡參與初步詢價報價的配售對象，無論是否有效報價，均不能參與網上發行。

（6）本次網下發行不再進行累計投標詢價，發行人和保薦人（主承銷商）招商證券股份有限公司［以下簡稱"招商證券"或"保薦人（主承銷商）"］將根據初步詢價情況協商直接確定發行價格①。

（7）初步詢價中，配售對象有效報價對應的申購數量，應爲網下申購階段實際申購數量。每個配售對象有效報價對應的申購數量可通過深交所網下發行電子平臺查詢。

---

① 因爲是中小板發行，所以無須累計投標詢價。

（8）初步詢價中提交有效報價的配售對象參與網下申購時，須按照最終確定的發行價格與有效報價對應的申購數量的乘積及時足額繳納申購款。初步詢價中提交有效報價的配售對象未能在規定的時間內及時足額繳納申購款的，發行人與招商證券將視其爲違約，將在《桂林三金藥業股份有限公司首次公開發行股票網下配售結果公告》中予以披露，並報送中國證券監督管理委員會及中國證券業協會備案。

（9）招商證券作爲本次發行的保薦人（主承銷商）將於2009年6月22日（T-5日）至2009年6月24日（T-3日）期間，組織本次發行的初步詢價和現場推介。只有符合《證券發行與承銷管理辦法》要求的詢價對象及配售對象方可參加路演推介，有意參加初步詢價和推介的詢價對象及配售對象可以自主選擇在北京、上海或深圳參加現場推介會。本次初步詢價由招商證券組織，通過深交所的網下發行電子平臺進行。參與本次發行的詢價對象，應到深交所辦理網下發行電子平臺數字證書，與深交所簽訂網下發行電子平臺使用協議，成爲網下發行電子平臺的用戶後方可參與初步詢價。詢價對象應使用數字證書在網下發行電子平臺進行操作，並對所有操作負責。

（10）網下配售對象可以自主決定是否參與初步詢價。未參與初步詢價或者參與初步詢價但未提供有效報價的配售對象，不得參與網下申購。參與初步詢價的配售對象相關信息（包括配售對象名稱、證券帳戶代碼及名稱、收付款銀行帳戶名稱和帳號等）以2009年6月24日（T-3日）12:00前在中國證券業協會登記備案的信息爲準，因配售對象信息填報與備案信息不一致所致後果由詢價對象、配售對象自負。

（11）本次發行網下發行和網上發行同時進行，網下發行時間爲2009年6月29日（T日）9:30~15:00，網上發行時間爲2009年6月29日（T日）9:30~11:30、13:00~15:00。

（12）本次發行的初步詢價期間爲2009年6月22日至6月24日。通過網下發行電子平臺報價、查詢的時間爲上述期間每個交易日9:30~15:00。

（13）初步詢價結束後，如提供有效報價的詢價對象不足20家，發行人和保薦人（主承銷商）將中止本次發行，並另行公告相關事宜。

根據初步詢價情況，經發行人與主承銷商協商一致，最終確定本次發行的發行價格爲19.80元。初步詢價報價不低於本次發行價格的所有有效報價對應的申購數量之和爲151 730萬股，超額認購倍數達164.92倍。

此價格對應的市盈率爲32.89倍（每股收益按照2008年度經會計師事務所審計的扣除非經常性損益前後孰低的淨利潤除以本次發行後總股本計算）；或者29.55倍（每股收益按照2008年度經會計師事務所審計的扣除非經常性損益前後孰低的淨利潤除以本次發行前總股本計算）。

資料來源：據桂林三金2009年發行公告整理。

3. 公開投標法

公開投標法指證券發行之前，無須向機構投資者詢價，在由承銷商和發行人協商確定發行底價或價格區間的基礎下，向社會公衆投資者公開發行招標，最終通過競價的方式確定發行價格的方法。高於最終發行價的投標人將獲得購買股票的權利，低於最終發行價的投標人將失去購買所發行股票的權利。

公開投標法同樣可以反應市場對所發行股票的需求信息，能夠發揮市場的價格發現功能。但由於沒有詢價的過程，發行人和承銷商對後續發行過程具有一定的被動性，對發行中可能出現的意外事件，可能出現準備不足的情況。

案例4-4　成發科技股票發行價格確定方法

成發科技2001年股票發行方案爲：發行5 000萬普通股，全部採用網上累計投標的方式發行，按5倍超額認購倍數確定最終發行價格。

發行人與承銷商事前確定申購價格區間上限爲5.17元（含5.17元），發行後當年市盈率按全面攤薄計算爲19.99倍；申購下限爲4.71元（含4.71元），發行後當年市盈率按全面攤薄計算爲18.21倍。發行價格確定過程如下：

（1）當投資者有效申購總量小於或等於本次發行量時，以詢價區間下限，即每股4.71元爲發行價格。投資者按其有效申購量認購後，剩餘部分由於承銷團按照協議購買。

（2）當投資者有效申購總量大於本次發行量，但超額認購倍數小於5時，以詢價區間下限，即每股4.71元爲發行價格。投資者申購通過搖號抽簽確定。每1 000股確定一個抽簽號。

（3）當投資者有效申購總量大於本次發行量，且超額認購倍數大於5時，從申購價格最高逐筆向下累積計算，直至超額認購倍數首次超過5倍爲止，此時的價格爲本次發行價格。高於此價格的爲有效申購，並通過抽簽確定。

最終本次發行5 000萬普通股被投資者全額認購，發行價格確定爲5.17元，共募集資金＝5.17×5 000＝25 850（萬元），扣除發行費用1 327萬元，募集資金淨額24 523萬元。

資料來源：根據成發科技2001年股票發行公開資料整理。

四、回撥機制

2006年《證券發行與承銷管理辦法》第三十二條規定：首次公開發行股票達到一定規模的，發行人及其主承銷商應當在網下配售和網上發行之間建立回撥機制，根據申購情況調整網下配售和網上發行的比例。

所謂回撥機制（Back Mechanism）是指在同一次發行中採取兩種發行方式時，例如上網定價發行和網下向機構投資者配售，爲了保證發行成功和公平對待不同類型的投資者，先人爲設定不同發行方式下的發行數量，然後根據認購結果，按照預先公布的規則在兩者之間適當調整發行數量。

案例 4-5：中國北車股票發行回撥機制

中國北車 2009 年擬發行不超過 30 億的普通股。回撥機制啟動前，網下發行規模不超過 12 億股，約占本次發行數量的 40%；其餘部分向網上發行，約爲 18 億股，約占本次發行數量的 60%。其回撥機制的具體安排爲：

(1) 在網下發行獲得足額認購的情況下，若網上發行初步中簽率低於 2% 且低於網下初步配售比例，則在不出現網上發行最終中簽率高於網下發行最終配售比例的前提下，從網下向網上發行回撥不超過本次發行規模約 5% 的股票（不超過 1.5 億股）；

(2) 在網上發行獲得足額認購的情況下，若網下發行初步配售比例低於網上發行初步中簽率，則從網上向網下發行回撥不超過本次發行規模約 5% 的股票（不超過 1.5 億股）；

(3) 在網上發行未獲得足額認購的情況下，則在回撥後網下發行數量不超過本次發行數量 50% 的前提下，從網上向網下回撥，直至網上發行部分獲得足額認購爲止；

(4) 在網下發行未獲得足額認購的情況下，不足部分不向網上回撥，發行人和聯席主承銷商可採取削減發行規模、調整發行價格區間、調整發行時間表或中止發行等措施，並將及時公告和依法做出其他安排。

根據本次發行網下總體申購情況，並綜合考慮發行人基本面、所處行業、可比公司估值水平及市場情況等因素，發行人和承銷商將本次發行價格確定爲人民幣 5.56 元/股。發行總量確定爲 25 億股。

網下初步詢價有效申購總量爲 5 437 240 萬股，網下初步配售比例爲 1.84%，認購倍數爲 54.4 倍。網上發行有效申購股數爲 1 218.910 52 億股，網上初步中簽率爲 1.23%。

根據事前設定的回撥機制，由於本次網下發行獲得足額認購，且網上發行初步中簽率低於 2% 並低於網下初步配售比例，發行人和聯席主承銷商決定啟動回撥機制，將 1.25 億股（爲本次最終發行規模的 5%）股票從網下回撥至網上，回撥後網上發行最終中簽率不高於網下發行最終配售比例。回撥機制實施後發行結構如下：網下發行 8.75 億股，占本次發行總規模的 35%；網上發行 16.25 億股，占本次發行總規模的 65%。回撥機制實施後，網下最終配售比例爲 1.61%；網上最終中簽率爲 1.33%。

資料來源：據 2009 年中國北車公開發行資料整理。

五、超額配售選擇權（Overallotment Option）

超額配售選擇權又稱爲綠鞋期權（Greenshoe Option），是指發行人給予承銷商在上市後 30 天內，按照發行價增購不超過 15% 新發行證券的選擇權，其公開理由是滿足過多的需求或超額認購。超額配售選擇權機制可以在一定程度上起到阻止上市後公司股票價格下跌的作用，從而達到穩定二級市場的目的。

2006年《證券發行與承銷管理辦法》第四十八條規定：首次公開發行股票數量在4億股以上的，發行人及其主承銷商可以在發行方案中採用超額配售選擇權。超額配售選擇權的實施應當遵守中國證監會、證券交易所和證券登記結算機構的規定。

案例4-6：中國農業銀行超額配售選擇權

中國農業銀行2010年股票發行，除了H股外，初始A股發行規模爲222.352 94億股，發行人授予A股聯席主承銷商不超過初始發行規模15%的超額配售選擇權，即聯席主承銷商可按本次發行價格向投資者超額配售不超過33.352 94億股（=222.352 94×15%）的股票，若A股綠鞋全額行使，則A股發行總股數將擴大至255.705 88億股。

1. 發行結構初步安排

戰略配售不超過102.282 35億股，網下發行不超過48億股，其餘部分向網上發行72.070 59億股發行。

2. 超額配售選擇權安排

具體超額配售數量由聯席主承銷商根據本次發行的申購情況確定，並將隨後的定價、網下發行結果及網上中簽率在公告中公布。超額配售的股票全部面向網上投資者配售。超額配售的股票將通過向本次發行的部分戰略投資者延期交付的方式獲得。

自本次網上發行的股票在上交所上市交易之日起30個自然日內（含第30個自然日，若其爲節假日，則順延至下一個工作日），獲授權主承銷商可使用超額配售股票所獲得的資金從二級市場買入本次發行的股票，以穩定後市。且每次申報買入價均不得高於本次發行的發行價，累計買入股數不得超過超額配售股數。

承銷商行使綠鞋期權，意味着要求發行人按本次發行價格超額發行相應數量的股票。行使綠鞋超額發行的股數＝發行時超額配售股數－使用超額配售股票所獲得的資金從二級市場買入的股數。

3. 結果

初步詢價後，網下有效申購總量爲541.509億股，網下初步配售比例爲8.86%，認購倍數爲11.28倍。網上發行有效申購股數爲110.951 973億股，初步配售比例爲6.50%，認購倍數爲15.4倍。

發行人及聯席主承銷商根據本次發行的申購情況，協商確定向網上投資者超額配售33.352 94億股，占初始發行規模的15%，超額配售後本次發行總量爲255.705 88億股，超額配售後，網上發行初步中簽率提高爲9.50%。

聯席主承銷商在30個自然日全額行使綠鞋期權，要求發行人按照本次發行價格2.68元人民幣，在初始發行222.352 94億股A股的基礎上超額發行33.352 94億股A股，占本次發行初始發行規模的15%。發行人因此增加的募集資金總額約爲89.39億元人民幣，連同初始發行222.352 94億股A股對應的募集資金總額約595.91億元人民幣，本次發行最终募集资金总额约爲685.29亿元人民币，扣除发行费用后的募集资金净额约爲675.58亿元人民币。

资料来源：根据中国农业银行2010年股票发行公开资料整理。

第六节　投资银行保荐业务

一、保荐人制度

保荐人（Sponsor）是根据法律规定爲公司申请上市承担推荐责任，并爲上市公司上市後一段时间的信息披露行爲向投资者承担担保责任的股票承销商。

所谓保荐人制度，是指证券市场管理者让股票承销商成爲保荐人，从而在保荐人和发行公司之间建立责任连带机制，以充分发挥保荐人的专业能力，对上市公司进行质量把关的制度。具体职责包括：协助发行人建立严格的信息披露制度，并在公司上市後的规定时间内继续协助发行人建立规范的法人治理结构，督促公司遵守上市规定，完成招股计划书中的承诺等。

证券保荐人制度起源於英国伦敦证券交易所的另类投资市场（AIM）。根据AIM市场交易规则，上市申请人除应披露董事、承销商、业务及财务状况等信息外，还需聘请在交易所注册的保荐人进行担保（Guarantee）。加拿大的多伦多证券交易所（TSX）、中国香港交易所创业板市场（GEM）也采纳了这一制度。我国的证券保荐人制度主要参考借鉴了中国香港、英国的做法，但将其应用範围拓宽到证券发行领域。

二、保荐业务

所谓保荐业务是指保荐机构爲公司提供发行保荐、上市保荐和後续督导服务而收取报酬的业务。保荐业务来源於我国的法律及证券市场相关管理规定。

《证券法》第十一条规定：发行人申请公开发行股票、可转换爲股票的公司债券，依法采取承销方式的，或者公开发行法律、行政法规规定实行保荐制度的其他证券的，应当聘请具有保荐资格的机构担任保荐人。保荐人应当遵守业务规则和行业规范，诚实守信，勤勉尽责，对发行人的申请文件和信息披露资料进行审慎核查，督导发行人规范运作。

2009年《证券发行上市保荐业务管理办法》第二条规定：发行人首次公开发行股票并上市；或上市公司发行新股、可转换公司债券应当聘请具有保荐机构资格的证券公司履行保荐职责。这些规定爲证券公司提供了保荐业务的机会。

2009年《证券发行上市保荐业务管理办法》第二十七条规定：保荐机构应当与发行人签订保荐协议，明确双方的权利和义务，按照行业规范协商确定履行保荐职责的相关费用，從而爲保薦服務收費提供了依據。

三、保薦業務盈利模式

假設公司發行價格爲 P，擬發行數量爲 N 股，某投資銀行爲該項發行提供保薦服務，保薦費率爲 p，該筆業務發生的成本爲 C，則該業務爲投資銀行帶來的收入爲：

$$S = P \times N \times p$$

爲投資銀行帶來的利潤爲：

$$L = S - C = P \times N \times p - C$$

例 4-4：投資銀行保薦業務的利潤計算

投資銀行對某公司股票發行提供了保薦業務，該發行價格爲 19 元，發行數量爲 4 500 萬股，保薦費率爲 1.9%，該業務對應的成本爲 600 萬元，則該筆業務爲投資銀行帶來的收入、利潤各爲多少？

解：投資銀行收入 = 19 × 4 500 × 1.9% = 1 624.5（萬元）

投資銀行利潤 = 1 624.5 - 600 = 1 024.5（萬元）

第七節　投資銀行債券承銷業務

債券承銷業務是投資銀行證券承銷業務中除股票承銷之外另一塊重要業務。債券種類較多，根據發行主體不同主要分爲政府債券和公司債券；根據期限不同分爲短期債券、中期債券和長期債券。因而投資銀行債券承銷業務又具體包括政府債券承銷業務和公司債券承銷業務；短期債券承銷業務；中期債券承銷業務和長期債券承銷業務。

由於目前我國債券市場不發達，同時商業銀行參與一部分債券的承銷業務，因此總體上證券公司債券承銷業務比重並不大。

跟股票承銷類似，投資銀行在債券承銷中主要有兩個作用：一是諮詢顧問作用，主要體現在對公司是否符合國家法定發行條件作出判斷，對債券發行人發行方案，如發行數量、發行利率、發行期限、債券契約等提供專業意見；二是保薦和承銷作用。

對擬從事債券承銷業務的投資銀行來說，首先是取得各類債券承銷業務的資格，其次是對債券承銷業務技術細節的掌握。

一、債券承銷業務資格

國債承銷業務對證券公司註册資本提出了更高要求。根據 2006 年《國債承銷團成員資格審批辦法》，證券公司只能成爲記帳式國債承銷團員資格。證券公司申請成爲記帳式國債承銷團乙類成員資格要求註冊資本不低於人民幣 8 億元，申請成為記帳式國債承銷團甲類成員資格除了乙類資格要求外，還要求上一年度記帳式國債業務位於前 25 名以內。

二、債券發行條件

（一）公司債券發行條件

《證券法》第十六條規定：公開發行公司債券應當符合下列條件：①股份有限公司的淨資產不低於人民幣 3 000 萬元，有限責任公司的淨資產不低於人民幣 6 000 萬元；②累計債券餘額不超過公司淨資產的 40%；③最近 3 年平均可分配利潤足以支付公司債券一年的利息；④籌集的資金投向符合國家產業政策；⑤債券的利率不超過國務院限定的利率水平；⑥國務院規定的其他條件。

（二）企業債券發行條件

1993 年《企業債券管理條例》第十二條規定：企業發行企業債券必須符合下列條件：①企業規模達到國家規定的要求；②企業財務會計制度符合國家規定；③具有償債能力；④企業經濟效益良好，發行企業債券前連續三年盈利；⑤所籌資金用途符合國家產業政策。第十六條規定：企業發行企業債券的總面額不得大於該企業的自有資產淨值。

三、債券發行方案

（一）發行額

應根據公司的資金需求量以及資本結構調整需要確定適當的發行額，同時受到《證券法》"累計債券餘額不超過公司淨資產的 40%" 以及《企業債券管理條例》"企業債券的總面額不得大於該企業的自有資產淨值" 的限制。

（二）發行期限

發行期限主要跟資金籌資者的資金需求使用長度有關係，債券期限結構盡量與資產結構相匹配。

（三）償還方式

債券償還方式根據償還日期的不同分為到期日滿償還和提前償還。到期日償還又稱一次還本償還，發行人可以在債券期限內使用籌措的全部資金。提前償還指在債券到期前陸續償還，又具體包括定期償還、償債基金計劃。

定期償還指發行人定期，如每半年或一年償還一定數額的債券，直到期滿時還清餘額。償債基金計劃將公司債務分散在若干年內，從而避免了期末一次性償還的支付危機。

（四）擔保與抵押情況

為了提高債券的信用等級，公司可為擬發行的債券提供抵押品或者第三方擔保。抵押品可能是公司的特定資產、有價證券或者是設備。擔保人可能是專門的擔保公司或者發行公司的母公司或其他公司。

（五）保護性條款

保護性條款是限制借款公司某些行爲的條款。包括消極條款和積極條款，消極條款比如限制公司的股利支付額，不能兼併其他企業等。積極條款比如公司必須定期向債權人提供財務報表。

（六）贖回條款與回售條款

贖回條款賦予發行人在到期日之前以特定價格回購債券的權利，從而方便發行人在市場利率降低時，回收高利息債券，重新發行低利息債券。回售條款賦予了投資者在到期日之前將債券賣給發行人的權利，從而有利於投資者以當前高的收益率進行投資。

（七）發行票面利率

票面利率根據有無利息分爲付息債券和無息債券。付息債券根據票面利率是否固定分爲固定利率債券和浮動利率債券。固定利率債券面臨利率風險，浮動利率通常跟某一市場利率指數，比如30年期國債利率掛勾，其主要目的是爲了抵禦通貨膨脹風險。

票面利率的高低與上述債券期限、償還方式、信用級別、有無擔保抵押、保護性條款、贖回與回售條款乃至當局對利率的管制都有一定的關係。一般債券期限越長、信用級別越低、違約風險越大、市場需求越少，票面利率就越高；反之，相反。

我國《企業債券管理條例》第十八條規定：企業債券的利率不得高於銀行相同期限居民儲蓄定期存款利率的40%，則體現了政府對企業債券票面利率的行政干預。

（八）債券定價

$$債券價值 = \sum_{t=1}^{T} \frac{息票}{(1+r)^t} + \frac{面值}{(1+r)^T} \qquad (公式4.7)$$

式4.7中，T表示債券的期限，r表示貼現率，r＝無風險收益率＋通貨膨脹率＋風險溢價，具體水平可參考債券市場期限結構曲線和風險結構曲線。

四、債券發行程序和方法

（一）發行程序

債券發行程序與股票發行程序基本一致。在美國，債券發行首先要取得公司董事會的同意和股東投票表決。其次向證券交易委員會（SEC）提交註冊報告。最後，如果SEC通過評審，則20天後報告註冊生效，公司就可向外發售證券。

在我國，債券發行首先要取得公司董事會的同意和股東會決議。其次需要向國務院授權的部門或者國務院證券監督管理機構遞交材料並獲得批準（《證券法》第十條、第十七條）。

《企業債券管理條例》（1993）第十一條規定：企業發行企業債券必須按照本條例的規定進行審批；未經批準的，不得擅自發行和變相發行企業債券。中央企業發行企業債券，由中國人民銀行會同國家計劃委員會審批；地方企業發行企業債券，由中國人民銀行省、自治區、直轄市、計劃單列市分行會同同級計劃主管部門審批。從實踐情況來看，審批部門主要是國家發展和改革委員會。

(二) 發行方法

從發行對象來看，可分爲公募發行和私募發行。公募發行又分爲招標發行、機構投資者配售與網點銷售相結合等多種方式。私募發行成本較低，但黑斯、喬恩可和麥利查發現私募債券的收益率比同類公開發行的債券到期收益率高出0.46個百分點，說明債券私募發行的低成本優勢被較高的利率所抵消。

案例4-7：聯想控股股份有限公司公開發行公司債券

1. 債券名稱：聯想控股股份有限公司公開發行2016年公司債券（第一期）。
2. 發行總額：本期債券發行總規模不超過35億元（含35億元），其中，基礎發行規模爲20億元，可超額配售規模不超過15億元（含15億元）。
3. 票面金額及發行價格：本期債券面值100元，按面值平價發行。
4. 債券品種和期限：本期債券分兩個品種，品種一爲5年期，預設基礎發行規模爲10億元；品種二爲10年期，預設基礎發行規模爲10億元。兩個品種間可以進行相互回撥，回撥比例不受限制，2016年7月5日（T-1日）發行人與主承銷商將根據網下申購情況，協商一致後決定是否行使品種間回撥權。

發行人和主承銷商將根據網下申購情況，決定是否行使超額配售選擇權。5年期品種預設超額配售發行規模爲7.5億元，10年期品種預設超額配售發行規模爲7.5億元。超額配售部分引入品種間回撥選擇權，回撥比例不受限制，2016年7月5日（T-1日）由發行人與主承銷商根據網下申購情況，協商一致後決定是否行使品種間回撥權。

5. 債券利率及其確定方式：本期債券爲固定利率。本期債券票面利率由發行人和主承銷商按照發行時網下詢價簿記結果共同協商確定。債券票面利率採取單利按年計息，不計復利。
6. 債券形式：實名制記帳式公司債券。投資者認購的本期債券在證券登記機構開立的託管帳戶託管記載。本期債券發行結束後，債券持有人可按照有關主管機構的規定進行債券的轉讓、質押等操作。
7. 還本付息方式：本期債券按年付息、到期一次還本。利息每年支付一次，最後一期利息隨本金一起支付。
8. 支付金額：本期債券於每年付息日向投資者支付的利息金額爲投資者截至利息登記日收市時所持有的本期債券票面總額與對應的票面利率的乘積；於兌付日向投資者支付的本息金額爲投資者截至兌付債券登記日收市時所持有的本期債券最後一期利息及所持有的債券票面總額的本金。
9. 付息、兌付方式：本期債券本息支付將按照證券登記機構的有關規定來統計債券持有人名單，本息支付方式及其他具體安排按照證券登記機構的相關規定辦理。

10. 利息登記日：本期債券按照證券登記機構的相關規定辦理。在利息登記日當日收市後登記在冊的本期債券持有人，均有權就本期債券獲得該利息登記日所在計息年度的利息。

11. 發行公告刊登日：2016年7月4日。

12. 發行首日：2016年7月6日。

13. 發行期限：3個工作日，自2016年7月6日至2016年7月8日。

14. 起息日：2016年7月6日。

15. 付息日：品種一的付息日爲2017年至2021年每年的7月6日；品種二的付息日爲2017年至2026年每年的7月6日。(如遇法定節假日或休息日，則順延至其後的第1個工作日)。

16. 本金兌付日：品種一的本金兌付日爲2021年7月6日；品種二的本金兌付日爲2026年7月6日。(如遇法定節假日或休息日，則順延至其後的第1個工作日)。

17. 擔保方式：本期債券無擔保。

18. 募集資金專項帳戶銀行：中國民生銀行股份有限公司北京魏公村支行。

19. 信用級別及信用評級機構：經聯合信用評級有限公司綜合評定，發行人的主體信用等級爲AAA，本期債券的信用等級爲AAA。

20. 牽頭主承銷商、簿記管理人、債券受託管理人：中國銀河證券股份有限公司。

21. 聯席主承銷商、聯席簿記管理人：中國國際金融股份有限公司。

22. 發行對象與配售安排：面向符合《公司債券發行與交易管理辦法》及其他相關法律法規規定的合格投資者。

23. 承銷方式：主承銷商餘額包銷。

24. 募集資金用途：本期債券募集資金擬用於償還有息債務。

25. 擬上市交易場所：上海證券交易所。

26. 新質押式回購：本公司主體信用等級和本期債券信用等級均爲AAA，本期債券符合進行新質押式回購交易的基本條件，發行人擬向上交所及證券登記機構申請新質押式回購安排。如獲批準，具體折算率等事宜將按上交所及證券登記機構的相關規定執行。

27. 稅務提示：根據國家有關稅收法律、法規的規定，投資者投資本期債券所應繳納的稅款由投資者承擔。

資料來源：根據公開資料整理。

案例4-8：2017年寶鷹股份債券發行利率詢價過程

本次詢價採用網下向合格投資者利率詢價的方式，具體詢價細節如下：

（一）網下投資者

本期網下利率詢價對象/網下投資者爲持有中國證券登記結算有限責任公司深圳分公司 A 股證券帳戶的合格投資者（法律、法規禁止購買者除外）。合格投資者的申購資金來源必須符合國家有關規定。

（二）利率詢價預設區間及票面利率確定方法

本期債券的票面利率預設區間爲 6.00%~7.50%，本期債券最終的票面利率將由發行人和主承銷商及聯席主承銷商根據網下合格投資者的詢價結果在上述利率預設區間內確定。

（三）詢價時間

本期債券網下利率詢價的時間爲 2017 年 7 月 11 日（T-1 日），參與詢價的合格投資者必須在 2017 年 7 月 11 日（T-1 日）18：00 前將《深圳市寶鷹建設控股集團股份有限公司 2017 年面向合格投資者公開發行公司債券（第一期）網下利率詢價及申購申請表》（以下簡稱"《網下利率詢價及申購申請表》"）傳真至簿記管理人處。經簿記管理人與發行人協商一致，可以延長網下利率詢價時間。

（四）詢價辦法

擬參與網下詢價的合格投資者可以從發行公告所列示的網站下載《網下利率詢價及申購申請表》，並按要求正確填寫。填寫《網下利率詢價及申購申請表》應注意：

（1）應在發行公告所指定的利率預設區間內填寫詢價利率；

（2）每一份《網下利率詢價及申購申請表》最多可填寫 10 個詢價利率，詢價利率可不連續；

（3）填寫詢價利率時精確到 0.01%；

（4）詢價利率應由低到高、按順序填寫；

（5）每個詢價利率上的認購總金額不得少於 1 000 萬元（含 1 000 萬元），並爲 100 萬元的整數倍；

（6）每一詢價利率對應的認購總金額，是當最終確定的票面利率不低於該詢價利率時，投資者的最大投資需求。每一合格投資者在《網下利率詢價及申購申請表》中填入的最大認購金額不得超過本期債券的發行規模，主承銷商另有規定除外。

（7）每家機構投資者只能提交一份《網下利率詢價及申購申請表》，如投資者提交兩份以上（含兩份）《網下利率詢價及申購申請表》，如未經與簿記管理人協商一致，以最後到達的視爲有效，之前的均視爲無效報價。

資料來源：根據公開資料整理。

本章小結

1. 企業外部融資面臨着銀行貸款、證券發行；發行股票還是發行債券；公募發行與私募發行；國內發行與國外發行；自辦發行與聘請投資銀行協助發行的選擇問題。

2. 一般情況下，企業證券發行都需要聘請投資銀行的參與，投資銀行在企業證券發行中具有十分重要的作用。

3. 股票發行管理制度主要指政府管理當局對企業股票發行進行管理的框架制度。從世界範圍來看，股票發行的審核體制一般爲註冊制、核準制和審批制這三類。

4. 我國股票發行審核制度，先後經歷了行政色彩較濃的審批制和其市場特點的核準制兩個階段。

5. 我國證券發行過程較爲複雜，從大的方面來說，分爲改制與規範，申請資料準備與申請核準、發行、上市四個階段。

6. 證券承銷業務是指具有證券承銷業務資格的投資銀行，借助自己在證券市場上的良好信譽和營業網點，在規定的發行有效期限內幫助發行人發行證券，並由此獲取一定比例的承銷費用的行爲。

7. 根據投資銀行在承銷過程中承擔的責任和風險的不同，證券承銷可分爲全額包銷、餘額包銷和代銷三種方式。

8. 證券承銷業務中的具體技術問題包括企業證券發行條件、發行方式確定、發行價格確定、回撥機制、超額配售選擇權等。

9. 保薦業務是指保薦機構爲公司提供發行保薦、上市保薦和後續督導服務而收取報酬的業務。

10. 債券承銷業務是投資銀行證券承銷業務中除股票承銷之外的另一塊重要業務。與股票承銷類似，投資銀行在債券承銷中，主要有兩個作用：一是諮詢顧問作用；二是保薦和承銷作用。

拓展閱讀

1. 爲了更多地瞭解企業在銀行貸款與公司債券之間的選擇問題，參閱：

Diamond, D. W. Monitoring and Reputation: The Choice Between Bank Loans and Directly Placed Debt [J]. Journal of Political Economy, 1991, 99 (4): 689-721.

Rajan, Raghuram G. Insiders and Outsiders: The Choice Between Informed and Arm's-

Length Debt [J]. Journal of Finance, 1992, 47 (4): 1367-1400.

2. 爲了更多地瞭解公募、私募的知識,參閱:

Chemmanur, T. J., Fulghieri, P. A Theory of the Going-Public Decision [J]. Review of Financial Studies. 1999, 12 (2): 249-279.

Wruck, H. K. Equity Ownership Concentration and Firm Value: Evidence from Private Equity Financings [J]. Journal of Financial Economics, 1989, 23 (1): 3-28.

Pagano, Marco, Fabio Panetta, Luigi Zingales. Why Do Companies Go Public? An Empirical Analysis [J]. Journal of Finance, 1998, 53 (1): 27-64.

3. 爲了更多地瞭解企業國外上市的相關理論文獻,參閱:

Pagano, Marco, Ailsa A. Röell, Josef Zechner. The Geography of Equity Listing: Why Do Companies List Abroad? [J]. Journal of Finance, 2002, 57 (6): 2651-2694.

Ding, Yuan, Eric Nowak, Hua Zhang. Foreign vs. Domestic Listing: An Entrepreneurial Decision [J]. Journal of Business Venturing, 2010, 25 (2): 175-191.

4. 爲了更詳細地瞭解投資銀行在企業證券發行中的作用,參閱:

Baron, David P. A Model of the Demand for Investment Banking Advising and Distribution Services for New Issues [J]. Journal of Finance, 1982, 37 (4): 955-976.

Beatty, Rondolph P., Ritter, Jay R. Investment Banking, Reputation, and the Underpricing of Initial Public Offerings [J]. Journal of Financial Economics, 1986, 15 (1/2): 213-232.

Booth, James R., Smith II, Richard L. Capital Raising, Underwriting and the Certification Hypothesis [J]. Journal of Financial Economics, 1986, 15 (1/2): 261-281.

Carter, Richard, Manaster, Steven. Initial Public Offerings and Underwriter Reputation [J]. Journal of Finance, 1990, 45 (4): 1045-1067.

5. 爲了更詳細地瞭解投行與公司互選相關文獻,參閱:

Fernando, Chitrus., Gatchev, Vladimir A., Spindt, Paul A. Wanna Dance? How Firms and Underwriters Choose Each Other [J]. Journal of Finance, 2005, 60 (5): 2437-2469.

6. 爲了更詳細地瞭解承銷團相關文獻,參閱:

Corwin, Shane A., Schultz, Paul. The Role of IPO Underwriting Syndicates: Pricing, Information Production, and Underwriter Competition [J]. Journal of Finance, 2005, 60 (1): 443-486.

7. 爲了更詳細地瞭解投行收費相關文獻,參閱:

Robert S. Hansen. Do Investment Banks Compete in IPOs? The Advent of the 7% Plus Contract [J]. Journal of Financial Economics. 2001, 59: 313-346.

Yeoman, John C. The Optimal Spread and Offering Price for Underwritten Securities [J].

Journal of Financial Economics, 2001, 62 (1): 169-198.

思考題

1. 企業外部融資過程中面臨哪些問題？
2. 在理論上，投資銀行在企業證券發行中具有什麼作用？
3. 股票發行管理制度有哪些？
4. 我國股票發行審核制度經歷了怎樣的過程？
5. 我國證券發行過程包括哪些階段？
6. 什麼是證券承銷業務？
7. 證券承銷有哪些方式？
8. 股票發行有哪些方式？發行價格一般是怎樣確定的？什麼是回撥機制？什麼是超額配售選擇權？
9. 什麼是保薦業務？
10. 什麼是債券承銷業務？
11. 桂林三金藥業股份有限公司 2008 年淨利潤爲 274 088 575.05 元，淨資產爲 787 103 501.66元，股份數爲 4.08 億股。2009 年，擬對外發行股份 4 600 萬股。假設同類公司市盈率爲 30，市淨率爲 6。
    (1) 根據同類公司市盈率和市淨率指標計算桂林三金藥業股份有限公司的發行價。
    (2) 假設發行過程中的成本費率爲 10%，計算相應發行價後的籌資淨額。
12. IPO 綜合計算題

ABC 公司現有若干投資項目，需融資 10 億元，擬發行股票 4 000 萬股，詢價確定發行價爲 35 元。擬 20% 向機構配售，其餘 80% 在網上中小投資者發售。市場申購資金爲 2 000 億元，其中機構有效申購股數爲 22.86 億股，申購資金 800 億元，其餘網上有效申購股數爲 34.29 億股，有效申購資金達 1 200 億元。投資銀行根據申購情況實施超額配售 5%。投資銀行等中介費用爲 2 億元。ABC 公司 IPO 之前的資產負債表如下：

表 4-15 　　　　　　　ABC 公司資產負債表　　　　　　單位：萬元

資產		負債	
短期	20 000	負債	40 000
長期	70 000	資本公積金	60 000
固定	110 000	股本	100 000
總計	200 000	總計	200 000

問題：
(1) 預計募集資金多少？超募多少？募集淨額多少？
(2) 網下和網上認購倍數、中籤率各為多少？
(3) 如使網上、網下中籤率相同，應怎樣實施回撥機制？
(4) 募集之後，公司資產負債表將發生怎樣的變化？

第五章　投資銀行併購業務

學習目標

在併購相關概念及理論背景基礎上，掌握投資銀行併購業務的概念、內容以及業務的技術細節知識。

學習內容

- 公司重組的形式與併購類型
- 併購相關理論
- 投資銀行併購業務概念及內容
- 企業併購的操作程序
- 併購交易過程技術細節

美國著名經濟學家、諾貝爾獎獲得者喬治·J. 斯蒂格勒指出，沒有一家美國大公司不是通過某種程度、某種方式的兼併而成長起來的。自1893年，美國發生第一次企業併購浪潮至今，全球已經經歷了五次併購浪潮。

企業兼併收購是一個複雜的過程，需要投資銀行在尋求併購機會、併購定價、併購融資安排等方面提供相關服務，這些需求構成投資銀行的併購業務來源。併購業務服務能力反應了投資銀行的綜合實力，是其重要的利潤增長點。

第一節　公司重組的形式與併購類型

一、公司重組形式

公司重組（Restructuring）是指在市場經濟條件下，企業產權、控制權和資產的重新組合或分離等體現資本運作和價值管理的行為，是企業經營管理的高級層次。

公司重組不僅包括企業的擴張，還包括企業的收縮、公司控制和所有權變更等多種形式。按照威斯通等（1999）的分類方法，常見的企業重組形式可歸納為如表5-1所示。

表5-1　　　　　　　　　　　　公司重組形式

Ⅰ. 擴張（Expansion）	兼併與收購（Merger and Acquisition）
	聯營公司（Joint Venture）
Ⅱ. 出售（Sell-Offs）	分立（Spin-Offs）
	子股換母股（Split-Offs）
	完全析產分股（Splits-up）
	資產剝離（Divestiture）
	股權剝離（Equity Carve-out）
Ⅲ. 公司控制（Corporate Control）	溢價購回（Premium Buy-Backs）
	停滯協議（Standstill Agreement）
	反接管條款修訂（Anti-Takeover Amendments）
	代表權爭奪（Proxy Contests）
Ⅳ. 所有權變更（Changes in Ownership Structure）	交換發盤（Exchange Offers）
	股票回購（Share Repurchase）
	私有化（Going Private）
	槓桿收購（Leveraged Buy-outs）

資料來源：威斯通，等. 兼併、重組與公司控制［M］. 唐旭，等，譯. 北京：經濟科學出版社，1999

（一）擴張

1. 兼併與收購

兼併與收購，簡稱併購（Merger & Acquisition，M&A），包括兼併與收購兩層意思。

兼併（Mergers），指一個企業吸收另外一個企業，兼併企業保持其名稱和身份，被兼併企業不再作為一個獨立經營的實體而存在，即舊A+B=新A，類似於我國《公司法》

所稱的"吸收合並"。

合並（Consolidation）指兩家企業資產和負債的聯合，不僅包括吸收合並，還包括新設合並。新設合並是指兩家企業合並成爲一個新的企業，即 A + B = C。

收購（Acquisitions）是指一個企業對另一個企業股權或資產的購買行爲，收購的目的在與一個企業獲得另一個企業的控制權。收購之後，被收購企業可能被合並到收購企業，也可能作爲收購企業的一個控股公司而存在。我國《證券法》對上市公司的收購，解釋爲投資者收購上市公司的股份以達到對該股份有限公司進行控股或者兼併的目的。

2. 聯營

指兩個或更多企業爲了謀求共同利益和整合資源，同意爲一個特定經營項目進行經營合作。相對於聯營，兼併與收購是更爲常見的企業擴張方式。

（二）出售

1. 分立（Spin‐Offs）

分立指從母公司創造出一個新的法律實體，其股份按比例分配給現有股東，新的法律實體可能會採取與母公司不同的經營策略。從某種意義上講，分立是公司向現有股東支付股息的一種形式。

分立包括有兩種變形：子股換母股（Split‐Offs）和完全析產分股（Splits‐up）。子股換母股指母公司部分股東的股票與子公司的股票進行交換，從而實現母公司資產和股東結構的雙分離。完全析產分股是指整個企業分離成一系列分立的子公司，母公司不復存在。

2. 資產剝離（Divestiture）

是指母公司將企業的一部分出售給外部的第三方，進行剝離的企業將得到現金或與之相關的報酬。股權剝離是指企業將一部分權益通過發行股票的方式出售給外部人士，從而將企業部分資產分離出去。

（三）公司控制

1. 溢價購回

溢價購回是指以高於市場價格的價格（Green Mail）購回重要股東的所有權益，主要用於襲擊者的反收購手段。

2. 停滯協議

在股票回購的同時，通常還需要簽訂一份停滯協議。停滯協議是一份自願的協議，協議規定股份被收購的股東不再進一步收購公司。

3. 反接管條款修訂

反接管條款修訂指對公司章程進行修改，設置反收購條款，從而增加收購的難度。

4. 代表權爭奪

代表權爭奪指外部集團試圖在企業的董事會中獲得代表席位，試圖削弱當權者或者現有董事會的控制地位。

（四）所有權結構變更

1. 交換發盤

交換發盤指以債權或優先股交換普通股，或以普通股交換優先級的要求權。交換發盤成爲公司在資產結構不變的情況下改變其資本結構的一種方法。

2. 股票回購

股票回購指公司買回其發行在外的普通股。如果回購股票占總股本比較較大，而另一些股東，比如管理層並沒有減少所持股份，其結果是可能改變企業的控制權結構。

3. 轉爲非上市公司

轉爲非上市公司也稱上市公司的私有化，指一個規模較小的投資人集團，收購原來公開上市公司的全部權益，從而企業不再受證券監督管理委員會的監管。私有化主要包括管理層收購（MBO）和槓桿收購（LBO）。管理層收購指管理層取得大部分所有者權益，槓桿收購指收購者通過大量債務融資，收購公衆公司所有的股票或資產。

二、併購的類型

根據不同的標準，併購分爲不同的類型：

（一）協議收購與要約收購

協議收購是指收購公司事前與目標公司股東、董事會或管理層進行磋商、談判，雙方就收購條件、價格、期限等事項達成協議。協議收購所涉及的股權轉讓多屬於場外轉讓。

要約收購是指有收購意圖的收購者向目標公司的所有股東出示購買其所有或者一部分股份的書面意向，並依法公告收購條件以及收購期限等內容。與協議收購不同的是，不需要事先徵得目標公司管理層的同意。

我國《證券法》規定：通過證券交易所的證券交易，投資者持有或者通過協議、其他安排與他人共同持有一個上市公司已發行的股份達到30%時，繼續進行收購的，應當依法向該上市公司所有股東發出收購上市公司全部或者部分股份的要約（符合條件被批準豁免的除外）。

（二）友好收購與惡意收購

根據併購的手段和態度，併購分爲友好收購與惡意收購。友好收購指兼併的各項事宜由收購企業與被收購企業事前通過友好協商的方式確定。惡意收購指收購方不顧被收購方的意願而強行收購。惡意收購包括兩種常用手段：收購股票委託書和收購股票。友好收購一般是協議收購，惡意收購一般採取要約收購方式。

(三) 橫向併購、縱向併購與混合併購

根據併購雙方業務範圍，併購分爲橫向併購、縱向併購與混合併購。橫向併購（Horizontal Merger）：指同一個產業或行業之間企業的併購，比如上海航空公司與東方航空公司的合並。橫向併購主要是爲了獲取生產的規模經濟。縱向併購（Vertical Merger）指生產過程或經營環節存在緊密相關企業之間的併購，比如鋼鐵企業對礦山企業的併購。縱向併購主要是爲了獲得企業生產經營的縱向一體化，降低交易成本。混合併購（Conglomerate Merger）是指生產和經營彼此沒有關聯的企業之間的併購，其主要目的是爲了實現多元化經營，分散企業經營風險。

(四) 戰略收購、財務收購和混合收購

根據併購的動機，併購分爲戰略收購、財務收購和混合收購。戰略收購指企業的收購處於經營戰略的需要，以獲取經營協同效應爲目標。橫向併購、縱向併購與混合併購都可能體現爲戰略收購。

財務收購主要是出於財務效應的收購，比如被收購企業的價格低於其資產價值，或者出於避稅目的的需要。混合收購則可能出於多種目的。

(五) 現金收購、換股收購和混合支付收購

根據併購支付手段的不同，併購分爲現金收購、換股收購和混合支付收購。現金收購指收購全部用現金支付併購標的，因而要求收購企業有充足的現金儲備。換股收購指用收購企業的股票來支付併購款項，即將股票作爲現金的收購，從而減少收購企業的現金流出。混合收購指包括了現金、股票、期權等多種支付手段組合使用的併購。

第二節　併購相關理論

一、併購動機理論

(一) 效率理論

效率理論從併購給企業帶來的積極後果解釋了併購發生的原因。分爲效率差異理論、經營協同效應理論、經營多樣化理論等。

1. 效率差異理論

該理論認爲，在現實經濟生活中，企業經營管理效率存在高低之分，因而可能出現高效率的企業收購低效率的企業，並且通過提高被收購企業的效率來實現潛在利潤的情況。從這個意義來說，併購不僅給收購者帶來利益，也帶來了社會經濟效率的提高。因此，效率差異理論也可稱爲管理協同假設。

2. 經營協同效應理論

該理論基於規模經濟、範圍經濟角度解釋併購的原因，認爲通過併購，企業可以實現規模經濟，從而降低單位產品成本。據調查，西方企業中有18%承認其合並動機與規模經濟有關。一些學者對銀行兼併的研究表明，在收購的基礎上削減成本是20世紀90年代銀行兼併的主要原因。

此外，經營協同效應理論還體現在通過縱向兼併，從而將企業之間的交易關係轉爲內部交易關係，減少了交易費用。格羅斯曼、哈特和摩爾（Grossman, Hart, & Moore, 1986; 1990）用不完全契約理論解釋了企業的邊界及併購發生的原因，認爲縱向併購降低了交易費用和代理費用。

3. 經營多樣化理論

該理論認爲通過併購可以實現經營業務的多元化，減少企業經營的不確定性和避免破產風險，保護了企業的組織資本和聲譽資本。

4. 財務協同效應

該理論認爲兼併的企業之間的互補性不是管理能力方面的，而是在投資機會和內部現金流方面的互補性。比如成熟企業與成長企業兼併之後，成熟企業充裕的現金流可流向成長企業，從而實現資金在企業內部資本市場的重新配置。

（二）戰略動機理論

1. 通過收購進入新行業

即企業爲了進入新的行業，通過收購該行業的現成公司，可以降低行業進入壁壘。比如寶潔公司收購查明造紙公司，使得寶潔公司得以開發出紙尿布、紙巾等高度關聯的紙產品。

2. 獲得快速發展

依靠企業自身擴張滾動發展將十分緩慢，收購是企業快速擴張的重要途徑。

（三）財務動機理論

1. 價值低估理論

該理論認爲併購發生的原因在於：在目標企業的股票價值被低估的情況下，即 Tobin's q < 1 時，收購企業通過收購目標企業的股票來獲得擴張所需要的資產，要比重置相關資產更便宜，從而增加了股東權益的價值。

2. 稅收驅動理論

該理論認爲併購是處於節稅的考慮。節稅途徑包括：利用合並重組後，虧損遞延條款的規定進行合理避稅；或者利用槓桿併購後的負債利息進行避稅。

（四）市場力量理論

該理論認爲，企業併購的動因是爲了提高市場占有率，減少市場競爭，以增加企業長期獲利的機會。企業通過橫向併購，會導致競爭對手的減少，增加自身企業的市場份額或壟斷地位。在這種情況下，併購對企業有利，但對社會不利。

（五）狂妄假說（Hubris Hypothesis）和管理主義

狂妄假說理論認為，在有效的市場里，公司的市場價格已經反應了其內在的價值，併購的原因在於管理層的狂妄自大而高估目標企業的價值和併購的協同效應。

管理主義則認為併購的原因是為了滿足管理者具有控制公司以增加自身報酬和降低職業風險的動機，因此併購並不能為公司帶來價值。

二、併購是否創造價值

假設併購前 A 公司價值為 V_A，B 公司價值為 V_B，併購後的價值為 V_{AB}，則併購後協同效應產生的價值 S 為：

$$協同效應 \ S = V_{AB} - (V_A + V_B) = \sum_{t=1}^{T} \frac{\Delta CF_t}{(1+r)^t} \quad\quad （公式5.1）$$

上式中，r 表示風險貼現率，ΔCF_t 表示淨增現金流，包括淨增收入、淨增運營費用、淨增稅收和淨增投資 4 個部分，即：

$$\Delta CF_t = \Delta R_t（併購增加的收入）- \Delta C（增加的運營費用）- \Delta T（增加的稅收）- \Delta I$$
（新增運營資本和固定資產） （公式5.2）

根據效率理論、戰略理論、財務動機理論、市場力量理論，因為收入上升、成本下降、稅負降低、資金成本減少等原因，併購將獲得正的協同效應價值，即 $S>0$。

但根據狂妄假說和管理主義理論，併購並不能帶來更多的協同效應價值，即 $S<0$。

賈雷爾和卜爾森（Jarrell & Poulsen, 1987）在實證研究中發現，被收購方的股東一般可以獲得超額收益，而收購方大多數獲得正的超額收益，但不太顯著，有時甚至是負數。但安德雷德等（Andrade et al, 2002）發現收購方與被收購方的總收益顯著為正，說明併購創造了價值。

三、併購過程和控制權理論

（一）格羅斯曼和哈特（1980）關於要約收購的悖論

格羅斯曼和哈特（Grossman & Hart, 1980）提出了在"收購者與被收購者之間存在信息不對稱時，要約收購不可能成功"的悖論。其理由是：如果收購者收購後能提升公司的價值，而增值的程度只有它自己知道。此時，目標公司一個小股東的策略是，不賣出自己的股份，而是希望別人賣出，以達到搭便車的目的。如果所有小股東都這樣想，將會出現沒有人賣出股票的情況，於是收購者將無法獲得足夠的股票份額，收購失敗。

（二）希萊弗和威希尼（1986）的大股東併購模型

希萊弗和威希尼（Shleifer & Vishny, 1986）證明，大股東的存在將有利於成功實現併購，克服信息不對稱下小股東搭便車的問題。他們的模型解決了格羅斯曼和哈特（Grossman & Hart，1980）提出的悖論，同時也提供了公司控制權理論的一個基本模型。

第三節　投資銀行併購業務概念及內容

一、投資銀行併購業務

企業頻繁的併購活動爲投資銀行提供了併購諮詢或財務顧問的業務機會（見表5－2）。2006年我國《上市公司收購管理辦法》第九條規定：收購人進行上市公司的收購，應當聘請在中國註册的具有從事財務顧問業務資格的專業機構擔任財務顧問。收購人未按照規定聘請財務顧問的，不得收購上市公司。同時規定，財務顧問應當勤勉盡責，遵守行業規範和職業道德，保持獨立性，保證其所製作、出具文件的真實性、準確性和完整性。財務顧問認爲收購人利用上市公司的收購損害被收購公司及其股東合法權益的，應當拒絕爲收購人提供財務顧問服務。

投資銀行併購業務是指投資銀行在企業併購或反收購過程中，因爲提供了併購目標選擇、併購標的估價、併購支付、融資安排等方面的財務顧問服務而收取費用的企業經營活動。

表5－2　　　　　　　　投資銀行擔任併購顧問的商機

排名	投資銀行	擔任併購財務顧問件數	擔任併購財務顧問之併購金額（億美元）
1	高盛（Goldman Sachs）	263	11 949.4
2	摩根斯坦利（Morgan Stanley）	274	10 250.4
3	美林（Merrill Lynch）	200	9 485.5
4	瑞士信貸第一波士頓（Credit Suisse First Boston）	246	5 496.8
5	瑞銀華寶（UBS Warburg）	165	4 764.3
6	JP摩根（JP Morgan）	185	4 240.4
7	所羅門（Salomon Smith Barney）	256	4 168.2

表5－2(續)

排名	投資銀行	擔任併購財務顧問件數	擔任併購財務顧問之併購金額（億美元）
8	羅斯柴爾德（Rothschild）	139	3 484.2
9	大通曼哈頓（Chase Manhattan Corp）	195	3 468.5
10	德意志銀行（Deutsche Bank AG）	179	3 058.2

資料來源：謝劍平．現代投資銀行［M］．北京：中國人民大學出版社，2004

瓦爾特、約森和楊（Walter, Yawson, & Yeung, 2008）統計發現，1980年1月至2003年12月，在美國15 422宗綜合併購案例中，所有公司都雇傭了交易顧問。併購費用平均占交易價值的1%，平均值與中位數之間的差異意味著，傭金費率隨著交易規模的增加而急劇減少。此外，瓦爾特、約森和楊（2008）還發現投資銀行顧問質量越高，收費越高。

表5－3　　　　　投資銀行在併購交易中的收費情況表

	收購方顧問	目標方顧問
費用（百萬美元）		
平均值	2.89	3.06
中位數	1.00	1.13
交易價值（百萬美元）		
平均值	1 345	898
中位數	177	143
費率（占交易價值的百分比,%）		
平均值	0.91	1.06
中位數	0.52	0.76
樣本數量	1 996	3 932

資料來源：根據 Walter, Yawson & Yeung（2008）原始文獻整理

二、投資銀行併購財務顧問內容

《上市公司收購管理辦法》（2006）第六十五條規定，收購人聘請的財務顧問應當履行以下職責：

（1）對收購人的相關情況進行盡職調查；

（2）應收購人的要求向收購人提供專業化服務，全面評估被收購公司的財務和經營狀

況，幫助收購人分析收購所涉及的法律、財務、經營風險，就收購方案所涉及的收購價格、收購方式、支付安排等事項提出對策建議，並指導收購人按照規定的內容與格式製作申報文件；

（3）對收購人進行證券市場規範化運作的輔導，使收購人的董事、監事和高級管理人員熟悉有關法律、行政法規和中國證監會的規定，充分瞭解其應當承擔的義務和責任，督促其依法履行報告、公告和其他法定義務；

（4）對收購人是否符合本辦法的規定及申報文件內容的真實性、準確性、完整性進行充分核查和驗證，對收購事項客觀、公正地發表專業意見；

（5）接受收購人委託，向中國證監會報送申報材料，根據中國證監會的審核意見，組織、協調收購人及其他專業機構予以答復；

（6）與收購人簽訂協議，在收購完成後 12 個月內，持續督導收購人遵守法律、行政法規、中國證監會的規定、證券交易所規則、上市公司章程，依法行使股東權利，切實履行承諾或者相關約定。

三、併購業務盈利模型

假設投資銀行爲某公司提供了併購諮詢服務，交易價值爲 V，交易傭金費率爲 p，投資銀行提供該服務所發生的成本爲 C，則承銷商在該業務產生的收入爲：

$S = V \times p$

承銷商在該業務發生的利潤爲：

$L = S - C = V \times p - C$

例 5-1：假設投資銀行爲某公司提供了併購諮詢服務，交易價值爲 200 000 萬元，交易傭金費率爲 0.4%，投資銀行提供該服務所發生的成本爲 300 萬元，則該投資銀行該業務產生的收入 = 200 000 × 0.4% = 800（萬元）、產生的利潤 = 800 - 300 = 500（萬元）。

第四節　企業併購的操作程序

一、併購一般程序

企業併購程序大致分爲以下幾個步驟：併購決策、選擇目標企業、確定併購方案、方案報批、方案實施五個大的步驟（見表 5-4）。

表 5-4　　　　　　　　　　　併購一般程序

併購階段	工作內容	投資銀行作用
併購決策	企業董事會和股東大會就是否進行併購作出決策	提供諮詢意見
選擇目標企業	通過各種因素，確定被收購企業	盡職調查
確定併購方案	確定併購交易技術細節	設計交易方案
方案報批	提交併購方案，等待批準	—
方案實施	實施既定的併購方案，完成交易	敦促執行，可能提供過橋貸款

（一）併購決策

併購是企業發展階段的戰略決策，併購企業首先應就自己所處的發展階段、行業發展趨勢進行認真客觀的分析，並確定內涵式發展或外延式發展的戰略。如果選擇外延式發展，應確定是橫向併購、縱向併購還是混合併購。此外，還應分析本企業是否有財力實施併購、是否有能力管理被併購企業。最後形成董事會決議，報股東大會批準。在這個階段，投資銀行可以提早介入，提供諮詢意見。

（二）選擇目標企業

在公司決定併購後，進入目標企業選擇階段，選擇的參考因素包括：目標企業所處行業、地理位置、規模、經營狀況、土地、技術等資源狀況、目標企業上級管理部門或控股方意向、職工態度、地方政府的態度等。在這一階段，投資銀行可以幫助企業進行目標遴選。

在被併購目標基本鎖定後，收購企業需要與被收購企業管理層、股東，甚至與所在地的地方政府進行溝通協商，判斷其賣出的意向。在獲悉被收購企業的賣出意向後，收購企業再聘請投資銀行等中介機構對被收購企業資產、經營、稅收等方面做進一步的盡職調查。

（三）確定併購方案

在併購標的確定後，併購雙方需要就併購價格、支付工具、債務處理、員工安置、公司註冊地選擇等交易細節進行確定。確定併購方案的基本原則是，尋求收購方、被收購方、股東、債務人、員工及地方政府等多方共贏。投資銀行在交易方案的設定方面發揮了核心作用。

併購方案還應考慮收購企業相應的融資安排，即為完成該項目併購，需要的融資規模、融資方式和融資途徑。通常的融資途徑包括：股票發行、債券或垃圾債券的發行、商業銀行、投資銀行提供過橋貸款以及私募基金提供的支持等。

（四）方案報批

企業將最終形成的併購方案報國家相關部門審批。國家在審批過程中，將考慮反壟斷問題，在涉外收購上，還將考慮國家經濟安全的問題。

（五）方案實施

在國家批準後，併購方案進入實施階段和併購企業的整合階段。

二、對上市公司的收購程序

（一）併購決策

對上市公司的收購，除了一般企業考慮的因素外，還要考慮公司是否以後通過反向併購實現間接上市；如果擬實現間接上市，是否願意承擔上市成本，並履行相關披露義務。

2006 年《上市公司收購管理辦法》對收購上市公司的收購主體作出了限制。第六條規定：任何人不得利用上市公司的收購損害被收購公司及其股東的合法權益。有下列情形之一的，不得收購上市公司：①收購人負有數額較大債務，到期未清償，且處於持續狀態；②收購人最近 3 年有重大違法行為或者涉嫌有重大違法行為；③收購人最近 3 年有嚴重的證券市場失信行為等。

（二）選擇目標企業

在上市公司中選擇收購對象，除了一般企業考慮因素外，還應考察目標公司目前的股本大小、股本結構、目前股票價格等因素。股本適中，股本結構較為簡單，股票價格低迷的公司是理想的收購企業目標。

（三）確定併購方案

對上市公司的收購方案，仍然涉及併購價格、支付工具、債務處理、員工安置、公司註冊地選擇、融資方案等交易細節問題。不同於一般企業的收購方案是，對上市公司的收購還存在着協議收購與要約收購的問題。我國《證券法》第八十五條規定：投資者可以採取要約收購、協議收購及其他合法方式收購上市公司。

1. 要約收購

《證券法》第八十六條規定：通過證券交易所的證券交易，投資者持有或者通過協議、其他安排與他人共同持有一個上市公司已發行的股份達到 5% 時，應當在該事實發生之日起三日內，向國務院證券監督管理機構、證券交易所作出書面報告，通知該上市公司，並予公告；在上述期限內，不得再行買賣該上市公司的股票。

投資者持有或者通過協議、其他安排與他人共同持有一個上市公司已發行的股份達到 5% 後，其所持該上市公司已發行的股份比例每增加或者減少 5%，應當依照前款規定進行報告和公告。在報告期限內和作出報告、公告後二日內，不得再行買賣該上市公司的股票。

《證券法》第八十八條規定：通過證券交易所的證券交易，投資者持有或者通過協議、其他安排與他人共同持有一個上市公司已發行的股份達到 30% 時，繼續進行收購的，應當依法向該上市公司所有股東發出收購上市公司全部或者部分股份的要約。

收購上市公司部分股份的收購要約應當約定，被收購公司股東承諾出售的股份數額超過預定收購的股份數額的，收購人按比例進行收購。

其他規定包括：收購要約約定的收購期限不得少於 30 日，並不得超過 60 日；在收購要約確定的承諾期限內，收購人不得撤銷其收購要約。收購人需要變更收購要約的，必須事先向國務院證券監督管理機構及證券交易所提出報告，經批準後，予以公告；收購要約提出的各項收購條件，適用於被收購公司的所有股東；收購人在收購期限內不得賣出被收購公司的股票，也不得採取要約規定以外的形式和超出要約的條件買入被收購公司的股票。

2. 協議收購

《證券法》第九十四條規定：以協議方式收購上市公司時，達成協議後，收購人必須在三日內將該收購協議向國務院證券監督管理機構及證券交易所作出書面報告，並予公告。

《證券法》第九十六條規定：採取協議收購方式的，收購人收購或者通過協議、其他安排與他人共同收購一個上市公司已發行的股份達到30%時，繼續進行收購的，應當向該上市公司所有股東發出收購上市公司全部或者部分股份的要約。但是，經國務院證券監督管理機構免除發出要約的除外。

其他規定包括：收購行為完成後，被收購公司不再具備股份有限公司條件的，應當依法變更企業形式；在上市公司收購中，收購人持有的被收購的上市公司的股票，在收購行為完成後的十二個月內不得轉讓。

（四）方案報批

《證券法》第一百零一條規定：收購上市公司中由國家授權投資的機構持有的股份，應當按照國務院的規定，經有關主管部門批準。

2006 年《上市公司收購管理辦法》第四條規定：上市公司的收購及相關股份權益變動活動不得危害國家安全和社會公共利益。上市公司的收購及相關股份權益變動活動涉及國家產業政策、行業準入、國有股份轉讓等事項，需要取得國家相關部門批準的，應當在取得批準後進行。外國投資者進行上市公司的收購及相關股份權益變動活動的，應當取得國家相關部門的批準，適用中國法律，服從中國的司法、仲裁管轄。

（五）方案實施

在國家批準後，併購方案進入實施階段和併購企業的整合階段。

第五節　併購交易過程技術細節

在具體併購交易方案中，目標公司估價、支付價格、併購支付工具的選擇是非常關鍵的技術細節問題。

一、目標公司估價

（一）帳面淨值法

帳面淨值法以目標公司的帳面淨值作爲估價和對價支付的基礎。這種方法比較簡單，但忽略了目標公司被收購後所帶來的經營協同效應價值，對被收購方的激勵作用不大，因此只能作爲估價的參考。

（二）現金流折現法

現金流折現法以目標公司未來所產生的現金流進行折現估價，因此除了預測現金流，還要計算最終殘值。

（三）可比估值法

可比估值法以可比性公司的價值來確定收購標的公司的價值。最理想的情況是，參照同類公司在併購過程中的交易價格。如果缺乏可比的併購交易，可以參考具有可比性的上市公司的市場價格作爲公允價值。通過使用一些共同的變量，如銷售收入、現金流量、帳面價值，計算一系列財務比率，借以對目標公司進行估值。

常用的估值比率包括市盈率（P/E）、價格銷售收入比（P/S）、價格帳面比值（P/B）、價格現金流比率（P/CF）。實踐中，市盈率是常見的估值比率，值得註意的是市盈率應根據目標公司的成長性有所調整。

（四）市場價值法

如果被收購企業是一家上市公司，則可以目前一段時間目標公司的市場價格作爲估值的基礎。即目標公司價值＝股價×目標公司股份總數。

《上市公司收購管理辦法》第三十五條規定，收購人按照本辦法規定進行要約收購的，對同一種類股票的要約價格，不得低於要約收購提示性公告日前 6 個月內收購人取得該種股票所支付的最高價格。

要約價格低於提示性公告日前 30 個交易日該種股票的每日加權平均價格的算術平均值的，收購人聘請的財務顧問應當就該種股票前 6 個月的交易情況進行分析，說明是否存在股價被操縱、收購人是否有未披露的一致行動人、收購人前 6 個月取得公司股份是否存在其他支付安排、要約價格的合理性等。

二、分享協同效應與收購對價

對一項併購交易來說，假設併購前 A 公司價值爲 V_A，B 公司價值爲 V_B，併購後的價值爲 V_{AB}，併購過程中發生的費用爲 C（投行顧問、律師、會計師、評估師等），只有併購的協同效應減去併購過程中的中間成本，這項併購交易才是有意義的。即 $V_{AB} - (V_A +$

V_B) $-C>0$ 的併購活動才是有意義的。

假設存在正的協同效應，則面臨着收購方與被收購方對協同效應的分享問題，也就是收購方給被收購方的對價支付問題。

假設 A 公司對 B 公司支付的收購對價爲 P，且 $P>V_B$，則 A 公司的收購溢價爲：

$Y_B = P - V_B$

B 公司將因被收購獲得 $P-V_B$ 的資本增值收益。A 公司的淨收益爲：

$Y_A = V_{AB} - V_A - P - C$

$Y_A + Y_B = (V_{AB} - V_A - P - C) + (P - V_B) = V_{AB} - (V_A + V_B) - C$

此式反應了收購公司與被收購公司對協同效應價值的分割關係。

當 $Y_B = 0$ 時，$P = V_B$，收購公司 A 將獲得所有協同效應價值，支付對價 P 最小。

當 $Y_A = 0$ 時，$P = V_{AB} - V_A - C$，被收購公司 B 將獲得所有協同效應價值，支付對價 P 最大。

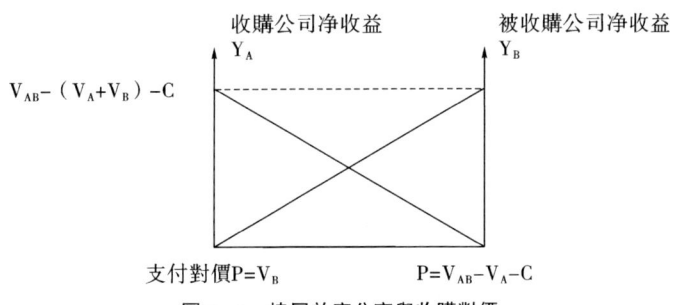

图 5-1 協同效應分享與收購對價

例 5-2：假設 A、B 公司獨立價值各爲 10 億元，合併後價值爲 24 億元，併購的各種費用爲 0.5 億元，則協同效應 $S = 24 - 10 - 10 = 4$（億元），當 A 公司收購 B 公司淨收益爲 0 時，具有最高收購支付價格 P，$P = V_{AB} - V_A - C = 24 - 10 - 0.5 = 13.5$（億元），在該支付價格下，A 公司收益 $= 24 - 10 - 13.5 - 0.5 = 0$（億元），B 公司收益 $= 13.5 - 10 = 3.5$（億元）。

三、收購支付工具的選擇

對目標公司採用何種支付工具是併購交易中的一個重要問題。可供選擇的收購支付工具包括現金、收購公司的股票、債務憑證、期權以及這些工具的混合，其中以現金和普通股最爲流行。作爲財務顧問，投資銀行需要根據併購交易的整體框架來設計幫助客户確定合適的支付工具。

(一) 收購對價形式

1. 現金

從收購公司的角度看，以現金作爲收購支付工具（即現金收購），最大的優勢是交易速度快，手續簡便。它可以使有敵意情緒的目標公司的董事會和管理層無法獲取充分的時間進行反收購操作。同時，與收購公司競購的對手公司也可能因一時難以籌措大量現金而退出。並且，現金收購不會導致被收購公司原有股權結構發生變動，不會導致公司控股權的轉移和稀釋。

從目標公司股東角度看，因爲現金不存在流動性或變現問題，因此現金收購往往比有價證券收購更具吸引力。現金收購的缺陷在於：①對目標公司股東來說，立即收到現金使其無法推遲資本利得；②對收購公司而言，現金收購將造成企業在短期內出現大筆現金支出，造成現金流的緊張。

2. 普通股

以收購公司的普通股作爲收購支付工具，是指目標公司以其所發行的股票來換取收購公司的普通股，也稱爲換股收購。對收購公司來說，這種收購對價形式雖然會造成股權和每股收益的稀釋，但它不用支付現金，從而減輕了現金支付的壓力。

從目標公司股東角度看，其股東可以推遲收益實現的時間，故能享受稅收優惠。根據美國內部收入署的規定，如果目標公司股東收到的支付工具有50%或50%以上是收購公司的股票（普通股或優先股均可），則股東不必爲這筆收購交易中形成的資本利得納稅（即在財務上可合理避稅），此外，換股收購還使目標公司的股東繼續擁有併購後新公司的股權並分享可實現的價值增值。

普通股作爲支付工具的缺陷在於：①收購公司爲併購而發行普通股要受證券監管部門監督，完成發行的法定手續耗時較長，可能因此延誤併購時機。②股價的波動使收購公司難以固定其收購成本，目標公司的股東也難以確定他們從收購中獲取的收益，從而加大了風險。③換股收購往往會使風險套利者通過買入目標公司的股票，同時賣出收購公司的股票，以期在換股後獲利，這可能造成收購公司的股票價格下跌。

3. 優先股

優先股主要是指可轉換優先股，由於它具有普通股的大部分特徵，又有固定收益證券的性質，因此作爲收購支付工具，容易爲目標公司股東所接受。同時，對收購公司來說，又不擠占其營運資金，且優先股轉換成普通股的執行價格往往高出普通股當前市價的20%左右，因此是一種廉價高效的支付工具。但優先股同樣具有普通股收購和固定收益證券收購的弱點。

4. 公司債券

作爲收購支付工具的公司債券，一般有可轉換債券、附有認股權證的公司債券和未附選擇權的普通公司債券等具體形式。目標公司的股東接受收購公司發行債券作爲收購對價,意味着他們相信收購公司會在未來債券到期時履行債券償付的承諾。

固定收益證券的特徵也使他們失去了分享公司價值增值的機會。而可轉換債券、附有認股權證的公司債券使目標公司股東獲得了選擇權,因此對目標公司的股東有較大的吸引力。債券作爲收購對價同樣使目標公司股東具有稅收推遲的好處。

對於收購公司來說,發行公司債券作爲收購支付工具,同樣可以減輕現金支付的壓力,而債券利息的稅前支付,則可獲得省稅的好處。此外,可轉換債券利率一般低於普通公司債券利率,能降低收購成本。對比以普通股換股收購,可轉換債券和可轉換優先股都可避免立即產生股權稀釋的作用。缺點是,債券融資將導致收購公司的財務槓桿比率發生重大的變化,公司將承擔較大的財務風險。

5. 混合工具支付

這是將若干種支付工具組合在一起,爲目標公司股東提供一攬子收購對價。混合工具支付方式既可以解決收購方缺乏充裕的現金又不能或不願意完全通過發行新證券進行收購融資的困難,又可以爲目標公司股東提供多種收購對價形式或選擇權,從而具有更大的靈活性和吸引力。

在操作層面,我國《上市公司收購管理辦法》第三十六條規定:收購人可以採用現金、證券、現金與證券相結合等合法方式支付收購上市公司的價款。收購人聘請的財務顧問應當說明收購人具備要約收購的能力。

以現金支付收購價款的,應當在作出要約收購提示性公告的同時,將不少於收購價款總額的20%作爲履約保證金存入證券登記結算機構指定的銀行。

收購人以證券支付收購價款的,應當提供該證券的發行人最近3年經審計的財務會計報告、證券估值報告,並配合被收購公司聘請的獨立財務顧問的盡職調查工作。

收購人以在證券交易所上市交易的證券支付收購價款的,應當在作出要約收購提示性公告的同時,將用於支付的全部證券交由證券登記結算機構保管,但上市公司發行新股的除外;收購人以在證券交易所上市的債券支付收購價款的,該債券的可上市交易時間應當不少於一個月;收購人以未在證券交易所上市交易的證券支付收購價款的,必須同時提供現金方式供被收購公司的股東選擇,並詳細披露相關證券的保管、送達被收購公司股東的方式和程序安排。

(二)決定收購對價形式的因素

1. 收購公司的資本結構

增發新股用於現金收購或換股收購,會影響現有股東對公司的控制權,按照當前市場價格的一定折扣發行新股,還會引起每股收益稀釋和股票價格下跌;在舉債融資進行現金收購的情況下,股東的收益可能會隨著財務槓桿比率的提高而更加不穩定;如果利用現有的現金資源支付收購價款,則可能導致收購後公司出現資金運營困難。

從目標公司股東的角度看,如果預期併購後公司的投資會有較好的收益前景,那麼換股收購將有較大的吸引力；若收購公司的股票市場流動性大，他們也會傾向於換股收購，因爲收購後股東容易售出股票而獲得現金收益，但同時要承擔股票價格可能下跌的風險。

2. 稅收

換股收購可使目標公司股東延遲資本利得應納稅款的支付，並且保留了日後通過售出換股收購所得到的股票以取得現金的選擇權。稅收上的收益可能使目標公司股東具有換股收購的偏好。相類似地，以可轉換債券爲收購對價也可能使他們減少應付稅款。在現金收購方式下，由於目標公司股東要立即繳納資本利得稅，將減少稅後收益，因此他們可能要求支付較高的收購價格以獲得彌補，這會增加收購公司的收購成本。

3. 市場環境和條件

證券市場走勢疲軟或持續低迷，投資者要承受價格跌落的風險，目標公司股東因此可能拒絕換股收購。如果認爲收購公司的股票流動性低，目標公司的股東就會要求以現金支付價款。證券市場持續低迷會影響新股的發行價格，或者當收購公司認爲其股票價格被市場低估時，通常不會傾向於增發新股來爲收購融資。

市場利率水平會影響收購對價形式的選擇。高利率情況下，舉債融資收購無疑要增加資金成本，這樣換股收購或發行新股爲現金收購籌集資金就會得到考慮。

4. 併購的會計處理方法

企業併購的會計處理有兩種方法：購買法和權益合並法（也稱股權聯合法）。當採用購買法時，被併購企業的資產和負債是按照公允市價確認入帳的實際支付的收購價格與被收購資產價值兩者之間存在一個差額，這一差額將以商譽的形式反應在併購後的企業的資產負債表中。按規範的處理方法，商譽需要在隨後的一段時間內分期攤銷，分期攤銷的費用將會衝減企業的利潤。因此，採用購買法會使併購後的企業對外報告的收益降低，相應地，每股收益和股東權益報酬率會下降。

在採用權益合並會計處理方法的情況下，被併購企業的資產和負債仍以帳面價值反應在併購後的企業的資產負債表上，不存在商譽及其攤銷問題。與購買法相比，權益合並法下的企業當期及未來一段時期的報告收益較高。

從收購支付工具與會計處理方法的關係看，如果收購對價是採用現金支付，則收購必須被當做購買資產即以購買法進行會計處理；只有當採用換股收購且滿足會計準則所規定的條件時，才可使用權益合並會計處理方法。由於兩種會計處理方法使併購後的企業對外報告的收益不同，不僅可能影響企業的債務合約（債券發行條件往往以對外報告的收益爲依據）和市場對公司每股收益變化的原因的分析評價，而且會影響依據公司股票表現或與股價直接相關的管理者的報酬合約。

5. 併購相關法律

有關併購融資的法律法規的規定，既可能影響收購公司的併購融資能力，也影響其對具體收購支付工具的選擇。例如，當法律禁止企業向銀行貸款用於股權投資，或者限制將貸款用於收購以及禁止被收購公司向收購方提供任何形式的財務援助時，現金不足的收購方可能因缺乏其他獲得現金的渠道而難以進行現金收購。法律法規對收購對價形式的影響，在跨國併購交易中可能更加明顯。

案例 5-1：中國萬達集團併購美國傳奇影業

2016 年 1 月 12 日，萬達集團正式宣布耗資 35 億美元 100% 收購美國好萊塢中型製片公司傳奇影業，成爲迄今中國企業在海外文化併購領域的最大一單。

併購傳奇影業使萬達影視控股公司成爲全球收入最高的電影企業，特別是在中美兩個全球最重要的電影市場的影響力得到極大提升。萬達將開啓電影製作發行資本化運作，將目光投向產業上游的影視製作領域，進一步延伸海外資產鏈條，因而此次併購傳奇影業恰逢其時。

董事長王健林表示，萬達收購傳奇出於三個方面的考慮：一是因爲萬達影業不是一個單純的電影製作公司，而是覆蓋電影產業各個方面的運營，收購傳奇影業之後，萬達影視控股公司成爲全球收入最大的電影企業；二是此番收購可以極大地提高萬達在全球電影產業的競爭力和話語權；三是萬達的院線、中國的市場與傳奇影業對電影開發製作可以共同合作，優勢互補，併購後將爲傳奇影業創造更多市場機會，尤其是增長迅猛的中國電影市場，使傳奇影業實現業績高速增長。

傳奇影業成立於 2004 年，是好萊塢一家中型製片公司，主要靠華爾街的各路資本支持，擅長電影融資和製作，先後背靠華納和環球這兩家大公司作爲發行方，傾向於製作大預算、以特殊效果爲主的電影，包括電影、電視、數字媒體以及動漫等業務。該公司曾出品《蝙蝠俠：黑暗騎士》等大量高票房電影，還參與出品《侏羅紀世界》和《盜夢空間》等影片，全球累計票房已超過 120 億美元。2016 年，傳奇影業將在全球推出根據暴雪娛樂獲獎遊戲改編的《魔獸》以及投資最大的中美合拍片《長城》。傳奇影業董事會主席兼 CEO 托馬斯·圖爾將留任，繼續負責公司的日常經營。

萬達集團從 2012 年決定進軍文化產業，隨後國內開發與海外收購雙管齊下。直至 2015 年年底，萬達文化集團收入已占萬達集團總收入的兩成以上，成爲萬達集團收入的生力軍。

萬達集團公布的 2015 年度業績快報顯示，2015 年萬達集團資產達到 6 340 億元，同比增長 20.9%；收入 2 901.6 億元，完成年計劃的 109.3%，同比增長 19.1%；預計淨利潤同比大幅增長。其中文化集團收入 512.8 億元，完成年計劃的 114%，同比增長 45.7%。根據 AMC 已經公布的 2015 年第三季度收入 140 億元推算全年收入超過 190 億元，超額完成全年計劃，同比增長預計超過 9%。

從收入結構上看，在"去地產化"戰略的影響下，萬達商業地產的收入增速正在減緩，文化業務收入則在大幅上升。2015 年，萬達的電影製作和分銷業務比其電影院業務發展更快，於 2015 年 1 月在深圳證交所上市，成爲中國第一個上市的院線股。"傳奇影業這個時候加入，無疑是爲萬達的財富故事增加了極其亮麗的特點。今年有兩部非常著名的大片《魔獸》和《長城》上映，將直接增加資本化的分量，增加我們的收入。"王健林說。

資料來源：王鳳枝．華夏時報 http://tech.163.com/16/0117/11/BDHFCM6R000915BF.html

本章小結

1. 公司重組是指市場經濟條件下，企業產權、控制權和資產的重新組合或分離等體現資本運作和價值管理的行爲，包括企業的擴張，還包括企業的收縮、公司控制和所有權變更等多種形式。

2. 併購類型包括友好收購與惡意收購；橫向併購、縱向併購與混合併購；戰略收購、財務收購和混合收購；現金收購、換股收購和混合支付收購等。

3. 併購動機理論包括效率理論、戰略動機理論、財務動機理論、市場力量理論、狂妄假說和管理主義理論等。

4. 投資銀行併購業務是指投資銀行在企業併購或反收購過程中，因爲提供了併購目標選擇、併購標的估價，併購支付、融資安排等万面的財務顧問服務而收取費用的企業經營活動。

5. 企業併購程序大致分爲以下幾個步驟：併購決策、選擇目標企業、確定併購方案、方案報批、方案實施五個大的步驟。

6. 在具體併購交易方案中，技術細節問題包括目標公司估價、支付價格、併購支付工具的選擇等。

拓展閱讀

1. 爲了更多地瞭解併購方面的基礎知識，參見中文教材：

斯蒂芬·A. 羅斯，布拉德福德·D. 喬丹. 公司理財 [M]. 8 版. 吳世農，沈藝峰，譯. 北京：機械工業出版社，2009.

張春. 公司金融學 [M]. 北京：中國人民大學出版社，2008.

周春生. 融資、併購與公司控制 [M]. 北京：北京大學出版社，2005.

2. 爲了更深入、全面地學習併購方面的知識，參閱專著：

威斯通，等. 接管、重組與公司治理（英文版）[M]. 4 版. 北京：北京大學出版社，2006.

3. 併購方面的重要文獻，參閱：

Grossman, S., O. Hart. Takeover Bids, the Free Rider Problem and the Theory of Corporation [J]. Bell Journal of Economics, 1980, 42-64.

Shleifer, Ahdrei, Robert Vishny. Large Shareholders and Corporate Control [J]. Journal of Political Economy, 1986, 94: 461-488.

4. 爲了更多地認識投資銀行在併購中的作用，參閱：

Walter, Terry S. Alfred Yawson, Charles P. W. Yeung. The Role of Investment Banks in M&A Transactions: Fees and Services [J]. Pacific-Basin Finance Journal, 2008, 16: 341-369.

思考題

1. 公司重組包括哪些形式？
2. 併購包括哪些類型？
3. 併購動機理論有哪些？
4. 什麼是投資銀行併購業務？其業務內容是什麼？
5. 企業併購程序一般分爲哪些步驟？
6. 目標公司估價的方法有哪些？怎樣確定支付價格？併購支付工具有哪些？選擇並考慮的因素是什麼？
7. 換股吸收合並案例計算題：

A、B公司資產負債表如表5-7所示。A公司擬吸收合並B公司，合並基準日A公司股價爲10元，B公司股價爲4元。

表5-7　　　　　　　　A、B公司資產負債表　　　　　　　單位：萬元

A公司資產負債表				B公司資產負債表		
資產		負債		資產		負債	
短期	4 000	負債	4 000	短期	3 200	負債	4 500
長期	6 000	資本公積金	6 000	長期	5 400	資本公積金	6 100
固定	10 000	股本	10 000	固定	12 000	股本	10 000
總計	20 000	總計	20 000	總計	20 600	總計	20 600

計算:
(1) 換股比例爲多少?
(2) 吸收合並B公司後A公司的資產負債表如何?
(3) 吸收合並後A公司的每股淨資產是多少?將發生怎樣的變化?
(4) 如兩家公司爲同一行業,合並後將減少管理成本,則預期股價會如何反應?

第六章　投資銀行資產管理業務

學習目標

掌握資產管理業務的內涵、特點、類型、業務運作過程、投資過程以及另類資產的概念及類型。

學習內容

- 資產管理業務概念
- 資產管理業務運作過程
- 資產管理業務投資過程
- 另類資產管理業務

由於資產管理具有"技術密集"特性，投資銀行無須投入資金，卻可賺取豐厚管理費收入，故資產管理業務是世界各主要投資銀行競相爭取的業務。

第一節　資產管理業務的概念

一、資產管理業務內涵

資產管理（Assets Management）業務是投資銀行（包括其他資產管理機構）集合投資者資金，利用自己的專業團隊和專業知識的優勢，幫助客戶掌控風險，獲取最大收益，據此獲取管理費的業務。

目前我國投資銀行資產管理業務具有良好的市場基礎。招商銀行《2011 年中國私人財富報告》顯示，2010 年中國個人可投資資產達到 62 萬億元人民幣，較上年增長 19%。

2010 年中國的高淨值人群達到約 50 萬人的規模。其中，超高淨值人群超過 2 萬人，而個人可投資資產達到 5 000 萬元以上的人口逾 7 萬人。預計 2011 年中國個人可投資資產將提升至 72 萬億元人民幣，高淨值人群將達到 59 萬人左右。據國際諮詢管理機構麥肯錫預測，中國資產管理市場有望在 2016 年達到 1.4 萬億美元，而每年創造的利潤則可望達 20 億 ~ 30 億美元。①

二、資產管理業務的特點

（一）資產管理體現了委託代理關係

在資產管理業務中，客户是資產的所有者，客户聘請投資銀行提供資產管理服務，並與投資銀行簽訂資產委託管理協議。因此在法律關係上，客户成爲委託人，投資銀行成爲受托人。委託人和受托人關係一旦確立，受托人享有在協議規定範圍內按委託人意願和在授權範圍內對受托資產進行管理的權利。

委託管理的信托資產與受托人資產是獨立的。《證券法》第一百三十六條規定：證券公司應當建立健全內部控制制度，採取有效隔離措施，防範公司與客户之間、不同客户之間的利益衝突。證券公司必須將其證券經紀業務、證券承銷業務、證券自營業務和證券資產管理業務分開辦理，不得混合操作。

由於是委託代理關係，受托人應按勤勉和謹慎人的準則管理受托人的資產。因此，受托人將不承諾資產收益，且不論信托財產是否增值，受托人將按照淨資產數量和約定的管理費提取管理費。也就說，即使信托資產發生經營性虧損，只要資產的淨值爲正，受托人仍可按比例收入管理費。

（二）資產管理採用個性化管理

由於委託人資產狀況、風險偏好、收益目標不同，因此對資產管理的要求千差萬別。作爲受托人的投資銀行必須根據客户的不同要求，分別設立帳户，進行個性化服務。具體地，投資銀行將根據委託資產的流動性、安全性和收益性把資產分爲不同的投資目標，通過投資目標對客户市場進行細分，滿足不同客户的資產管理需要。當然，也可以由下到上，首先對客户需求進行認真分析，而後根據客户的理財需求再進行理財計劃產品的設計。

（三）資產管理對投資者退出有所限制

客户與投資銀行簽訂的資產管理協議，一般要確定資產管理的期限，在此期間投資銀行對其進行封閉式管理。委託人只要到委託期限屆滿才能請求受托人兌現資產收益。

《證券公司客户資產管理業務試行辦法》第三十二條規定：證券公司設立集合資產管理計劃，可以對計劃存續期間做出規定，也可以不做規定。集合資產管理合同應當對客户

---

① 新華網，2011 - 05 - 25。

參與和退出集合資產管理計劃的時間、方式、價格、程序等事項做出明確約定。參與集合資產管理計劃的客戶不得轉讓其所擁有的份額；但是法律、行政法規另有規定的除外。第三十三條規定：證券公司可以自有資金參與本公司設立的集合資產管理計劃；在該集合資產管理計劃存續期間，證券公司不得收回所投入的資金。由此可見，對投資人來說，投資於投資銀行推出的集合資產管理計劃，將具有較低的資產流動性。

（四）客戶承擔風險

投資銀行爲客戶提供資產管理服務，2003 年《證券公司客户資產管理業務試行辦法》第三條規定：證券公司從事客户資產管理業務，應當遵循公平、公正的原則，維護客戶的合法權益，誠實守信，勤勉盡責，避免利益衝突。

但投資風險由客戶自己承擔，比如《證券公司客户資產管理業務試行辦法》第四十三條規定：證券公司開展客户資產管理業務，應當在資產管理合同中明確規定，由客戶自行承擔投資風險。第四十一條規定：證券公司從事客户資產管理業務，不得向客戶作出保證其資產本金不受損失或者取得最低收益的承諾。

（五）採取定向化信息披露

資產管理中間狀況不需要向社會公衆定期披露信息，但出於與客戶進行溝通的目的，投資銀行有必要定期向客戶公布資產管理狀況的信息。《證券公司客户資產管理業務試行辦法》第四十八條規定：證券公司應當至少每三個月向客戶提供一次準確、完整的資產管理報告，對報告期內客户資產的配置狀況、價值變動等情況做出詳細說明。證券公司應當保證客戶能夠按照資產管理合同約定的時間和方式查詢客户資產配置狀況等信息。發生資產管理合同約定的、可能影響客戶利益的重大事項時，證券公司應當及時告知客戶。

三、資產管理業務與投資基金的區別

證券公司發布的理財產品計劃，非常類似於基金管理公司發行投資基金，但兩者存在明顯的不同，如表 6-1 所示。

表 6-1　　　　　　　　資產管理業務與投資基金的區別

區別	資產管理業務	投資基金
管理主體不同	證券公司	基金管理公司
市場定位和客戶群體不同	具有一定經驗和風險承受能力的特定投資者	公衆投資者
銷售或推廣方式不同	不得公開銷售或推廣	可以
行爲規範依據不同	《證券公司客户資產管理業務試行辦法》、《證券公司集合資產管理業務實施細則》	《投資基金法》

李子白. 投資銀行學 [M]. 北京：清華大學出版社, 2005

（一）管理主體不同

資產管理的主體是證券公司，具體由證券公司下屬資產管理部來實施。而證券投資基金的管理主體是基金管理公司。

（二）市場定位和客戶群體不同

證券公司資產管理業務主要面向具有一定經驗和風險承受能力的特定投資者。比如《證券公司客戶資產管理業務試行辦法》第二十九條規定：證券公司辦理定向資產管理業務，接受單個客戶的資產淨值不得低於人民幣100萬元。

證券公司設立限定性集合資產管理計劃的，接受單個客戶的資金數額不得低於人民幣5萬元；設立非限定性集合資產管理計劃的，接受單個客戶的資金數額不得低於人民幣10萬元。而證券投資基金並沒有這樣的規定，其市場定位主要是廣大的中小投資者。

（三）銷售或推廣方式不同

與證券投資基金不同，集合資產管理計劃不得公開銷售或推廣。《證券公司客戶資產管理業務試行辦法》第三十四條規定：證券公司可以自行推廣集合資產管理計劃，也可以委託其他證券公司或者商業銀行代為推廣。客戶在參與集合資產管理計劃之前，應當已經是證券公司自身或者其他推廣機構的客戶。第四十七條規定：證券公司及其他推廣機構應當採取有效措施使客戶詳盡瞭解集合資產管理計劃的特性、風險等情況及客戶的權利、義務，但不得通過廣播、電視、報刊及其他公共媒體推廣集合資產管理計劃。

2008年《證券公司集合資產管理業務實施細則》第二十一條規定：禁止通過電視、報刊、廣播及其他公共媒體推廣集合計劃。禁止通過簽訂保本保底補充協議等方式，或者採用虛假宣傳、誇大預期收益和商業賄賂等不正當手段推廣集合計劃。

（四）行為規範依據不同

證券公司設立資產管理計劃、開展資產管理業務，應當基於《證券法》、《證券公司客戶資產管理業務試行辦法》、《證券公司集合資產管理業務實施細則》等法律法規進行，而證券投資基金的運作主要依據是《投資基金法》等法律法規。

四、資產管理業務類型

根據資產委託人範圍和資產管理的組織方式，我國《證券公司客戶資產管理業務試行辦法》將證券公司資產管理業務分為三種：為單一客戶辦理定向資產管理業務；為多個客戶辦理集合資產管理業務；為客戶辦理特定目的的專項資產管理業務。

（一）為單一客戶辦理定向資產管理業務

指證券公司為資產淨值不低於100萬元的單一客戶提供的資產管理業務。證券公司為單一客戶辦理定向資產管理業務，應當與客戶簽訂定向資產管理合同，通過該客戶的帳戶為客戶提供資產管理服務。

（二）爲多個客戶辦理集合資產管理業務

該業務指證券公司爲多個客戶提供的資產管理業務。《證券公司客戶資產管理業務試行辦法》第三十條規定：證券公司辦理集合資產管理業務，只能接受貨幣資金形式的資產。集合資產管理業務又包括限定性集合資產管理計劃和非限定性集合資產管理計劃。

限定性集合資產管理計劃資產應當主要用於投資國債、國家重點建設債券、債券型證券投資基金、在證券交易所上市的企業債券、其他信用度高且流動性強的固定收益類金融產品；投資於業績優良、成長性高、流動性強的股票等權益類證券以及股票型證券投資基金的資產，不得超過該計劃資產淨值的20%，並應當遵循分散投資風險的原則。非限定性集合資產管理計劃的投資範圍由集合資產管理合同約定，不受前款規定限制。

《證券公司集合資產管理業務實施細則》第十四條規定：集合計劃募集的資金應當用於投資中國境內依法發行的股票、債券、證券投資基金、央行票據、短期融資券、資產支持證券、金融衍生品以及中國證監會認可的其他投資品種。經中國證監會及有關部門批準，證券公司可以設立集合計劃在境內募集資金，投資於中國證監會認可的境外金融產品。

證券公司辦理集合資產管理業務，應當設立集合資產管理計劃，與客戶簽訂集合資產管理合同，將客戶資產交由具有客戶交易結算資金法人存管業務資格的商業銀行或者中國證監會認可的其他機構進行託管，通過專門帳戶爲客戶提供資產管理服務。

（三）爲客戶辦理特定目的的專項資產管理業務

專項資產管理業務指證券公司針對客戶的特殊需要和資產的具體情況，設立特定投資目標，通過專門的帳戶爲客戶提供特定目的資產管理業務。證券公司可以通過設立綜合性的集合資產管理計劃辦理專項資產管理業務。

五、資產管理業務盈利模式

投資銀行資產管理業務通過收取管理費而獲得收入。假設資產管理資產淨值爲E，管理費年費率爲f，投資銀行提供該業務發生的成本爲C，則該業務爲投資銀行帶來的營業收入爲：

$$S = E \times f$$

該業務爲投資銀行帶來的營業利潤爲：

$$L = S - C = E \times f - C$$

例6-1：假設某證券公司集合資產管理計劃資產淨值爲20億元，管理費年費率爲1.5%，投資銀行提供該業務發生的成本爲1 000萬元，則該業務爲投資銀行帶來的營業收入 = 200 000 × 1.5% = 3 000（萬元），該資產管理業務營業利潤 = 3 000 - 1 000 = 2 000（萬元）。

資料 6-1：券商集合理財規模首破千億元

受益於 2009 年以來股市收益率持續回升、產品發行提速，券商集合理財的發展邁上了歷史性新臺階。截至 2011 年 1 月底，國內存續券商集合理財已增至 89 只，合計規模首次突破了千億元。

回顧 2009 年，對券商集合理財的審批大幅提速，集合理財規模也與日俱增。截至 2009 年年底，80 個券商集合理財產品的合計總規模達到了 978 億元，較上年同比增長約 126%。這些產品合計總份額 921.9 億份，平均單位淨值 1.061 元。平均單個產品規模達 12.2 億元，與 2008 年年底相比，增長 10%。

在集合理財投向方面，主要投資於股市的非限定性集合理財規模達 660.8 億元，占比達 67.5%。其中，混合型產品以 356 億元的整體規模居前，約占總規模的 36%。FOF 型、債券型產品規模相當，分別占總規模的 20%、19%。股票型產品規模占 11%，QDII 型產品在總規模中占比不足 1%。

在集合理財規模方面，截至去年末，參與券商集合理財業務的 31 家券商中，逾七成所管理的集合理財總資產規模在 10 億元以上。華泰證券、光大證券、中信證券位居業內前三，總資產淨值依次達到了約 142 億元、120 億元、113 億元，相比上年依次增長了 131%、143%、216%。其中華泰證券擁有 8 只集合理財，是擁有理財產品數量最多的券商。

在集合理財的市場分布方面，參與集合理財的券商在國內接近三成，集合理財總資產淨值排名前五的券商占據全國市場的半壁江山。管理產品資產最小者僅 3 億元左右，僅為排名第一的 2%。從各家券商單個集合理財規模的排名看，宏源證券、光大證券、國泰君安、齊魯證券的產品平均資產規模在 20 億元以上。

資料來源：楊晶. 券商集合理財規模首破千億元 [N]. 上海證券報，2010-01-29.

第二節　資產管理業務運作過程

一、券商資產管理業務資格

在我國，券商要從事資產管理業務，首先要獲得相應資格。我國《證券法》第一百二十五條規定：經國務院證券監督管理機構批準，證券公司可以從事證券資產管理業務。《證券公司客戶資產管理業務試行辦法》第四條規定：證券公司從事客戶資產管理業務，應當依照本辦法的規定向中國證監會申請客戶資產管理業務資格。未取得客戶資產管理業務資格的證券公司，不得從事客戶資產管理業務。

第十七條規定，證券公司從事客戶資產管理業務，應當符合下列條件：

（1）經中國證監會核定爲綜合類證券公司；

（2）淨資本不低於人民幣兩億元，且符合中國證監會關於綜合類證券公司各項風險監控指標的規定；

（3）客戶資產管理業務人員具有證券從業資格，無不良行爲記錄，其中具有3年以上證券自營、資產管理或者證券投資基金管理從業經歷的人員不少於5人；

（4）具有良好的法人治理結構、完備的内部控制和風險管理制度，並得到有效執行；

（5）最近一年未受到過行政處罰或者刑事處罰；

（6）中國證監會規定的其他條件。

證券公司辦理集合資產管理業務，除上述要求外，還要求：設立限定性集合資產管理計劃的，淨資本不低於人民幣3億元；設立非限定性集合資產管理計劃的，淨資本不低於人民幣5億元；最近一年不存在挪用客戶交易結算資金等客戶資產的情形。

第一百三十條規定，國務院證券監督管理機構應當對證券公司的淨資本，淨資本與負債的比例，淨資本與淨資產的比例，淨資本與自營、承銷、資產管理等業務規模的比例，負債與淨資產的比例以及流動資產與流動負債的比例等風險控制指標作出規定。

二、集合資產管理業務的程序

（一）準備階段

《證券公司客户資產管理業務試行辦法》第二十二條規定，證券公司申請設立集合資產管理計劃，應當向中國證監會提交下列材料：①備案報告或者申請書；②集合資產管理計劃說明書；③集合資產管理合同的擬定文本；④資產託管協議；⑤推廣方案及推廣代理協議；⑥關於集合資產管理計劃運作中利益衝突防範和風險控制措施的特別說明；⑦負責該集合資產管理計劃投資管理的高級管理人員、主辦人員的情況登記表；⑧淨資本計算表和最近一期經具有證券相關業務資格的會計師事務所審計的財務報表；⑨中國證監會要求提交的其他材料。

其中最重要的是集合資產管理計劃說明書和集合資產管理合同的文本擬定。資產管理合同應當包括下列基本事項：客戶資產的種類和數額；投資範圍、投資限制和投資比例；投資目標和管理期限；客戶資產的管理方式和管理權限；各類風險揭示；客戶資產管理信息的提供及查詢方式；當事人的權利與義務；管理報酬的計算方法和支付方式；與客戶資產管理有關的其他費用的提取、支付方式；合同解除、終止的條件、程序及客戶資產的清算返還事宜；違約責任和糾紛的解決方式；集合資產管理計劃開始運作的條件和日期、資產託管機構的職責、託管方式與託管費用、客戶資產淨值的估算、投資收益的確認與分派等事項；其他事項。

（二）申請階段

《證券公司客戶資產管理業務試行辦法》第十六條規定：取得客戶資產管理業務資格的證券公司，可以辦理定向資產管理業務；辦理集合資產管理業務、專項資產管理業務的，還須按照本辦法的規定，向中國證監會提出逐項申請。

中國證監會依照法律、行政法規、本辦法的規定，對證券公司辦理集合資產管理業務、設立集合資產管理計劃的申請進行審查。中國證監會根據審慎監管原則，可以組織專家對辦理集合資產管理業務、設立集合資產管理計劃的申請進行評審。

中國證監會對設立限定性集合資產管理計劃的備案材料進行合規性審核，並向證券公司出具是否有異議的書面意見；中國證監會無異議的，證券公司方可推廣其所提交備案的集合資產管理計劃。中國證監會對設立非限定性集合資產管理計劃的申請材料進行全面審核，做出予以批準或者不予批準的決定，並書面通知申請人。

《證券公司集合資產管理業務實施細則》第二十七條規定集合計劃成立的條件：①推廣過程符合法律、行政法規和中國證監會的規定；②募集金額不低於1億元人民幣；③客戶不少於2人；④符合集合資產管理合同及計劃說明書的約定；⑤中國證監會規定的其他條件。

（三）管理階段

《證券公司客戶資產管理業務試行辦法》第三十一條規定：證券公司應當將集合資產管理計劃設定為均等份額。客戶按其所擁有的份額在集合資產管理計劃資產中所占的比例享有利益、承擔風險。

證券公司設立集合資產管理計劃，可以對計劃存續期間做出規定，也可以不做規定。集合資產管理合同應當對客戶參與和退出集合資產管理計劃的時間、方式、價格、程序等事項做出明確約定。參與集合資產管理計劃的客戶不得轉讓其所擁有的份額；但是法律、行政法規另有規定的除外。

證券公司可以自有資金參與本公司設立的集合資產管理計劃；在該集合資產管理計劃存續期間，證券公司不得收回所投入的資金。以自有資金參與本公司設立的集合資產管理計劃的證券公司，應當在集合資產管理合同中對其所投入的資金數額和承擔的責任等做出約定。

《證券公司集合資產管理業務實施細則》進一步明確規定：證券公司參與一個集合計劃的自有資金，不得超過計劃成立規模的5%，並且不得超過2億元；參與多個集合計劃的自有資金總額，不得超過證券公司淨資本的15%。

在投資限制方面，要求證券公司將其所管理的客戶資產投資於一家公司發行的證券，按證券面值計算，不得超過該證券發行總量的10%。一個集合資產管理計劃投資於一家公司發行的證券不得超過該計劃資產淨值的10%。證券公司將其管理的客戶資產投資於本公司、資產託管機構及與本公司、資產託管機構有關聯方關係的公司發行的證券，應當事先取得客戶的同意，事後告知資產託管機構和客戶，同時向證券交易所報告。證券公司辦理集合資產管理業務，單個集合資產管理計劃投資於前款所述證券的資金，不得超過該集合資產管理計劃資產淨值的3%。

在信息披露方面，《證券公司集合資產管理業務實施細則》規定：證券公司、資產託管機構應當按照集合資產管理合同約定的時間和方式，至少每周披露一次集合計劃份額淨值。集合計劃存續期間，證券公司應當按照集合資產管理合同約定的時間和方式向客戶寄送對帳單，說明客戶持有計劃份額的數量及淨值，參與、退出明細以及收益分配等情況。證券公司、資產託管機構應當在每季度結束之日起15日內，按照集合資產管理合同約定的方式向客戶提供季度資產管理報告、資產託管報告，並報證券公司住所地中國證監會派出機構備案。證券公司、資產託管機構應當在每年度結束之日起60日內，按照集合資產管理合同約定的方式向客戶提供年度資產管理報告、資產託管報告，並報證券公司住所地中國證監會派出機構備案。

在風險控制方面，要求證券公司保證集合資產管理計劃資產與其自有資產、集合資產管理計劃資產與其他客戶的資產、不同集合資產管理計劃的資產相互獨立，單獨設置帳戶、獨立核算、分帳管理。第五十二條要求證券公司將集合資產管理計劃資產交由資產託管機構進行託管。

（四）結束階段

資產管理合同約定的投資管理期限屆滿或者發生合同約定的其他事由，應當終止集合資產管理計劃運營的，證券公司和資產託管機構在扣除合同規定的各項費用後，必須將集合資產管理計劃資產，按照客戶擁有份額的比例或者集合資產管理合同的約定，以貨幣資金的形式全部分派給客戶，並註銷證券帳戶和資金帳戶。

資料6-2：券商集合理財近七成挣錢

Wind 統計數據顯示，2017年上半年券商集合理財產品普遍獲得正收益，不管是股票型、債券型、混合型還是QDII產品，都有近七成的產品盈利。

股票型產品收益率最高的前20名榜單中，多數是結構化產品，興證資管、長城證券、華泰資管、東興、廣發、國信、華龍、國金、齊魯資管、招商、財通、財富等券商都有產品上榜。若剔除分級產品，東證資管旗下的小集合東方紅先鋒7號和3號業績最為亮眼，分別獲得40.42%和39.19%的收益，排名領先。債券型產品中，收益率最高的是浙商恒天季季聚利3號普通級，達56.31%；排第二的是太平洋紅珊瑚30號，收益率22.27%。

受益於香港和美國市場的良好行情，QDII產品表現不錯。華泰紫金龍大中華、光大全球靈活配置、廣發資管巴克萊希勒美國指數這三只基金位列前三，分獲14.17%、13.78%和7.24%的收益。此外，去年收益領先的國信金匯寶新西蘭QDII，今年上半年收益率達6.12%，排名第四。

資料來源：網易財經 http://money.163.com/17/0706/09/COLB1IKD002580S6.html。

第三節　資產管理業務投資過程

資產管理業務投資過程所涉及的基本框架被分爲四個步驟：特定的目標、特定的限制因素、特定的投資策略以及最後的監控和更新資產組合。[①]

一、投資目標設定

投資目標的設定主要基於投資者對風險—收益的平衡。投資者的風險容忍度可以通過風險承受能力調查表進行定性判斷或者根據投資者對一組由兩個假定證券組合構成的具有不同風險和預期收益的組合表的選擇來定量確定其風險容忍度。

假定投資者無差異曲線是線性的，其選定的證券組合的預期收益率爲 $\bar{r}_c$，股票組合的收益率爲 $\bar{r}_s$，股票組合收益的方差爲 σ_s^2，無風險收益率爲 $\bar{r}_f$，則該投資者的風險容忍度 τ 爲：

$$\tau = \frac{2\left[(\bar{r}_c - \bar{r}_f)\sigma_s^2\right]}{(\bar{r}_s - \bar{r}_f)^2} \qquad (公式6.1)$$

不同投資者具有不同的風險—收益偏好（見表6-2）。影響個人投資者收益率要求與風險容忍度的基本因素是它們的生命週期以及個人的偏好。根據大通銀行1993年所做的一項調查，發現富有人士通常是風險厭惡型。類似地，2009年3月31日招商銀行聯合貝恩管理顧問公司《2009中國私人財富報告》顯示，大約80%的富有者投資時更傾向於保守。

表6-2　　　　　　　　　　不同投資者的不同風險—收益偏好表

投資者類型	收益率要求	風險容忍度
個人和個人信託	生命週期（教育、子女、娛樂）	生命週期（越年輕越能容忍風險）
共同基金	可變的	可變的
養老基金	假定的真實利率	依賴於有代表性的支出
捐贈基金	由當前收入需求及維持真實價值的資產增長的需求決定	通常是保守的
人壽保險公司	高於利率以滿足費用及利潤目標；真實利率	保守的

---

① 參考：博迪，等.投資學[M].6版.朱寶憲，等，譯.北京：機械工業出版社，2008：516-529.

表6-2(續)

投資者類型	收益率要求	風險容忍度
非人壽保險公司	無最小值	保守的
銀行	利息差額	可變的

資料來源：博迪，等．投資學［M］.6版．朱寶憲，等，譯．北京：機械工業出版社，2008

表6-3顯示各年齡段願意承受風險程度的投資者數目。該表顯示投資者越接近退休年齡，投資者由承受風險轉向風險厭惡。

表6-3　　　　各年齡段願意承受風險程度的投資者比例表　　　　單位：%

流動性	35歲以下 投資期限	35~54歲 監管	55歲以上 稅收
一點風險	30	30	21
一些風險	14	18	8
很大的風險	2	1	1

資料來源：博迪，等．投資學［M］.6版．朱寶憲，等，譯．北京：機械工業出版社，2008

二、限制因素

個人與機構投資者會因各種不同的具體情況，而對其投資資產的選擇加以限制。限制性因素包括流動性、投資期限、監管、稅收等（見表6-4）。

表6-4　　　　　　　　投資限制因素表

投資者類型	流動性	投資期限	監管	稅收
個人和個人信托	可變的	生命週期	無	可變的
共同基金	高	可變的	較少	無
養老基金	年輕人低；成年人高	長期	雇員退休收入保障法ERISA	無
捐贈基金	低	長期	較少	無
人壽保險公司	低	長期	複雜	有
非人壽保險公司	高	短期	較少	有
銀行	高	短期	變化	有

資料來源：博迪，等．投資學［M］.6版．朱寶憲，等，譯．北京：機械工業出版社，2008

流動性指資產以公平價格出售的難易程度，個人與機構投資者均對資產流動性具有一定要求。辦理資產管理業務的投資者雖然不會頻繁對其資產進行操作，進而對資產流動性提出很高要求，但仍希望具有一定的流動性。中信證券卓越成長股票集合資產管理計劃顯示，集合計劃成立後的前 3 個月爲封閉期，在該期間不辦理退出業務，集合計劃成立滿 3 個月之後方可辦理退出本集合計劃的手續，已經表現出較好的流動性。

投資期限指投資或部分投資的計劃終止日期。參與資產管理計劃的投資者可能是爲了建立子女教育基金或者爲了建立未來養老基金。

只有專業投資者或機構投資者才會受到監管的約束，比如共同基金投資於任何上市公司不能超過一定比例。我國要求參與資產管理的投資者資金來源必須合法，此外對投資對象作出了類似於證券投資基金的限制。

稅收是重要的因素，對那些高稅率的家庭來說，避稅與緩稅因素在其投資策略中可能非常關鍵。

三、資產配置與證券選擇

（一）自上而下的資產配置

公司資產管理業務投資管理委員會基於資產管理部的研究支持，決定投資組合中股票、債券、現金的分配比例、重點投資範圍以及重大投資決策，賦予投資主辦人員在一定時間範圍內實施投資行爲的幅度空間。

研究支持包括：依託公司內外部研究資源，資產管理部通過對宏觀經濟政策研究以及數量模型分析，把握宏觀經濟與證券市場波動的趨勢，在對各種投資策略進行研究評估後，定期擬定資產配置建議和擬採取的投資策略，一並遞交投資管理委員會討論確定。資產配置模型如下：

$$\max_{w_i} U[E(r_P), \sigma_P^2]$$

$$\text{s.t. } E(r_P) = \sum_{i=1}^{n} w_i E(r_i) \quad \text{（公式 6.2）}$$

$$\sigma_P^2 = \sum_{i=1}^{n} \sum_{j=1}^{n} w_i w_j \sigma_{ij} \quad \text{（公式 6.3）}$$

在上式中，w_i 表示資產配置的權重，$E(r_P)$ 表示資產組合的期望收益率，σ_P^2 表示資產組合收益率的標準差，σ_{ij} 表示資產 i 和資產 j 收益率的協方差。

（二）自下而上的證券選擇

投資主辦人在既定的資產配置比例和投資策略安排下，借助資產管理部研究團隊、公司內外部研究資源和集合計劃的收益—風險特徵，在備選庫的範圍內，結合自身對證券市場和上市公司的分析判斷，決定具體的股票、債券等投資品種、規模並決定買賣時機。

研究支持主要包括：投資策略的收益風險評估，重點行業與上市公司估值，整合研究資源，定期編制和維護備選庫，及時向投資主辦人提供具體行業和上市公司的趨勢變化分析。

四、資產管理組合的修正

在資產管理的過程中，隨著時間的推移，如果資產管理經理對證券收益的預期發生了變化，則需要對證券組合進行修改。但必須對修改所帶來的好處與所發生的交易成本進行權衡比較。對整個資產類型進行調整比只對個別證券進行調整在經濟上具有更大的吸引力。其便捷的方式爲：一種方法是買賣股市指數或者國庫券期貨合約；另一種可能是利用互換市場進行操作。基於資產管理組合修正的互換包括股票互換和利率互換。

股票互換是指交易的一方按照某一雙方認可的股市指數的收益率，向交易的第二方支付一系列大小不一的現金，作爲交易的第二方按照現行利率向第一方支付一系列相同的現金。

利率互換是指雙方同意在未來的一定期限內根據同種貨幣的同樣的名義本金交換現金流，其中一方的現金流根據浮動利率計算，而另一方的現金流根據固定利率計算。

五、資產管理組合績效評估與動態調整

券商資產管理部門風險控制與評估組定期對集合計劃資產進行定性和定量相結合的風險、績效評估，並提供風險與績效評估報告，供投資管理委員會和投資主辦人隨時瞭解投資組合承擔的風險水平，檢驗既定的投資策略。主要評估內容如下：

（1）投資組合的資產配置：分類統計投資組合中各類資產的配置情況，並與證券市場或基準組合進行橫向比較。

（2）投資收益貢獻分析：分類統計投資組合中各類資產的收益構成及收益貢獻，並與證券市場進行橫向比較。

（3）投資組合風險分析：統計投資組合的流動性風險分析、跟蹤誤差、VaR、標準差、β值、夏普比率、特雷諾比率等。

（4）對構建目前投資組合的基礎因素如資產配置、備選庫、市場熱點等進行動態評估，根據基礎因素的調整，按照投資組合構建原則對現有投資組合進行調整。

（5）動態評估投資組合市值跌破投資組合最低價值的可能性和潛在的幅度，按照投資流程進行等級匹配的投資組合調整。

案例6-1：中信證券卓越成長股票集合資產管理計劃

1. 投資理念

預期未來中國經濟將在持續結構調整的基礎上繼續增長，那些具有成長潛力的中小市值上市公司可以借此實現快速發展。本集合計劃將尋找具有持續發展能力、巨大發展潛力和較大投資價值的中小市值股票進行投資，以期獲得高額收益。

2. 投資策略

本集合計劃重點投資於具有行業優勢、公司優勢和估值優勢的中小市值股票，剩餘資

產將配置於固定收益類和現金類等大類資產上。

3. 投資範圍

具有良好流動性的金融工具,包括國內依法發行的股票(包括通過網上申購和/或網下申購的方式參與新股配售和增發)、權證、債券(含可轉債)、證券投資基金、央行票據、資產支持受益憑證、債券逆回購、銀行存款、現金以及法律法規或中國證監會允許證券公司集合資產管理計劃投資的其他投資品種。

4. 投資比例(見表 6-5)

表 6-5　　　　中信證券卓越成長股票集合資產管理計劃投資比例

權益類金融產品		50% ~ 95%
其中	股票	50% ~ 95%,投資於中小市值股票的比例不低於本集合計劃股票資產淨值的 80%;
	股票基金及混合基金	不超過集合計劃資產淨值的 45%
	權證	不超過集合計劃資產淨值的 3%
固定收益類金融產品		5% ~ 50%。其中,現金類資產投資比例在封閉期和開放期均不低於集合計劃資產淨值的 5%

5. 業績比較基準

中證 700 指數收益率 × 75% + 中證全債指數收益率 × 25%

6. 風險收益特徵及適合推廣對象

非限定性集合計劃,且其預期收益和風險高於混合型產品、債券型產品、貨幣型產品,適合高風險高收益的投資者。

7. 參與費(見表 6-6)

表 6-6　　　　中信證券卓越成長股票集合資產管理計劃參與費

參與金額(M)	認購期參與費率	存續期參與費率
$M \geq 500$ 萬元	每筆 1 000 元	每筆 1 000 元
300 萬元 $\leq M <$ 500 萬元	0.5%	0.6%
100 萬元 $\leq M <$ 300 萬元	0.7%	0.8%
$M <$ 100 萬元	1.0%	1.2%

8. 退出費（見表6-7）

表6-7　　　　　　中信證券卓越成長股票集合資產管理計劃退出費

持有期限（D）（天）	退出費率（%）
D < 365	0.5
365 ≤ D < 730	0.3
D ≥ 730	0
集合計劃終止或清算	0

9. 管理費

管理費爲1.5%/年。

10. 託管費

託管費爲0.25%/年。

11. 收益分配

在符合分紅條件的前提下，集合計劃收益每年至少分配一次，在次年的4月30日前完成。每次收益分配比例不低於集合計劃該次可供分配利潤的50%。但若成立不滿3個月可不進行收益分配。

12. 存續期限

無固定存續期限。

13. 最高規模

在推廣期的募集資金不超過100億元人民幣，存續期不設規模上限。

14. 最低參與金額

初次參與的最低金額爲人民幣10萬元（含參與費）。對於集合計劃的持有人，其新增參與資金的最低金額爲壹仟元人民幣。委託人將紅利再投資不受上述限制。

15. 最低退出額

委託人可以選擇全部退出，也可以選擇部分退出。部分退出時，委託人每筆最低退出份額爲1 000份，剩餘份額不能低於1 000份。

16. 流動性安排

集合計劃成立後的前3個月爲封閉期，在該期間不辦理參與、退出業務。投資者在集合計劃成立滿3個月之後的每個工作日都可以辦理參與、退出本集合計劃的業務。

17. 管理人

管理人爲中信證券股份有限公司。

18. 託管人

託管人爲中信銀行股份有限公司。

19. 推廣機構

推廣機構爲中信證券股份有限公司、中信銀行股份有限公司等。

資料來源：根據中信證券股份有限公司公開資料整理。

第四節　另類資產管理業務

在美國，集合投資工具，比如投資基金，受到《投資公司法案》的管制，除非它們是私募的或者只面向老練的投資者。受管制的基金必須在美國證券交易委員會註册並披露其投資頭寸。此外，《投資公司法案》對已註册的投資公司可能進行投資類型限制，從而降低了投資目標的靈活性。

所謂另類投資基金，主要指沒有根據《投資公司法案》註册爲投資公司和免於在證券交易委員會登記的基金，包括對冲基金、私募股權基金、風險資本基金等。不同於傳統投資基金的是：①另類投資基金可以使用傳統投資基金無法使用的技術，比如保證金交易、衍生工具使用等；②另類投資基金通常採用有限合夥制，即基金管理人一般是合作者和投資者，合作夥伴數量有限。基金經理通常按雙重收費結構獲得報酬，比如 "2 和 20" 設置，管理人 2% 的基金資產淨值和超過某一基準的超額收益的 20% 作爲報酬。幾乎所有投資銀行都發起另類投資基金，高盛資產管理公司管理下的資產大約 20% 投資於另類投資基金。

一、對冲基金

對冲基金（Hedge Fund），也稱避險基金或套利基金，是指採用買空賣空、槓桿操作、程序交易、互換交易、套利交易、衍生品種等高風險投機爲手段並以營利爲目的的金融基金。由於風險較高，一般嚴格限制普通投資者介入，比如北美的證券管理機構規定每個對冲基金的投資者應少於 100 人，最低投資額爲 100 萬美元等。

對冲基金起源於 20 世紀 50 年代初的美國，其初始意義在於：利用期貨、期權等金融衍生產品以及對相關聯的不同股票進行買空賣空、風險對冲操作，在一定程度上可規避和化解投資風險。1949 年世界上誕生了第一個有限合作制的瓊斯對冲基金。

經過幾十年的演變，對冲基金已失去其初始的風險對冲的內涵，而演變爲一種基於最新的投資理論和極其複雜的金融市場操作技巧，充分利用各種金融衍生產品的槓桿效用，承擔高風險，追求高收益的新的投資模式。

（一）對冲基金的特點

1. 投資過程的複雜性

對冲基金通常不採取消極投資策略或股票、債券等傳統工具，而是採取套利和槓桿操作策略來獲取利潤。利用期貨、期權、掉期等將衍生金融工具配以複雜的組合設計，對衝基金根據市場預測進行投資，在預測準確時獲取超額利潤，或是利用短期內中場波動而產生的非均衡性設計投資策略，在市場恢復正常狀態時獲取差價。

2. 投資的高槓桿性

對衝基金的證券資產的高流動性，使得對衝基金可以利用基金資產方便地進行抵押貸款。典型的對衝基金往往利用銀行信用，以極高的槓桿（Leverage）在其原始基金量的基礎上幾倍甚至幾十倍地擴大投資資金，追求最大限度的投資回報。這種槓桿效應的存在，使得對衝基金的淨利潤遠遠大於僅使用資本金運作可能帶來的收益。同樣，也恰恰因爲槓桿效應，對衝基金在操作不當時往往亦面臨超額損失的巨大風險。

3. 籌資方式的私募性

對衝基金的組織結構一般是合夥人制。基金投資者以資金入伙，提供大部分資金但不參與投資活動；基金管理者以資金和技能入伙，負責基金的投資決策，從而表現出對衝基金籌資的私募性。在美國對衝基金的合夥人一般控制在100人以下，而每個合夥人的出資額在100萬美元以上。

由於對衝基金多爲私募性質，從而規避了美國法律對公募基金信息披露的嚴格要求。爲了避開美國的高稅收和美國證券交易委員會的監管，在美國市場上進行操作的對衝基金一般在巴哈馬和百慕大等一些稅收低、管制鬆散的地區進行離岸註冊，並僅限於向美國境外的投資者募集資金。

4. 操作方式的靈活性

對衝基金與面向普通投資者的證券投資基金相比，不但在基金投資者、資金募集方式、信息披露要求和受監管程度方面存在很大的差別，在投資活動的靈活性方面也存在很多差別。證券投資基金一般在投資工具的選擇和比例上有確定的方案，如平衡型基金指在基金組合中股票和債券大體各半，增長型基金指側重於高增長性股票的投資；同時，證券投資基金不得利用信貸資金進行投資，而對衝基金則完全沒有這些方面的限制和界定，可利用一切可操作的金融工具和組合，最大限度地使用信貸資金，以牟取高於市場平均利潤的超額回報。

（二）對衝基金操作策略

根據美國證券交易委員會的研究分類，對衝基金有三種操作策略：市場趨勢、事件驅動、套利。①

1. 市場趨勢

市場趨勢指對衝基金利用股票、利率或商品市場的價格趨勢獲利，包括宏觀基金和多頭/空頭基金。宏觀基金可能會持有未避險的貨幣頭寸，基於它們對各個國家宏觀經濟基本面的判斷而獲利。例如，1990年英國決定加入歐洲匯率機制，1992年英國維持其匯率

---

① 米歇爾·弗勒里耶. 一本書讀懂投資銀行 [M]. 朱凱譽, 譯. 北京：中信出版社，2010.

的能力出現問題，索羅斯預感到這種趨勢，於是其領導的量子基金通過做空英鎊，在一個多月時間內獲得了 10 億美元以上的收益。

多頭/空頭基金試圖利用覺察到的證券價格的異常來獲利。例如，長期資本管理公司購買被認為低估了的債券，並賣空被認為高估了的債券。無論整體利率發生怎樣的變化，只要兩者之間的價差縮小，該基金就能獲利。不幸的是，對長期資本管理公司來說，如果價差擴大則收益會迅速轉變為損失。

2. 事件驅動

事件驅動指對衝基金從影響證券價格的合並、破產或收購等題材來獲利。比如，併購套利基金企圖在公司合並交易之前持有被收購公司股票的多頭頭寸，並同時在股票市場上持有收購方公司的空頭頭寸。

3. 套利

套利指對衝基金利用相近類型資產之家的價差獲利。比如，新發行的 10 年期國債價格可能以比之前發行的 10 年期國債略高的價格成交。對衝基金可能試圖通過買入舊券和做空新券從價差中獲利，並利用槓桿來放大這些微小的價差。

2011 年 4 月中旬成立的易方達中行對衝 1 號是我國《證券投資基金股指期貨投資會計核算業務細則（試行）》出臺後，按照該法規設計的第一只對衝類產品，也是易方達推出的首只一對多對衝基金，據相關人士介紹，易方達中行對衝 1 號完全採取市場中性的對衝策略來操作，即買某個組合的同時，同時賣空與該組合相關的指數的股指期貨，可以 100%（理論上）地對衝掉市場風險。

二、風險投資基金

風險資本是年輕而發展迅速的公司的一種資本來源。與對衝基金一樣，風險資本基金投資的是未經註冊的投資工具。與對衝基金不同的是，風險投資一般合夥人對企業的資金投入發揮積極的作用。

1946 年，第一家現代意義的風險投資公司"美國研究發展公司"（ARDC）由歐洲工商管理學院（INSEAD）創立者喬治·德里奧（Georges Dorio）所創建。1979 年，《雇員退休收入保障法》推動了美國風險投資事業的發展。目前美國許多著名的企業，如數字設備公司（DEC）、微軟（Microsoft）等都曾得到風險投資的支持。美國研究發展公司 1957 年在數字設備公司的投資為 7 萬美元，1968 年數字設備公司上市價值超過 35.5 千萬美元，從而獲得 500 倍的投資回報和 101% 的年復利收益率。

（一）風險投資主要特點

1. 高風險性

風險投資的對象主要是創業期或起步階段的高新技術企業。由於這類產品涉及新技術、新行銷理念、新產品的運用，因此其未來發展面臨諸多不確定因素，存在很高的投資風險。根據對美國13家風險投資公司所投資的383家風險企業的調查分析，其中虧損企業占40%左右，盈利2倍以內占30%左右，盈利2~5倍的企業占20%左右，盈利5倍以上僅爲5%。

考其瑞恩（Cochrane, 2005）對VentureOne數據庫1987—2000年間的7 765個創業投資項目收益進行分析，發現其算術平均收益高達698%，但標準差高達3 282%。説明創業投資項目收益分布嚴重不對稱，高收益極值很多，但也有大量虧損觀測值。

2. 高收益性

高風險對應着高收益，風險投資一旦成功就可以獲得巨額投資收益。預期企業的高成長、高增值是其投資的內在動因。1981—2001年美國風險投資的平均收益率高達18.6%。

3. 低流動性

風險資本在高新技術企業創立初期就投入，當企業發展成熟後，才可以通過資本市場將股權變現，獲取回報，繼而進行新一輪的投資運作。其投資期較長，通常爲3~7年，甚至7~10年，因此流動性較差，被譽爲"耐心的資本"。

（二）風險投資運行過程[①]

1. 項目篩選

風險投資家傾向於選擇他們所專長的行業領域進行投資。因爲這不僅有利於進一步的審慎調查，還有利於投資後對風險企業進行監督和向風險企業提供有效的幫助。投資規模是風險投資家在項目篩選階段必須考慮的問題。規模太小會出現不經濟，規模過大則無法達到有效地分散風險。

在實踐中，風險投資家一般把對單個風險企業的投資限制在10%左右。超過限額的項目，風險投資家會尋求與其他風險投資機構進行聯合投資以分散風險。此外，選擇在風險企業的哪個發展階段進行投資也是風險投資家在這一階段考慮的重點，它體現了風險投資家不同的風險偏好和對收益與風險的平衡。一般來講，對風險企業的早期發展階段進行投資，資本退出時間較長，風險較大，但收益較高；而對風險企業的中晚期發展階段進行投資則資本退出時間較短，風險較小，但收益相應也比較小。

2. 項目評估

項目評估階段，即風險投資家對該項目的所有特點和細節進行詳細審慎的考察和分析，以決定是否進行投資。在項目評估時，風險投資家依次分析的要素是：人、市場和技術。

首先是人，即創業家及其管理團隊的素質。風險投資家需要從各個角度考察創業家是否在其所從事的領域具有敏鋭的洞察力，是否掌握市場全貌並懂得如何開拓市場，是否具備將自己的技術設想轉化爲現實的能力，是否能夠組建一個由具備各種專長的人才組成優

[①] 部分參考了：李子白. 投資銀行學[M]. 北京：清華大學出版社，2005.

勢互補的管理團隊。

其次分析的是市場。任何一項高新技術如果沒有廣闊的市場潛力，就無法實現企業發展，更談不上投資增值。理想的市場應該是能夠迅速成長並且潛力巨大的市場。網路、通信和生物技術等行業受到風險投資青睞的原因，並不只在於它們的技術先進，更重要的是它們廣闊的市場。

最後對技術的考察和論證也必不可少，風險投資家需要判斷所投資項目的技術是否具有超前性和突破性，需要克服多少困難才能將技術設想變為現實。風險投資家對風險項目的評估可以簡單地概括為一個公式：

$$V = P \times S \times E \qquad (公式6.4)$$

上式中，V表示風險投資家對風險項目的評價，P表示市場前景，S表示商業模式，E表示創業家的素質。

蒂巴杰和布魯諾（Tyebjee 和 Bruno，1984）、弗瑞德和赫斯瑞次（Fired & Hisrichz，1994）通過因素分析歸納總結了風險投資家對風險項目的評估標準（表6-8）。從表中可以看出，風險投資家非常看重創業家素質、企業管理能力、市場拓展能力、財務技能。在某種程度上，"一流團隊"加上"二流產品"被認為比"二流團隊"加上"一流產品"更可能獲得風險投資的支持。

表6-8　　　　風險投資的項目評估標準及方式表

評估標準		評估方式及其採用頻率（%）	
管理能力	創業家素質	與管理層面談	100
	企業管理能力	參觀企業	100
	市場拓展能力	詢問創業者以前的商業合作夥伴	96
	財務技能	詢問風險企業當前的投資者	96
市場吸引力	市場規模	詢問當前的用戶或客戶	93
	市場需求	詢問潛在的用戶或客戶	90
	市場增長潛力	調查其競爭對手的市場價值	86
	市場壁壘	與有關專家對產品性能進行非正式討論	84
產品差異度	產品獨特性	深入調查風險企業前期的財務報表	84
	技術水平	詢問風險企業的競爭對手	71
	產品盈利能力	詢問與風險企業合作過的銀行家	62
	專利化程度	徵求本公司其他風險投資家的意見	56

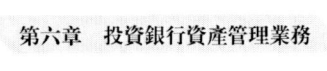

表6－8(續)

評估標準		評估方式及其採用頻率（％）	
抵禦環境威脅的能力	防止產品老化的能力	詢問供貨商	53
	防止競爭者進入的能力	徵求其他風險投資機構的意見	52
	應付環境變化的能力	詢問會計師或律師	47
變現能力	變現難易	進行深入的文獻調研	40
	變現方式	利用正式的市場調研	31

資料來源：俞自由，等．風險投資理論與實踐［M］．上海：上海財經大學出版社，2001

3. 交易構造

所謂的交易構造（Deal Structuring）是指風險投資家和風險企業之間經過協商達成一系列的協議，其目的在於協調投融資雙方的不同需求。這一階段需要解決的問題有：金融工具的選擇、交易價格的確定和投資協議的簽訂。

4. 管理監控

風險投資是一種主動參與管理型的專業投資。風險投資家對風險企業的積極介入和管理監控，也有利於克服他們之間的信息不對稱，使風險投資的損失最小化和收益最大化。

風險投資家管理監控企業的模式可以分為三種：積極干預型、間接參與型和放任自由型。積極參與型是指風險投資家直接影響風險企業的決策；間接參與型是指風險投資家只提供諮詢建議，但不要求風險企業完全接受；如果風險企業投資規模較小，項目相對成熟和管理團隊能力較強，風險投資家就可以採取放任自由型的管理監控模式。

案例6－2：中信證券成立產業投資基金

除了開展直投業務，入股產業基金也成為券商們進軍PE行業的一只觸角。據統計，目前券商投資或者在建的基金管理公司已有7家。中信證券2010年報顯示，中信產業投資基金管理有限公司註冊資本18億元，中信證券持有35％的股權。截至2010年年末，基金總資產31.7億元，淨資產21億元，營業收入2.37億元，淨利潤4 452.81萬元，員工85人。

2010年年1月28日，該基金公司宣布旗下第一只人民幣基金——綿陽科技產業投資基金正式結束募集，總規模達到90億元。綿陽產業基金主要投向金融、消費、原材料和機械製造四個領域。此外，中信證券還以金石投資公司名義成立了一個產業基金——北京農業產業投資基金。

資料來源：《證券日報》，2011－05－18。

三、私募股權基金

私募股權（Private Equity，PE）基金是指以非上市公司股權作爲投資對象的基金。從廣義上説，私募股權包括風險投資。但與風險投資不同的是，私募股權不僅僅是投資擬上市企業，而更多地投向成熟公司。

私募股權基金一個典型的操作方法是：收購一家成熟企業（包括上市公司）的控制權，然後提高其盈利能力和財務業績，再通過二次出售或者IPO實現盈利。在美國，私募股權基金通過管理層收購流通股、管理層收購非流通股、槓桿收購或市場化，尋求對上市公司的控制。

（一）私募股權投資策略

私募股權的投資戰略包括槓桿收購（Leveraged Buyouts）、風險投資（Venture Capital）、成長投資（Growth Capital）、破產投資（Distressed Investments）、夾層資本（Mezzanine Capital）。

1. 槓桿收購

槓桿收購（Leveraged Buyout，LBO）是指收購方以目標公司爲擔保進行債務融資，再加上自有資金來收購目標公司，在收購之後，再重組目標公司逐漸償還債務的收購方式。歷史上，槓桿收購的債務比率爲60%～90%之間。2000—2005年，美國槓桿收購債務比例平均爲59.4%～67.9%。[①]

PE槓桿收購的經典案例是，1988年KKR收購雷諾納貝斯克公司（RJR Nabisco）。雷諾納貝斯克公司本來是一家上市公司，但因爲經營不善，股價嚴重下滑，KKR通過LBO將其私有化，然後通過削減成本，將其非主營剝離和重組，使企業重獲新生，重返資本市場。

在中國的案例有：2006年12月，鼎暉基金與高盛聯手以20.1億元的價格買下雙匯集團。弘毅基金2004年對江蘇玻璃（後更名爲"中國玻璃"）的買斷則是管理層收購的經典案例。

2. 成長資本

成長資本是指投資於相對成熟的企業的股權投資。這類企業往往處於擴張期，尋求資金的用途是擴展或重構生產經營、或進入新的市場、或爲了收購。成長資本（Private Investment in Public Equity，PIPE）是採取可轉換證券或優先股等非註册證券形式，投資於上市公司的私募股權資本。

[①] Steven N. Kaplan, Per Strömberg. Leveraged Buyouts and Private Equity, Social Science Research Network, June 2008; Trenwith Group "M&A Review," (Second Quarter, 2006).

3. 破產投資

破產投資基金的投資目標通常是那些處於危機之中或臨近破產的企業。由於破產是非常複雜的法律過程，利益各方的談判也較爲艱難，因此只有少部分資深管理人涉足。由於破產企業的重組過程中往往也涉及資產或業務剝離以及裁員問題，因此破產投資基金的媒體形象不佳，猶如食腐動物禿鷹，因此被稱爲"禿鷹基金"（Vulture Fund）。

美國的禿鷹基金在韓國表現得尤爲活躍。1999 年新橋基金以 5 000 億韓元買入韓國第一銀行 48.6% 股權，2005 年以 34 000 億韓元價格轉售渣打銀行。2000 年凱雷基金以 4.3 億美元價格買入韓美銀行 36.6% 股權，2003 年以約 10 億美元價格出售給花旗銀行。2003 年龍星基金以 1.32 萬億韓元買入韓國外換銀行 51.02% 股權，並於 2005 年試圖以近 6 萬億韓元價格出售給韓國國民銀行。龍星基金的巨額利潤引發了韓國公衆和輿論的憤怒，韓國政府以涉嫌賄賂爲由阻止了該交易。

4. 夾層資本

夾層資本是指公司資本結構中處於從屬地位的次級債務或優先股的私募股權投資。夾層資本爲小股公司額外融資提供了融資渠道。

（二）私募股權基金組織形式與資金來源

跟風險投資基金一樣，私募股權基金通常採取有限合夥制。由基金管理人（也稱普通合夥人，GP）發起，並以私募方式向銀行、保險公司、養老基金以及政府機構等長期投資者（也稱有限合夥人，LP）募集資金。基金管理人通常會在 3~5 年內完成投資，並尋求在 10 年內實現退出，將收益以現金或股份方式返還投資者。基金管理人除了每年收取固定比例的管理費（通常爲 2%）之外，還會收取基金投資收益的 20% 作爲管理分紅（Carry Interest）。著名的管理集團包括黑石（Blackstone）、凱雷（Carlyle）等。

以籌資總額 25 億美元的厚樸第一期基金爲例，其組織形式爲通行的有限合夥制，GP 爲厚樸，LP 包括淡馬錫、高盛、加拿大公務員退休基金、殼牌公司、新加坡國立大學退休基金和日本中央農林金庫等機構投資者等。該基金的投資期爲 5 年，基金存續期爲 10 年。管理費和管理分紅也爲慣例的 2% 和 20%[①]。

投資者投資於私募股權的目的在於在於獲得超過公開市場上的收益，對大多數機構投資者來說，私募股權投資成爲資產配置的組成部分之一，其他還包括傳統資產如公共股權、債權等。

（三）私募股權管理業務

私募股權管理是投資銀行的重要業務。專門從事併購和金融發起人諮詢的高盛公司稱，私募股權基金投資從 1995 年的 200 億元增長到 2005 年的 3 150 億美元。根據湯姆森金融公司收集的數據，在 2005 年，前 20 家最大的投資銀行業務傭金名單中除了 4 家之外

---

① 歐陽良宜. 中國私募股權發展之難 [J]. 中國經濟, 2009 (9).

都是私募股權基金集團[1]。截至 2005 年，高盛公司已成立 10 個私募股權基金，資本總額超過 170 億美元。80% 的資金來自於客戶，20% 的資金是銀行自有資本。

根據"Private Equity International"（PEI）雜誌 2010 年的排名，全球 10 大私募股權機構如表 6-9 所示。[2]

表 6-9　　　　　　　　　2010 年全球 10 大私募股權機構表

排名	私募股權機構
1	高盛投資（Goldman Sachs Principal Investment Area）
2	凱雷集團（The Carlyle Group）
3	KKR（Kohlberg Kravis Roberts）
4	太平洋集團（TPG）
5	阿波羅全球管理（Apollo Global Management）
6	CVC 資本（CVC Capital Partners）
7	黑石集團（The Blackstone Group）
8	貝恩資本（Bain Capital）
9	華寶創業（Warburg Pincus）
10	阿帕克斯合夥（Apax Partners）

資料來源：Top 300 PE funds from PEI Media.

案例 6-3：2009 年貝恩資本投資國美電器

背景：2007—2008 年，國美電器進行了大規模的併購和擴張，比如 36 億元收購大中電器；2008 年初花費 22 億元回購公司股票以及投資 5.37 億美元入主三聯商社，同時大規模擴張開設了 100 多家新店，大量的現金流出，導致股權投資帳面虧損已近 25 億元。

而與此同時，2007 年發行的 46 億港元可轉債很可能在 2010 年 5 月前被提前贖回，為解決巨額可轉債即將到期贖回的資金困境，國美電器開始尋找戰略投資者。

2009 年 6 月 22 日，國美電器發布公告，稱國美已與國際私募基金貝恩投資旗下的貝恩資本格羅瑞有限公司（Bain Capital Glory Limited）簽訂投資合作協議，對方以 18.04 億港元認購國美新發行的 7 年期的可換股債券，年息率為 5%。初始轉換價為每股 1.18 港元，較停牌前的最後收市價每股 1.12 港元溢價 5.4%。

另外，國美同時向符合資格的現有股東按照 100∶18 的比例發行新股，認購價為每股

---

[1] 米歇爾·弗勒里耶. 一本書讀懂投資銀行 [M]. 朱凱譽, 譯. 北京：中信出版社，2010.
[2] Top 300 PE funds from PEI Media

0.672 港元。按照這個方案，若 Bain Capital 將可轉換債券全部轉換爲股票，貝恩資本將持有國美電器 9.8%～23.5% 的股權，成爲緊隨黃光裕夫婦之後的第二大股東，具體持股比例取決於股東對公開發售股份的接納程度。公告稱，貝恩投資將提名三名非執行董事席位。

KKR（Kohlberg Kravis Roberts& Co.）和華平創業投資有限公司（Warburg Pincus LLC）此前均對這家總部位於北京的公司表示過興趣，但隨後退出，使貝恩資本有限公司成爲唯一一家有意投資國美電器的公司。華平創業投資已經持有國美電器的少數股份，並在董事會中有一個非執行董事席位。已並入渣打集團（Standard Chartered PLC, STAN. LN）的嘉誠亞洲有限公司（Cazenove Asia Ltd.）和 N M Rothschild& Sons（Hong Kong）Ltd. 是國美電器的財務顧問。

業內人士認爲，通過此次貝恩投資的入股，國美將改變家族企業的形象，公司的治理結構將更透明。同時，國美此次獲得的超過 32 億的資金也能夠極大地改善公司的現金流狀況，緩解國美的資金饑渴問題。

對貝恩資本來說，如果其持有的 18.04 億港元可轉債全部轉換爲國美電器股票，將可獲得 16.28 億股國美國電器股票，以國美電器 2010 年 9 月 7 日收盤價 2.34 港元計算，其市值爲 38.10 億元，在此期間還獲得了 5% 的利息 9 020 萬港元，則貝恩資本自 2009 年 6 月 22 日持有該債券至 2010 年 9 月 7 日期間的累計收益率高達 116%，同期，香港恒生指數由 18 060 點上漲至 21 402 點、漲幅 18.5%。貝恩資本持有該債券的收益率遠高於同期恒指的漲幅。

資料來源：陳偉、貝恩投資國美［N］. 經濟參考報，2009-06-23。

第五節　金融科技支持下的資產管理業務

在大數據、雲計算、人工智能等金融科技的支持下，投行資產管理業務呈現出新的變化。這種變化體現爲：依賴於技術，資產管理業務推出了全新的產品或者服務方式。

一、支付理財功能轉化便利化

以餘額寶爲例。餘額寶是由第三方支付平臺支付寶打造的一項餘額增值服務。通過餘額寶用戶不僅能夠得到較高的收益，還能隨時消費支付和轉出。轉入餘額寶的資金在第二個工作日由基金公司進行份額確認，對已確認的份額會開始計算收益。

案例 6-4：餘額寶

天弘基金與支付寶在 2013 年 6 月份合作推出了"餘額寶"理財產品。事後來看取得了極大成功。"餘額寶"上線以後，短短幾個月內，餘額寶資金規模便突破千億，用戶數突破 3 000 萬。成為中國基金史上第一個規模突破千億的基金。截至 2017 年 6 月底規模已達到了 1.43 萬億元，超過了招商銀行 2016 年年底的個人活期和定期存款總額，並直追 2016 年中國銀行的個人活期存款平均餘額 1.63 萬億元。

餘額寶一期是由天弘基金與金證合作開發的新型直銷系統，依託傳統的 IOE 架構，一期系統上線後，業務量與用戶數暴增，按照業務量增加速度，到 10 月份一期系統將遇到瓶頸。經過 2 個月的項目遷移，天弘基金在 9 月 26 日上雲成功，成為了中國第一個核心系統在雲上的基金公司。系統上雲後，性能表現超出期望，實時請求處理可達到 11 000 筆每秒，完成 3 億筆交易的清算可在 140 分鐘內完成。只需 30 分鐘就完成了之前要 8 個小時的清算工作。

資料來源：根據公開資料整理。

二、大數據基金

隨著數據信息化的發展，越來越多的企業開始將大數據視為重要的戰略資源，並圍繞大數據打造核心競爭力。大數據基金是以大數據為信息源，試圖通過挖掘數據中有用信息獲取超額收益。

案例 6-5　國金百度大數據基金

2015 年 12 月 23 日，百度與國金證券聯合宣布，共同推出國內首只大數據量化基金——"國金百度大數據基金"。繼與中信銀行、安聯保險先後合作成立百信銀行、百安保險之後，百度在證券領域再次聯手傳統金融機構，利用大數據技術掘金二級市場，完成了金融三大版塊的全面布局。

與傳統量化投資相比，"國金百度大數據基金"的最大特色是在投資模型中充分納入"人"的因素。在合作中，百度從互聯網大數據中提取與"人"密切關聯的數據，經過大數據挖掘和智能化處理，實現全面描摹用戶畫像、精準識別網民金融意圖、洞察股民情緒、預測行業市場走向，為證券機構在擇時和選股等決策提供極具價值的考量因子。據悉百度將發揮自身在海量數據資源、雲計算基礎架構以及人工智能技術的優勢，國金證券則主要負責系統策略開發和資金募集。

此前在 2014 年 10 月，百度金融中心就已推出"百度 100 指數基金"。"百發 100"指數實現了指數編制方法的重大創新，首次採用百度互聯網金融大數據技術，將涉及特定金融實體的數據進行自動分析、歸並、統計和計算，並引入量化選股模型，編制股票市場指數。百發 100 指數基金在 2014 年 10 月 20 日至 10 月 28 日間的短短 9 天時間里就募資成立，遠超過普通股基動輒 20 餘天的認購期。作為指數基金，百發 100 指基具有低費率、低成本、低管理費的申購優勢，基金 A 類份額認購起點 1 元起，最高認購費率 1.00%，最高贖回費率0.50%，與動輒2%管理費率的主動股票型基金相比，投資成本優勢明顯。該基金成立短短5個月時間內累計淨值增長率超過64%（年化收益率153.6%）。

隨著百發100指數的成功，新浪、阿里等互聯網公司繼百度之後也先後加入大數據指數基金的浪潮中來。與百發100基於百度搜索的全網數據不同，新浪基於新浪財經頻道及財經官方微博的新聞數據推出新浪i100和i300，阿里則基於淘寶和天貓等旗下的電商數據最新推出淘金100。

資料來源：http://business.sohu.com/20151223/n432354960.shtml。

三、智能投顧

智能投顧（Robo-Advisor），也稱作"機器人理財"或"智能理財"等。其主要特點是利用大數據分析、金融量化模型以及智能化算法，根據投資者的風險承受水平、預期收益目標、投資風格偏好等不同需求，運用一系列智能算法，投資組合優化等理論模型，為用戶提供投資建議，並動態監測市場變化，對資產配置提供定期或不定期的調整，同時按照一定規則進行自動再平衡操作，提高資產組合的回報率。

資料6-2：智能投顧

在美國，以Wealthfront、Betterment、FutureAdvisor與嘉信SIP為代表的智能投顧公司早就開始了與金融公司的合作。而在國內，以同花順為代表的互聯網金融信息服務有限公司早早地便推出了智能投顧的服務，而以BAT為代表的互聯網巨頭們則從各自的領域著手開展了智能投顧的服務，如螞蟻聚財、京東智投等，而傳統的金融機構也不例外，平安銀行就推出了平安一帳通，嘉實基金則推出了嘉實金貝塔的服務。

資料來源：安卓資訊http://news.hiapk.com/internet/s59769722ee8d.html。

四、智能交易

越來越多的投資銀行嘗試用人工智能、自動化和機器人來幫助削減成本，並承擔費時的日常工作。瑞銀集團用人工智能來處理客戶的交易後配置要求，每項任務能節省多達45分鐘的人工。瑞銀集團還用人工智能來幫助客戶進行波動率交易。

案例6-6：摩根大通與人工智能交易

摩根大通公司負責全球股票電子交易的丹尼爾·克利門特2017年7月31日對《金融時報》說，該公司已經從2017年第一季度在歐洲股票算法交易中使用了名為LOXM的人工智能，並將在第四季度引入亞洲和美國。

報道稱，LOXM的任務是以最優惠的價格和最快的速度執行客戶的要求，它能利用從過去無數的交易——不管是真實的還是模擬的交易中學到的東西來處理問題，比如如何以最佳方式賣掉大筆股權，而不會影響市場價格。摩根大通公司歐洲股票金融工程師研究團隊的戴維・法拉赫說:"這樣的定制化服務以前是由人類來完成的,不過現在的人工智能機器能夠以更大的規模和更高效的方式來完成這項工作。"克利門特說,迄今爲止歐洲的試驗顯示,LOXM 的定價策略"遠遠好於"其基準水平。

資料來源:參考信息,2017-8-2

本章小結

1. 資產管理業務是投資銀行集合投資者資金,利用自己的專業團隊和專業知識的優勢,幫助客戶掌控風險,獲取最大收益,借此獲取管理費的業務。

2. 資產管理業務的特點包括:資產管理體現了委託代理關係;資產管理採用個性化管理;資產管理對投資者退出有所限制;客戶承擔風險;採取定向化信息披露等。

3. 資產管理與投資基金區別體現在:管理主體不同;市場定位和客戶群體不同;銷售或推廣方式不同;行爲規範依據不同。

4. 根據資產委託人範圍和資產管理的組織方式,我國將證券公司資產管理業務分爲三種:爲單一客戶辦理定向資產管理業務;爲多個客戶辦理集合資產管理業務;爲客戶辦理特定目的的專項資產管理業務。

5. 集合資產管理業務的運作階段包括:準備階段;申請階段;管理階段和結束階段。

6. 資產管理業務投資過程分爲四個步驟:特定的目標、特定的限制因素、特定的投資策略以及最後的監控和更新資產組合。

7. 另類投資基金,指沒有註冊爲投資公司和免於在證券交易委員會登記的基金,包括對衝基金、私募股權基金、風險資本基金等。

拓展閱讀

1. 爲了更多地瞭解另類資產管理業務的知識,參閱:
米歇爾・弗勒里耶. 一本書讀懂投資銀行 [M]. 朱凱譽,譯. 北京:中信出版社,2010.

2. 爲了更多地瞭解我國私募股權發展的現狀,參閱:
歐陽良宜. 中國私募股權發展之難 [J]. 中國經濟,2009 (9).

思考題

1. 什麼是資產管理業務？
2. 資產管理業務有哪些特點？與投資基金存在哪些區別？
4. 我國證券公司資產管理業務分為哪些種類？
5. 集合資產管理業務的運作階段有哪些？
6. 資產管理業務投資過程分為哪幾個步驟？
7. 什麼是另類投資基金？
8. 計算題：假設某基金初始投入為 2 億元，期末增值為 3 億元，資產管理者按照淨值 1% 加增值部分 20% 提成的收費方式收費，問該筆業務為資產管理機構帶來的收入為多少？

第七章 投資銀行證券研究業務

學習目標

　　理解什麼是證券研究業務，掌握證券研究業務的內容和方法，瞭解證券研究能力及證券研究業務利益衝突與道德風險問題。

學習內容

- 證券研究業務的概念
- 證券研究業務內容和方法
- 證券研究能力
- 證券研究業務利益衝突與道德風險

　　證券研究業務雖然對投資銀行利潤貢獻度不大，但事關投資銀行的研究實力和公司的社會形象，因而幾乎所有的大型證券公司都設有自己的證券研究部門並聘請首席經濟學家。

　　該部門為證券公司自身經營、發展提供智囊作用，更主要的是為發行者、個人投資者、機構投資者等客戶提供證券研究和諮詢服務。由於證券研究部門體現了證券公司的智囊能力，對樹立公司形象和維繫客戶具有重要作用，因此在證券公司的組織機構中具有十分重要的地位。

第一節　證券研究業務的概念

一、證券研究及證券研究業務

證券研究是指證券公司研究人員根據經濟學、金融學、投資學、產業經濟學等理論，對未來宏觀經濟走勢、國家的宏觀政策措施、行業發展前景、市場價格走勢、公司價值等有關證券投資的獨立、客觀、理性的思考和判斷，並出具規範的書面報告的職業行為。

證券研究業務是指投資銀行為發行者、個人投資者、機構投資者等客戶提供證券研究服務而獲取報酬的業務。

二、證券研究業務產品

根據證券研究對象不同，證券研究業務分為宏觀經濟研究、行業研究、市場研究、公司研究、其他專題研究。

(一) 宏觀經濟研究

宏觀經濟研究指對國際國內宏觀經濟的未來走勢及國家未來可能的宏觀調控政策的把握和研究。宏觀經濟研究結論關係到未來中長期投資資產的戰略配置，對客戶的投資具有較大影響。

宏觀經濟研究將運用到宏觀經濟學、國際經濟學、貨幣金融學、財政學等相關理論，其結論的正確性依賴於研究人員對現有宏觀經濟指標的正確分析和把握以及宏觀經濟計量模型的正確應用。

(二) 行業研究

行業研究指對各種行業未來盈利前景的研究，包括行業所屬市場類型、商業生命週期、國家產業政策對證券價格影響的分析。行業研究的正確性依賴於研究人員對國家及世界產業發展趨勢、行業內市場結構、行業技術特徵的認識。行業研究涉及的經濟理論包括產業組織理論、市場結構理論，要求行業研究人員不僅具備相應的經濟理論，而且最好具備相關行業的技術知識背景。

國信證券在業內率先推行行業首席分析師制，構建首席分析師、高級分析師、資深分析師的梯級研究團隊。行業細分為汽車和汽車零部件、傳播與文化、非銀行金融、鋼鐵、航空運輸、基礎化工、批發與零售貿易、造紙印刷、銀行、房地產業、公路港口航運、通信、家電等。國信證券 2006 年在《軟件外包：低投入高回報，低風險高增長》投資報告中，從宏觀產業演變、微觀公司運營的角度，判斷軟件外包類行業將產生出成長兼價值型龍頭公司。

（三）市場研究

市場研究主要指對未來證券市場價格走勢的判斷和分析。報告每日晨會報告、國際國內債券市場日報、每周盈利預測報告、基金市場周評、基金倉位分析周報等。採用的理論包括統計分析、技術分析、行爲金融學等。

（四）公司研究

公司研究主要針對具體公司就所屬產業、管理狀況、財務狀況、盈利前景進行的研究，並最終作出是否具有投資價值以及投資操作的建議。中期操作建議着眼於從評級開始12月內的預期回報，包括：強力買入（最低回報20%或更多，高風險證券）、買入（最低10%）、中間水平（0～10%）、減倉/賣出（負回報）、無評級。

長期操作建議着眼於從評級開始3年內的預期回報，包括：強力買入（最低回報40%或更多）、買入（最低20%）、中間水平（0～20%）、減倉/賣出（負回報）、無評級。

（五）其他專題研究

其他專題研究主要針對某一特定的需求而進行的研究，比如各種調研報告、金融工程相關報告、權證定價與投資策略報告等。

三、證券研究業務盈利模式

證券研究報告屬於智力產品，其使用者對內包括經紀業務部門、投資銀行部門，對外則包括公司的個人投資者客戶、機構投資者客戶、擬發行證券的公司及其他專題研究的委託者。

證券研究的業務收入包括直接收入和間接收入。直接收入來自願意購買證券公司證券研究服務的個人投資者、投資基金等機構投資者。這類投資者以會員費或單筆交費的方式獲得證券公司的研究服務，證券研究部門則借此獲得相應的收入。

證券研究業務具有外溢性，即證券研究業務特別是投資分析師的活動，可能帶來證券公司投資銀行業務或交易傭金的增加，從而體現爲間接收入。機構投資者通常通過其經紀部門略有溢價的直接交易傭金來補償投資銀行提供的研究服務。這種做法稱爲"軟錢"。此外，證券研究，特別是證券分析師在各種媒體的頻繁露面，有利於樹立公司的公衆形象和增加公司品牌價值。

證券研究的成本則包括研究人員工資、固定設備、資料費用、實地調研費用等。綜上所述，證券研究業務的利潤如下式：

證券研究業務利潤 = 新增品牌價值收益 + 新增投資銀行業務收益 + 新增經濟業務收益 - 相應的成本。

由於證券分析師對市場具有一定影響，擬發行證券的公司及證券公司的投資銀行部門可能對證券分析師進行干預，從而形成證券分析師的道德風險。具體表現爲，爲了使投資銀行部門以更高價格銷售證券,證券分析師可能不顧事實,故意誇大所銷售證券的投資價值。

第二節　證券研究業務內容和方法

一、宏觀經濟分析

(一) 國際經濟環境分析

國際經濟環境可能影響公司的進出口,還會影響競爭者之間的競爭以及公司海外的投資收益。國際經濟環境因素包括外國的經濟增長速度、國外政治事件、貿易政策中的保護主義、資本的自由流動問題、匯率問題、外國的貨幣政策、財政政策等。一些新興經濟體的表現如表7-1所示。

表7-1　　　　　2006年部分新興經濟體實體經濟及股市表現

國家或地區	實際GDP增長	股票市場收益（以當地貨幣計算）	股票市場收益（以美元計算）
阿根廷	9.2	12.9	11.3
巴西	1.4	17.1	28.1
中國	9.9	12.2	12.7
哥倫比亞	5.8	17.5	19.6
中國香港	7.6	6.3	6.3
印度	7.6	12.4	14.0
印度尼西亞	4.9	6.6	14.2
墨西哥	2.7	7.1	8.8
俄羅斯	7.0	25.7	28.9
新加坡	8.7	5.8	8.7
南非	4.5	5.5	8.3
韓國	5.2	-0.6	3.5
臺灣	6.4	1.0	2.8
土耳其	7.0	19.4	23.4
委內瑞拉	10.2	42.8	42.1

資料來源:博迪,等．投資學[M].7版.陳收,楊艷,譯.北京:機械工業出版社,2008

新興經濟體有較好的實體經濟增長速度，由此帶來較好的股市表現，兩者的相關係數為0.35（以本國貨幣計算）。說明選擇在經濟快速增長的國家投資，將更有可能獲得好的投資回報。

匯率是指是兩種不同貨幣之間的折算比價，也就是以一國貨幣表示的另一國貨幣的價格，是重要的國際經濟環境變量。

匯率與進出口。本幣匯率下降，即對外貶值，有利於促進本國出口、抑制他國進口；若本幣匯率上升，即對外升值，則有利他國進口，不利本國出口。舉例：當美元對人民幣＝1：7.52時，1萬美元汽車價格為75 200人民幣，當美元對人民幣＝1：6.52時，1萬美元汽車價格為65 200人民幣。因而當人民幣升值、美元貶值時，美國產品變得更便宜，國內對其需求將增加。

匯率與資本流出入。匯率的變動對國際之間長期投資的影響不太直接。因為長期資本的流動主要以利潤和風險為轉移。對於短期資本流動，匯率的影響是直接的：當存在本幣對外貶值的趨勢下，以本幣計值的各種金融資產會被轉兌成外匯，資本外流；反之，當存在本幣對外升值的趨勢下，會引發資本的內流。

匯率與物價。本幣對外貶值，進口商品的國內價格上漲；本幣對外升值，進口商品的國內價格降低。本幣對外貶值，刺激出口，出口品有可能漲價；本幣對外升值，有可能獲得較廉價的進口品。

匯率與產出和就業。匯率的變動能夠影響進出口、物價和資本流出入，就能對一國的產出和就業產生影響。當匯率有利於出口增加和進口減少時，就會帶動總的生產規模擴大和就業水平的提高，甚至會引起一國生產結構的改變；相應地，不利的匯率會給生產和就業帶來困難。

人民幣升值對我國經濟的負面影響表現為：影響我國對外出口，從而減少總需求。人民幣匯率升值將導致對外資吸引力的下降，減少外商對中國的直接投資；降低中國企業的利潤率，增大就業壓力。人民幣升值對我國經濟的積極影響表現在：降低中國企業從國外進口的配件及原材料成本；外債還本付息壓力減輕；中國GDP國際地位提高；中國百姓國際購買力增強等。

資料7-1：美國貨幣政策調整對中國有何影響？

美國利率展望：穩健的勞動力市場以及經濟穩定增長使得市場對加息的預期升溫。10年期國債利率從2016年7月1.3％的低位升至2016年年底的2.5％。美聯儲也提升了對2017年加息次數的預期，從2016年9月份的2次到12月的3次。我們認為貨幣政策緊縮的步伐將加快，但仍在可預期的範圍內。正如美聯儲主席耶倫在去年12月提到的，美聯儲的決策也面臨經濟環境的很大不確定性。我們預測，如果經濟走弱，美聯儲將減緩加息步伐，如果特朗普當局的財政刺激方案高於預期，則會加快加息步伐。在現在的加息節奏下，需要3年直至2019年才可以達到3%的長期聯邦基金利率水平。美國貨幣政策將通過許多渠道影響中國，包括資本流動、匯率波動、金融市場和外部需求等。

匯率和資本流動：匯率是美國貨幣政策影響中國經濟以及全球經濟的主要渠道。在實行寬鬆的貨幣政策期間，資本流向新興市場以尋求高投資回報率，給這些經濟體帶來了貨幣升值壓力。而後期美國貨幣政策緊縮通常會觸發新興市場資本外流，從而導致新興貨幣匯率貶值。那些採用固定匯率體系、經常帳户出現赤字、資本帳户開放以及外債水平較高的國家，往往受衝擊最爲嚴重。20世紀80年代的拉美國家債務危機和20世紀90年代的亞洲金融危機就是活生生的例子。

我們相信，當前美國的貨幣緊縮週期對中國影響有限，因爲中國有着較大規模的經常帳户順差（從絕對值來說），儘管順差占GDP的比例逐年下降。截至2016年第三季度，中國的外債規模爲95 627億人民幣，與其外匯資產相比規模仍然較小。資本帳户尚未完全開放，且資本管制對遏制大規模資本外流更爲有效。中國仍然擁有接近3萬億美元的外匯儲備以滿足進口合理的資本流出和償付債務等需要。根據國際貨幣基金組織的測算方法，中國的外匯儲備充足線估計在1.7萬億美元（如果資本帳户完全開放了，這一數字則爲2.8萬億美元）。

然而，中國的匯率缺乏彈性，這在美聯儲貨幣政策擴張期尤爲明顯。這使得資本大量流入中國，同時國內貨幣政策放鬆，導致了產能過剩、信貸擴張過快和大城市資產價格高企。當前環境下，美國貨幣緊縮週期不可避免地對中國經濟帶來了挑戰。貨幣貶值預期下的資本外流可能對中國的信貸市場和經濟帶來巨大風險。

金融市場：儘管存在金融監管，但中國的金融市場不可能與世界其他地方隔絕。中國的債券市場在去年年底美國加息時作出了較大的修正。在某種程度上，中國的貨幣政策需要與美國保持同步。2017年年初，中國人民銀行上調了短期政策利率。

金融危機後，美國金融市場已歷經了一輪牛市上漲，標普500指數接近金融危機低位的3.5倍。本輪牛市被譽爲歷史第二長，僅次於2000年互聯網科技泡沫之前長達10年的牛市。美國股票的估值處於高位，價格高於歷史上90%的時期。美國資本市場的大幅調整將會對包括中國在內的全球市場產生直接溢出效應。隨之而來的美國經濟放緩將會通過貿易渠道影響中國的實體經濟發展。

外需：美國的貨幣政策根據經濟走勢進行調整，當前的加息週期是對強勁基本面的回應。中國可能在2017年面臨穩健的外需，這已反應在中國和其他主要出口國最近激增的出口上。然而，鑒於美國已經經歷了長達8年的史上罕見的經濟復甦，中國依然需要就美國最終的經濟增長放緩或衰退對其出口的影響做好準備。在這個問題上，中國需要通過促進內需來加快推進經濟轉型。

資料來源：摘自"哈繼銘：美國貨幣政策調整對中國有何影響？"網易財經，2017-06-13。http://money.163.com/17/0613/10/CMQALFL900258169.html。

（二）國內宏觀經濟分析

宏觀經濟是決定投資業績的重要因素。國內宏觀經濟的分析主要從以下幾個方面進行：

1. 宏觀經濟指標分析

反應宏觀經濟運行的指標包括國內生產總值增長率、失業率、通貨膨脹率、利率、財政收支等。

國內生產總值，是指一定時期（一般按年統計）在一國領土範圍內所產生的產品和勞務的總值，是個絕對指標。國內生產總值的增長速度，反應一定時期經濟發展水平變化程度的動態指標和相對指標。快速增長的國內生產總值意味着一個國家經濟快速擴張，企業有充足的機會來提高銷售量。

失業率，是指正在尋找工作的勞動力占總勞動力的百分比。失業率測度了經濟運行中生產能力的運用程度。高失業率説明經濟不景氣，低失業率説明經濟向好。

通貨膨脹，指價格全面持續上漲。高通脹與過熱的經濟聯繫在一起。適度的通貨膨脹對證券市場有利，過度的通貨膨脹對證券市場不利。

利率是指借貸期內利息額與所貸資金額的比率。利率水平的提高，一方面增加公司的貸款成本；另一方面，增加了投資者投資股票的機會成本，二者均會使股票價格下跌。

財政收支狀況，包括財政收入和財政支出兩個方面，大量的政府借債將導致經濟中信貸需求的增加，此外還會對私人借債及投資產生擠出作用。

心理因素，指消費者與生產者的心理狀態，即他們對經濟是採取悲觀的態度還是樂觀的態度。如果消費者對未來收入水平有很大信心，則他們將願意進行更多的即期消費。同樣，如果生產者對未來銷售採取樂觀態度，則他們將會提高產品產量或庫存水平。因此，公眾的信心將會影響到消費和投資的數量以及對產品或勞務的總需求。

國際收支狀況，是一國居民與非居民在一定時期內，在政治、經濟、軍事、文化及其他往來中所產生的全部交易的系統記錄。包括經常項目和資本項目。

2. 需求與供給衝擊分析

需求衝擊是指可能影響到產品或勞務需求的事件，例如減稅、增加貨幣供應量、增加政府支出、增加對外出口等。需求衝擊通常使總產出與通貨膨脹或利率變化發生同向變動。

供給衝擊是指可能引起生產能力或成本產生變化的事件，例如石油價格的變化、霜凍、洪水或干旱對大量農作物的破壞、一國勞動力教育水平的變化或勞動力參加工作的最低工資率的變化等。供給衝擊通常會使總產出與通貨膨脹或利率呈反向變動。

3. 宏觀經濟政策分析

國家宏觀經濟調控工具主要分爲兩大類：一類是對產品或勞務的需求產生影響；另一類是對產品或勞務的供給產生影響。前者指財政政策和貨幣政策，後者主要指供給政策。

財政政策是指政府支出政策和稅收政策，是需求管理的一部分。財政政策手段包括國家預算、稅收、國債和財政補貼。財政政策分爲鬆的財政政策、緊的財政政策和中性的財政政策。緊的財政政策將使過熱的經濟受到控制，證券市場將走弱；鬆的財政政策將刺激經濟發展，使證券市場走強。以稅收政策爲例，降低稅率，將導致居民收入增加，進而增加其投資需求和消費支出；此外，降低企業所得稅率，將導致企業稅後利潤增加，刺激企業擴大投資。這幾方面的因素都有利於擴大社會總需求。

　　貨幣政策是指通過控制貨幣的供應量而影響宏觀經濟的政策，是另一種影響需求的國家宏觀經濟政策。貨幣政策工具包括法定存款準備金率、再貼現政策和公開市場業務。貨幣政策主要通過影響利率而實現，貨幣供應量的增加將導致短期利率下降，並最終刺激投資需求和消費需求。從長期看，許多經濟學家認爲貨幣的高供給只會導致物價上漲，並不能對經濟活動產生持續的影響。財政政策對經濟的影響比較直接，相比之下，貨幣政策影響經濟的作用較爲迂迴曲折。

　　供給學派主張提高經濟的生產能力，而不是刺激對產品或勞務的需求。從實施方法來看，供給學派一般着眼於提高工作的積極性和創新性，並致力於消除源自稅收系統的風險。供給政策的目標是創造一個良好的環境，能使工人和資本所有者具有最大動力和能力生產或發展產品。供給學派同樣重視稅收政策，需求學派看到的是稅收對消費需求的影響，而供給學派則註重邊際效率以及由此產生的激勵機制問題。

　　4. 經濟週期分析

　　經濟重複地經歷擴張和緊縮的階段，表現爲經濟週期現象。經濟週期在一定程度上可以通過經濟指標進行預測。

　　先行指標是指在經濟中提前上升或下降的經濟指標。包括貨幣供給、股票價格、收益率曲線斜率、主要生產資料價格、企業投資規模等。

　　同步指標是指與國民經濟同步變化的指標。比如失業率、企業工資支出、工業產量、社會商品銷售額等。

　　滯後指標指滯後於經濟發展的指標。比如貿易存貨與銷售比率、銀行優惠利率水平、現有工商貸款數量、分期付款占個人收入的比重等。

　　二、行業分析

　　行業是指由於其產品在很大程度上可相互替代或屬於上下遊關係而處於一種彼此緊密聯繫狀態的企業群。就證券分析而言，行業是介於宏觀和微觀間重要的經濟因素。在同一時期，不同行業的增長率及股票表現不一樣。行業分析的主要目的在於尋找適合投資目標的行業投資機會。

　　（一）行業經濟週期敏感度分析

　　不同的行業對經濟週期敏感度不同，那些對經濟發展異常敏感的行業稱爲週期型行業，包括汽車、洗衣機等耐用消費品行業以及生產資本品的行業。對經濟發展不太敏感的行業稱爲防守型行業。主要包括食品生產商和加工商以及生產醫療設備的廠家和公用事業單位。

一個企業對經濟週期的敏感性取決於三個因素。首先是銷售額對經濟週期的敏感性，食品、藥物、醫療服務等生活必需品行業對經濟週期敏感度最低。相反，機器設備、鋼鐵、汽車等對經濟發展具有很大的敏感性。

決定經濟週期敏感性的第二個因素是經營槓桿比率，反應了企業固定經營成本與可變成本之間的分配比例關係。經營槓桿系數（DOL）＝淨利潤變動百分比/銷售額變動百分比＝1＋固定成本/利潤，因而高固定成本企業表現出較高的經濟週期敏感性。

影響經濟週期的第三個因素是財務槓桿。

ROE＝(1－所得稅率)[ROA＋(ROA－利率)×債務/權益]，財務槓桿越大的企業，對經濟週期越敏感。

（二）產業輪動

產業輪動（Sector Rotation）的概念是，在經濟週期的不同階段應投資不同的行業。在波峰，即經濟過熱階段，通貨膨脹及利率較高，基本消費品價格上升壓力大，是投資自然資源開採和加工的機會。

當波峰過後，經濟進入衰退期，由於保守型的行業如藥物、食品等生活必需品行業對經濟週期敏感較低，是合適的投資對象。

在衰退期，爲維持經濟平衡以及接下來的經濟復蘇，公司可能購買新設備來滿足預期的需求增長，因而是投資機械、運輸或建築等資本品行業的時機。

在繁榮期，經濟發展迅速。週期敏感性行業，比如耐用消費品和奢侈品將獲利最高，因而是這些行業的投資時機。此外，銀行由於信貸規模大，銀行業也是較好的投資對象。

（三）行業生命週期分析

一個典型行業的生命週期包括四個階段：創業階段、成長階段、成熟階段、衰退階段。

（1）創業階段。任何一個產業都是以一項新技術或一種新產品起步的。在這個階段，難以預測哪家企業會成爲行業的領導者。它們中的一些會很成功，但其他企業會失敗。因此對這一階段企業的投資，風險非常大。

（2）成長階段。當某個產品已經建立了穩定的市場，行業領導者就出現了。從創業期存活下來的企業一般具有穩定的市場份額，其未來發展前景可以預期。因此，成長階段是進取型投資的良好時期。

（3）成熟階段。在這個階段，企業的產品已經挖掘出消費者的所有潛力，產品變得越來越標準化。廠商在基本價格上面臨着激烈的競爭，這會導致企業邊際利潤降低。由於這

图7-1 產業輪動圖

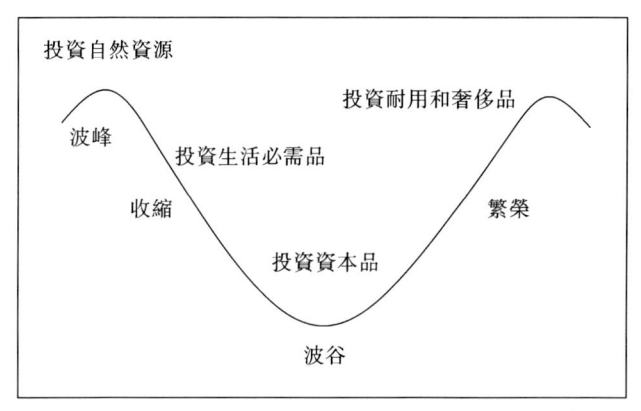

一階段的企業具有穩定的現金流,但幾乎沒有再增長的可能,因此被稱為"現金牛"。適合穩健型和追求當期收益的投資。

(4) 衰退階段。在這一階段,企業的發展速度將低於經濟的發展。這可能是由於產品過時引起的,也可能來自於低成本供應商的競爭或新產品的入侵。投資者應該避免投資於這一階段的企業,除非企業進行危機轉型。

(四)行業結構競爭環境分析

邁克爾·波特(Michael Porter)於20世紀80年代初提出"五力競爭模型",認為決定競爭環境的因素包括5個方面:進入者的威脅、現有企業之間的競爭、替代品廠商的壓力、買方議價能力、供方議價能力。

新進入者的威脅。新進入者會對產品價格和利潤造成巨大壓力。進入壁壘是行業獲利的重要決定因素。進入壁壘主要包括規模經濟、銷售渠道、商業秘密、商標、版權、自然資源(如冶金業對礦產的擁有)、地理環境(如造船廠只能建在海濱城市)等方面,這其中有些壁壘是很難借助復制或仿造的方式來突破的。

現有企業之間的競爭。現有企業之間的競爭常常表現在價格、廣告、產品介紹、售後服務等方面,其競爭強度與許多因素有關。一般來說,出現下述情況將意味着行業中現有企業之間競爭的加劇:行業進入壁壘較低,競爭參與者範圍廣泛;市場趨於成熟,產品需求增長緩慢;競爭者提供幾乎相同的產品或服務,用戶轉換成本很低等。

替代品廠商的壓力。兩個處於同行業或不同行業中的企業,可能會由於所生產的產品是互為替代品,從而在它們之間產生相互競爭行為。替代品價格越低、質量越好、用戶轉換成本越低,其所能產生的競爭壓力就強。來自替代品生產者的競爭壓力的強度,可以通過考察替代品銷售增長率、替代品廠家生產能力與盈利情況來加以描述。

買方議價能力。購買者主要通過其壓價與要求提供較高的產品或服務質量的能力,來影響行業中現有企業的盈利能力。一般來說，滿足如下條件的購買者可能具有較強的討價還價力量：購買者的總數較少，而每個購買者的購買量較大，占了賣方銷售量的很大比例；賣方行業由大量相對來說規模較小的企業所組成；購買者所購買的基本上是一種標準化產品，同時向多個賣主購買產品在經濟上也完全可行。

供方議價能力。如果供方處於壟斷地位，則其可以對產品索取高的價格，進而從需求方獲得利潤。一般來說，滿足如下條件的供方會具有較強的議價能力：供方行業為一些具有比較穩固的市場地位而不受市場激烈競爭困擾的企業所控制，其產品的買主很多，以至於單個買主都不可能成為供方的重要客戶。供方各企業的產品各具有一定特色，以至於買主難以轉換或轉換成本太高，或者很難找到可與供方企業產品相競爭的替代品。

資料7-2：MSCI首席執行官：看好中國新經濟

2017年6月，MSCI的首席執行官亨利·費爾南德茲（Henry Fernandez）表示，在中國快速發展的諸多領域中，十分看好中國科技業。他還看好消費、環境和金融行業，中國的國際化進程也為企業走出去醞釀了機會。此外，伴隨中國老百姓財富積累，未來會產生大量存款，他尤其看好銀行部門和資產管理行業未來在中國的發展。

亨利·費爾南德茲表示，未來，中盤股也有望視情況獲得納入機會。他說："投資股市也是投資一個國家的經濟，中國經濟是全球增長最迅速的國家之一。對我們來說，把中國A盤股納入我們的指數以後，給投資者帶來了投資機會。"

資料來源：中國證券網"獨家採訪 | MSCI首席執行官：看好中國新經濟"［EB/OL］．2017-06-25 http://news.cnstock.com/news,bwkx-201706-4094177.htm.

三、企業分析

（一）產品分析和技術能力分析

產品分析包括產品知名度、產品的市場份額、產品的行銷模式、產品的市場模型（地區性、區域性還是全國性）、產品的生命週期的分析。

技術分析主要指：產品的技術水平分析，比如企業產品是否具有其他企業難以企及的技術水平；技術是否被專利保護從而具有壟斷地位；企業的技術開發能力；等等。

（二）企業管理能力分析

企業管理能力分析具體包括管理層素質分析、管理層的勤勉盡責分析以及企業治理機制分析等。管理層素質分析包括管理者的學歷、從業經驗、歷史業績等分析。管理層的勤勉盡責分析包括考察管理層是否有欺騙和損害股東利益的記錄、是否具有損害股東利益的嫌疑、管理層之間是否具有裙帶關係、管理層是否總是在追逐時髦等；企業治理機制分析主要看企業治理機制是否完善，是否存在董事長或總經理"一言堂"的情況。

(三) 財務報表分析

財務報表是企業經營管理結果的成績單。財務報表分析依賴於資產負債表、損益表、現金流量表。資產負債表是反應某一特定日期（如年、半年、季度）的財務狀況的靜態報表，反應的是企業資產、負債（包括股東權益）之間的平衡關係。

損益表是一定時期內（如年、半年、季度）經營成果的反應，是關於收益和損耗情況的財務報表，是一個動態報告，反應企業在一定時期的業務經營狀況，揭示了企業獲取利潤能力的大小、潛力和趨勢。

現金流量表是為會計報表使用者提供一定會計期間內現金和現金等價物流入和流出的信息，以便於報表使用者瞭解和評價企業獲取現金和現金等價物的能力，並據以預測企業未來現金流量。主要分為經營活動、投資活動和籌資活動三個部分。

通過對資產負債表的分析，可以對企業的財務狀況，對企業的償債能力、資本結構是否合理、流動資金是否充足作出判斷。通過對損益表的分析，可以瞭解企業的盈利能力、經營效率、持續發展能力等做出判斷。通過對現金流量表的分析，可以瞭解企業運營資金的能力，判斷企業日常資金周轉是否充分等。

(四) 財務比率分析

1. 償債能力比率

償債能力指標包括短期償債指標和長期償債能力指標。短期償債指標包括流動比率、速動比率、利息支付倍數，長期償債能力指標包括資產負債率、股東權益與固定資產比率等（表7-2）。

表7-2　　　　　　　　　　　　企業償債能力比率

償債能力	具體指標	定義
短期償債指標	流動比率	=流動資產/流動負債，一般認為合理的流動比率為2，但要考慮行業因素
	速動比率	=（流動資產－存貨）/流動負債，通常認為正常的速動比率為1，但要考慮行業因素
	保守速動比率	=（現金＋短期證券＋應收帳款淨額）/流動負債
	利息支付倍數	=息稅前利潤（EBIT）/利息費用
長期償債能力指標	資產負債率	=負債總額/資產總額×100%
	股東權益與固定資產比率	=股東權益總額/固定資產×100%

2. 經營效率分析

經營效率分析主要包括存貨周轉率，其他還包括固定資產周轉率、總資產周轉率、股東權益周轉率等。存貨周轉率＝銷貨成本/平均存貨，存貨周轉天數＝360/存貨周轉率。

一般來說，存貨周轉速度越快，存貨占用水平越低，流動性越強，存貨轉變爲現金或應收帳款的速度越快。

3. 盈利能力分析

盈利能力分析包括銷售毛利率、銷售淨利率、資產收益率、淨資產收益率、主營業務利潤率（見表 7-3）。

表 7-3　　　　　　　　　　　　　企業盈利能力分析表

具體指標	定義
銷售毛利率	=（銷售收入-銷售成本）/銷售成本×100%。毛利率是企業形成銷售淨利率的基礎，該指標越大越好
銷售淨利率	=淨利潤/銷售收入，反應 1 元銷售收入帶來淨利潤的多少，該指標越大越好
資產收益率	=淨利潤/平均資產總額×100%，平均資產總額=（期初+期末資產）/2，該指標越高，反應公司資產的綜合利用效率越高
淨資產收益率	又稱爲股東權益收益率（ROE），淨資產收益率=淨利潤/平均股東權益，該比率越高，説明股東權益資產利用效率越高
主營業務利潤率	=主營業務利潤/主營業務收入×100%，該指標越高，反應公司的主營業務越突出，以後的利潤越有保障

杜邦系統（DuPont System）與股權收益率的分解：

$$\text{ROE} = \frac{淨利潤}{稅前利潤} \times \frac{稅前利潤}{\text{EBIT}} \times \frac{\text{EBIT}}{銷售收入} \times \frac{銷售收入}{資產} \times \frac{資產}{權益} \quad （公式 7.1）$$

=稅收負擔×利息負擔×銷售利潤率×資產周轉率×槓桿率

由於 ROA=利潤率×資產周轉率，複合槓桿因子=利息負擔×槓桿率

因此，ROE 也可分解爲：

ROE=稅收負擔×ROA×複合槓桿因子　　　　　　　　　　　　（公式 7.2）

從上式可知，在稅收負擔一定的情況下，企業資產收益率越高，複合槓桿因子越大，企業淨資產收益越高。

4. 市場價格比率分析

有兩種重要的市場價格比率：帳面市值比（P/B）和市盈率（P/E）。

帳面市值比（P/B）=每股市價/每股淨值。有分析家認爲具有較低帳面市值比的公司是更安全的投資，他們將帳面價值看做是支撐市價的底板。

市盈率=每股市價/每股盈利。有分析家認爲與高市盈率股票相比，低市盈率股票更可能具有投資價值。但市盈率（P/E）並非越小就越有投資價值，必須考慮到公司的成長機會價值。

第三節　證券研究能力

證券研究面臨的一個難題是，如果市場是有效的，則研究不會有效。根據有效市場理論，如果市場是有效的，則關於股票價值、貨幣或債券的信息已經反應在股票價格中了，證券研究將毫無用處。

一、有效市場理論

由於投資者在二級市場上的逐利和競爭，這將導致相關信息將及時反應到股價之中，進而導致市場超額盈利機會的消失。早在1900年，法國人巴舍利耶（Bachelier）發現股價遵循隨機遊走模型。肯德爾（Kendall，1953）驚奇地發現，不存在任何股價可預測的形式，股價的發展好像是隨機的。在以上學者基礎上，1970年，美國金融學者法碼（Fama）提出有效市場理論（Efficient Market Hypothesis，EMH），認爲股價已反應所有已知信息的觀點，無論選擇何種證券，投資者只能獲得與投資風險相當的正常收益率。進一步，根據信息範圍，他將有效市場分爲弱式有效、半強有效和強有效三個層次。

如果市場是有效的，則技術分析和基本面分析將沒有什麽用處，採取積極投資策略不一定好於消極投資策略（Passive Investment Strategy）。消極策略指建立充分分散化的組合，採取購買—持有策略，常用的辦法是進行指數化投資（Index Fund）。

二、市場异象與行爲金融理論

（一）市場异象

市場异常現象主要指跟市場有效理論預期相違背的情況。主要包括：日歷效應、小廠商效應、超常易變性、反轉和慣性。

1. 日歷效應

被人們註意到的日歷效應有"1月效應"和"周末效應"。所謂1月效應指每年的1月份股票收益會顯著地提高。美國股票市場70年的統計表明，1月份的股票餘額平均收益率爲3.48%，而其他11個月份平均收益爲0.42%，高出3.06%。在東京證券市場，1月比其他月份高出6.7%。

所謂周末效應是指股票在周一或周五的回報率比其他交易日要低得多。紐約證券交易所、東京證券交易所的數據均發現周一的收益率爲負。

2. 小公司效應

所謂小公司效應是指市場價值總額小的公司股票的平均收益率明顯大於市場價值大的股票的平均收益率的現象。研究發現，1973—1987年，紐約證券交易所市值最小500家公司的股票平均收益率比標準普爾 500 種股票的收益率高出 7.8%，同期東京股市小盤股效益與大盤股相比要高 8.4%。研究還發現，小盤股與 1 月效應高度相關，即小盤股效應最好時機多發生在 1 月。

對於這一現象，學者阿貝爾等提出"被遺忘效應"，即小公司容易被團體投資者所忽略，信息越不完全，風險越高，因而，所要求的超額收益越高。還有一種解釋是小盤股通常比藍籌股具有更大的經驗不確定性和更大的貝塔系數，因而所要求的回報率更高。

3. 超常易變性

超常易變性指股票價格變化非常厲害，超出經濟模型的假定。希勒（Shiller, 2001）認為在美國股市歷史上單日跌幅最大的 10 次股市波動中，只有 2 次可以找到明確的與之相關的新聞事件。希勒（2001）認為分紅波動不足以解釋股票價格變化。

4. 反轉和慣性

反轉指過去賺錢的股票在未來會虧損，慣性指過去賺錢的股票在未來仍舊會賺錢。特席勒和狄幫特（Thlaer & Debondt, 1985）發現過去賺錢的組合在 3~5 年後收益比過去虧錢的股票組合的收益差，說明存在反轉現象。杰格底希和提蒂曼（Jegadeesh & Titman, 1993）認為：買入前期表現好的，賣出前期差的，未來可獲得超額回報，顯示出勢頭效應或慣性效應。

（二）行為金融理論

有效市場理論難以解釋上述現象，行為金融學則認為市場上的人們存在動物情緒（Animal Spirit）、信息處理錯誤、行為偏差，因而人們是有限理性的，進而對市場現象進行一定程度的解釋。

1. 信息處理錯誤

信息處理錯誤包括預測錯誤、過分自信等。預測錯誤：卡里曼和特沃斯基（Kahneman & Tversky, 1973）試驗表明，人們做預測更看重當前的經歷而非以前的信息，而且會在信息不確定情況下做出極端的預測。狄幫特和特勒（DeBondt & Thaler, 1990）認為市盈率效應可用極端的收益期望來解釋。這種觀點認為，當預測公司的未來收益高時，那麼相對於公司的客觀前景預測值會更高，因此高收益率公司投資效果較差。

過分自信指人們通常會低估自己的認識誤差和預測的不精確程度，且通常高估自己的能力。理性投資模型認為如果投資者是理性的，那麼市場上就不應該出現大量的交易。比如格羅斯曼和斯蒂格利茨（Grossman & Stiglitz, 1980）認為只有在交易、購買的信息能增加他們的預期效用時才會交易。

但巴布和奧登（Barber & Odean, 2000）通過分析 1991—1997 年 78 000 個家庭的交易活動，發現所有投資者年均周轉量 75%，最高 240%。1962—1993 年間，基金年均周轉量 77%，積極增長基金達到 99.7%。巴布和奧登（Barber & Odean, 2000）、吉維斯和奧登（Gervais & Odean, 2001）提出以信息為基礎的過度自信交易模型：即投資者的過度自信導致頻繁交易。

2. 行為偏差

行為偏差包括框架效應、心理帳戶、逃避後悔、期望理論、羊群效應等。

框架效應指對於收益,人們是風險厭惡的;而對於損失,往往又是風險偏好的。

心理帳戶,指人們對某種決策的隔離,例如投資者對一個投資帳戶追求高風險,但對用於孩子教育的帳戶卻很保守。賭場資金效應指贏錢的賭徒更願意接受新的賭局的現象,就是一種心理帳戶。賭徒認為贏來的錢不是自己的錢,於是更願意冒險。賭場資金效應為股票價格的持續上漲提供了一種解釋。

逃避後悔,指人們對自己作出糟糕決策後的後悔、自責現象。比如,與買入新股票相比,因買入藍籌股而遭受損失所帶來的痛苦相對較小,因為投資藍籌股的損失可歸結為運氣不好而不是糟糕的決策。對小而不知名的公司,為避免悔恨,投資者將要求更高的回報。

前景理論。前景理論認為:投資者對盈利的效用函數是凹函數,而對損失的效用函數是凸函數。也就是說,投資者在面臨投資帳戶損失時更加偏好風險,而在面臨盈利時更加規避風險。前景理論是行為金融的代表理論,可以解釋不少金融市場中的市場異象,如股權溢價之謎、期權微笑現象等。

羊群效應。人類社會中的一個基本現象是經常相互交流的人群的思維非常相似,決策常常走向一致。這種現象被稱為"羊群行為"。在投資行為上,表現為受其他投資者行為的影響而採取相同的投資策略。我國證券市場大量存在的"跟風"、"跟莊"就是典型的羊群行為。羊群行為必然導致股價的過度上漲或過度下跌。

3. 一些典型的行為金融模型

(1) BSV 模型(Barberis, Shleifer, Vishny, 1998),又稱代表性偏差模型。認為投資者在利用公開信息時存在兩個認知偏差:保守傾向與選擇性偏差(小數定律)。保守傾向,投資者不能及時根據變化修正自己的預測模型,導致投資者對收益率變化反應過度;選擇性偏差,投資者過分重視近期數據的變化,導致導致投資者對收益率變化反應不足。

(2) 過度自信:DHS 模型(Daniel, Hirshleifer, Subrahmanyam, 1998, 2001)。DHS 模型建立在人們普遍存在的過度自信與自我歸功心理偏差上,即過度相信自己發現的新信息,過度相信自己對新信息的解釋能力。結果導致對個人信息的過度反應和對公共信息的反應不足,大量買入或賣出,出現動量效應,長期出現均值回歸。

(3) HS 模型:又稱統一理論模型。洪和斯太因(Hong & Stein)(1999)把研究重點放在不同市場參與者的認知偏差上面,把市場參與者分為觀察信息者和動量交易者。前者依賴未來價值的信息,後者依賴過去價格的變化。該模型認為最初由於觀察消息者對私人信息反應不足的傾向,導致動量交易者通過相關策略來利用這一點,結果導致過度反應。

市場究竟有效還是無效的爭論尚無定論。如果市場不是理想中的那麼有效,則意味着證券研究是有價值的。即股票研究可以找到嚴重偏離內在價值的股票。目前比較流行的信念是：市場是十分有效的，但是特別勤奮、智慧或創造性的勞動可以獲得相應的回報。

資料 7-3：122 只券商推薦"金股"近九成變成"熊"

每年各大券商都會樂此不疲地推出"十大金股"，就在剛剛過去的 2010 年，"十大金股"有約七成跑輸大盤，而 2011 年券商新推的"金股"也已有近九成跑輸大盤，"金股"變"熊"再成現實。

WIND 資訊統計顯示，截至 2011 年 5 月 9 日，上證綜合指數上漲 2.29%，而同期納入統計的十大券商所推薦的 122 只金股中，有 106 只跑輸大盤，更有 32 只"金股"跌幅在 20% 以上。從收益率來看，122 只"金股"的平均收益率為 -11.1%。位居跌幅榜首的是雲南綠大地生物科技股份有限公司（現名：*ST 大地），年初以來該股票跌幅已達 -45.01%，而跌幅緊隨其後的還有禾盛新材、高德紅外、雙匯發展、萊寶高科、啟明信息、盛運股份、銳奇股份、榮信股份、科達機電。

資料來源：韋夏怡，122 只券商推薦"金股"近九成變成"熊"[N]．經濟參考報，2011-05-10．

第四節 證券研究業務利益衝突與道德風險

證券公司證券研究報告的客觀性、科學性與券商投資銀行業務、經紀業務、上市公司存在一定利益衝突，從而可能誘發證券分析師的道德風險。

一、與投資銀行業務的衝突

在 20 世紀 90 年代末的泡沫經濟期間，就已經有針對承銷商研究部門和投資銀行之間非法合謀的指控，紐約總檢察長稱，研究分析師作為準投資銀行家，其目的是吸引和維持發行公司。

擬發行證券的公司希望證券分析師分析公司時做出積極的收入預測，並在它們發行股票的時候帶來熱情的投資者。證券公司為了獲得投資銀行業務，可能要求證券研究部門予以配合，但配合的結果是，分析師將做出錯誤的預測，誤導投資者，最終將失去投資者的信任，因而證券分析師面臨兩難選擇。

二、與經紀業務的利益衝突

由於機構投資者為證券公司帶來佣金收入，因此證券研究部門為了留住客戶，有可能暗中配合機構投資者的操作而做出損害其獨立性的證券分析或證券評價報告。

目前我國券商對分析師的評價在很大程度上取決於外部評價，即機構客戶對分析師的打分，客戶打分的高低將直接影響分析師獎金的比例。根據WIND資訊統計，2010年我國60家基金公司總共爲93家券商貢獻了62.41億元的傭金收入。由於基金公司是券商的重要客戶，且決定着對證券分析師的評價，因而證券分析師對出具研究報告時有所顧慮。比如對於基金重倉持有的股票，分析師將不能隨意做出負面的評價。

三、與上市公司的利益衝突

一般來說，分析師要想得到第一手材料，寫出有新意、較好的研究報告，則必須與上市公司保持良好的關係。在高強度的工作壓力下，一些分析師在向機構或中小投資者推薦股票時出具的研究報告，很大一部分並未經過實地調研，只是自己根據行業估值水平，結合估值模型作出的預判。而在實地調研中，上市公司提供的內容基本上是有利於公司股價的。

上市公司如果進行再融資計劃，或者股東減持行爲，也可能要求券商分析師做出積極的報告，如果證券分析師不予以配合，則以後該公司就很難再接受其調研。

資料7-4：四券商關於中國寶安擁有石墨礦的相關研究報告

2010年9月到2011年2月，湘財證券、平安證券、國泰君安和信達證券先後發布了關於中國寶安擁有石墨礦的相關研究報告。

2011年1月18日到2月22日，中國寶安的股價由13.60元漲至24.90元。2011年2月25日《經濟參考報》刊登了題爲《中國寶安收購石墨資源遇阻》的報道，各方反響強烈，引發了市場對於中國寶安是否擁有石墨礦的質疑。3月15日，中國寶安發布澄清公告稱：公司沒有石墨礦，並表示沒有接待上述四家券商。股價應聲回落，兩天內中國寶安先後出現4.47%和6.71%的跌幅。

截至2011年5月，有投資者準備就此對四家券商及相關報告所涉及的分析師提起民事損害賠償訴訟，涉及金額達數千萬元。證監會表示正在進行核查，同時建議受損投資者向法院提起訴訟。

資料來源：程亮亮.四券商關於中國寶安擁有石墨礦的相關研究報告［N］.第一財經日報，2011-05-10.

四、我國對證券研究業務的規範

2010年10月，中國證監會發布《發布證券研究報告暫行規定》，對券商證券研究業務進行了明確而詳細的規範。

(一) 原則性要求

第三條規定：證券公司、證券投資諮詢機構發布證券研究報告，應當遵守法律、行政法規和本規定，遵循獨立、客觀、公平、審慎原則，有效防範利益衝突，公平對待發布對象，禁止傳播虛假、不實、誤導性信息，禁止從事或者參與內幕交易、操縱證券市場活動。

(二) 組織管理

第六條規定：發布證券研究報告的證券公司、證券投資諮詢機構，應當設立專門研究部門或者子公司，建立健全業務管理制度，對發布證券研究報告行為及相關人員實行集中統一管理。

(三) 禁止行為

第六條規定：從事發布證券研究報告業務的相關人員，不得同時從事證券自營、證券資產管理等存在利益衝突的業務。公司高級管理人員同時負責管理發布證券研究報告業務和其他證券業務的，應當採取防範利益衝突的措施，並有充分證據證明已經有效防範利益衝突。

第七條規定：證券公司、證券投資諮詢機構應當採取有效措施，保證製作發布證券研究報告不受證券發行人、上市公司、基金管理公司、資產管理公司等利益相關者的干涉和影響。

第九條規定：製作證券研究報告應當合規、客觀、專業、審慎。署名的證券分析師應當對證券研究報告的內容和觀點負責，保證信息來源合法合規，研究方法專業和審慎，分析結論具有合理依據。

第十一條規定：證券公司、證券投資諮詢機構應當公平對待證券研究報告的發布對象，不得將證券研究報告的內容或者觀點，優先提供給公司內部部門、人員或者特定對象。

第十二條規定：證券公司、證券投資諮詢機構應當建立健全與發布證券研究報告相關的利益衝突防範機制，明確管理流程、披露事項和操作要求，有效防範發布證券研究報告與其他證券業務之間的利益衝突。

發布對具體股票作出明確估值和投資評級的證券研究報告時，公司持有該股票達到相關上市公司已發行股份1%以上的，應當在證券研究報告中向客戶披露本公司持有該股票的情況，並且在證券研究報告發布日及第二個交易日，不得進行與證券研究報告觀點相反的交易。

第十三條規定：證券公司、證券投資諮詢機構應當採取有效管理措施，防止製作發布證券研究報告的相關人員利用發布證券研究報告為自身及其利益相關者牟取不當利益，或者在發布證券研究報告前泄露證券研究報告的內容和觀點。

第十四條規定：證券公司、證券投資諮詢機構應當嚴格執行發布證券研究報告與其他證券業務之間的隔離牆制度，防止存在利益衝突的部門及人員利用發布證券研究報告牟取不當利益。

第十五條規定：證券公司、證券投資諮詢機構的證券分析師因公司業務需要，階段性參與公司承銷保薦、財務顧問等業務項目，撰寫投資價值研究報告或者提供行業研究支持的，應當履行公司內部跨越隔離牆審批程序。

合規管理部門和相關業務部門應當對證券分析師跨越隔離牆後的業務活動實行監控。證券分析師參與公司承銷保薦、財務顧問等業務項目期間，不得發布與該業務項目相關的證券研究報告。跨越隔離牆期滿，證券分析師不得利用公司承銷保薦、財務顧問等業務項目的非公開信息，發布證券研究報告。

第十六條規定：證券公司、證券投資諮詢機構從事發布證券研究報告業務，同時從事證券承銷與保薦、上市公司併購重組財務顧問業務的，應當根據有關規定，按照獨立、客觀、公平的原則，建立健全發布證券研究報告靜默期制度和實施機制，並通過公司網站等途徑向客戶披露靜默期安排。

本章小結

1. 證券研究業務雖然對投資銀行利潤貢獻度不大，但事關投資銀行的實力和持久競爭力，因而幾乎所有的大型證券公司對此都十分重視。

2. 證券研究業務是指投資銀行爲發行者、個人投資者、機構投資者等客戶提供證券研究服務而獲取報酬的業務。

3. 根據證券研究對象不同，證券研究業務分爲宏觀經濟研究、行業研究、市場研究、公司研究、其他專題研究。

4. 證券研究業務內容包括：宏觀經濟分析、行業分析、企業分析。

5. 證券研究能力涉及有效市場理論、市場異象與行爲金融理論。

6. 證券公司證券研究報告的客觀性、科學性與券商投資銀行業務、經紀業務、上市公司存在一定利益衝突，從而可能誘發證券分析師的道德風險。

拓展閱讀

1. 爲更多瞭解證券研究業務，參閱：

［美］米歇爾・弗勒里耶. 一本書讀懂投資銀行［M］. 朱凱譽譯. 北京：中信出版社，2010

2. 爲更多了投資學方面的知識，參閱任何一本投資學教材，推薦：
博迪，等. 投資學［M］. 7 版. 陳收，楊豔，譯. 北京：機械工業出版社，2009.

思考題

1. 什麼是證券研究業務？該業務的盈利模式是什麼？
2. 證券研究業務内容是什麼？
3. 什麼是證券研究能力？涉及哪些理論？
4. 證券研究業務爲什麼會存在道德風險？與哪些方面存在利益衝突？

第八章　投資銀行自營業務與直投業務

學習目標

掌握自營業務、直投業務的內涵及盈利模式，理解自營商的投機交易、套利交易方法，瞭解直投業務規範及道德風險控制措施。

學習內容

- 自營業務內涵及盈利模式
- 自營商的投機交易
- 自營商的套利交易
- 券商直投業務概念及盈利模式
- 券商直投業務規範及道德風險控制

自營業務一直是投資銀行的傳統業務，對外國投行直投業務來說並不新鮮，但對我國券商而言，則是一項相對較新的業務，由於其高額回報，近年來受到國內券商的高度重視。

第一節　自營業務內涵及盈利模式

自營業務是券商的重要業務之一，我國《證券法》第一百二十五條規定，經國務院證券監督管理機構批准，證券公司可以經營包括證券自營業務的眾多業務。

一、自營業務

所謂自營業務是指投資銀行（證券公司）通過自己的帳戶，用自有資金或自籌資金在二級市場上進行證券交易，從證券價格變動或者相對價值差異中獲取利益的業務。

自營業務、經紀業務與資產管理業務都跟二級市場有關，但三者的區別在於：在經紀業務中，投資銀行擔當經紀人的角色，在資產管理業務中則擔當了資產管理者的角色，而在自營業務中投資銀行利用自有資金進行操作，擔當了一個普通機構投資者的角色。

與此相對應的是，投資銀行在經紀業務中獲得傭金收入，在資產管理業務中獲得管理費服務，而在自營業務中則獲得證券價格價差和套利收益，相比之下，自營業務比經紀業務和資產管理業務具有更大的資金損失風險。

二、券商自營業務投資品種

證監會2011年5月6日公布的《關於證券公司自營業務投資範圍及其有關事項的規定》，擴大了券商自營投資範圍。明確券商自營可投資三類品種：一是在境內證券交易所上市交易的證券，二是境內銀行間市場交易的部分證券，三是經證監會批準或備案發行並在境內金融機構櫃臺交易的證券。

另外規定，證券公司將自有資金投資於依法公開發行的國債、投資級公司債、貨幣市場基金、央行票據等中國證監會認可的風險較低、流動性較強的證券，或者委託其他證券公司或者基金管理公司進行證券投資管理，且投資規模合計不超過其淨資本80%的，無須取得證券自營業務資格。

三、自營業務盈利模式

自營業務收益主要來自投機收益和套利收益，成本則主要指跟該業務相關的人力成本、固定資產折舊等。

自營業務利潤 = 投機收益和套利收益 - 相關成本

例8-1：某券商自營業務部門在年初購入10 000萬元的證券組合，在年末該證券的組合價值為15 000萬元，相應的人工、固定費用等成本為1 000萬元，則該券商自營業務的利潤 = 15 000 - 10 000 - 1 000 = 4 000（萬元）

表8-1顯示了2010年國內部分券商的自營業務自營規模、收益數量及收入增長率。

表8-1　　　　　　　2010年國內部分券商的自營業務狀況表

公司	自營規模（億元）	自營收益（億元）	收入增長率（％）
中信證券	525.8	42.35	20
海通證券	210.33	10.82	11.02
長江證券	82.1	9.28	35.4

表8-1(續)

公司	自營規模 (億元)	自營收益 (億元)	收入增長率 (%)
宏源證券	53.6	6.9	89.9
華泰證券	191	5.51	35.5
招商證券	229.6	5.07	41
廣發證券	176	4.5	-17.9
西南證券	51.55	4.42	-36.31
光大證券	103	3.62	-23
興業證券	64.22	2.96	-48.89
國元證券	48.33	2.44	110.38
山西證券	53.55	1.42	133
東北證券	20	1.18	-67
國金證券	4.98	0.55	-65
平均值	129.58	7.22	15.58

資料來源：吳婷婷. 2010年國內部分券商的自營業務狀況 [N]. 證券時報，2011-05-04

第二節　自營商的投機交易

一、投機的含義

在投資學教材中，投機、投資和賭博是不同的概念。賭博是爲一個不確定的結果打賭或下註，沒有相應的報酬，或者說風險溢價爲零。從經濟學的角度看，賭博是爲了享受冒險的樂趣而承擔風險，別無其他目的。風險溢價爲零的風險投資，也稱爲公平博弈。

根據博迪等（2009）對投機的定義，投機是"在獲取相應的報酬時承擔一定的風險"。相應的報酬是指正的風險溢價，即高於無風險收益的期望收益。在操作動機上，投機者希望通過低買高賣在短時期內快速獲得利潤。瑞特爾（Ritter，1991）發現投機者在IPO後1~2天賣出證券的投機收益爲14.3%。

投資者從事投機交易至少具有三個方面的積極作用：一是有助於證券市場的價格發現作用；二是活躍證券市場，增強市場的流動性；三是平滑價格和穩定市場。

美國財政部將持有期超過1年以上的資產購買行爲稱爲投資。但弗蘭克斯和艾布斯通（Francis & Ibboston，2006）認爲該劃分方法過於簡單，因爲有的證券資產，比如國庫券的生命週期只有 3 個月，顯然就不能說該購買行爲就是投機。因此，區分投資與投機主要看投資者的初始動機。

二、投機交易的策略

投機交易的關鍵在於正確預測未來的證券價格走勢。根據有效市場理論，證券未來價格隨機遊走，因而是不可預測的。但實際上，證券市場價格存在對信息反應不足或過度反應的情況，因而給投機交易留下了機會。

（一）基於技術分析的投機交易策略

1. 技術分析假設

技術分析試圖發掘股票價格起伏週期和可預測的模式，以產生優異的投資業績。艾德沃茲和麥吉（Edwards & Magee，1992）列舉的技術分析假設如下：

（1）市場價值決定於供需的相互作用；

（2）供需關係由多種因素決定，包括理性因素和非理性因素；

（3）儘管存在小的波動，證券價格傾向於沿着趨勢運動，且持續一段時間；

（4）趨勢的改變決定於供需關係的改變；

（5）供需關係的改變，不管它們爲什麼發生，遲早能夠通過交易的圖表分析被發現到；

（6）一些圖表模式與過去相重合，即歷史會重演。

2. 技術分析之道氏理論

技術分析一個重要的任務是發現價格運動的趨勢。道氏理論是趨勢分析的鼻祖，它認爲單個證券或者整個市場沿着持續的牛市或熊市趨勢運動。道氏理論定義了三種類型的趨勢運動（見圖 8－1）。

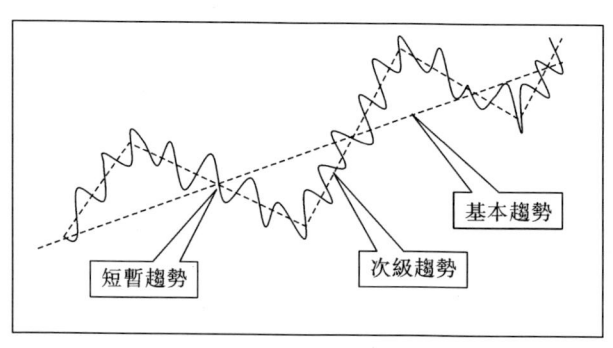

圖 8－1　道氏理論中三種類型的趨勢圖

基本趨勢：持續時間從幾個月到幾年不等，找到基本趨勢是技術分析成功和投資盈利的關鍵。

次要趨勢：指股價對基本走勢的短期偏離引起的二級趨勢或中間趨勢。當價格偏離趨勢值時，這些偏離會通過修正（Corrections）來消除。次要趨勢可能延續數周或數月。

短暫趨勢：指幾乎不重要的日常波動，是最小的一種趨勢。

道氏理論的變形有艾略特波浪理論和康德拉季耶夫理論。艾略特波浪理論又稱波浪理論，是以美國人艾略特名字命名的一種技術分析理論。其基本思想是：價格上漲和下跌不斷重複，應該遵循週期發展的規律。每個週期包含 8 個過程，即上升 5 個過程和下降 3 個過程來完成，或者下跌 5 個過程和上漲 3 個過程。康德拉季耶夫斷定宏觀經濟週期波動週期很長，一個週期的持續時間可達 48~60 年。

3. 其他技術分析方法

其他技術分析分析方法包括 K 線分析、形態分析、指標分析等。

（1）K 線分析。K 線非常形象地顯示了一個時間週期內證券交易的開盤價、收盤價、最低價和最高價。K 線法是通過一天 K 線或若干天 K 線的組合情況，推測市場多空雙方的對比，進而預測證券價格未來走勢的方法。

（2）切線分析。切線法是按一定方法和原則在根據價格數據所繪制的圖表中畫出一些直線，然後根據這些直線推測未來價格的方法。如趨勢線、通道線、黃金分割線、速度線、甘氏線等。

（3）形態分析。形態法是根據價格圖表走過的軌跡的形態來預測價格未來的趨勢的方法。著名的形態有 M 頭、W 底、頭肩頂（底）、三角形、矩形、喇叭形、菱形、旗形和楔形等。

（4）指標分析。通過指標反應市場所處的狀態，例如移動平均線 MA、平滑異同移動平均線（MACD）、威廉指標 WMS%、隨機指標（KD）、相對強弱指標（RSI）、心理線 PSY、能量潮 OBV 等。

（二）基於行為金融的投機交易策略

（1）購買小公司策略。統計研究發現，小公司的投資收益大於大公司的投資收益，因此可有意識地投資於小公司的股票，以獲取更高的收益。

（2）反向投資策略。由於羊群效應等各種原因，市場價格可能出現過高或者過低的現象，因而利用市場的非理性行為，進行逆向操作。

（3）動量策略。由於市場上存在動量效應，因而可設定過濾準則，當超過過濾準則時，順勢買入或賣出。

第三節　自營商的套利交易

一、套利

所謂套利，是指同時在兩個市場中買進並賣出相同的商品，利用兩個市場商品價格的差異而獲取利潤的行爲。套利包括無風險套利和風險套利。無風險套利指利用相同的商品不同的價格而獲取無風險利潤的行爲，風險套利主要指利用資產重組而進行獲利。

假設同一證券在市場上存在兩種價格 P_1 和 P_2，$P_1 > P_2$。若以 P_2 買進該證券同時賣出按 P_1 賣出，則該操作獲得（$P_1 - P_2$）的無風險利潤。

如果有多個證券同樣也可以進行套利操作，假設存在 3 種證券 A、B、C，期末存在兩種收益狀態，每種證券當前價格和期末收益如表 8-2 所示。

表 8-2　　　　　　　　三種證券當前價格和期末收益

證券	當前價格	狀態1	狀態2
A	40	20	60
B	50	40	100
C	100	30	120

建立 A、B 的證券組合復制證券 C 的收益，看是否存在套利機會。假設組合中證券 A 的數量爲 N_A，證券 B 的數量爲 N_B，建立方程組：

$$\begin{cases} 20N_A + 40N_B = 30 \\ 60N_A + 100N_B = 120 \end{cases}$$

解得：$N_A = 4.5$，$N_B = -1.5$

證券 A、B 組合的價值爲 $4.5 \times 40 - 1.5 \times 50 = 105$，而目前證券 C 的價格爲 100，說明存在套利機會，即買入證券 C，同時賣出證券組合，可以鎖定 5 元（105-100）的無風險利潤。

二、無風險套利類型

（一）跨市場套利

跨市場套利（Space Arbitrage）是最基本的套利操作，指利用相同商品在不同市場的不合理價差來獲利。理論上，跨市場套利放空所獲得的收益作爲買進成本，故不需要任何投資成本。多頭頭寸與空頭頭寸相互抵消，故此套利策略不產生任何淨頭寸，自然無任何風險。

（二）跨時間套利

跨時間套利（Time Arbitrage）指買進（或賣出）同一商品現貨的同時，賣出（或買進）期貨，利用現貨價格與期貨價格間存在的不合理價差來獲利的套利操作方式。假設玉米現貨與 3 月期貨價格出現異常價差，套利者可借入資金買進現貨同時賣出 3 月期貨。3 月後，套利者將玉米現貨作爲 3 月期貨實物交割標的，並收到賣出期貨的價款，再以價款償還貸款本金及利息，剩餘部分即爲跨時間套利的報酬。

（三）信用利差套利

信用利差套利（Credit Spread Arbitrage）指利用資產與負債的不同信用等級所形成的信用利差來獲利的套利操作。保險公司是信用利差套利的典型代表。保險公司根據保險人風險高低來收取保費，由於個別保險人的資產風險相對較高，故保險公司收取保費也較多，但保險資產組合的整體風險較低，因而負債資金成本較低。因此，保險公司會利用資產與負債的利差賺取利潤。

（四）到期期限套利

到期期限套利（Maturity Arbitrage）指利用長、短期資金成本的利差來進行套利。比如以短期融資取得長期資金投資長期債券來獲利的套利操作行爲。

三、風險套利

風險套利指套利者根據各類企業活動的預期結果買進或賣空該公司股票的行爲，若該公司進行企業活動的結果與套利者的預期相符，即可成功完成套利。

第四節　券商直投業務概念及盈利模式

一、直投業務

券商直投業務，又稱直接投資業務，是指證券公司利用自身的專業優勢尋找並發現優質項目或公司，以自有資金進行股權投資，以獲取股權收益爲目的的業務。在直投業務中，投資銀行充當了 PE 或 VC 的角色。由於直投業務通常利潤豐厚，該項業務歷來是國際知名投行的重要利潤來源。比如高盛投資並承銷分衆傳媒、雨潤食品、雷士照明，摩根斯坦利投資並承銷蒙牛乳業、百麗國際、遠洋地產，瑞士信貸投資並承銷中國銀行，匯豐銀行投資並承銷交通銀行等。

二、直投業務盈利模式

直投業務本質上是券商對非公開上市公司的股權投資行爲，具有 PE 或 VC 性質，其投資收益和投資回報來源於投資行爲。

直投業務投資收益＝股權投資期末價值－股權投資成本－相關人力及管理成本

直投業務投資回報＝投資收益/投資成本×100%

例 8-2：中信證券金石投資參股的恒泰艾普於 2011 年 1 月 7 日上市，它持有在上市前該公司 185.567 萬股，投入成本 2 400 萬元，按恒泰艾普發行價每股 57 元計算，忽略人工成本，投資收益 = 185.567 × 57 - 2 400 = 8 177.32（萬元），投資回報 = 8 177.32/2 400 × 100% = 340.7%。

案例 8-1：多層次資本市場，助長國信證券直投業務

2016 年中旬國信證券以現金向全資子公司國信弘盛創業投資有限公司增資 24 億元人民幣，旨在優化國信證券多元化業務，堅定向財富管理型發展。

國信弘盛成立於 2008 年 8 月 8 日，註冊資本金 40.5 億元，是國信證券旗下專業從事直接股權投資業務的全資子公司，主要業務包括股權投資、股權投資基金管理、股權投資顧問等。與傳統 PE/VC 相比，國信弘盛憑借母公司的強大資源背景，有着得天獨厚的資源優勢。

國信弘盛目前管理規模近百億元人民幣。根據數據顯示，國信弘盛所投企業 IPO 家數占歷年來券商直投全行業 IPO 家數的 23%。截至 2016 年 12 月末，國信弘盛及其管理基金共投資 PE 項目 100 個，已完成退出 44 個，自有資金所投上市企業的平均投資回報倍數達到了可觀的 5.35 倍，總體退出項目綜合 IRR 超過 40%。國信弘盛發展至今，經歷了"自有資金"到"單一直投基金"再到"多策略基金進行"三個階段，公司目前積極推進產業基金、併購基金、混合策略基金等多元化、多層次投資戰略布局，正不斷向風險可控、符合市場趨勢的領域拓展並形成持續穩定的盈利渠道。

資料來源：中金在線，多層次資本市場，助長國信證券直投業務 2017-03-16
http：//news.cnfol.com/zhengquanyaowen/20170316/24440879.shtml。

第五節 券商直投業務規範及道德風險控制

一、直投業務的規範

（一）嚴格的準入制度

中國證監會《證券公司直接投資業務試點指引》（2009）規定：證券公司開展直接投資業務試點應當獲得證監會同意，取得允許試點開展直接投資業務的無異議函。未經證監會同意，證券公司不得以任何形式開展直接投資業務。截至 2011 年 3 月，全國已有三批 29 家證券公司獲得試點直投業務的資格，試點範圍不斷擴大。

（二）組織形式

《證券公司直接投資業務試點指引》（以下簡稱《試點指引》）同時規定：證券公司開展直接投資業務試點，應當設立從事直接投資業務的子公司（以下簡稱直投子公司），由子公司進行直接投資。

（三）直投業務資格

證券公司符合下列條件，可以申請開展直接投資業務試點：

（1）最近一次分類評價獲得 B 類 B 級以上分類級別；

（2）最近 12 個月淨資本不低於 15 億元，各項風險控制指標持續符合規定；設立直投子公司後，各項風險控制指標符合規定；

（3）具有較強的投資銀行業務能力，最近 3 個會計年度擔任股票、可轉債主承銷的項目在 5 個以上；或者股票、可轉債主承銷金額在 100 億元以上；

（4）具有完善的内部控制制度和良好的風險控制機制，能夠有效控制投資風險；

（5）對直接投資業務有充分的研究和準備，有適當數量從事過投資銀行、資產管理業務的專業人員從事直接投資業務。

（四）金額限制

《試點指引》規定證券公司以自有資金對直投子公司投資、金額不超過證券公司淨資本的 15%。據中國證券業協會統計，截至 2009 年 12 月 31 日，我國 106 家券商的淨資本爲 38 195 443 萬元，按 15% 的比例測算，只有 573 億元可用於直接投資。

二、直投業務道德風險

券商進入直投業務後，形成了"保薦＋直投"的業務模式。即證券公司在做 IPO 企業的保薦人的同時，旗下直投公司又參股該 IPO 企業，這種模式存在潛在的道德風險。表現在：

（一）利益輸送問題

利益輸送問題指券商與一些上市條件相對成熟或將要上市的企業相互"幫忙"，企業給券商一定數量的股份並可能以"優惠價"由券商進行直投，同時券商許諾保薦或盡快保薦其發行上市的"互惠互利行爲"。利益輸送可能損害其他投資者的利益或違背市場公正性原則。

（二）内幕交易問題

券商直投公司作爲擬上市公司的股東，對擬上市公司而言屬"内幕人士"；公司上市後其持有的股份至少有一年以上的鎖定期，在股份未出售前仍爲股東身份或内幕人員；公司投行部門在保薦其上市過程中知悉内幕信息，公司上市後 1～2 年内對其負持續保薦之責，仍能知悉其有關内幕信息。鑒於券商的直投公司、投行部門、證券投資部門之間的"同一控制"關係或利益一體化影響，直投公司、投行部門、證券投資部門之間可能會利用對被投資公司的内幕信息從事内幕交易。

三、直投業務道德風險的控制措施

歐美等發達國家並不禁止證券公司的"直投+保薦"經營模式，但通常要求證券公司制定、實施並維持有效的利益衝突管理制度，一般包括控制（Control）、披露（Disclose）或避免（Avoid）三種方式。如證券公司可通過信息隔離措施來限制敏感信息在不同業務部門之間的流動，從而控制利益衝突；證券公司也可以向客戶披露已存在的或潛在的利益衝突；在利益衝突無法通過控制或披露方式進行管理和防範的情況下，證券公司應限制相關業務活動，以避免利益衝突。目前我國的管理措施如下：

（一）組織隔離

與國外投行相比，我國要求券商以子公司形式開展直投業務更有利於控制敏感信息的流動和不當使用，防止直投與投行業務之間的利益衝突。證監會明確要求，證券公司只能設立直投子公司開展直接投資業務，證券公司與直投子公司必須相互獨立，徹底實現與母公司間的法人隔離。

（二）無關聯保薦

根據 1996 年《證券經營機構股票承銷業務管理辦法》規定，證券經營機構持有企業 7% 以上的股份，或是其前五名股東之一，不得成為該企業的主承銷商或副主承銷商。

《證券發行上市保薦業務管理辦法》第四十三條規定："保薦機構及其控股股東、實際控制人、重要關聯方持有發行人的股份合計超過 7%，或者發行人持有、控制保薦機構的股份超過 7% 的，保薦機構在推薦發行人證券發行上市時，應聯合 1 家無關聯保薦機構共同履行保薦職責，且該無關聯保薦機構為第一保薦機構。"

（三）信息隔離制度

2010 年 12 月 29 日，中國證券業協會發布《證券公司信息隔離牆制度指引》規定：一是要求證券公司及其從事直接投資業務的子公司之間應當建立相應的信息隔離機制，證券公司不應向從事直接投資業務的子公司洩露項目敏感信息，為其參與項目投資提供便利；二是要求證券公司業務部門工作人員不得在與其業務存在利益衝突的子公司兼任職務；三是要求證券公司應當將直接投資業務納入投資銀行業務限制名單的管控範圍，對因投資銀行業務列入限制名單的公司或證券，證券公司應當限制與其有關的直接投資業務，避免出現突擊入股等違規情況。

（四）上市後股票鎖定期

目前我國關於 IPO 企業的股票鎖定期規定，比全球主要資本市場都更為嚴格。由於鎖定期較長，直投機構的投資能獲得什麼樣的回報，不能由 IPO 發行價決定，而是要看企業較長期的發展狀況和資本市場的最終交易情況。

本章小結

1. 自營業務是指投資銀行通過自己的帳戶，用自有資金或自籌資金在二級市場上進行證券交易，從證券價格變動或者相對價值差異中獲取利益的業務。

2. 我國券商自營投資品種包括：一是在境內證券交易所上市交易的證券，二是境內銀行間市場交易的部分證券，三是經證監會批准或備案發行並在內增金融機構櫃臺交易的證券。

3. 證券市場價格存在對信息反應不足或過度反應的情況，因而給投機交易留下了機會。投機策略包括：基於技術分析的投機交易策略；基於行為金融的投機交易策略。

4. 套利包括風險套利和無風險套利。無風險套利包括：跨市場套利、跨時間套利、信用利差套利、到期期限套利。

5. 券商直投業務是指證券公司利用自身的專業優勢尋找並發現優質投資項目或公司，以自有或募集資金進行股權投資，並以獲取股權收益為目的的業務。

6. 我國對直投業務的規範措施包括：嚴格的準入制度、組織形式、直投業務資格、金額限制等。

7. 直投業務道德風險的控制措施包括：組織隔離、無關聯保薦、信息隔離制度、上市後股票鎖定期。

拓展閱讀

1. 為更多了自營業務方面的知識，參閱：
博迪，等．投資學［M］．7版．陳收，楊艷，譯．北京：機械工業出版社，2009．
2. 為系統性瞭解私募股權的經濟學基礎知識，推薦閱讀：
George W. Fenn, Nellie. Liang, Stephen Prowse. The Economics of the Private Equity Market. working paper, Board of Governors of the Federal Reserve System, Washington, DC 20551, December 1995

思考題

1. 什麼是自營業務？
2. 我國券商自營投資品種有哪些？
3. 自營商有哪些投機策略？
4. 什麼是套利？存在哪些套利行為？
5. 什麼是券商直投業務？
6. 我國對券商直投業務有哪些規範和管理措施？
7. 假設存在 A、B、C 三種證券，期末存在兩種收益狀態，每種證券當前價格和期末收益見表 8-3。

表 8-3　　　　　證券 A、B、C 當前價格及未來狀態收益　　　　　單位：元

證券	當前價格	狀態1	狀態2
A	10	20	-10
B	20	10	30
C	15	20	40

試問目前證券的價格是否存在套利機會？

8. 某投資銀行投資於一未上市公司股權，投資數量為 150 萬股，入股價格為 3 元，兩年後該公司上市，上市日收盤價為 20 元，試問該筆直投業務為該投資銀行帶來的年度收益率是多少？

第九章　金融工程業務之證券設計

學習目標

知道什麼是金融工程及金融工程業務，瞭解金融工程工具的內容，掌握衍生證券特點及定價原理，證券設計的概念、混合證券的概念及類型。

學習內容

- 金融工程概述
- 金融工程工具
- 衍生工具的定價
- 證券設計

投資銀行是金融工程主要的設計者和組織者。金融工程是金融業務中的高科技，金融工程業務水平是投資銀行實力的重要標誌。

第一節　金融工程概述

一、金融工程

"金融工程"（Financial Engineering）一詞最早出現在20世紀50年代的文獻中，但直到20世紀80年代後期，動態套期保值策略——組合保險的創始人李蘭德和魯賓斯坦才開始討論"金融工程新科學"。

那麼，究竟什麼是金融工程？格里茨（Galitz）在《金融工程學》（1998）一書中將其定義為：金融工程是應用金融工具，將現在的金融結構進行重組以獲得人們所希望的結果。

1988 年，約翰·菲尼蒂（John Finnerty）在《公司理財中的金融工程：一個文獻綜述》一文中認爲：金融工程包括創新型金融工具與金融手段的設計、開發與實施以及對金融問題給予創造性解決。因此這是一個很寬泛的定義。馬歇爾和班賽爾（Marshall & Bensal）在《金融工程》一書中認爲約翰·菲尼蒂的定義抓住了金融工程的實質。

宋逢明等（1998）認爲金融工程是現代金融學、信息技術和工程方法結合的一門新興交叉學科，是金融科學的產品化和工程化。具體地，金融工程將工程思維引入金融領域，綜合地採用各種方法（主要有數學建模、數值計算、網路圖解、仿真模擬等）設計、開發和實施新型金融產品，創造性地解決各種金融問題。

這里提到的"新型"和"創新性"有三層含義（Marshall & Bensal, 1992）：一是指金融思想的躍進，其創新程度最高，如第一份期權合約、第一份互換協議等；二是指對已有的觀念做新理解與新運用，如在商品交易所推出金融期貨新品種、利用股票現貨市場與股指期貨之間的價格不均衡性而設計的計算機程序交易等；三是指對已有的金融產品進行分解和重新組合，創造出新型金融工具。由此可見，宋逢明等對金融工程的理解與菲尼蒂相近，但強調了金融工程背景知識交叉化及工程化的特點。

二、金融工程範圍

金融工程涉及範圍很廣，包括公司財務、投資、風險管理等多個領域。

（1）在公司財務方面，通過金融工程開發新的金融工具以確保大規模經營活動所需要的資金。比如槓桿收購中的垃圾債券和橋式融資。

（2）在證券交易方面，金融工程活動主要表現爲開發具有套利或準套利性質的交易策略。這些套利策略可能涉及不同地點、時間、金融工具、風險、法律法規，或者稅率方面的套利機會。比如期貨交易所的聯網是地點套利的例子，程序控制交易是時間套利的例子。金融工具之間的套利解釋了複合金融工具和現金流重新包裝的新發展。比如複合期權、零息票債券、以按揭貸款爲擔保的債券（CMO）等。風險市場的不對稱性、進入市場難度的不對稱性以及稅率方面的不對稱性解釋了互換協議、優先股及特殊目的合夥企業的出現。

（3）在投資於貨幣管理方面，金融工程師開發出"高收益"共同基金、貨幣市場基金、Sweep 系統、回購協議等新的投資工具。通過註入重新包裝和超額按揭等方法，開發出將高風險投資工具轉變成低風險投資工具的系統。

（4）風險管理。金融工程的狹義定義就是組合金融工具和風險管理。金融工程最重要的一個應用領域就是各種風險管理。

三、金融工程技術的應用

金融工程技術的應用主要包括四個方面：套期保值、投機、套利與構造組合。[①]

（一）套期保值

套期保值是指在一個已存在風險暴露的資產中，通過持有一種或多種與原風險頭寸相反的套期保值工具來消除該風險。一個簡單的例子是一個借款人通過購買遠期利率協議（FRA）以避免遭受利率波動的影響。

（二）投機

投機指利用對市場某些特定走勢的預期來對未來的變化進行賭博，並因此而製造出一個原來並不存在的風險暴露。比如1992年9月索羅斯在英國脫離歐洲匯率機制之前賣出價值100億美元的英鎊並由此獲利10億美元。投機不一定使用衍生工具，但使用金融工程工具的好處在於：①槓桿作用；②組合複雜的交易策略的能力；③創造其他方式不能產生的風險的能力。

（三）套利

套利是指存在大量具有內在聯繫的金融產品，並且在許多情況下降其他幾種產品相組合來人工合成一種產品。

（四）構造組合

構造組合是指對一項特定交易或風險暴露的特性重新進行構造，從而對現金流和金融風險進行轉換。比如一個債券發行者可以使用利率互換將定期的浮動利率支付轉化爲固定利率支出。

四、金融工程步驟

金融工程是實現金融創新的手段，可分爲5個步驟[②]：

（1）診斷：識別金融問題的實質和根源。

（2）分析：根據當前的體制、技術和金融理論找出解決問題的最佳方案。一般是採用一種新的金融工具（或一組工具），或者建立一種新的金融中介。

（3）生產：產生一種新工具。

（4）定價：確定生產成本和邊際收益。

（5）修正：爲滿足客戶的特殊需求，對工具進行修正。

---

① 格里茨．金融工程學［M］．唐旭，等，譯．北京：經濟科學出版社，1998．
② 斯科특·梅森，羅伯特·默頓，安德魯·佩羅德，彼得·圖法諾．金融工程案例［M］．胡維熊，譯．大連：東北財經大學出版社，2001．

五、推動金融工程發展的因素

金融工程的發展是一系列因素綜合作用的結果，這些因素分爲企業外部因素和企業內部因素。企業外部因素又稱爲環境因素，是指企業無法直接控制這些因素。企業內部因素指企業多少有一定控制能力的因素。

企業外部因素包括價格波動性、產品和金融市場的全球化、稅收的不對稱性、科技的進步、金融理論的發展、金融監管方面的變化、競爭的加劇以及交易的成本等方面的因素。企業內部因素包括流動性需要、經營者與所有者對風險的厭惡程度、代理成本等。

（一）企業外部因素

1. 價格的波動性

消費者的需求與生產者的相互作用決定了市場交易的價格和數量。供需關係的變化將導致價格的波動性。價格的波動性具有三種度量：價格變動的速度、價格變動的頻率以及價格變動的幅度。20世紀70年代中期以來，大多數市場的價格變動加快了頻率和增大了幅度。價格變動使個人、生產廠商和政府等暴露在很大的風險之中，因而產生了風險管理的需求。

2. 市場的全球化

全球化擴大了市場的規模並極大地促進了競爭，雖然對消費者有利，但卻將現代公司置於很大的風險之中。這是因爲，擴大規模導致企業在資本結構中較多地利用債務，從而增大了企業對利用財務槓桿加大回報的依賴性，因而在考慮到其他風險時尤其要注意對高財務槓桿的使用。此外，全球生產和行銷活動導致了跨國公司的出現，它們不得不承受着相當大的匯率風險和利率風險，因而產生對這些風險進行管理的需要。

3. 稅收的不對稱性

稅收不對稱性的存在基於以下原因：首先，政府對不同行業實行不同的稅率政策，比如給予需要鼓勵的行業以低稅收或稅收豁免；其次，不同國家向企業施加不同的稅收負擔。不少金融工程活動都受到稅收不對稱性的激勵，比如20世紀80年代發展起來的企業間的債務/權益互換。

4. 科技的進步

許多金融工程的重大活動都與科技進步特別是計算機技術有關。該領域的進步包括高速微處理器的開發、高功能的臺式電腦、網路系統以及改進了的數據錄入方法的出現。此外，與計算機技術進步密切相關的是遠程通信技術的發展。比如，在引入微電腦和工作表軟件後，作爲三方交易的典型的貨幣和利率互換迅速地興盛起來。

5. 金融理論的發展

由於金融理論爲金融工程提供了理論工具，因此金融工程的發展與金融理論的進展存在很大關係。金融理論的核心是估值關係，這種估值關係說明一項資產的價值等於其產生的未來現金流的現值之和。這個基本關係由艾文‧費雪（Irving Fisher）在 1896 年最先確認並作出解釋。麥克考萊（Frederick Macaulay）在 1938 年提出久期（Duration）和利率免疫（Immunization）的概念，從而為從事資產/負債管理工作提供了工具；馬柯維茲（Harry Markowitz）1952 年在證券組合理論方面的貢獻引發了大量的對現代證券組合的分析工作；約翰遜（Leland Johnson）和斯特因（Jerome Stein）在 20 世紀 60 年代早期把證券組合理論擴展到套期保值，從而形成現代套期保值理論；夏普（William Sharpe）、林特納（John Lintner）和莫辛（Jan Mossin）在 20 世紀 60 年代集體創造了資本資產定價理論（CAPM），目前該理論已成為現代證券分析的一個主要支柱；布萊克（Fischer Black）和斯柯爾斯（Myron Scholes）在 1973 年提出第一個完整的期權定價模型，該模型及其變形幾乎從發表時起就被用來確定期權的公平價值。

6. 法規的變化和競爭的加劇

近年來許多金融工程活動都是因為放鬆金融管制（Deregulation）和鼓勵企業家創業精神有關。自美國格拉斯—斯蒂格爾法被廢除之後，商業銀行重新涉足投資銀行業，而為了更好地競爭並保持住現有的客戶，投資銀行非常重視創造和革新。

（二）企業內部因素

1. 流動性需要

根據馬歇爾和班賽爾的理論，流動性除了資產變現難易程度的概念之外，還包括當經濟條件發生變動時，證券價值偏離面值的程度以及市場對某種證券的銷售吸收的程度。

許多金融創新源於企業或個人的流動性需要。比如貨幣市場基金、貨幣市場帳戶、流動帳戶、電子資金轉移和電子支付系統、商業票據和大面額存款單市場的開發以及回購協議市場的發展等，分別源自於公司和個人快速獲取現金的需要。

浮動利率票據、可調股息的優先股、可調利率的按揭貸款、真實收益型證券等則是為了防止證券價值偏離面值的需要。

其他創新則試圖通過增加市場深度來增進流動性，比如把一種以前不標準的金融工具標準化，對金融工具的結構進行調整，使它能更容易地在規範的二級市場中交易，比如以按揭貸款為擔保的債券（CMO）以及對諸如汽車貸款和垃圾債券等高風險資產重新打包等。

2. 對風險的厭惡程度

理性人厭惡金融風險，只有得到風險補償時，才願意承擔風險。因此通過降低金融工具的內在風險或者創造出管理風險的金融工具可以增大企業價值或個人投資者的效用。

針對個人和企業對風險的厭惡而進行的金融創新的核心在於引入風險管理工具和設計出非常精緻的風險管理策略。風險管理工具包括利率期貨與期權、股票指數期貨和股票與股票指數期權、外匯期貨與外匯期權以及諸如遠期利率協議和遠期外匯協議之類的櫃臺交易合同，還包括利率互換、貨幣互換、商品互換和權益互換等在內的一系列的掉換產品。風險管理策略有資產/負債管理技術、各種套期保值策略等。

3. 代理成本

代理成本理論解釋了 20 世紀 80 年代美國金融業中大量的兼併與收購活動和槓桿併購（LBO）活動。LBO 所需的資金要求採用新的融資方式。比如投資銀行德崇（Drexel）因為 LBO 而開發了垃圾債券市場。

六、金融工程業務

所謂金融工程業務是指投資銀行或其他金融機構，根據公司融資、風險管理、投資者以及自身風險管理、套利、投機的需要，而進行的創新型金融工具、金融手段的設計、開發與實施以及對各類金融問題提供創造性解決方案的業務。

大多數金融創新來源於投資銀行。圖法諾（Tufano，1990）研究了 1974—1986 年間 58 種金融創新，分析投資銀行如何因金融創新而得到補償。他發現發明了新產品的投資銀行並沒有收取高的費用。但是，具有創新產品的投資銀行獲得了更大的承銷市場份額。

赫瑞拉和希羅斯（Herrera & Schroth，2011）發現開發了新證券的投資銀行在新的承銷市場中居於領先地位。在承銷費方面，創新者的收費高於模仿者，但隨著更多的發行而下降。

第二節　金融工程工具

馬歇爾和班賽爾將金融工程工具分為概念性工具和實體性工具。所謂概念性工具，主要指經濟和金融基本概念、基本理論，比如價值與財富的來源、價值與收益的度量、識別風險的方法、各種衡量風險的方法及其可用性、基本的證券組合理論、基本的套期保值理論、基本的期權定價理論、風險和收益以及投資者滿意程度三者的關係、代理成本的根源、會計理論、不同組織的稅收待遇等。所謂實體性工具，指基本的金融工具，包括固定收益證券、權益證券、期貨、期權、互換等。

一、概念性金融工程工具

（一）估值關係及應用

資產價值來源於未來的現金流，現金流有三個特徵：①現金流的大小或數量；②現金流的方向；③現金流發生的時間。由於現金流發生在不同的時點上，故而不能直接相比較或者相加減。借助於適當的貼現率，可以把現金流在時間上進行標準化，在時間方面被標準化了的價值被稱為現值，估值實際上就是計算資產的現值。

估值計算的應用範圍極其廣泛，包括給普通股、優先股、債券、抵押貸款以及不動產交易等各種形式的金融資產定價；還被用於公司財務方面進行資本預算的決策；兼併與收購交易估算；制定分攤時間表和為價格互換及其他風險管理工具定價等。

（二）收益的度量

投資收益的度量方法主要有兩種：一種是直接用貨幣單位來度量，另一種是用百分率的形式來度量。以貨幣單位的形式表示收益雖然很直觀，但它卻不如百分率的形式更適合於分析與決策。最常見的收益率度量是內部收益率，在大多數固定收益證券的分析中也被稱為到期收益率。但在某些特定的情況下，用復利收益率或贖回收益率代替內部收益率更加合適。

（三）風險的度量

企業和銀行的財務業績都會在一定程度上受一種或多種價格的影響。這些價格包括利率、匯率、股價、債券價格等金融價格，也包括與這些企業和銀行相關的商品價格。由價格的波動所帶來的風險可被統稱為價格風險。通常把價格風險定義為未來價格偏離其期望值的程度，這些波動性可借助於統計學中方差和標準差的概念加以量化。

（四）投資組合理論

在解決了證券收益與風險的度量之後，投資組合理論主要包括兩方面的內容：一是投資組合期望收益與方差的計算問題；二是投資者對投資組合的最優選擇問題。

投資組合期望收益為：$E(r_p) = \sum_{i=1}^{n} w_i E(r_i)$；

投資組合方差為：$\sigma_p^2 = \sum_{i=1}^{n} \sum_{j=1}^{n} w_i w_j \sigma_i \sigma_j \rho_{ij}$，根據方差公式可以推知，投資分散化可以在不減少平均收益的情況下，降低組合的風險（見圖9-1）。

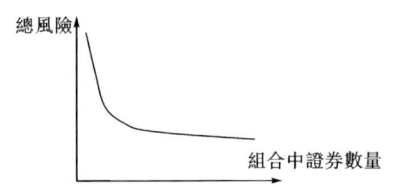

圖9-1 投資組合總風險與證券數量

在無窮多種組合中，存在有效邊界，投資者最終在有效邊界中根據自己的風險偏好（無差異曲線）選擇最優投資組合 O^*（見圖9-2）。

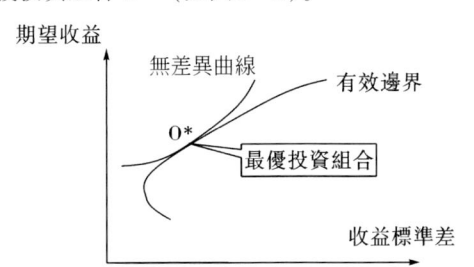

圖9-2 投資者風險偏好與最優投資組合圖

(五) 風險管理技術

由於價格風險通常無法通過預測來消除，因此唯一的辦法就是管理價格風險。管理金融風險（含價格風險）的方法主要有：購買保險；資產負債管理；使用套期保值策略。

保險策略主要針對可保保險，即被保險人彼此之間的保險不是高度關聯的，而且這種風險發生的概率在很大程度上是確定的。資產負債管理指對資產和負債進行平衡以消除淨值變化的影響，常用於利率風險和匯率風險管理。套期保值策略就是構築一個資產（負債）頭寸，以便臨時性地替代或抵消另一個資產（負債）頭寸，與資產負債管理不同的是前者涉及表外項目，而後者涉及表內項目。最常使用的套期保值工具包括遠期、期貨、期權、互換等金融衍生工具。

二、實體性金融工程工具

表9-1列出了金融工程的實體性工具：

表9-1　　　　　　　　　　金融工程的實體性工具

工具種類	具體細分
固定收益類工具	債務型工具
	優先股
權益類工具	公司制企業權益
	合夥制企業權益
衍生類工具	遠期，具體包括遠期外匯合約、遠期利率協議（FRA）、遠期商品合約等
	期貨：具體包括利率期貨、外匯期貨、股票指數期貨、商品期貨等
	期權：具體包括貨幣期權、利率期權、股票期權、股票指數期權等
	互換：具體包括利率互換、貨幣互換、權益互換和商品互換等

債務型工具體現了債權人與債務人之間的借貸關係，債權人享有利息收益和期末本金償還的權利。因為債務型工具與優先股收益固定，因此二者合稱為固定收益證券。

衍生類工具指其價值依賴於其他類資產（基礎資產）的金融工具。遠期合約，是指交易雙方達成的，在將來某一確定的日期按照事先商定的價格（如匯率、利率或股票價格等），以預先確定的方式買賣某種資產的合同。根據基礎資產的不同，遠期包括遠期外匯合約、遠期利率協議（FRA）、遠期商品合約等。遠期合約的優勢在於非標準化，可以根據客戶要求進行定制。

期貨合約，是指買賣雙方在有組織的交易所內以公開競價方式達成的，在將來某一特定時間交割標準數量特定商品的協議。根據基礎資產的不同，期貨分為利率期貨、外匯期貨、股票指數期貨、商品期貨等。

期權是賣方賦予買方在將來一定時間以一定價格買賣某種商品的權利，而非義務。根據權利不同，期權分爲看漲期權與看跌期權；根據權利人執行時間不同，期權分爲歐式期權、美式期權、百慕大式期權；根據標的資產不同，期權分爲貨幣期權、利率期權、股票期權、股票指數期權等；根據期限不同，期權分爲單期期權與多期期權，多期期權包括利率頂、利率底、復式期權等；根據期權權利規則的不同，期權分爲傳統期權和新型期權，新型期權：如亞洲期權、屏障期權、回顧期權、幣種轉換期權、兩值期權。

互換是指兩個或兩個以上的當事人按照商定的條件，在約定的時間內，交換一系列支付款項的交易。根據互換對象不容，互換可分爲利率互換、貨幣互換、權益互換和商品互換。

第二節 衍生工具的定價

一、期權定價

（一）到期時的期權價值

1. 看漲期權

看漲期權是以執行價格買入標的證券的權利。以標的證券如股票爲例，假設到期時股票價格爲 S_T，X 爲執行價格，則根據看漲期權的定義，到期時看漲期權的買方價值爲：

$$\text{看漲期權的買方價值} = \begin{cases} S_T - X, & \text{若 } S_T > X \\ 0, & \text{若 } S_T \leq X \end{cases}$$

或寫成看漲期權的買方價值 = max $[S_T - X, 0]$

假設看漲期權價格爲 C，則看漲期權買方的利潤 = max $[S_T - X, 0] - C$。到期時看漲期權買方價值、利潤與股價的關係如圖 9-3 所示。

到期時看漲期權買方的盈利就是賣方的損失，因此到期時看漲期權賣方的價值與利潤跟買方之間存在鏡像關係。用公式表示爲：

$$\text{看漲期權賣方的價值} = \begin{cases} -(S_T - X), & \text{若 } S_T > X \\ 0, & \text{若 } S_T \leq X \end{cases}$$

或寫作看漲期權的賣方價值 = $-$max $[S_T - X, 0]$

看漲期權賣方的利潤 = $-$ {max $[S_T - X, 0] - C$}。到期時看漲期權賣方價值、利潤與股價的關係見圖 9-4。

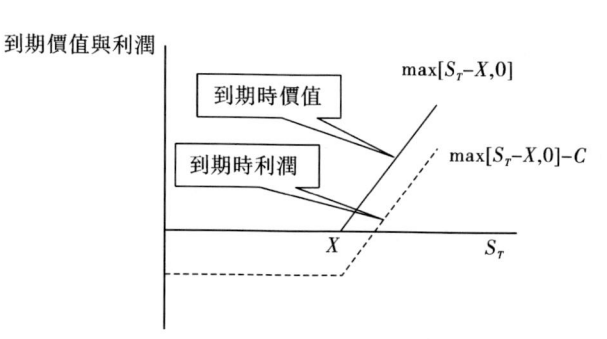

圖 9-3　到期時看漲期權的買方價值與利潤

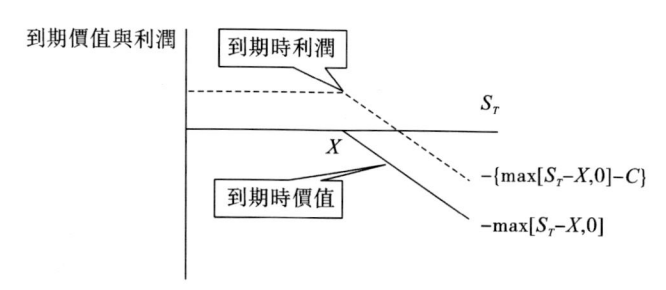

圖 9-4　到期時看漲期權的賣方價值與利潤圖

2. 看跌期權

看跌期權是買方以執行價格賣出標的資產的權利。以標的資產如股票爲例，假設到期時股票價格爲 S_T，X 爲執行價格，則根據看跌期權的定義，到期時看跌期權的買方價值爲：

$$看跌期權的買方價值 = \begin{cases} 0, & 若 S_T \geq X \\ X - S_T, & 若 S_T < X \end{cases}$$

或寫成看漲期權的買方價值 = $\max [X - S_T, 0]$

假設看跌期權價格爲 P，則看跌期權買方的利潤 = $\max [X - S_T, 0] - P$。到期時看漲期權買方價值、利潤與股價的關係如圖 9-5 所示。

到期時看跌期權買方的盈利就是賣方的損失，因此到期時看跌期權賣方的價值與利潤跟買方之間存在鏡像關係。用公式表示爲：

$$看跌期權賣方的價值 = \begin{cases} 0, & 若 S_T \geq X \\ -(X - S_T), & 若 S_T < X \end{cases}$$

或寫作看漲期權的賣方價值 = $-\max [X - S_T, 0]$

第九章 金融工程業務之證券設計

[圖：到期時看跌期權買方價值與利潤圖，標示 到期時價值、到期時利潤、$\max[X-S_T, 0]$、$\max[X-S_T, 0]-P$、X、S_T]

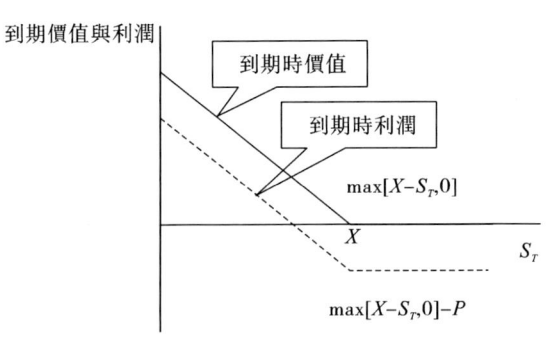

圖 9-5　到期時看跌期權的買方價值與利潤圖

看跌期權賣方的利潤 = $-\{\max[X-S_T, 0]-P\}$。到期時看跌期權賣方價值、利潤與股價的關係如圖 9-6 所示。

[圖：到期時看跌期權賣方價值與利潤圖，標示 到期時利潤、到期時價值、$\max-\{[X-S_T,0]-P\}$、$\max[X-S_T,0]$、S_T]

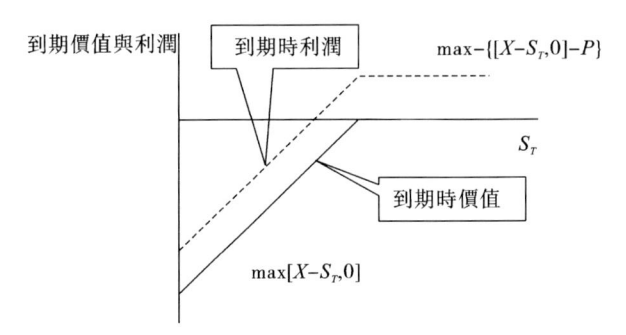

圖 9-6　到期時看跌期權的賣方價值與利潤圖

(二) 看跌期權與看漲期權的平價關係

看跌期權與看漲期權的平價關係描述了同樣執行價格和同樣到期日的歐式看漲期權與看跌期權價值之間的關係。

假設歐式看漲期權價格為 C，看跌期權價格為 P，執行價格為 X，股票現價為 S_0，無風險利率為 r_f，則看漲期權與債券的組合和看跌期權與股票的組合兩種組合的期初投入與收益分別如表 9-2 所示：

表 9-2　　　　　　　　　組成策略的期初投入與期末收益表

組合策略	期初投入	期末收益
看漲期權與債券的組合		
買入看漲期權	C	$\max(S_T-X, 0)$

表9-2(續)

組合策略	期初投入	期末收益
買入 $X/(1+r_f)^T$ 的利息債券	$X/(1+r_f)^T$	X
合計	$C+X/(1+r_f)^T$	$\max(S_T-X,0)+X$
看跌期權與股票的組合		
買入看跌期權	P	$\max(X-S_T,0)$
現價買入股票	S_0	S_T
合計	S_0+P	$\max(X-S_T,0)+S_T$

由於期末收益 $\max(S_T-X,0)+X=\max(X-S_T,0)+S_T$，根據無套利原理，兩種組合策略的投入成本應相等，因此有①：

$$C+\frac{X}{(1+r_f)^T}=S_0+P \qquad (式9.1)$$

$$\rightarrow P=C+\frac{X}{(1+r_f)^T}-S_0 \qquad (式9.2)$$

考慮股票股息和一般化，上式可寫爲：

$$C+PV(X)=S_0+P-PV(D) \qquad (式9.3)$$

$$\rightarrow P=C+PV(X)+PV(D)-S_0 \qquad (式9.4)$$

如果上式不成立，則理論上存在套利機會。

(三) 二項式期權定價

期權理論一個重要的內容是對尚未到期之間的期權價值的確定問題，也即定價問題。連續時間的期權定價模型比較複雜，二項式期權定價模型通過對股票價格作出一個非常強的假定而變得簡單：即在任何時刻股票價格只存在兩種運動，要麼向上運動，要麼向下運動。該定價模型二項式期權定價最早被夏普（Sharpe，1978）當做解釋期權定價的一種直觀方式，考克斯（Cox）等人（1979）與瑞德爾曼和巴特爾（Rendleman & Batter，1979）正式發展了二項式期權定價方法，並證明了該方法與布萊克—斯科爾斯（Black-Scholes）模型之間的聯繫。因此二項式期權定價模型又被稱爲考克斯—羅斯—魯賓斯坦"Cox-Ross-Rubinstein"模型。

假設股票當前價格爲 S，當股票價格上升時，將其價格即爲 uS；當股票價格下跌時，將其價格記爲 dS，股票價格樹如圖9-7所示。

---

① 博迪教材有更詳細的推導。

```
       uS
      /
    S
      \
       dS
```

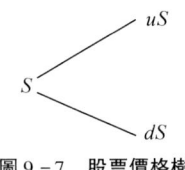

图 9-7　股票價格樹

令 C_u 和 C_d 分別表示股票價格上升或下降時的期權價值。股票價格樹對應着相應的期權價值樹（見圖 9-8）。

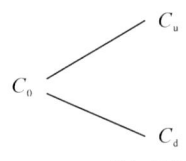

```
       C_u
      /
   C_0
      \
       C_d
```

图 9-8　期權價值樹

爲求出 0 期的看漲期權價值，以 N_s 份股票 S 和 1 份債券 B 構造投資組合復制看漲期權在期末的收益。假設時間長度爲 h，則利息因子爲 e^{rh}。一個成功的復制組合需滿足以下條件：

$$\begin{cases} N_s \cdot uS + B \cdot e^{rh} = C_u \\ N_s \cdot dS + B \cdot e^{rh} = C_d \end{cases}$$

解方程，得：

$$\begin{cases} N_s = \dfrac{C_u - C_d}{(u - d)S} \\ B = e^{-rh} \dfrac{uC_d - dC_u}{u - d} \end{cases}$$

復制投資組合的成本爲：

$$N_s \cdot S + B = e^{-rh}\left[C_u \frac{e^{rh} - d}{u - d} + C_d \frac{u - e^{rh}}{u - d} \right]$$

該組合的成本即爲期權的價值，即

$$C_0 = e^{-rh}\left[C_u \frac{e^{rh} - d}{u - d} + C_d \frac{u - e^{rh}}{u - d} \right] \quad (式9.5)$$

所假定的股票價格運動不應該產生套利機會，即 u 和 d 應當滿足，$u > e^{rh} > d$。

以上是二項式期權定價的一期模型，可以將模型拓展到兩期或多期，採用遞推方法求得 0 期的看漲期權價值（見圖 9-9）。

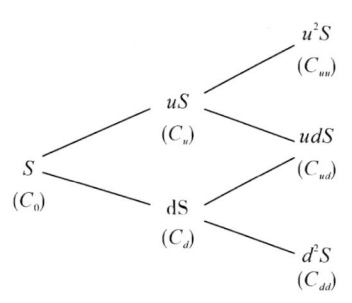

```
                    u²S
                   (C_uu)
              uS
             (C_u)
        S           udS
       (C_0)       (C_ud)
              dS
             (C_d)
                    d²S
                   (C_dd)
```

圖 9-9　股票多期價格樹

（四）布萊克—斯科爾斯（Black-Scholes）期權定價公式

1973 年，美國學者布萊克和斯科爾斯發表了計算歐式股票看漲期權的理論公式，即 Black-Scholes 期權定價模型，他們的論文連同與之密切相連的 Robert Merton 的工作一起，掀起了金融理論和金融實踐的革命。在 1997 年，默頓 Robert Merton 和斯科爾斯 Myron Scholes 因為他們在期權定價理論方面的貢獻而獲得諾貝爾經濟學獎。

1. Black-Scholes 期權定價模型的基本假設

（1）股票的連續複合收益率呈正態分布，並在時間上獨立；

（2）在期權的有效期內，無風險利率和連續複合收益率已知且為常數；

（3）在期權的有效期內不支付紅利；

（4）不存在交易成本和稅收；

（5）允許賣空，資產可以細分。

2. Black-Scholes 期權定價模型的推導過程

根據期權的定義，期權價格是基礎資產價格 S 和時間 t 的函數，得：

$$C = f(S, t) \tag{式 9.6}$$

現在擬構成資產組合 G，$G(S, t) = C + \delta S$，G 滿足在充分小的時間間隔 dt 內無風險，其中 δ 為待定系數。對 G 進行微分，即：

$$dG = dC + \delta dS \tag{式 9.7}$$

根據伊藤（Ito）引理，有：

$$dC = \frac{\partial C}{\partial S} dS + \frac{\partial C}{\partial t} dt + \frac{1}{2} \frac{\partial^2 C}{\partial S^2} \sigma^2 S^2 dt \tag{式 9.8}$$

將式 9.8 帶入式 9.7 並整理，得：

$$dG = \left(\frac{\partial C}{\partial S} + \delta \right) dS + \left(\frac{\partial C}{\partial t} + \frac{1}{2} \frac{\partial^2 C}{\partial S^2} \sigma^2 S^2 \right) dt \tag{式 9.9}$$

如果要消去隨機項，則需令：

$$\delta = -\frac{\partial C}{\partial S} \quad\quad\quad (式9.10)$$

這也意味着在構建組合初期，買入 1 份看漲期權和 $-\frac{\partial C}{\partial S}$ 股票，即可獲得無風險收益組合。其期初價值爲：

$$G = C - \frac{\partial C}{\partial S} S \quad\quad\quad (式9.11)$$

由於是無風險組合，在 dt 時間內的收益爲 r，即：

$$dG = rGdt \quad\quad\quad (式9.12)$$

將式 9.11 帶入式 9.12，並將式 9.10，9.12 帶入式 9.9，整理得：

$$\frac{\partial C}{\partial t} + rS\frac{\partial C}{\partial S} + \frac{1}{2}\frac{\partial^2 C}{\partial S^2}\sigma^2 S^2 = rC \quad\quad\quad (式9.13)$$

這是一個偏微分方程，是一般性衍生金融產品定價的普遍方程，根據必要的邊界條件或初始條件，就形成解決一般性衍生金融產品定價問題的通用模式，可以用解析或數值方法兩種方法求解。

當 $S=0$ 時，歐式看漲期權沒有價值；當 $S\to\infty$ 時，期權價值趨於無窮，所以邊界條件爲：

$$\begin{cases} C(S,t) = 0, & S = 0 \\ C(S,t) \to \infty, & S \to \infty \end{cases}$$

當到期時，$C(S,t) = \max(S-X, 0)$。

根據以上條件，解上述偏微分方程，得到看漲期權價值公式爲：

$$C = SN(d_1) - Xe^{-rT} N(d_2) \quad\quad\quad (式9.14)$$

其中：

$$d_1 = \frac{\ln(S/X) + (r+\sigma^2/2)T}{\sigma\sqrt{T}}$$

$$d_2 = d_1 - \sigma\sqrt{T}$$

上式中：S 爲當前的股票價格；X 爲執行價格；$N(d)$ 爲標準正態分布小於 d 的概率；e 爲自然對數的底，$e \approx 2.71828$；r 爲與期權到期期限相同的安全資產連續復利的年收益率；T 爲到期時間；$\ln$ 爲自然對數；σ 爲股票連續復利的年收益率的標準差。

二、期貨定價

（一）期貨到期時的收益

假設到期日期貨的現貨價格爲 P_T，開始時的期貨價格爲 F_0，則到期時期貨多頭方利潤爲：

期貨多頭方的利潤 $= P_T - F_0$

由於期貨合約是零和遊戲，所有頭寸總收益為0，一方的盈利就是另一方的損失，因此到期時空頭方的利潤分別如下：

期貨空頭方的利潤 = －（$P_T - F_0$）

多、空雙方到期時的利潤與到期時表的資產的關係如圖9－10所示。

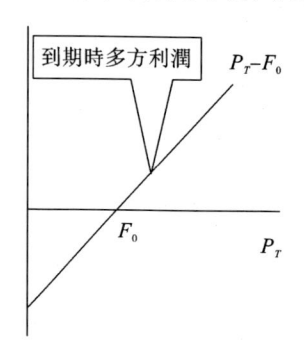

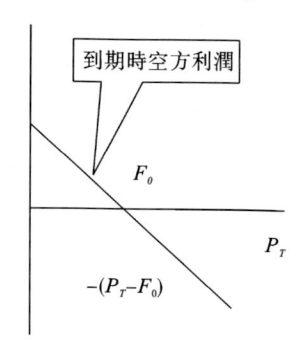

(a)期貨到期時多方利潤　　　　(b)期貨到期時空方利潤

圖9－10　期貨到期時多、空雙方的利潤圖

（二）期貨價格的決定

期貨可以起到套期保值的作用，建立股票與期貨的資產組合，即買入股票同時賣出期貨。假設期初股票價格為S_0，期貨價格為F_0，期末股票價格為S_T，股息為D，無風險收益為r_f。則組合期初投入和期末的收益如表9－3所示。

表9－3　　　　　　　　　　組合期初投入和期末的收益

組合策略	期初投入收益	期末收益
買入股票	S_0	$S_T + D$
按F_0賣出期貨		－（$S_T - F_0$）
合計	S_0	$F_0 + D$

由於該組合取得無風險收益，根據無套利原理，有關係式：

$$S_0(1+r_f) = F_0 + D \quad (式9.15)$$

解得：

$$F_0 = S_0(1+r_f) - D = S_0(1+r_f - d) \quad (式9.16)$$

上式中，$d = D/S_0$，表示股票的股息率。

上式9.16即所謂的現貨期貨平價定理，它給出了理論上現貨與期貨價格之間的關係，任何偏離這種關係都會提供無風險套利的機會。當合約有效期為T時，平價關係如下：

$$F_0 = S_0 \ (1 + r_f - d)^T \qquad (式9.17)$$

(三) 期貨價格與預期將來的現貨價格

現貨期貨平價定理揭示了期貨價格與現貨價格的關係，那麼期貨價格與預期將來的現貨價格之間存在怎樣的關係呢？目前存在四種理論：預期假設理論、現貨溢價理論、期貨溢價理論與現代資產組合理論（見圖9-10）。

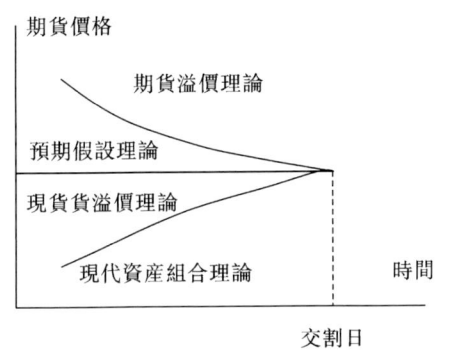

圖9-10 期貨價格與預期將來的現貨價格關係理論圖

1. 預期假設理論

預期假設理論認爲期貨價格等於標的商品未來現貨價格的期望值，即 $F_0 = E\ (P_T)$。由於期貨多方的期望利潤爲 $E\ (P_T) - F_0$，空方的期望利潤爲 $F_0 - E\ (P_T)$。基於這一理論，期貨合約多空雙方的期望收益都爲零。該理論的潛在假設是多空雙方都不願意承擔風險，從而使各方期望利益均爲零。

2. 現貨溢價理論

現貨溢價理論由英國著名經濟學家凱恩斯和希克斯提出，認爲在大多數商品交易中，交易者希望通過套期保值來規避風險，因此會持有空頭。爲使多方參與交易，空方願意向多方提供預期收益，即 $E\ (P_T) - F_0 > 0$。現貨溢價理論表明期貨價格小於將來現貨價格的期望值，但在合約有效期內逐步上升，直至合約到期 $F_T = P_T$。

3. 期貨溢價理論

期貨溢價理論跟現貨溢價理論正好相反，認爲套期保值的是商品的買方，而不是賣方。因此賣方將獲得正的期望收益，即 $F_0 - E\ (P_T) > 0$，期貨價格大於將來現貨價格的期望值，但在合約有效期內逐步下降，直至合約到期 $F_T = P_T$。

4. 現代資產組合理論

現代資產組合理論強調了風險與風險溢價的關係。假設 $E\ (P_T)$ 爲期末股票價格的期望值，k 爲股票所需要的收益率，則股票的期初價值爲：

$$S_0 = \frac{E(P_T)}{(1+k)^T} \qquad (式9.18)$$

根據現貨期貨平價定理，可以得出：

$$S_0 = \frac{F_0}{(1+r_f)^T} \qquad (式9.19)$$

聯繫式 9.18 和式 9.19，得：

$$F_0 = \left(\frac{1+r_f}{1+k}\right)^T E(P_T) \qquad (式9.20)$$

根據 CAPM 模型，當商品具有正的系統風險時，$k > r_f$，$F_0 < E(P_T)$。這意味着期貨的多方獲得正的期望收益，而空方獲得負的期望收益。

第四節　證券設計

金融工程一個重要的工作內容是將諸如股票、債券、遠期和期權這類實體性工具結合起來，通過適當的組裝創建新的索償權。如果新證券的價格等於各個組合部件的價格之和，金融工程將沒有意義。然而現實生活中由於新證券具有不同的稅收、會計特徵，或者可使發行者或購買者具有更多的成本，因此，金融工程爲創造滿足發行者和投資者特殊需要的工具提供了一種途徑。

一、混合證券

根據比迪尤特·森（Bidyut Sen）的定義，混合證券是指將多種基本元素結合於其結構中的證券[1]。基本元素是指具有單一回報變量的證券，其回報可能基於利率、權益、匯率或商品，因此混合證券延伸到四個主要基本的基本元素市場，分別是利率市場、權益市場、外匯市場和商品市場。每一基本市場又可以細分，比如利率市場包括美元計值、日元計值或馬克計值等；商品市場包括黃金、銅、小麥等。

二、混合證券的分類

（1）根據與基礎證券的關係，混合證券分爲與貨幣相聯繫的債券、與商品相聯繫的債券、與權益相聯繫的債券、與收益率曲線相聯繫的債券、與利率相聯繫的債券等。

（2）根據與之相聯繫的支付類型，分爲與本金償付相聯繫的混合證券、與息票支付相聯繫的混合證券、與本金償付與息票支付都聯繫的混合證券。

---

[1] 馬歇爾，班賽爾. 金融工程 [M]. 宋逢明，等，譯. 北京：清華大學出版社，1998.

（3）根據衍生的方式，分爲定位於期權的混合證券、定位於期貨的混合證券、定位於遠期的混合證券、定位於調換的混合證券。

（4）根據銷售方式，分爲公開發行的混合證券、私募發行的混合證券、離岸發行的混合證券。

例9-1：利率/匯率混合證券

利率/匯率混合證券的典型例子是雙貨幣債券。其最簡單的形式是：固定利率，其利息支付以一種貨幣計值，而本金以另一種貨幣計值，這樣該債券的到期收益率就受到匯率變化的影響。比如一只5年期息票債券，息票利率爲12%，以美元計值，到期償還本金爲1 197.60 澳元（發行時價值1 000 美元），表9-4給出了 USD/AUD 在不同匯率下投資者的收益狀況。

表9-4　　　　　USD/AUD 在不同匯率下投資者的收益狀況

到期日 USD/AUD	USD 計值的本金（$）	每年的利息（$）	到期收益率（%）
0.60	718.56	120	7.12
0.70	838.32	120	9.32
0.80	958.08	120	11.33
0.90	1 077.84	120	13.20
1.00	1 197.60	120	14.93
1.10	1 317.36	120	16.56

再比如利率/權益混合證券，則考慮了利率和權益兩種要素。比如3年期債券，固定利率爲10%，按年付息，但到期日償還本金則與股指掛鉤。比如規定本金 = 1 000 + 1 000 × $(I_m - I_0)/I_0$，I_0 表示證券購買時的股票指數，I_m 表示期末的股票指數。

三、幾種嵌有期權的證券

（一）可轉換債券

可轉換債券是指允許持有者按事前的轉股價格將所持債券轉爲公司股票的債券。可轉換債券實際上是一個普通債券與一個看漲期權的組合。其價值與股票的價格關係如圖9-11所示。

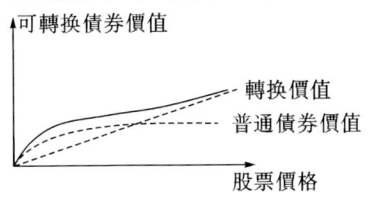

圖9-11　價值與股票的價格關係

(二) 可贖回債券

可贖回債券是指允許發行人在將來某個時間以約定的贖回價格將債券從持有人手中買回的債券。贖回條款實際上是給發行人的看漲期權，執行價格即約定的贖回價格。因而可贖回債券實際上是發行者出售給投資者的普通債券與同時投資者出售給發行者的看漲期權的組合（見圖9-12）。

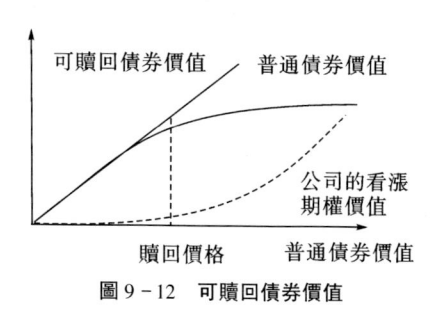

圖9-12 可贖回債券價值

案例9-1：2010年燕京轉債主要條款

2010年11月15日，北京燕京啤酒股份有限公司（股票代碼000729）公開發行可轉換公司債券113 000萬元，每張面值爲100元人民幣，共1 130萬張。主要條款如下：

1. 發行價格

本次發行的可轉債每張面值爲100元，按面值發行。

2. 債券期限

本次發行的可轉換公司債券的期限爲5年，從2010年10月15日（發行首日）至2015年10月14日（到期日）止。

3. 票面利率

第一年到第五年的利率分別爲：第一年0.5%、第二年0.7%、第三年0.9%、第四年1.1%、第五年1.4%。

4. 還本付息期限和方式

本次發行的可轉債採用每年付息一次的付息方式，到期歸還本金和最後一年利息。

5. 轉股期限

本可轉債轉股期自可轉債發行結束之日滿六個月後的第一個交易日起至可轉債到期日止。

6. 轉股價格的確定和修正

（1）初始轉股價格的確定依據

本次發行可轉債的初始轉股價格爲21.86元，該價格不低於公布本可轉債募集說明書公告日前 20 個交易日公司 A 股股票交易均價（若在該 20 個交易日內發生過因除權、除息引起股價調整的情形，則對調整前交易日的收盤價按經過相應除權、除息調整後的價格計算）和前一交易日公司股票交易均價。

(2) 轉股價格的調整方式及計算公式

在本次發行之後，當公司因送紅股、增發新股或配股、派息等情況（不包括因可轉債轉股增加的股本）使公司股份發生變化時，將按下述公式進行轉股價格的調整：

送股或轉增股本：$P_1 = P_0 / (1+n)$；

增發新股或配股：$P_1 = (P_0 + A \times k) / (1+k)$；

兩項同時進行：$P_1 = (P_0 + A \times k) / (1+n+k)$；

派息：$P_1 = P_0 - D$；

上述三項同時進行：$P_1 = (P_0 - D + A \times k) / (1+n+k)$。

式中：P_0 為初始轉股價，n 為送股率，k 為增發新股或配股率，A 為增發新股或配股價，D 為每股派息，P_1 為調整後轉股價。

7. 轉股價格向下修正條款

在本可轉債存續期間，當本公司股票在任意連續 30 個交易日中有不少於 20 個交易日的收盤價不高於當期轉股價格的 85% 時，公司董事會有權提出轉股價格向下修正方案並提交本公司股東大會表決。

修正後的轉股價格應不低於本次股東大會召開日前 20 個交易日本公司股票交易均價和前一交易日均價之間的較高者，同時修正後的轉股價格不低於最近一期經審計的每股淨資產和股票面值。若在前述 20 個交易日內發生過轉股價格調整的情形，則在轉股價格調整日前的交易日按調整前的轉股價格和收盤價計算，在轉股價格調整日及之後的交易日按調整後的轉股價格和收盤價計算。

8. 有條件贖回條款

在本可轉債轉股期內，如果本公司股票任意連續 30 個交易日中有不少於 20 個交易日的收盤價不低於當期轉股價格的 130%（含 130%），本公司有權按照債券面值的 102%（含當期計息年度利息）的贖回價格贖回全部或部分未轉股的可轉債。

9. 回售條款

(1) 有條件回售條款

在本可轉債轉股期內，如果公司股票收盤價連續 30 個交易日低於當期轉股價格的 70% 時，可轉債持有人有權將其持有的可轉債全部或部分按面值的 102%（含當期計息年度利息）回售給公司。任一計息年度可轉債持有人在回售條件首次滿足後可以進行回售，但若首次不實施回售的，則該計息年度不應再行使回售權。

(2) 附加回售條款

在本次發行的可轉債存續期間內，如果本次發行所募集資金的使用與公司在募集説明書中的承諾相比出現重大變化，根據中國證監會的相關規定可被視作改變募集資金用途或者被中國證監會認定爲改變募集資金用途的，持有人有權按面值的102%（含當期利息）的價格向公司回售其持有的部分或全部可轉債。

資料來源：深圳證券交易所，http://disclosure.szse.cn/m/drgg000729.htm.

(三) 指數掛勾存單

指數掛勾存單是指存單收益與某種市場指數掛勾的存單。具體地，當指數高於某個事前設定的值時，存單就按照一定比例（比如70%）向上調整收益，而當指數低於該值時，存單按照面值償還。很明顯，指數掛勾存單投資者獲得看漲期權，作爲交換，該存單利息率爲零。

假設指數存單面值爲 F_0，購買時市場指數爲 I_0，期末市場指數爲 I_m，投資者參與指數上漲收益比例爲70%，則指數存單的期末支付爲 $F_m = F_0 \times \left[1 + 0.7 \times \max\left(0, \frac{I_m}{I_0} - 1\right) \right]$。

圖 9-13　指數掛勾存單

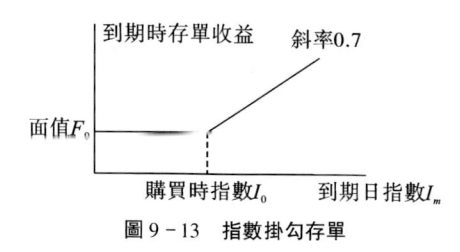

四、混合證券產生的原因

(一) 發行者的需要

發行者願意發行混合證券，主要有兩個原因：一是利用市場中的套利機會降低資金成本；二是基於公司的資產，創造出發行者所期望的負債頭寸的風險暴露。

1. 利用套利機會降低資金成本

假設發行者希望以浮動利率融入5年期1億美元的資金，資金成本爲 LIBOR+20 個基點（見圖9-14a）。作爲替代選擇，公司可以出售1億美元的雙貨幣債券，期末以日元按照 140JPY/USD 的匯率比率償還，年息爲12%，從而節省20個基點的利息成本（見圖9-14b）。

爲配合混合證券的發行，公司需做以下操作：①互換交易，以 LIBOR 換 12% 的利率；②同時簽訂一項遠期匯率爲 140JPY/USD 的遠期匯率合同，以避免到期日償還日元的匯率

第九章 金融工程業務之證券設計

```
                USD LIBOR+20基點
                UDS 本金
   [公司] ─────────────────────→ [投資者]
```

圖9-14a 直接借款

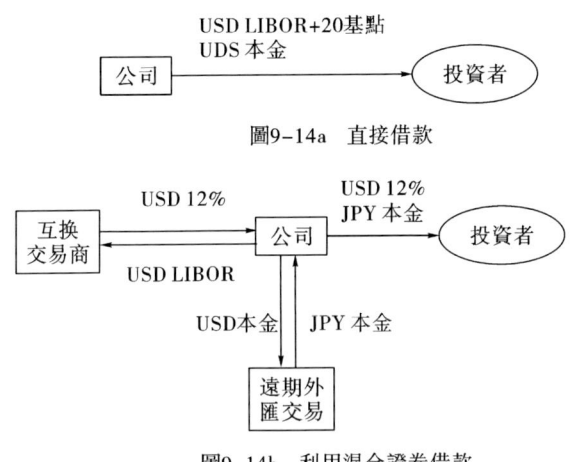

```
            USD 12%              USD 12%
   [互換  ]───────────→[公司]───────────→[投資者]
   [交易商]←───────────     ↑  JPY 本金
            USD LIBOR       │
                            │
                   USD本金 │ JPY 本金
                            ↓
                        [遠期外]
                        [匯交易]
```

圖9-14b 利用混合證券借款

圖9-14 利用套利機會降低資金成本圖

風險[①]。

2. 創造出發行者所期望的負債頭寸的風險暴露

考慮一家原油公司，擬以固定利率借款。公司可以採取傳統方式借款，作為替代方式，公司可以採取貨幣/商品混合證券借款。具體地，公司可以發行 5 年期債券，期末償還本金 $F = \max\ [1\,000,\ 1\,000 \times P_m/P_0]$。$P_0$ 表示債券發行時的原油價格，P_m 表示債券到期時的原油價格。

由於發行者為投資者提供了債券收益向上的機會，因此固定利息成本較低。而發行公司並沒有因為向投資者提供額外的到期支付而損失，原因在於原油價格的上升抵消了多支付給投資者的數額。

(二) 投資者的需要

出於以上原因，混合證券對發行者具有價值。那麼對投資者一方的價值在哪里？理論上，投資者可以自行組合基本證券構成混合證券的收益，但實際上投資者傾向於面對完全成型的混合證券進行投資選擇。其主要原因包括交易成本、市場專門知識、市場準入、政策限制等。

1. 交易成本

投資者自己利用基本證券構造混合證券，將與各個對手進行交易，並進行監督。而對已成型的混合證券，投資者只需對一種工具、一家對手進行監督，從而減少交易成本。

[①] 案例來自：約翰·馬歇爾，維普爾·班賽爾. 金融工程 [M]. 宋逢明，等，譯. 北京：清華大學出版社，1998：307－308.

2. 市場專門知識

混合證券的組裝和定價，需要具有對各種基本元素的高度專業知識，而投資者往往不具備這些知識。因此，他們不得不從市場上直接購買成型的混合證券。

3. 市場準入

並不是所有投資者都能夠進入全部的基本要素市場。比如許多零售性投資者希望投資於其收益與股票市場掛勾的固定利率證券，但因為其在進入股指期貨市場方面有困難，從而無法構造出符合自己需要的混合投資證券。在這種情況下，他們需要直接購買混合證券。

4. 政策限制

由於監管限制或內部政策限制，某些投資者可能在創造混合證券時受到阻撓。比如，有一家機構投資者希望投資於利率/權益混合證券，但其可能受到投資於 AAA 資信級別的限制，此時需要構造 AAA 級別的混合證券。但由於能力等原因，該投資者自行創造 AAA 級資信的混合證券不現實。這意味着他們需要成型的混合證券。

案例 9-2　美林公司流動收益期權票據的創新

一、流動收益期權票據的基本特徵

流動收益期權票據（Liquid Yield Option Note，LYON）是美林公司於 1985 年創造的複雜金融產品，這種債券具有零息債券、可轉股債券、可贖回債券、可回售債券的混合特徵。下面以威斯特（Waste）公司發行的 LYON 為例具體分析其基本特徵：

1. 零息債券特性

按照發行協議，一張威斯特公司的流動收益期權票據面值為 1 000 美元，到期日 2001 年 1 月 25 日，不付息，發行價為 250 美元。如果該債券未被發行公司贖回，也未能換成股票或回售給發行公司，則持有人到期將獲得 1 000 美元，其實際到期收益率為 9%。

2. 可轉換性

流動收益期權票據出售的同時也售給了投資者一張轉換期權，該期權保證投資者在到期日前的任何時候能將每張債券按 4.36 的比率轉換成威斯特公司的股票。發行時該公司股價為 52 美元，而轉換價格為 57.34 美元（等於 250 除以 4.36），顯然這一轉換價格較之發行市價有 10% 的轉換溢價。由於流動收益期權票據是一張無息債券，這意味着流動收益期權票據的轉換價格是隨著債券的生命週期而不斷上升，從而轉換溢價也不斷上升。

3. 可回售性

LYON 還給了投資者回售期權，這一期權保證投資者從 1988 年 6 月 30 日起以事先規定的價格回售給發行人。該回售價隨時間推移而遞增，如果以發行價 250 美元為計價基礎，回售期權保證投資者第一個可回售年獲得超過 6% 的最低收益率，並且這一最低收益率在接下來的三年中每年遞增 6% 直至 9% 為止。

4. 可贖回性

流動收益期權票據出售的同時也給予了發行人回贖期權。這一期權使發行人有權以事先規定的隨時間推移而上漲的價格贖回該債券。儘管發行人在發行後可隨時收回債券，但投資者受到某種保護，因為發行人在1987年6月30日之前不能贖回該債券，除非該公司普通股價格上升到86.01美元以上。對於發行人的回贖，投資者有兩種選擇，要麼按贖回價被贖回，要麼按4.36的比率轉換成普通股。

二、流動收益期權票據的創新過程

任何一項成功的金融創新產品都有一個構思、包裝、定價、促銷直到上市的過程。流動收益期權票據作為美林公司的標誌性產品，其整個創新過程可分為以下幾個階段：

第一階段：發現潛在的投資需求。在20世紀80年代，美林公司是最大的股票期權零售商，同時也是最大的散戶貨幣市場帳戶經理人，其管理的現金管理帳戶（Cash Management Account, CMA）金額高達2 000億美元。在1983年，當時擔任美林公司期權市場經理的李·科爾敏銳地察覺到個人投資者期權市場上的主要行為是購買看漲期權，這些期權期限通常為90天，並且到期往往未被執行。顯然這種投資行為具有相當大的風險；此外，由於這些期權每隔90天到期，則投資者一年至少購買4次，其交易成本也很大。李·科爾進一步分析其客戶的CMA帳戶，發現許多期權購買者在CMA帳戶上保持相當大的餘額而極少直接投資於股票市場，而CMA的資金主要投資於利率風險小且沒有違約風險的短期國庫券。據此他認為這些個人投資者只要保證其在CMA上的大部分資金安全，則他們願意以小部分資金投資於高風險的期權市場，而且購買期權的資金主要來源於CMA的利息收入。在此基礎上李·科爾大膽推測一種可轉換且可回售的債券在該零售市場會具有吸引力，因為一張可轉換性的債券出售相當於投資者購買了一張長期的低成本看漲期權；同時一張可回售性的債券出售保證了投資者最低的收益率，這極大地降低了投資者的利率風險及違約風險。顯然，流動收益期權票據的設計與構思基本滿足了該零售市場的投資需求，從而為流動收益期權票據成功進入零售市場打下了基礎。

第二階段：尋找合適的發行人。市場創造必須兼顧供應與需求，因為潛在的需求並不等於現實的供應。換言之，並不是每個發行人都能滿足李·科爾所揭示的這種投資需求。因為從這種投資需求的特點來看，合適的發行人必須滿足以下標準：其一，該公司有籌集資金的需求；其二，該債券的可回售性，這要求發行人具有較高的信用等級；其三，由於這種債券發行對象主要是零售市場上的個人投資者，這要求發行人必須具有較高的市場知名度；其四，該債券的可轉換性要求發行公司股價具有較大的可變性，要滿足這一點的公司規模往往不大。美林公司經過長期認真挑選，威斯特公司被認為是符合上述標準的理想發行人。該公司的信用級別為Aa級，普通股價可變性為30%，該公司並非一家知名消費品製造商，但由於在1972—1985年間美林公司為其發行過4次新股和9次債券，因而在美林公司的龐大經銷網路中具有相當大的知名度。

第三階段：包裝與定價。流動收益期權票據的包裝設計最成功之處在於零息債券特性。零息票債券作爲現代金融工程技術的一項基礎性創新，其最大特點是現金流量的一次性。這一特點使投資者在到期日有一筆確定的現金流入從而極大地規避了再投資風險；此外零息票債券的發行者由於到期日之前無須支付任何利息而獲得最大的現金流量好處，而零息票債券的投資者則由於到期日才收到現金利息從而獲得稅收延遲和稅收減免的好處。顯然流動收益期權票據的這一包裝極大地刺激了投資需求。流動收益期權票據包裝設計的另一成功之處，在於針對可回售性對投資者的保護又引入可回贖性對發行人利益進行保護，由於可回售價與可回贖價事先確定，這使得發行人與投資者的利益得到兼顧。

由於流動收益期權票據就其本質來說是一種混合債券，其定價的基本框架是：

流動收益期權票據的最終定價＝沒有違約風險的償還期相同的無息票債券價格－使用風險價格－銷售給發行人提前贖回期權的價格＋銷售給投資者的轉換期權的價格＋銷售給投資者回售期權的價格

根據上述定價框架，定價的原則是：利率水平越高，流動收益期權票據的定價越低；發行公司股價可變性越大，流動收益期權票據的定價越高；流動收益期權票據的贖回價越低且贖回保護期越短，其定價越低；發行公司股利支付水平越高，流動收益期權票據的定價越低（因爲股利支付水平越高，股價波動越小）；流動收益期權票據的回售價越高且回售保護期越長，則其定價越高。以威斯特公司發行的流動收益期權票據爲例分析上述市場條件變化對定價的影響。該公司流動收益期權票據的基本特徵是：可參照利率爲11.21%；股價52.25美元，股價可變性30%，紅利支付水平1.6%，期限15年，轉換比率4.36（回贖價及回售價基本數據略）。在此基礎上理論定價爲262.70美元。現假設市場條件發生改變，則流動收益期權票據的價格變化如表9－4所示：

表9－4　　　　市場條件變化對流動收益期權票據（LYON）定價的影響表　　　　單位：美元

	價格	變化程度（%）
基本特徵	262.70	
股價上升至56美元	271.68	＋8.98
股價可變性上升爲40%	271.89	＋9.19
紅利支付水平上升爲3%	260.78	－10.32
沒有贖回期權	283.29	＋20.59
沒有回售期權	215.04	－47.66

根據表9－4可知該公司的流動收益期權票據價格對利率的敏感度極低，200基點的利率上升僅僅使流動收益期權票據價格下降不到4%；但這種利率不敏感性是由於保護性的

回售期權占流動收益期權票據價格20%，因爲沒有回售期權的流動收益期權票據價格將由262.70美元降爲215美元；此外由於保護性的贖回期權占流動收益期權票據價格約8%（贖回期權使流動收益期權票據的價格降低了約20美元）也降低了流動收益期權票據對利率的敏感性。顯然流動收益期權票據的這種利率非敏感性降低了發行人和投資者的利率風險。

第四階段：促銷及上市。一項成功的金融創新產品其最後成功是在合理的時機進入合適的市場。選擇合理的時機主要考慮的因素是利率水平的預期走勢、近期債券發行的供求狀況及公司股價的近期表現。選擇合適的市場主要考慮的因素是潛在的未被挖掘的市場需求。顯然，流動收益期權票據從創新之初就把進入廣闊的零售市場作爲其上市目標。事實上市場對第一例流動收益期權票據的反應之熱烈證實了李·科爾對零售市場投資需求的預測。傳統的可轉股債券大約90%是被機構投資者購買的，而第一例流動收益期權票據卻有40%是被個人投資者認購的，這説明流動收益期權票據對零售市場上的個人投資者的吸引力持續上升，在整個20世紀80年代50%的流動收益期權票據是在零售市場上銷售的。

三、結論及借鑒意義

流動收益期權票據創新是應用現代金融工程技術成功創新的典型案例，其創新過程的分析對發展金融創新具有以下借鑒意義：

第一，金融創新與一般商品創新具有同樣重要的經濟含義。一般商品的創新往往是由於需求的改變，而一項成功的商品創新往往意味着其產品與同類產品具有差異性，這種產品的差異往往又使創新者獲得巨大的壟斷利潤直至競爭者仿效該產品瓜分壟斷利潤，商品創新的過程也就是社會福利增長的過程。金融產品創新同樣遵循上述規律。經濟體系經常面臨一些衝擊，如利率波動、稅收調整、金融法規改變等，這些因素改變了投資者和籌資者的需求偏好，但現存的金融產品往往難以滿足這種需求變化。假設某公司能及時捕捉到這一需求變化並創造出新的金融產品，則該公司就能從金融創新中獲得巨大利益，投資者和籌資者也獲得需求滿足，從而整個經濟體系的福利得以增加。

美林公司作爲流動收益期權票據的創新者從該創新中獲得了巨大利潤。在20世紀整個90年代流動收益期權票據可以説是華爾街最受歡迎的產品，並且該產品具有巨大的贏利性，一個典型的可轉股債券承銷費率爲1.7%，而流動收益期權票據即使在目前競爭加劇的情況下承銷費率也平均高達2.5%。美林公司在長達5年之內幾乎壟斷了流動收益期權票據市場，1985—1991年，該公司共承銷了43筆流動收益期權票據，發行金額達117億美元，獲利高達24.8億美元。

第二，金融產品的設計必須充分考慮潛在投資需求特點及投資需求的規模，並在此基礎上對金融產品進行合理包裝與定價，最後選擇合適的市場時機推向市場，這就是金融產品的市場行銷。流動收益期權票據的成功應首先歸因於李·科爾對零售市場個人投資者需求偏好的深入瞭解，其推出的符合投資者需要的金融產品必定大受歡迎，旺盛的需求有助於提高金融產品的發行價格，這意味著發行人資金籌集成本的下降，從而使金融市場的效率得以提高。

第三，金融創新的精髓在於運用尖端技術對現有收益—風險進行剝離、分解，並通過重新組合或複合創造出新的收益—風險關係。流動收益期權票據創新的實質是零息票債券、可轉股債券及回售期權、贖回期權的組合，但這種組合債券的收益—風險的關係較之普通債券具有顯著的不同，最突出的是流動收益期權票據的利率風險、違約風險大大降低。不僅如此，流動收益期權票據的創新對發行人來說會帶來現金流量的好處，而對投資者帶來稅收延遲、收益—風險關係得到優化等好處。

資料來源：

1. 奚君羊. 投資銀行學 [M]. 北京：首都經濟貿易大學出版社，2003：266-270.
2. McConnell, J. J., Schwartz, E. S. The Origin Of LYONs: A Case Study in Financial Innovation [J]. Journal of Applied Corporate Finance, 1992: 40-47.

本章小結

1. 金融工程是現代金融學、信息技術和工程方法相結合的一門新興交叉學科，是金融科學的產品化和工程化。

2. 金融工程涉及範圍很廣，包括公司財務、投資、風險管理等多個領域。

3. 金融工程的發展是企業外部因素和企業內部因素作用的結果，企業外部因素包括價格波動性、產品和金融市場的全球化、稅收的不對稱性、科技的進步、金融理論的發展、金融監管方面的變化、競爭的加劇以及交易的成本等方面的因素。企業內部因素包括流動性需要、經營者與所有者對風險的厭惡程度、代理成本等。

4. 金融工程業務是指投資銀行或其他金融機構根據公司融資、風險管理，投資者以及自身風險管理、套利、投機的需要，而進行的創新型金融工具、金融手段的設計、開發與實施以及對各類金融問題提供創造性解決方案的業務。

5. 金融工具分為概念性工具和實體性工具。概念性工具，主要指經濟和金融基本概念、基本理論，比如價值與財富的來源、價值與收益的度量、識別風險的方法、各種衡量風險的方法及其可用性、基本的證券組合理論、基本的套期保值理論、基本的期權定價理論、風險和收益以及投資者滿意程度三者的關係、代理成本的根源、會計理論、不同組織的稅收待遇等。實體性工具指基本的金融工具，包括固定收益證券、權益證券、期貨、期權、互換等。

6. 金融工程一個重要的工作內容是將諸如股票、債券、遠期和期權這類實體性工具結合起來，通過適當的組裝創建新的索償權。混合證券是指將多種基本元素結合於其結構中的證券。

拓展閱讀

1. 爲了更深入地瞭解投資銀行與金融創新的關係，參閱：

Tufano, Peter. Financial Innovation and First – Mover Advantages [J]. Journal of Financial Economics; 1990, 25（2）: 213 – 240.

Herrera, Helios, Enrique Schroth. Advantageous Innovation and Imitation in the Underwriting Market for Corporate Securities [J]. Journal of Banking & Finance, 2011, 35（5）: 1097 – 1113.

2. 爲瞭解LYON創新過程的原始文獻，參閱：

McConnell, J. J., Schwartz, E. S. The Origin Of LYONs: A Case Study in Financial Innovation [J]. Journal of Applied Corporate Finance, 1992: 40 – 47.

3. 爲了獲得關於金融創新的故事性知識，參閱：

戈茲曼，羅文霍斯特．價值起源 [M]．王宇，王文玉，譯．沈陽：萬卷出版公司，2010.

思考題

1. 什麼是金融工程？
2. 金融工程的發展是哪些因素作用的結果？
3. 什麼是金融工程業務？
4. 金融工具有哪些？
5. 什麼是證券設計？
6. 什麼是混合證券？
7. 混合證券有哪些種類？混合證券產生的原因是什麼？

第十章　金融工程業務之資產證券化業務

學習目標

掌握資產證券化和資產證券化業務概念、資產證券化運作過程，住房抵押貸款支持證券的種類及創設過程，瞭解其他資產證券化形式。

學習內容

- 資產證券化和資產證券化業務概念
- 資產證券化運作過程
- 住房抵押貸款支持證券
- 其他資產證券化形式

　　資產證券化是重要的金融工程活動，是近 40 年來全球金融領域最重要的創新之一，它首先興起於美國的住宅抵押貸款證券化。20 世紀 70 年代，美國為了解決第二次世界大戰之後的"嬰兒潮"的龐大購房資金需求，擬通過資本市場向龐大購屋者籌措資金，於是華爾街的投資銀行發展了資產證券化的做法。

　　1970 年首次發行的住宅抵押貸款轉手證券（Mortgage Pass Through，MPT）正式揭開了抵押貸款債證券化的序幕。20 世紀 80 年代，擔保住宅抵押貸款憑證、汽車貸款證券化、信用卡貸款證券化和不良債權證券化相繼出現。目前，包括住宅抵押貸款支持證券和其他資產支持證券在內的資產支持證券已經占到美國債券市場流通量的三成，在規模上遠遠超過其他種類的債券。據中國債券信息網統計，截至 2008 年末，中國金融機構發行了 56 只資產支持證券產品，規模達 667.83 億元，其中絕大部分為銀行信貸資產的證券化產品。

第一節　資產證券化和資產證券化業務概念

一、資產證券化

資產證券化（Asset Securitization）是指將缺乏流動性但可以產生穩定的可預見未來現金流的資產，按照某種共同特徵分類，形成資產組合，再輔以信用增級，進而以這組資產為支撐或擔保發行的、可在金融市場上流通的固定收益型證券的技術和過程。

從技術上說，證券化過程實際上是將一組離散、非標準化的資產收益權轉化為標準證券的收益權的過程，同時將流動性低的資產轉化為流動性高的資產的過程。從資金流向和借貸關係來看，戛德拉（Gardener, 1991）認為資產證券化是儲蓄者與借款者通過金融市場得以或全部匹配的一個過程或工具。在這裡，開放的市場信譽取代了由銀行或其他金融機構提供的封閉市場信譽。

二、資產證券化的幾個概念

（一）被證券化資產

被證券化的資產稱為基礎資產。理論上，任何產生現金流的資產都可被證券化。從目前實際操作來看，被證券化的資產包括住房抵押貸款、汽車消費貸款、信用卡應收款、銀行中長期貸款、銀行不良資產等。但在現實生活中，不具有現金流，但具有價值增值空間的資產也能夠被證券化，比如近年來我國部分文化產權交易所將繪畫等文藝作品，單個或打包發售給投資人，實際上就是將藝術資產證券化。

（二）結構性重組

結構性重組是資產證券化的關鍵所在。所謂結構性重組，是指將基礎資產轉移給特別目的載體（Special Purpose Vehicle, SPV）實現破產隔離，此後通過基礎資產的現金流重組，以證券形式出售給投資者的過程。

根據現金流處理方法的不同，基礎資產現金流重組分為過手型重組和支付型重組兩種類型。兩者的區別在於：支付型將對基礎資產產生的現金流進行重新安排並設計出不同風險、期限和收益的證券，而過手型重組則沒有這種處理。

（三）資產支持證券

資產證券化的結果是產生資產支持證券（ABS）。資產支持證券是有價證券的一種，也是證明持有人有權取得收入、自由轉讓和買賣的所有權或債務憑證。具有與其他有價證券所具有的期限性、收益性、風險性等特徵。但資產支持證券又不同於股票或者債券，這是因為企業發行的股票或者債券，作為一種融資工具出現在企業資產負債表的右邊，屬於原生證券。而資產支持證券價值和收益來源於基礎資產的價值和收益，跟企業的融資結構沒有關係，從某種程度上說是衍生證券。

根據被證券化資產的不同，資產支持證券分爲信貸資產支持證券（CLO）、債券債權證券（CBO）、債務抵押債券（CDO）、抵押支持證券（MBS）等多種類型，其標的資產分別爲銀行對公司客戶的貸款、公司債券、公司貸款或證券、個人或商業抵押貸款（見表 10-1）。

表 10-1　　　　　　　　　　　資產支持證券種類

資產支持證券（ABS）種類	基礎資產
信貸資產支持證券（CLO）	銀行對公司客戶的貸款
債券債權證券（CBO）	公司債券
債務抵押債券（CDO）	公司貸款或證券
抵押支持證券（MBS）	個人或商業抵押貸款

資料來源：查科，等. 金融工具與市場案例 [M]. 丁志杰，等，譯. 北京：機械工業出版社，2008：102

三、資產證券化業務

資產證券化業務是指投資銀行或其他金融機構爲客户提供的關於資產證券化過程中整體交易架構設計、確定基礎資產、基礎資產定價、資產支撐證券設計與定價等技術性服務，以及後續的資產支持證券承銷，並借此獲得報酬的業務。由於資產證券化業務是創新業務，因而對於投資銀行經營能力、創新能力和風險控制能力具有更高的要求。

第二節　資產證券化運作過程

一、資產證券化參與主體

資產證券化是一個複雜的過程，涉及多個參與主體，包括發起人、特別目的載體、信用增級機構、信用評級機構、承銷商、服務商和受托人。

（一）發起人

資產證券化發起人是資產證券化的起點，是基礎資產的原始持有人，也是基礎資產的賣方。比如銀行是經常的發起人，資產證券化的資產對象往往是銀行的住宅抵押貸款、汽車貸款、信用卡貸款和不良債權等。

（二）特別目的載體（SPV）

特別目的載體是以資產證券化爲目的而特別組建的法律主體，其負債主要是資產支持債券，其資產主要是向發起人購買的基礎資產。SPV 是介於發起人和投資者之間的法律實體，是資產支持證券的真正發行人，可採取信托、公司或有限合夥的形式。

（三）信用增級機構

爲了提高資產支持證券的信用等級，保證證券化成功，往往需要對資產支持證券進行信用增級。信用增級分爲内部增級和外部增級。内部信用增級主要依賴發起人，外部信用增級主要來自獨立的第三方，包括政府機構、金融擔保、保險公司等。

（四）信用評級機構

爲了揭示資產支持證券的信用等級，需要聘請信用評級機構對資產支持證券進行評級。

（五）承銷商

爲了資產支持證券的順利發行，需要聘請承銷商。因此投資銀行在資產證券化業務過程中，可以提高方案設計與證券承銷的單一或者打包服務。

（六）服務機構

服務機構對資產項目及其所產生的現金流進行監督和保管，包括收取組合資產的到期本金和利息；對過期欠帳進行催收；定期向受託管理人和投資者提供資產組合的財務報告等。服務機構通常由發起人擔任，並收取服務費。

（七）受托人

受托人託管資產組合及與之相關的一切權利。包括把服務機構存入 SPV 帳戶中的現金流轉付給投資者；對沒有立即支付的款項進行再投資；定期審查資產組合的信息，確認服務機構提供報告的真實性，並向投資者披露；公布違約事宜，並採取保護投資者利益的法律行爲。受托人將向組合資產或者 SPV 收取託管費。

（八）投資者

投資者是資產支持證券的購買者和持有者，享有擬證券化資產的增值收益或現金收益，並承擔相應的風險。

上述各參與主體中，發起人、SPV、信用增級機構、信用評級機構屬於證券化事前的參與主體，承銷商是事中的參與主體，服務機構、受托人、投資者則是事後的參與主體。在所有參與主體中，發起人和投資者是最核心的主體。表 10-2 總結了上述各參與主體在資產證券化過程中的主要職能。

表 10-2　　　　　　　資產證券化各參與主體及主要職能

參與主體	主要職能
發起人	選擇證券化資產，並進行打包，然後轉移給 SPV，從 SPV 獲得對價
SPV	以資產證券化爲目的而特別組建的獨立法律實體，從發起人購買打包資產，發行資產支持證券

表10-2(續)

參與主體	主要職能
信用增級機構	對 SPV 發行的證券提供額外信用支持,由發起人或獨立的第三方擔任
信用評級機構	對 SPV 發行的證券進行初始信用評級或後續跟蹤評級
承銷商	對 SPV 發行的證券進行承銷或者提供方案設計的前端服務
服務機構	服務機構對資產項目以及所產生的現金流進行監督和保管,包括收取組合資產的到期本金和利息;對過期欠帳進行催收;定期向受託管理人和投資者提供資產組合的財務報告等
受託人	受託託管資產組合及與之相關一切權利。包括把服務機構存入 SPV 帳戶中的現金流轉付給投資者;對沒有立即支付的款項進行再投資;定期審查資產組合的信息,確認服務機構提供報告的真實性,並向投資者披露;公布違約事宜,並採取保護投資者利益的法律行為

二、資產證券化的運作流程

(一) 確定基礎資產並組建資產池

資產證券化的發起人根據自己的需要確定擬進行證券化的資產(見圖10-1)。

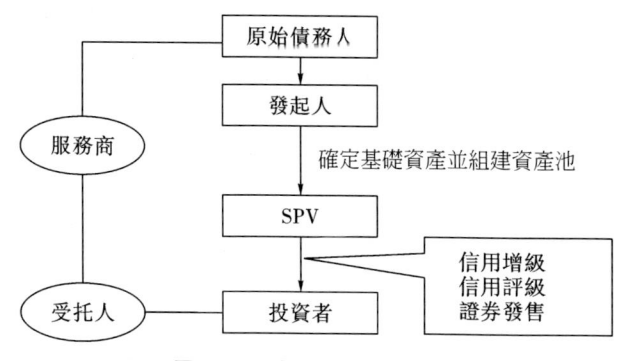

圖10-1 資產證券化運作流程

(二) 設立 SPV

SPV 是專門為資產證券化而設立的一個法律實體,可以是證券化發起人設立的一個附屬機構,也可以是專門進行證券化的機構。設立的形式可以採取特別目的信託、特別目的公司或者有限合夥的形式。

(三) 資產轉移

資產轉移指發起人將基礎資產真實出售給 SPV,其目的有兩個方面:一是實現基礎資產與發起人之間的破產隔離,即發起人的債權人在發起人破產時對基礎資產沒有追索權;

二是保證 SPV 的債權人對發起人的其他資產沒有追索權。

（四）信用增級

爲提高資產支持證券的信用級別和對投資者的吸引力，需要對資產支持證券進行信用增級。內部信用增級方式包括劃分優先/次級結構、建立利差帳戶、開立信用證、超額抵押等。外部信用增級主要通過擔保來實現。

（五）證券信用評級

對擬發售的資產支持證券進行信用評級，信用等級越高，表明證券的風險越低，從而使發行證券價格越高。

（六）證券銷售

信用評級完成後，SPV 將經過信用評級的資產支持證券交由證券承銷商承銷，可以採取公募的方式或者私募的方式。

（七）管理資產池

SPV 聘請專門的服務機構對資產池進行管理。由於發起人與原始債務人已經建立了聯繫，並且具有管理基礎資產的專門技術和人力，因此服務機構一般由發起人擔任。

（八）兌付收益

根據證券發行時說明書的約定，在證券償付日，SPV 將委託受托人向投資者按時、足額地兌付本息收益。

三、資產證券化的特徵和意義

（一）資產證券化的特徵

1. 資產證券化是資產支持融資

在銀行貸款、證券市場融資中，融資者以其整體信用作爲償付基礎，償付來源於企業產生的收益。而資產證券化支持證券的償付來源主要是基礎資產所產生的現金流，而與發起人的整體信用無關。因而投資者在投資時，不需要對發起人的整體信用水平進行判斷，只需要判斷基礎資產的質量就可以了。

2. 資產證券化是表外融資

資產證券化對於發起人來說，通過資產轉移而獲得現金資產，在形式上表現爲融資，但發起人資產負債表的負債部分並未增加。因此本質上，資產證券化實現了發起人的資產置換，而非真正意義上的融資。從獲得資金這個角度看，資產證券化屬於表外融資。

（二）資產證券化的意義

1. 資產證券化提高了發起人資產的流動性

以銀行爲例，資產證券化使銀行貸款變爲現金資產，從而增加資產流動性，提高資金周轉效率。

2. 提升發起人資產負債管理能力

銀行資產和負債的不匹配性主要表現在兩個方面：一是流動性和期限的不匹配；二是利率的不匹配。流動性不匹配的原因在於：銀行的資產主要是中長期貸款等流動性差的資產，而負債則主要是活期存款等流動性較高的負債。兩者的不匹配將可能導致支付危機，而通過資產證券化，銀行可以將流動性差的資產轉化爲流動性高的現金，從而解決流動性和期限匹配的問題。

3. 資產證券化爲投資者提供了多樣化的投資品種

資產證券化通過基礎資產現金流進行分割和組合，設計出不同風險－收益特徵的證券，滿足投資者的需求。

4. 資產證券化是金融"非中介化"、"脱媒"的表現

資產證券化提高了資產配置的有效性和金融系統的安全性。資產證券化將融資者與投資者直接聯繫起來，通過自身的獨特的流動性設計和標準化的證券設計，使得市場流動性增強，資源配置效率提高。同時，使信貸風險分散，提高了金融體系的穩定性[①]。

第三節　住房抵押貸款支持證券

一、住房抵押貸款支持證券的發展歷史

抵押貸款（Mortgage）是以住房爲擔保的一種長期貸款。開發商通過抵押貸款獲得資金建造寫字樓，家庭可以通過貸款獲得資金購買房屋，在這兩種情況下，貸款都是分期償還。抵押貸款區別於股票、債券市場在於借款者主要是個人，此外抵押貸款的金額和還款期限依賴於個人需求，導致二級市場難以發展。

對銀行來說，抵押貸款的風險之一是借款人的違約風險，即使有抵押品，但在系統性風險下，抵押品也面臨着貶值的問題。20世紀30年代的經濟大蕭條使數以萬計的借款者失去工作，無法償還貸款，導致衆多住房抵押貸款的銀行倒閉。

抵押貸款的風險之二是利率風險：抵押貸款期限通常爲15~30年，遠比儲蓄機構的債務平均期限要長，從而使儲蓄銀行處於利率風險暴露中。當利率上升時，儲蓄機構需要對儲戶付出更高的利率，而其長期投資的收益率卻是相對固定的。這一問題是導致20世紀80年代儲貸機構大量破產的重要原因。

爲了降低金融機構房屋貸款機構的信用風險，1934年美國成立聯邦住宅管理局（FHA），提供不動產貸款保險。1944年又成立退伍軍人管理局（VA），針對退伍軍人的

---

① 何小峰，黄嵩. 投資銀行學 [M]. 2版. 北京：北京大學出版社，2008.

貸款進行擔保。這樣抵押貸款信用等級與美國政府債券基本沒有差異。爲了支持房屋抵押貸款市場的發展，美國政府建立了許多機構來購買抵押貸款。聯邦國民抵押協會（Fannie Mae，房利美）的建立就是爲了從儲蓄機構購買抵押貸款，然而房利美資金有限，效果有限。

很多發放抵押貸款的機構不希望持有大額長期資產組合，而是將貸款打包出售給投資者並收取費用。抵押貸款二級市場面臨諸多問題：一是通常抵押貸款的規模較小，無法成爲批發工具；二是非標準化，從而很難將大批抵押貸款聚集在一起；三是爲抵押貸款提供服務的成本很高；四是具有未知的違約風險。將抵押貸款直接出售給投資者的替代辦法是發行新的證券，這些新的證券由大量抵押貸款組合而成的抵押貸款基準組合作爲支持（擔保），抵押貸款支持證券（Mortgage-Backed Security，MBS）由此產生。最常見的類型是抵押貸款轉手證券（Mortgage Pass-Through）。①

20世紀60年代晚期（1968年），美國政府重組聯邦國民抵押協會並創建了兩個新的機構：政府國民抵押協會（Ginnie Mae，珍妮美）和聯邦住宅貸款抵押公司（Freddie Mae，房地美）。珍妮美通過支持住房抵押貸款爲中低收入的購房者服務，該機構只集合聯邦住宅管理局（FHA）、退伍軍人管理局（VA）、農村住宅服務局（RHS）擔保的貸款。美國大多數抵押支持債券是由房利美、珍妮美和房地美三家機構發行的。

至1999年底，美國6萬億美元的住房抵押貸款餘額中有50%已經證券化，住房抵押貸款支持證券占美國債券市場份額的30%，是債券市場最大組成部分。1998年底歐盟住房抵押貸款債券餘額占住房貸款餘額的比重也達到了19%。可以說，住房抵押貸款支持證券爲發放住房貸款提供了重要的資金來源。

MBS的發展使得證券化的對象由住房抵押貸款擴展到了工商業貸款、信用卡應收款、商業應收帳款、汽車貸款等領域，證券化這一金融創新技術也由美國推廣到歐洲、美洲、亞洲和大洋洲國家。

抵押貸款和抵押貸款支持證券質量依賴於按揭貸款的質量。次級按揭貸款（Subprime Mortgage Loan）指一些貸款機構向信用程度較差和收入不高的借款人提供的貸款。次貸危機指大量貸款人不能按期償還貸款導致銀行及保險機構、衍生產品等機構出現損失甚至連鎖倒閉的現象。

二、住房抵押貸款支持證券種類

（一）政府國民抵押協會轉手證券

美國珍妮美自1968年開始爲轉手證券提供擔保。很多金融中介，包括商業銀行和抵

---

① 部分資料參考了：米什金，埃金斯. 金融市場與金融機構[M]. 張瑩，劉波，譯. 北京：機械工業出版社，2008.

押貸款公司都發放政府國民抵押協會抵押貸款。珍妮美將這些貸款集中於基準組合，然後用組合的利息和本金作爲擔保發行轉手證券，並提供免於遭受違約風險的保險。通常轉手證券最小面額爲25 000美元，基準組合最小規模爲100萬美元。

(二) 聯邦住宅貸款抵押協會轉手證券

不同於珍妮美，房地美用自己的帳戶購買抵押貸款，同時也發行類似於政府國民抵押協會轉手證券類似的證券——參與證單（Participation Certificate，PCs）。不同於珍妮美之處還在於：房地美的基準組合包括常規的（沒有擔保）抵押貸款，規模也大於珍妮美的基準組合，證券最小面額爲10萬美元。

聯邦住宅貸款抵押協會轉手證券的一個創新是抵押擔保債券（Collateralized Mortage Obligation，CMO）。抵押擔保債券是指由房地美發行的可能會被提前償還的證券，它與傳統抵押擔保證券的區別在於：由一個基準組合擔保的證券分爲不同的等級（所謂的檔，Tranches），具有不通風的期限、利息和風險特徵，以吸引不同的投資者。

(三) 私人轉手證券

除了政府機構提供的轉手證券外，私營部門也可能提供私人轉手證券。第一種私人轉手證券是美洲銀行於1977年發行的[①]。其他包括保德信住宅公司、花旗集團住宅公司和通用資本公司等發行的轉手證券。

三、一般轉手證券

(一) 轉手證券創設的一般過程

政府國民抵押協會（GNMA）轉手證券創設過程大致如下（見圖10-2）：

(1) 金融機構將由FHA保險或VA保證的房屋貸款債權匯總爲資產池並轉移至信托帳戶，以資產池資產作爲發行證券的擔保。

(2) 金融機構向GNMA申請業績保障以確保證券本金及利息如期償還後，發行證券供投資人認購。

(3) 證券發行後，金融機構仍負責按月向貸款人收取房貸本金和利息、服務費，扣除GNMA的保證費，剩餘部分作爲投資收益。

例10-1：轉手證券創設過程的計算

金融機構具有10筆20年期共計20 000萬元的房屋抵押貸款，年利率6%，等額償還本息，每年支付爲1 743.69萬元。該貸款已獲得FHA保險或VA保證。假設市場利率爲6%。

一種可能的資產證券化方案如下：將20 000萬元房屋貸款以一定價格一起轉讓給某信托帳戶，以該貸款作爲發行證券的擔保，即證券收益來源貸款的本息。金融機構向GNMA

[①] 引自：米什金，埃金斯. 金融市場與金融機構 [M]. 張瑩，劉波，譯. 北京：機械工業出版社，2008.

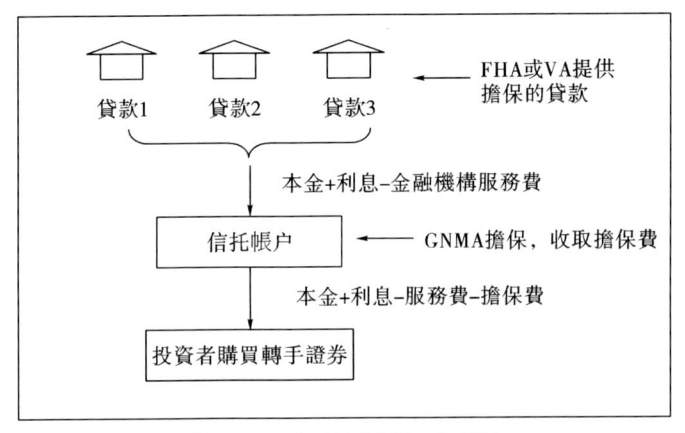

图 10-2 轉手證券創設一般過程

申請業績保障以確保證券本金及利息如期償還。以該資產作爲支撐發行 10 000 萬份債權證券，金融機構按月從貸款人收取房貸本金和利息，按 1% 比例收取年服務費，GNMA 按 1% 比例收取年保證費。

問題：

（1）20 000 萬元房屋貸款轉讓價格爲多少？

（2）單位資產化證券售價多少？

（3）每份證券的年收益爲多少？

解：（1）20 000 萬元房屋貸款轉讓價格 = $\sum_{t=1}^{20} \frac{1\,743.69}{(1+6\%)^t}$ = 20 000（萬元）

（2）單位資產化證券售價 = 20 000/10 000 = 2（元）

（3）每份證券的年收益 = $\frac{1\,743.69 \times (1-1\%-1\%)}{20\,000}$ = 8.54%，到期收益率 = 5.75%

（二）提前償付問題

1. 提前償付原因

提前償付指借款人支付比月供多的錢，極端的情況是全額歸還貸款。提前償付一般發生在以下情況：房屋的主人以更低的抵押貸款利率融資，或者房屋的主人僅僅是想違反貸款合同的規定。其他提前償付原因包括：工作變動（去一個新地方任職）、人口變化（家庭成員增加），或者投資或稅收原因。提前償付有季節性變化，一般夏季會發生反轉。

提前償付是住房抵押支持證券衆多複雜問題的根源。當抵押貸款利率下降時，所有傳統債券的價格將會上升。然而，由於較低抵押利率會使提前償付率上升，因此轉手證券價格不會上升那麼高，於是產生所謂"負凸性"的問題。此外，提前償付還導致資產池加權平均期限的縮短。

2. 衡量提前償付率

兩個最常用的方式是條件提前償付率（Conditional Prepayment Rate，CPR）和公共證券協會（Public Securities Association，PSA）提前償付基準。

給定資產池特點，條件提前償付率給出了年化的剩餘抵押餘額每個月提前償付的比例，比如對於第一個 30 個月的抵押：

CPR =（Month/30）×6%

30 個月之後，假設條件提前償付率固定在 6%。因爲條件提前償付率是個年化的比率，單月提前償付率（SMM）用下面的公式來表示：

SMM = 1 −（1 − CPR）$^{1/12}$

5% 的單月提前償付率表示在一個月之內，在減去當月按時支付的款項之後，剩餘抵押餘額的 5%，會提前支付。

只用條件提前償付比率和單月提前償付比率來計算提前償付比率還不夠，還要考慮貸款償還的有多快。因爲提前償付率受貸款年齡的影響（老貸款可能提前償付得更快），PSA 曲線就是用來計算（考慮）剩餘貸款的老化（見圖 10 − 3）。

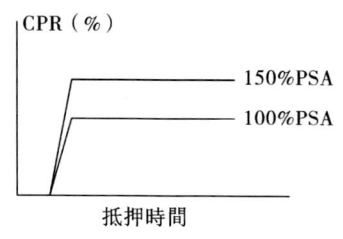

圖 10 − 3　PSA 提前償還曲線

該曲線是公共證券協會一項研究的成果，它認爲在 30 個月以後，提前償付率變得平穩。PSA 曲線假設對於一個 30 年（360 個月）的抵押貸款包，第一個月的提前償付率爲 0.2%，然後在第 30 個月之前每月增加 0.2%，30 個月之後爲每年 6%，這個基礎的模型被稱爲 100% PSA 模型或者 "100PSA"。PSA 模型可以根據不同的提前償付速度修改。例如，如果利率下降，PSA 模型可以變成 150% PSA，是 100PSA 的 1.5 倍。相反，如果利率上升，50% PSA 可能更合適。

四、擔保抵押債券

不是所有的投資者都願意接受過手證券中包含的提前償付風險的。例如，銀行一般尋求短久期的資產，而保險公司尋找長久期的資產。一些投資者反對減少風險，而另外一些投資者反對擴展風險。CMO 由過手證券組成的擔保池擔保，並且它把基礎抵押貸款的現金流分成新的種類。這些"檔"有不同的平均期限、利息和風險特徵，以吸引新的、不同類型的投資者。

（一）IO/PO 債券

最基本的形式是，CMO 把過手證券的現金流分成本金部分和利息部分，分別獲得付本證券（Principal Only，PO）和付息證券（Interest Only，IO）。認爲利率將下降、提前償付率會增加的投資者會購買付本證券，因爲他們將較快地收回本金。相反，如果投資者認爲利率將上升，他們會選擇付息證券，因爲提前償付率會下降，因此利息支付將持續更長的時間。

（二）持續還本債券

一種更高級的 CMO 形式就是所謂的持續還本債券（SEQ）。這種債券使用幾個檔次來分配現金流，各檔債券獲得支付的優先權不同。第一優先檔次的本金必須完全償還後，下一檔次的債券才能得到償還，以此類推。通過持續還本的分檔次安排，有些檔次的平均期限比基礎的 MBS 要長，有些則要短。平均期限較短的檔次，其利率敏感性也低，因此提前償還的風險也低。對於交易方，例如對衝基金，這種結構被用來進行久期管理。

（三）SEQ 的增值檔

有時，SEQ 的最後一檔被設計成不接受任何利息。相反，它的利息被用於支付其他檔次的本金。這類檔次被稱爲"增值"檔（Accrual Tranche），由於與美國國債的零息債券類似，也被稱作 Z 債券。增值檔的存在穩定了其他檔次的現金流，並減少了其他檔次的平均期限。

（四）浮息債券和反向浮息債券

除了把一檔作爲增值檔，其他類的債券多爲付息債券。相對於只持有固定利率債券的投資者，潛在投資者數量增長明顯。浮動利率檔次的債券建立在 SEQ 的某一固定利率檔上，分爲兩檔：第一檔爲浮動利率債券，第二檔爲反向浮息債券。

（五）計劃攤還證券

即使有增值檔，SEQ 的提前償付風險也是相當高的。於是設計了一種特殊類型的債券，該債券被設定爲沒有或者最小化提前償付風險。這種計劃攤還證券（Planned Amortization Classes，PAC）每月接收確定的現金流。其特點是，在特定的提前支付率範圍內，現金流是完全確定的，計劃攤還證券的持有人在接收本金上比其他檔次都優先。這意味着 CMO 的其他檔次必須全部吸收提前償付風險，這些檔次被稱爲支持或者混合債券。

各種形式的 CMO 讓不同檔次有長短各异的久期，或者說某一檔次比其他檔次對利率的敏感性更低。此外，提前償付風險在不同檔次之間轉移，讓有的檔次提高了提前償付的穩定性，有助於投資者滿足自己特定的投資目標。[1]

第四節　其他資產證券化形式

一、商用房產抵押貸款證券化

商用房產抵押貸款是指以商貿、服務業使用的建築物以及寫字樓、標準廠房等爲抵押發放的貸款，貸款主要用於商用房地產的建設或購置，以中長期爲主，還款的現金流將主要來自於借款人出租房產的租金收入。商用房產抵押貸款證券化（Commercial Mortgage-Backed Securitization，CMBS）是指以上述抵押貸款作爲支持發行證券的過程。

（一）基礎資產池

CMBS是以不動產貸款中的商用房產抵押貸款爲支持發行證券的，可以作爲證券化基礎資產的貸款種類有很多，涉及的房產主要包括零售房產、賓館、辦公用房、工業用房、庫房和自助儲存設施等。在住房抵押貸款證券化交易中，資產池一般是由數量衆多的貸款構成，而在CMBS交易中，單筆商用房產抵押貸款的規模比較大，因此資產池內貸款數量也相對較少。

（二）貸款的轉讓及SPV

CMBS的SPV可以是由擁有大規模商用房產抵押貸款的銀行設立的子公司或者在銀行內部新設的部門來擔任。銀行匯總其所屬各分支行的合規資產通過真實出售或者擔保融資的方式轉讓給證券化交易的SPV。

二、汽車貸款證券化

像住房抵押貸款一樣，汽車貸款也是一種與消費相關的分期付款的融資方式。提供汽車貸款的機構主要分爲三類：商業銀行、汽車製造商附屬的財務公司以及某些獨立的財務公司。

在構築資產池時，應考慮貸款總額/汽車價、長期貸款的比重、借款人地理分布等指標，把握資產池的質量。

汽車貸款的貸款人將貸款以真實出售的方式轉讓給SPV，以達到破產隔離的目的。然後SPV將抵押資產交由受托人管理，由受托人負責向投資者支付本金和利息。

三、信用卡應收款證券化

信用卡是銀行或其他機構向申請人發行的用於在指定商戶消費或在指定銀行機構存取

---

[1] 以上內容參考了：查科，等. 金融工具與市場案例 [M]. 丁志杰，等，譯. 北京：機械工業出版社，2008：103-109.

現金的特殊的信用憑證。正是由於信用卡可以提供無擔保的消費信貸，持卡人可以在發卡人提供的信用額度內延遲付款和分期付款，由此產生了對持卡人的應收款。以發卡人的信用卡應收款為支持發行證券融資稱為信用卡應收款證券化。

信用卡應收款證券化的交易過程與一般的證券化過程類似，也包括應收款的出售、資產池的構造、信用增級、信用評級、證券的發行以及將回收的應收款扣除各種費用後以事先約定的方式向投資者支付等。

信用卡應收款證券化的交易結構：信用卡應收款是一種短期應收款，因此交易結構採取了"循環期＋攤還期"的償還期結構。信用卡應收款支持證券的設計：幾乎所有的應收款證券化都設計兩種證券：投資者權益憑證和賣方權益憑證。投資者權益憑證代表了投資者對應收款資產池收益的權利，其本金和利率在發行時即已確定，一般都經過評級機構的信用評級，其償付也優先於賣方權益憑證。

四、貿易應收款證券化

當賣方向製造商、分銷商、零售商或者消費者提供商品或服務，根據雙方交易合同，買方在交易完成後的一定時期內向賣方付款。買方在付清所有應付款前，這筆交易在賣方的資產負債表上就表現為對買方的應收帳款，它代表了賣方對已出售貨物或已提供服務的求償權，是賣方資產的重要組成部分。應收款證券化是指借助於證券化的工具，將未來的應收款現金流轉化為當期出售資產的收益。

(一) 基礎資產池

作為貿易應收款證券化的基礎資產可以是已經發生的或將來發生的應收款。二者對證券化交易的不同影響在於如果基礎資產是已經發生的應收款，則證券化交易的評級僅與原始權益人售出的應收款有關，而與其經營狀況等因素無關，因此可以通過信用增級等各種手段使證券化交易的信用級別高於原始權益人的信用級別。

由於每筆應收款所包含的風險會影響到資產池的質量，因此在選擇應收款時應遵循一定的標準。①應收款的拖欠、違約情況，應盡量選擇歷史還款記錄良好的客戶的應收款；②債務人集中度，一般要求應收款的分布盡量分散，來自同一債務人和同一地區的應收款不得高於資產池中應收款總價值的一定百分比。

(二) 資產的轉讓

在貿易應收款從發起人帳戶向特殊目的機構帳戶轉移的過程中，雙方一般會選擇折價出售，折扣部分應收款可以保證有充足的現金流支付各種費用和本金利息。

五、基礎設施收費證券化

基礎設施是一國經濟和社會發展的主要基礎條件。它大致包括公路、鐵路、航空等交通設施；通信設施；市政設施（如供水、供電、供氣等設施）以及為國民經濟和人民生活提供基本服務的設施。

基礎設施通常可以分爲兩類：一是自然壟斷行業，如電力、通信、市政基礎設施等。由於平均成本遞減規律的作用，一定程度的壟斷有利於提高效率、降低成本，因而政府通常採取嚴格的進入限制政策，即除非獲得特許經營權，一般私人部門很難進入；二是純公共品，如市政公路、排污設施、環保設施等，所提供的產品和服務具有非排他性和非競爭性兩個特性。

採取基礎設施收費證券化的方式爲基礎設施建設融資是近幾年來興起的一種融資方式。基礎設施收費證券化是指以基礎設施的未來收費所得產生的現金流入爲支持發行證券進行融資的方式。由於基礎設施的收費所得通常具有能在未來產生可預測的穩定的現金流、繳費拖欠的比例低等特點，是很適合採取證券化融資的資產。

六、文化藝術資產證券化

由於文化藝術品具有未來的增值空間，因而具有投資價值。但文化藝術品作爲投資品交易面臨着非標準化以及贗品的識別問題，導致交易成本很高；此外由於單個藝術品金額較大，使得普通投資人難以涉足。

文化藝術資產證券化是指若干個藝術作品形成一個資產池，然後以資產池作爲擔保發行證券的過程。但不同於以上資產支持產品，文化藝術資產池不具有現金流，也缺乏信用增強手段，因此具有很大的風險。

截至2011年6月4日，上海、天津、深圳、成都、鄭州、長沙相繼設立了文化藝術品產權交易所，進行文化藝術品的份額化交易。所謂份額化交易，是指將單個價值較貴的藝術品拆分成若干份，同時通過交易平臺進行交易。

以天津文交所推出的藝術品份額交易爲例：2011年1月26日，天津籍已故畫家白庚延的《黃河咆哮》和《燕塞秋》兩幅作品起始申購定價分別爲600萬元和500萬元，並拆分爲600萬個份額和500萬個份額，以每份1元的價格通過網下競價、正常買賣報價、系統撮合等形式交易。

案例10-1：招行信貸資產支持證券

2008年11月20日，招商銀行宣布首期40.92億元信貸資產支持證券成功發行。實現貸款出表、釋放資本金、增加中間業務收入三項既定目標。

1. 交易結構

在此次的信託交易結構中，招行爲發起機構、委託人、交易安排機構和貸款服務機構，中信信託爲受託機構和發行人，其他參與本次交易的中介機構還包括：資金保管機構中國工商銀行，交易管理機構華寶信託，信用評級機構聯合資信評估，財務顧問渣打銀行（香港），會計顧問德勤華永會計師事務所，法律顧問北京市中倫金通律師事務所，主承銷商中國國際金融有限公司。

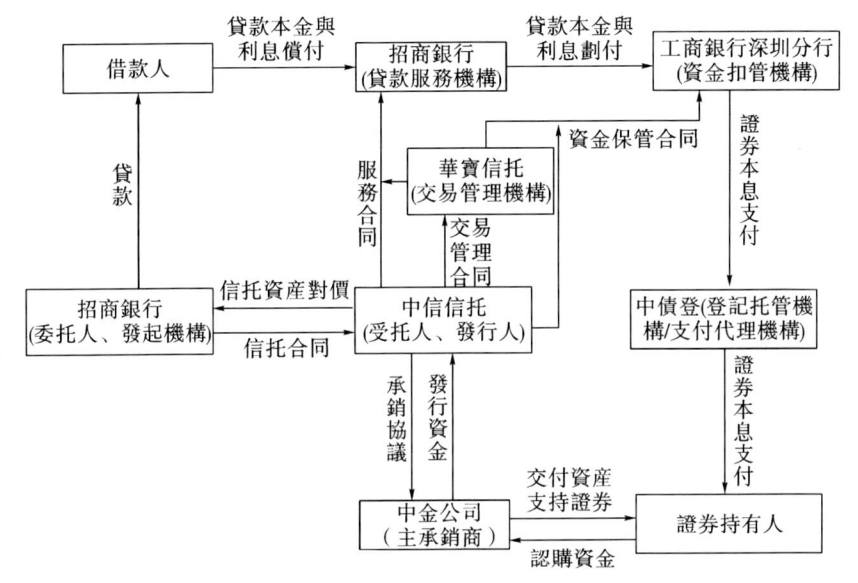

圖 10－4　招行信貸資產支持證券交易結構

根據《信託合同》規定，招商銀行作爲發起機構以信貸資產及相當於信託（流動性）儲備帳戶和信託（服務轉移和通知）儲備帳戶的資金限額的資金作爲信託財產委託給受托人，以中信信托有限責任公司爲受托人，設立一個專項信託。

受托人向投資人發行本期證券，並以"信託財產"所產生的現金爲限支付本期證券的本息及其他收益。"受托人"所發行的證券分爲三級，分別爲 A 級"資產支持證券"（包括：A1 級"資產支持證券"和 A2 級"資產支持證券"）、B 級"資產支持證券"和"高收益級資產支持證券"。

證券的發行由"主承銷商"組建的"承銷團"來完成。"受托人"委託"貸款服務機構"對於"信託財產"的日常回收進行管理和服務。對於"信託財產"所產生的現金流，"受托人"委託"資金保管機構"提供資金保管服務。"受托人"委託"交易管理機構"提供與"信託財產"有關的各項交易管理服務。"受托人"委託中央國債登記結算有限責任公司（作爲"登記託管機構"和"支付代理機構"）提供"資產支持證券"的登記託管和代理兌付服務。

2. 資產池

資產證券化項目的資產池規模爲 409 237 萬元，包括 33 個借款人的 50 筆貸款。借款人分布於合肥、深圳、濟南、鄭州等 20 個省區，涉及行業包括道路運輸業、鐵路運輸、有色金屬、房地產業等21個行業，資產池的加權平均信用級別AA-/A+，加權剩餘平均期限15個月。表10-3顯示了資產池中貸款的總體特徵。

表10-3　　　　　　　　　　　資產池中貸款總體特徵

貸款數量（筆數）	50
本金餘額（人民幣萬元）	409 237
合同金額（人民幣萬元）	473 237
加權平均貸款年利率（%）	6.98
加權平均貸款合同期限（月）	41
加權平均貸款剩餘期限（月）	15

3. 資產支持證券設計

根據招行與中信信託的《信託合同》規定，在信託財產交付日，招行將上述貸款組合作為信託財產委託給中信信託，發行總額為409 237萬元的資產支持證券，採用優先/次級權益的結構方式發行，分別為優先A1級資產支持證券、優先A2級資產支持證券、優先B級資產支持證券和高收益級資產支持證券（見表10-4）。

在組合中，優先A1級證券信用評級等級為AAA級，為固定還本計劃固定利息證券，發行規模15億元，佔發行總量的36.65%，發行利率4.26%；優先A2級證券信用評級等級為AAA級，為過手浮動利率證券，發行規模192 941萬元，佔發行總量的47.15%，發行利率為一年期定期存款利率上浮140BP；優先B級證券信用評級等級為A級，發行規模45 016萬元，佔發行總量的11%，發行利率為一年期定期存款利率上浮235BP；次級證券未予評級，發行規模21 280萬元，佔本期證券發行總量的5.2%。

表10-4　　　　　　　　　　　資產支持證券設計

證券種類	發行規模（元）	發行利率	最終到期日	聯合資信
A1級資產支持證券	1 500 000 000	固定利率4.26%	2013-12-24	AAA
A2級資產支持證券	1 929 410 000	浮動利率	2013-12-24	AAA
B級資產支持證券	450 160 000	浮動利	2013-12-24	A
高收益級資產支持證券	212 800 000	無票面利率	2013-12-24	無評級
總計	4 092 370 000			

招行相關人士表示，在此次信託成立的當日，招行就可以終止已信託予受託人的40.92億元貸款，騰出等額貸款規模；資本消耗大幅度降低；此外，招行還可以通過提供貸款服務和持有高收益證券的方式，獲得一定的貸款服務費收入和證券投資收益，預計貸

款服務費收入約 2 000 萬元。

資料來源：根據中國債券信息網，http://www.chinabond.com.cn/Info/2116832 整理。

本章小結

1. 資產證券化是指將缺乏流動性但可以產生穩定的可預見未來現金流的資產，按照某種共同特徵分類，形成資產組合，再輔以信用增級，進而以這組資產為支撐或擔保發行的、可在金融市場上可流通的固定收益型證券的技術和過程。

2. 資產證券化業務是指投資銀行或其他金融機構為客戶提供的關於資產證券化過程中整體交易架構設計、確定基礎資產、基礎資產定價、資產支撐證券設計與定價等技術性服務，以及後續的證券承銷，並借此獲得報酬的業務。

3. 資產證券化是一個複雜的過程，涉及多個參與主體，包括發起人、特別目的載體、信用增級機構、信用評級機構、承銷商、服務商和受托人。

4. 資產證券化的運作流程包括：確定基礎資產並組建資產池、設立 SPV、資產轉移、信用增級、證券信用評級、證券銷售、管理資產池、兌付收益。

5. 美國住房抵押貸款支持證券包括政府國民抵押協會轉手證券、聯邦住宅貸款抵押協會轉手證券、私人轉手證券。

6. 其他資產證券化形式包括商用房產抵押貸款證券化、汽車貸款證券化、信用卡應收款證券化、貿易應收款證券化、基礎設施收費證券化、文化藝術資產證券化等。

拓展閱讀

為瞭解資產證券化業務的基礎知識，參閱：

米什金，埃金斯. 金融市場與金融機構 [M]. 5 版. 張瑩，劉波，譯. 北京：機械工業出版社，2008.

思考題

1. 什麼是資產證券化？什麼是資產證券化業務？
2. 資產證券化過程涉及哪些主體？
3. 資產證券化包括哪些運作流程？

4. 什麼是住房抵押貸款支持證券？其種類有哪些？是怎樣被創設的？

5. XYZ銀行具有10筆20年期共計10 000萬元的房屋抵押貸款，年利率6%，等額償還，每年獲得的本息支付爲871.85萬元。市場利率爲6%。投資銀行給出的資產證券化方案如下：

A. 將10 000萬元房屋貸款以一定價格轉讓給某信托帳户，以該貸款作爲支撐發行5 000萬份債券性質證券，證券收益來源貸款的本息。

B. 向擔保機構申請業績保障以確保證券本金及利息如期償還。

C. 銀行作爲服務人按年收取貸款人房貸本金和利息，並根據原始資產價值，按年收取0.5%的服務費，按年支付0.5%的保證費。問題：

(1) 10 000萬元房屋貸款轉讓價格爲多少？
(2) 單位資產化證券售價多少？
(3) 每份證券的稅前年收益爲多少？

第十一章　金融工程業務之風險管理業務

學習目標

掌握風險管理和風險管理業務的基本概念以及利用衍生工具管理各種風險的基本特徵和方法。

學習內容

- 風險管理概論
- 利用遠期衍生工具進行風險管理
- 利用期貨衍生工具進行風險管理
- 利用期權衍生工具進行風險管理
- 利用互換衍生工具進行風險管理

企業、家庭及金融機構通常具有風險管理的需求，但往往缺乏風險管理所需要的技術和知識，投資銀行提供的風險管理業務正好滿足了這方面的市場需求。

第一節　風險管理概論

一、風險和風險管理

人們對於風險有多種解釋：①結果不確定；②損失的可能；③結果對期望的偏離；④是導致損失的變化；⑤是受傷害或損失的危險。根據博迪、默頓和克利頓（Boide, Merton & Cleeton, 2011）在其《金融學》教材中的定義，風險是指影響人們福利的不確定性。風險管理是指人們在風險成本與收益之間的權衡及採取行動的過程。

家庭主要面臨五種風險：疾病、傷殘和死亡風險；失業風險；耐用消費品喪失風險；賠償（負債）風險；金融資產風險。企業面臨的風險：生產風險；產出價格風險；投入價格風險。金融機構作爲特殊的企業，面臨的風險包括：利率風險、信用風險、流動性風險、操作風險等。

二、風險管理過程

風險管理過程包括風險識別、風險評估、風險管理技術選擇、風險管理的具體操作、風險管理調整。風險識別就是辨識經濟主體所面臨風險的根源、類型、結構以及與風險的關係。風險評估指對已經辨識的風險的可能性進行比較精確的數量化估算。風險管理技術選擇指在若干種風險管理的技術中，選擇何種風險管理技術。風險管理具體操作是指在風險管理技術已被選定後，如何選擇成本最小的方案。風險管理調整主要指隨著新的風險暴露的出現或者風險管理技術的變化等原因，對風險管理方案進行回顧與修正的過程。

三、風險管理技術

有四種風險管理的技術：①風險規避；②損失阻止和控制；③風險保留；④風險轉移。

風險規避是指遠離可能帶來風險的行爲，比如企業放棄某種商業機會。但風險規避並非總是可行，比如人活著，就不可能避免疾病的風險。

損失阻止和控制是指採取行動減少和降低損失的可能性或者損失的嚴重程度。這類行動可以採用在損失發生之前、發生之中或者發生之後，比如通過充足的睡眠加強鍛煉以減少生病的風險。

風險保留指用自己的資源吸收風險和彌補損失，比如通過預防性儲蓄，而不是健康保險單來處理疾病開銷。

風險轉移是指將風險轉移給他人，比如將風險資產售予他人或者購買保險都是風險轉移的例子。風險轉移又具體包括對衝、保險和分散化三種技術。風險對衝是指在減少風險暴露的同時放棄未來可能收益的風險管理技術，比如農民在賣出玉米期貨的同時，也喪失了未來收益上漲的好處。保險是指以購買保險的方式來規避未來風險。保險與對衝的區別在於：後者通過放棄潛在獲利收益機會消除風險，而前者通過支付費用消除風險，且保留了未來獲利的機會。分散化是指持有多種風險資產，而不是將雞蛋放在一個籃子里面，分散化限制了對單個資產的風險暴露。

四、風險管理與股東價值

風險管理之所以能夠增加股東價值體現在以下方面：①風險管理可以減少破產和財務危機成本的現值；②使公司更有可能利用有價值的投資機會；③能夠減少公司支付的稅金

的限制；④能夠增加公司的負債能力；⑤減少了承擔公司特異性風險的股東、大股東和管理者的成本。

阿萊亞里斯和威斯頓（Allayannis & Weston, 2001）、阿萊亞里斯等（Allayannis et al., 2003）、博得納等（Bodnar et al., 1998）發現使用衍生品的企業具有更高的價值；格瑞罕姆和羅杰斯（Graham & Rogers, 2002）、豪希爾特（Haushalter, 2000）發現使用衍生品的企業具有更高的財務槓桿比率。

五、風險管理業務

所謂投資銀行風險管理業務，是指投資銀行為生產企業、金融機構或者投資者等客戶提供的關於風險管理的技術諮詢服務，從而獲取收益的商業活動。

第二節 利用遠期合約進行風險管理

遠期合約（Forward Contracts）是指雙方約定在未來的某一確定時間，按確定的價格買賣一定數量的某種資產的合約。根據遠期合約標的資產的不同，遠期合約包括遠期外匯合約、遠期利率協議（FRA）、遠期商品合約等。

一、利用遠期商品合約管理企業產出價格風險

生產企業產出價格的變動將使企業利潤出現巨大的風險，產出價格的大幅下跌可能導致企業出現虧損。利用商品遠期合約可以對生產企業產出進行套期保值，從而鎖定利潤。

假設企業生產 1 單位商品，期末價格為 P_T，企業固定成本為 C_F，變動成本為 C_V，則企業利潤 P 為：

$$P = P_T - C_F - C_V \qquad (式11.1)$$

則企業利潤與產出價格的關係如圖 11-1 所示，當 $P_T < C_F + C_V$ 時，企業將出現虧損。如果企業在起初與交易對手簽訂價格為 F_0 的商品遠期合約，則期末企業的利潤為：

$$P' = P_T - C_F - C_V - (P_T - F_0) = F_0 - C_F - C_V \qquad (式11.2)$$

從而消除了價格風險，企業利潤鎖定為 $F_0 - C_F - C_V$。

例 11-1：假設黃金企業生產黃金，期末價格為 P_T，企業固定成本為 330，變動成本為 50，則企業利潤 P 為：

$$P = P_T - 330 - 50$$

則企業利潤與產出價格的關係為：當 $P_T < 380$ 時，企業將出現虧損。如果企業在期初與交易對手簽訂價格為 430 的商品遠期合約，則期末企業的利潤為：

利潤

未套期保值的利潤曲線：$P_T - C_F - C_V$

套期保值後的利潤曲線：$F_0 - C_F - C_V$

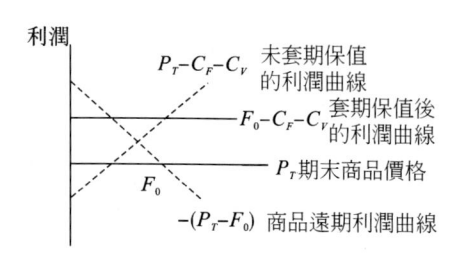

P_T 期末商品價格

F_0

$-(P_T - F_0)$ 商品遠期利潤曲線

圖 11-1　利用遠期商品合約規避生產價格風險

$P' = P_T - 330 - 50 - (P_T - 430) = 430 - 330 - 50 = 50$

從而消除了價格風險，企業利潤鎖定爲 50。

二、利用遠期利率合約管理利率風險

遠期利率合約（Forward Rate Agreements）是買賣雙方同意從未來某一商定的時期開始在某一特定時期內按協議利率借貸一筆數額確定、以具體貨幣表示的名義本金的協議。

假設 A 銀行已經持有面值爲 500 萬元，票面利率 6%，2023 年到期的長期國債。則銀行面臨着利率上升，債券價格下跌的風險。假設銀行與其他金融機構簽訂遠期合約，承諾在 1 年後向 B 保險公司以面值出售價值爲 500 萬元，票面利率 6%，2023 年到期的長期國債，從而鎖定收益率爲 6%。

三、利用遠期外匯合約管理匯率風險

遠期外匯合約（Forward Exchange Contracts）是指雙方約定在將來某一時間按約定的遠期匯率買賣一定金額的某種外匯的合約。

假定某公司將於 3 個月之後收到 100 萬美元的貨款，因而公司面臨着美元匯率波動帶來的風險。爲了規避外匯風險，公司可與銀行訂立遠期合約，約定該公司於 3 月後將 100 萬美元以 6.49 ¥/$ 的價格賣給銀行，則公司在當前就鎖定了 649 萬元人民幣的收入，免除了匯率風險。

第三節　利用期貨合約進行風險管理

期貨合約（Futures Contracts）是指協議雙方同意在約定的將來某個日期按約定的條件（包括價格、交割地點、交割方式）買入或賣出一定標準數量的某種資產的標準化協議。按標的物不同，金融期貨可分爲利率期貨、股價指數期貨和外匯期貨。利率期貨是指標的資產價格依賴於利率水平的期貨合約。股指期貨的標的物爲股價指數的期貨。外匯期貨的

標的物爲外匯，如美元、英鎊、日元、澳元、歐元等的期貨。

一、利用利率期貨規避利率風險

假設某銀行2011年7月日持有面値爲100萬元，票面利率6%，2023年到期的長期國債，則銀行未來面臨利率上升的風險。可採取金融期貨策略：

2011年7月在金融期貨交易所出售價値爲100萬元，2012年11月到期的金融期貨。市場上對應的票面利率6%，2023年到期的長期國債期貨標準化合約爲10萬元。則出售數量=100/10=10（份）。假設第2年，利率上升至8%，則100萬元國債價格將下降爲85.72萬元。10份期貨合約空頭收益爲14.27萬元（100－82.57），從而抵消了利率上升導致的損失。

二、利用股指期貨規避股市風險

假設某公司2011年7月持有價値爲10 000萬元的股票組合，其價値與滬深300指數同步變化，因此該公司面臨股票市場風險。假設2012年7月到期的滬深股指期貨目前售價爲3 000點，股指期貨每點價格爲300元，則該公司利用股指期貨避險的策略爲：

因該公司持有股票多頭頭寸，因此需持有股指期貨的空頭頭寸。每份股指期貨合約價値=3 000×300=90（萬元）。需要出售股指期貨合約數量=10 000/90=111（份）。

1年後，如股指下跌10%至2 700點，則股票組合損失10 000×10%=1 000（萬元）。但股指期貨將獲得收益=－111×300×（2 700－3 000）=999（萬元），基本上抵消了股票價格下跌的風險。

三、利用外匯期貨規避匯率風險

假設一家美國公司在歐洲銷售了價値1 000萬歐元的商品。按照當時美元/歐元匯率，該筆銷售收入爲1 000萬美元，但因爲是兩月後付款，因此該公司面臨着匯率風險。

假設有一種2月後到期的歐元期貨合約，總額爲125 000歐元，美元/歐元匯率爲1∶1，則該公司利用外匯期貨避險的策略爲：

因該公司持有外匯多頭頭寸，因此需持有外匯期貨的空頭頭寸，需要出售外匯期貨合約數量=1 000/12.5=80（份）。

2月後，如歐元對美元下跌10%至0.9 \$/€，則兩月後歐元銷售收入兌換的美元收入爲900萬美元，外匯期貨收益=80×125 000×（1.0－0.9）=100（萬美元），從而抵消了未來匯率下跌導致的損失。

第四節 利用期權合約進行風險管理

遠期或期貨在規避未來風險的同時，也喪失了未來收益的好處。期權是指賦予其購買者在規定期限內按雙方約定的價格（簡稱協議價格）或執行價格購買或出售一定數量某種資產的權利的合約。按照期權合約的標的資產劃分，金融期權合約可分爲利率期權、貨幣期權（或稱外匯期權）、股價指數期權、股票期權以及金融期貨期權。不同於期貨的是，期權給予了風險暴露着未來向上收益的權利，因而期權實際上就是保險。看跌期權是對多頭頭寸的保險，而看漲期權是對空頭頭寸的保險。

一、利用看跌期權爲多頭頭寸保險：獲得下限

看跌期權是針對資產價格下跌的保險，通過購買看跌期權可以使資產價格獲得一個下限（floor）。假設企業生產 1 單位商品，期末價格爲 P_T，企業固定成本爲 C_F，變動成本爲 C_V，則企業利潤 P 爲：

$$P = P_T - C_F - C_V \qquad (式 11.3)$$

當 $P_T < C_F + C_V$ 時，企業將出現虧損。利用期權的風險管理策略爲：

在期初購買執行價格爲 E 的看跌期權，期權費用爲 p，利息成本爲 i，則期末企業的利潤爲：

$$P' = P_T - C_F - C_V + \max(E - P_T, 0) - p(1+i) = \begin{cases} E - C_F - C_V - p(1+i), & P_T < E \\ P_T - C_F - C_V - p(1+i), & P_T \geq E \end{cases}$$

因此企業獲得收入下限爲：$E - C_F - C_V - p(1+i)$，控制了風險，且保留了期末價格上漲帶來的好處（見圖 11-2）。

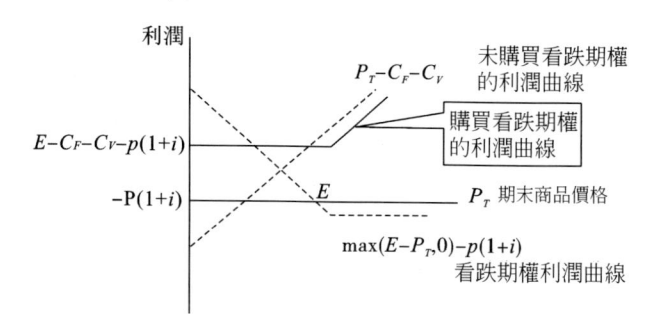

圖 11-2 利用看跌期權爲多頭頭寸保險圖

例 11－2：假設黃金生產企業，期末黃金價格為 P_T，企業固定成本為 330 元，變動成本為 50 元，則企業利潤 P 為：

$P = P_T - 330 - 50$

企業在期初購買了執行價格為 430 元的看跌期權，期權費為 9 元，市場利率為 5%，則期末企業的利潤為：

$P' = \begin{cases} 430 - 330 - 50 - 9 \times (1+5\%) = 40.55, & P_T < 430 \\ P_T - 330 - 50 - 9 \times (1+5\%) = P_T - 389.45, & P_T \geq 430 \end{cases}$

因此無論期末價格如何變動，企業將獲得最低位 40.55 元的收益，在價格大於 430 元時，還能獲得額外的收益。

二、利用看漲期權為空頭頭寸保險：獲得上限

看漲期權是針對資產價格空頭頭寸的保險，通過購買看漲期權可以使資產價格獲得一個上限（cap）。假設企業生產 1 單位商品，期末固定售價為 P_T，企業固定成本為 C_F，企業需要購買中間商品（投入品），其價格為 C_V，則企業利潤 P 為：

$$P = P_T - C_F - C_V \qquad (式11.4)$$

企業利潤是投入品的函數，其關係如圖 11－3 所示，當 $C_V > P_T - C_F$ 時，企業將出現虧損。

如果企業在期初購買執行價格為 E 的投入品的看漲期權，期權費用為 c，利息成本為 i，則期末企業的利潤為：

$P' = P_T - C_F - C_V + \max(C_V - E, 0) - c(1+i) = \begin{cases} P_T - C_F - c(1+i) - C_V, & C_V \leq E \\ P_T - C_F - c(1+i) - E, & C_V > E \end{cases}$

因此企業消除了投入品無限下跌帶來的不利影響，使利潤最低保持在 $P_T - C_F - c(1+i) - E$ 的水平上（見圖 11－3）。

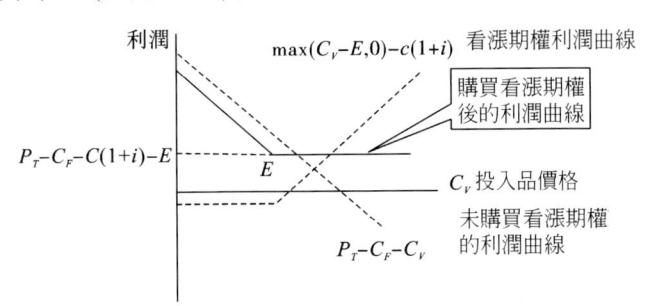

圖 11－3　利用看漲期權為空頭頭寸保險

例 11-3：假設企業生產 1 單位商品，期末固定售價爲 1 000 元，企業固定成本爲 400 元，企業需要購買中間商品（投入品），其價格爲 C_V，則企業利潤 P 爲：

$P = 1\ 000 - 400 - C_V = 600 - C_V$

當 $C_V > 600$ 元時，企業將出現虧損。

如果企業在期初購買執行價格爲 430 元的投入品的看漲期權，期權費用爲 10 元，利息成本爲 5%，則期末企業的利潤爲：

$$P' = 1\ 000 - 400 - C_V + \max(C_V - 430, 0) - 10 \times 1.05 = \begin{cases} 589.5 - C_V, & C_V \leq 430 \\ 159.5, & C_V > 430 \end{cases}$$

因此企業消除了投入品無限下跌帶來的不利影響，使利潤最低保持在 159.5 元的水平上。

第五節 利用互換合約進行風險管理

除了遠期、期貨和期權之外，還可以使用互換（Swap）來管理風險。互換是指規定互換各方在一段時間內就彼此擁有的現金流進行相互交換的一種合約。其區別在於：遠期、期貨和期權是單一日期結算、單一支付的衍生品，而互換是多個日期、多個支付的衍生品。因此互換提供了一種對風險支付流進行套期保值的途徑。比如，通過簽訂石油互換，一個面對不確定石油支付流的買方，可以在一段時間內把石油價格鎖定在一個固定值上。

根據互換標的不同，互換分爲利率互換、貨幣互換、股權互換和商品互換。利率互換（Interest Rate Swaps）是指雙方同意在未來的一定期限內根據同種貨幣的同樣的名義本金交換現金流，其中一方的現金流根據浮動利率計算，而另一方的現金流根據固定利率計算。貨幣互換指以一種貨幣表示的現金流與另一種貨幣表示的現金流之間互換。

股權互換是指交易的一方按照某一雙方認可的股市指數的收益率，向交易的第二方支付一系列多少不等的現金，交易的第二方按照現行利率向第一方支付一系列相同的現金。

商品互換是指交易雙方，一方爲一定數量的某種商品，按照每單位的固定價格定期對交易的另一方支付款項；另一方也爲特定數量的某種商品按照每單位的浮動價格定期向交易的對方支付款項。互換的期限通常在 2 年以上，有時甚至在 15 年以上。

一、利用商品互換管理商品價格風險

假設未來兩年，石油遠期價格分別爲 99 美元和 102 美元，1 年期和 2 年期市場利率分別爲 6% 和 6.5%，則換算爲等金額的每年支付價格爲 100.45 美元。爲了規避未來的石油

購買價格風險，某石油購買商可以在期初簽訂 2 份石油遠期合約，遠期價格分別爲 99 美元和 102 美元。

替代性的商品互換交易方案爲：設定 100.45 美元爲石油互換價格，在每年期末，石油購買公司向交易對手支付互換價格與期末現貨價格的差額，然後買方以現貨價格買進石油。其關係如圖 11-4 所示。

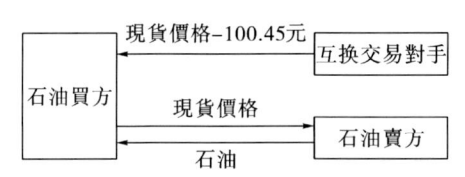

圖 11-4 利用商品互換管理商品價格風險

期末石油購買方的實際購買成本爲：

實際購買成本＝現貨價格＋（互換價格－現貨價格）＝互換價格＝100.45（美元）

由此可見，通過簽訂商品互換合約，石油購買方的未來兩年的購買成本鎖定爲 100.45 美元。

值得註意的是，在上述互換合約中，購買方第一年將多支付 1.45（100.45－99）美元，而第 2 年將少支付 1.55（102－100.45）美元，因而該互換合約隱含着購買方向交易對手的貸款，貸款利率＝1.55/1.45－1＝7%。因此，從買方角度看，互換實際上由兩份遠期合約外加一份 7% 的隱含遠期利率的貸款所組成。

二、利用利率互換管理利率風險

假設 A 公司具有價值爲 1 億美元，期限爲 3 年，以 LIBOR 爲參照的浮動利率債務，但公司更偏好於固定利率債務。已知 1 年期、2 年期、3 年期零息票債券收益率分別爲 6%、6.5% 和 7%。A 公司可能採取的手段爲：

（1）退出浮動利率債務，重新發行固定利率債務，但面臨着退出與購買的交易成本問題。

（2）簽訂遠期利率協議（FRA），但由於每一年的遠期利率協議具有不同的利率，因此該公司在每年鎖定的利率也不同，即使利率是事先固定的，該公司的借款成本也將隨著時間而改變。

（3）簽訂利率互換協議，從而在不退出浮動利率債務，也不重新發行固定利率債務的基礎上，實現實際借款成本的固定化。

利率互換交易方案爲：在每年期末，A 公司向交易對手支付 6.95%－LIBOR 的差額給互換對手，或者說交易對手向 A 公司支付 LIBOR－6.95% 的差額給 A 公司。支付 LIBOR

的浮動利率，然後向債務人支付 LIBOR 的浮動利率。其關係如圖 11-5 所示。

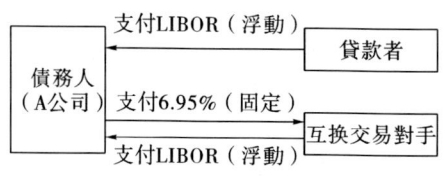

```
                    支付LIBOR（浮動）
         ┌─────────┐ ◄──────────────── ┌─────────┐
         │  債務人  │                    │  貸款者  │
         │ （A公司）│  支付6.95%（固定）  └─────────┘
         │         │ ─────────────────► ┌─────────┐
         │         │                    │互換交易對手│
         └─────────┘ ◄──────────────── └─────────┘
                    支付LIBOR（浮動）
```

圖 11-5　利用利率互換管理利率風險

A 公司的實際利率支付水平爲：

實際利率支付水平 = LIBOR - (LIBOR - 6.95%) = 6.95%

由此可見，A 公司通過簽訂利率互換合約，將公司的浮動債務實際上已轉化爲固定債務。6.95% 被稱爲互換利率，其決定過程如下：

根據 1 年期、2 年期、3 年期的即期利率，可求得第 2 年和第三年的遠期利率分別爲 7.002 4% 和 8.007 1%。令互換利率爲 R，由於互換市場做市商沒有風險，因此其所得現金流現值爲 0，由此設立方程：

$$\frac{R-6\%}{1.06} + \frac{R-7.002\%}{1.065^2} + \frac{R-8.0071\%}{1.07^3} = 0 \qquad (式11.5)$$

解上述方程得 $R = 6.95\%$。

三、利用貨幣互換管理匯率風險

假設 B 公司是一家美國企業，但具有面額爲 100 萬元歐元、期限爲 3 年，年利率爲 3.5% 的歐元債務。已知現貨匯率爲 0.9 美元/歐元，美元計價利率爲 6%。雖然歐元債務是固定的，但由於匯率的影響，以美元來衡量則是變動的。但公司希望以美元來衡量的債務是固定的。

消除歐元匯率風險的一個辦法是使用貨幣遠期合約，但貨幣遠期合約面臨着跟上述遠期利率協議（FRA）同樣的問題。貨幣互換交易方案爲：

在每年期末，B 公司向交易對手支付 100 萬歐元 × 0.9 × 6% = 5.4 萬美元給互換對手，換取交易對手 100 萬歐元 × 3.5% = 3.5 萬歐元的支付，然後 B 公司向債務人支付 3.5 萬歐元的利息。從而實現了 B 公司的歐元債務轉化爲美元債務，且消除了匯率風險。

假設未來 3 年美元對歐元遠期利率分別爲 0.921 7、0.944 0 和 0.966 8，則 B 公司未來 3 年的現金流如表 11-1 所示，B 公司美元債務支付利率爲 6%。

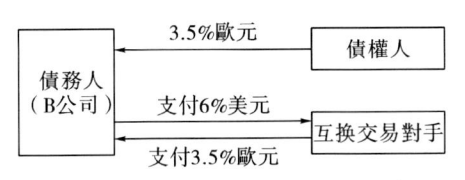

```
                    3.5%歐元
         ┌─────────┐◄──────────┌─────────┐
         │  債務人  │            │ 債權人  │
         │ （B公司）│  支付6%美元 └─────────┘
         │         │◄──────────┌─────────┐
         │         │  支付3.5%歐元│互換交易對手│
         └─────────┘──────────►└─────────┘
```

圖 11 - 6　利用貨幣互換管理匯率風險

表 11 - 1　　　　　　未來 3 年 B 公司的現金流　　　　　單位：萬美元

年份	遠期匯率（$/€）	收取（$）	支付（$）	淨現金流（$）
1	0.921 7	3.5×0.921 7 - 5.4	3.5×0.921 7	-5.4
2	0.944 0	3.5×0.944 0 - 5.4	3.5×0.944 0	-5.4
3	0.966 8	103.5×0.966 8 - 95.4	103.5×0.966 8	-95.4

四、利用股權互換管理股票市場風險

假設 G 先生當前持有 1 億元股票資產組合，但他擔心未來股市的走勢，希望買入債券，獲得2%的固定收益。他可能採取的行動為：

（1）賣出股票，買入債券，但面臨着賣出與買入的往返交易成本問題。
（2）分期簽訂股指期貨協議，但並不能保證每期的收益是固定的。
（3）簽訂股權互換協議，從而在不賣出股票資產組合的條件下，改善資產組合的性質，實現收益固定化，免除股票市場風險。

股權互換交易方案為：每個季度結束時，G 先生向交易對手支付一數額等於股票指數季度收益率乘以本金的現金，換取交易對手支付的數額為名義本金乘以 2% 的現金（圖 11 - 7）。

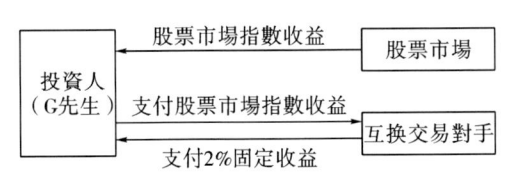

圖 11 - 7　利用股權互換管理股票市場風險

G 先生期末總收益為：

期末收益 = 1 億元 × 股票指數季度收益率 + 1 億元 × （2% - 股票指數季度收益率）
　　　　 = 1 億元 × 2%

上式意味着 G 先生在不賣出股票資產組合的條件下，通過簽訂股權互換合約，實現了

一系列的現金流互換，達到了獲取固定收益的目標。

對各種風險管理對應的管理工具歸納總結如表11－2所示。

表11－2　　　　　　　　　　風險來源及管理

風險來源	風險管理工具
商品價格風險	商品遠期、商品期貨、商品期權、商品互換
利率風險	利率遠期、利率期貨、利率期權、利率互換
匯率風險	外匯遠期、外匯期貨、外匯期權、貨幣互換
股票市場風險	股票期貨、股票期權、股權互換

本章小結

1. 風險管理是指人們在風險成本與收益之間的權衡及採取行動的過程。

2. 風險管理過程包括風險識別、風險評估、風險管理技術選擇、風險管理的具體操作、風險管理調整。

3. 風險管理的技術包括：風險規避；損失阻止和控制；風險保留；風險轉移。

4. 風險管理能夠增加股東價值。原因在於：①風險管理可以減少破產和財務危機成本的現值；②使公司更有可能利用有價值的投資機會；③能夠減少公司支付的稅金的限制；④能夠增加公司的負債能力；⑤減少了承擔公司特異性風險的股東、大股東和管理者的成本。

5. 投資銀行風險管理業務是指投資銀行為生產企業、金融機構或者投資者等客戶提供的關於風險管理的技術諮詢服務，從而獲取收益的商業活動。

6. 利用遠期商品合約可以進行企業產出價格風險管理，利用遠期利率合約可以進行利率風險管理。

7. 利用利率期貨可以進行利率風險管理，利用股指期貨可以進行股市風險管理，利用外匯期貨可以進行匯率風險管理。

8. 利用看跌期權為多頭頭寸保險，獲得下限；利用看漲期權為空頭頭寸保險，獲得上限。

9. 根據互換標的不同，互換分為利率互換、貨幣互換、股權互換和商品互換。

10. 利用商品互換可以進行商品價格風險管理，利用利率互換可以進行利率風險管理、利用貨幣互換可以進行匯率風險管理，利用股權互換可以進行股票市場風險管理。

拓展閱讀

1. 爲了更多地瞭解衍生工具在風險管理中的作用,參閱教材:

米什金,埃金斯. 金融市場與金融機構 [M]. 5 版. 張瑩,劉波,譯. 北京:機械工業出版社,2008.

羅伯特·L. 麥克唐納,衍生品市場基礎 [M]. 任婕茹,戴曉彬,譯. 北京:機械工業出版社,2009.

2. 爲了更深入地瞭解風險管理對企業價值的影響,參閱:

Allayannis, G, Allayannis, George, Weston, J. P., Weston, James P. The Use of Foreign Currency Derivatives and Firm Market Value [J]. Review of Financial Studies, 2001, Vol. 14 Issue 1

3. 爲了更深入地瞭解風險管理對企業融資的影響,參閱:

Allayannis, George, Brown, Gregory W.; Klapper, Leora F. Capital Structure and Financial Risk: Evidence from Foreign Debt Use in East Asia [J]. Journal of Finance, 2003, 58 (6): 2667 – 2710.

Haushalter, G. David. Financing Policy, Basis Risk and Corporate Hedging: Evidence from Oil and Gas Producers [J]. Journal of Finance, 2000, 55 (1): 107 – 152.

思考題

1. 什麼是風險管理?
2. 風險管理過程包括哪些步驟?
3. 風險管理的技術有哪些?
4. 風險管理爲什麼能夠增加股東價值?
5. 什麼是投資銀行風險管理業務?
6. 怎樣利用遠期合約進行風險管理?
7. 怎樣利用期貨合約進行風險管理?
8. 怎樣利用期權合約進行風險管理?
9. 怎樣利用互換合約進行風險管理?

第十二章　投資銀行組織形式、治理結構與組織結構

學習目標

在組織形式、治理結構與組織結構相關理論基礎之上，掌握投資銀行組織形式、治理結構及組織結構特點。

學習內容

- 投資銀行組織形式
- 投資銀行治理結構
- 投資銀行組織結構

前面第三章至第十一章主要講了投資銀行有哪些業務類型及怎樣做的問題，從本章起將論及投資銀行作爲金融機構自身的經營管理問題。

第一節　投資銀行組織形式

一、企業基本組織形式

企業有個人業主制、合夥制和公司制三種基本的組織形式。許多公司，比如蘋果計算機公司在剛開始採取個人業主制或合夥制，發展到一定階段後，才選擇公司制形式。公司制是現代企業的普遍形式。合夥制與公司制的區別如表 12-1 所示。

表 12－1　　　　　　　　　　企業合夥制與公司制組織形式比較表

比較項目	公司制	合夥制
市場流動性	股份可以交換而公司無須終結。股票可以在交易所上市交易。	產權交換受到很大限制。一般無合夥制的產權交易市場。
投票權	每股有一投票權，表決重大事項和選舉董事會。董事會決定高層經理。	有限合夥人有一定投票權。一般合夥人共同控制和管理經營。
稅收	雙重徵稅：公司收入交納所得稅；股東所獲股利交納個人所得稅。	合夥制無須交納企業所得稅。合夥人根據從合夥制企業分配的收入交納個人所得稅。
再投資	公司擁有較大的自由度決定股利支付比例。	一般來說，合夥制企業不準將其現金流量用於再投資。所有淨現金流量分配給合夥人。
責任	股東個人不承擔公司的債務。	有限合夥人不承擔合夥制企業的債務。一般合夥人可能要承擔無限責任。
存續期	公司具有永恒存續期。	合夥制企業僅有有限存續期。

資料來源：羅斯，等．公司理財［M］．吳世農，等．譯．北京：機械工業出版社，2000：12

　　合夥制企業是以信用為基礎的企業，是以合夥契約為紐帶的合夥人的聯合體。合夥制企業對合夥人資格有嚴格的要求，合夥人一般具有較強的經濟實力或者較高的社會地位。歐美國家的中介機構如會計師事務所、律師事務所和投資銀行，在剛開始籌建時，基本上都採取了合夥制的組織形式。因為合夥人對企業的債務承擔無限連帶責任，且每個合夥人都有責任承擔企業所有債務，所以合夥人之間需要相互信任和相互瞭解的人身關係。

　　個人業主制和合夥制的最主要優點是創辦費用低，但其缺點也是突出的：①無限責任；②有限的企業生命；③產權轉讓困難；④前三個缺陷導致了難以籌集資金。

　　而有限責任、易於產權轉讓和永續經營則是公司制企業組織形式的主要優點，這些優點可以提高企業籌集資金的能力。

二、投資銀行組織形式及演變

　　投資銀行組織形式的選擇與其資本規模、業務定位和市場環境等因素有密切的關係。以美國為代表的西方投資銀行組織形式大致上經歷了一個由合夥制、公司制到金融控股公司的演變過程。

　　（一）合夥制投資銀行

　　在 19 世紀末的美國，個人合夥制被認為是一種穩定的、理所當然的企業組織制度。投資銀行早期組織形式基本採取合夥制形式。在經濟學理論上，合夥制存在的理由如下：加里科羅和桑托斯（Garicano & Santos，2004）認為合夥制的利潤分配規則激勵代理人將工作分配給最有能力完成的人。萊文和托德利斯（Levin & Tadelis，2005）認為合夥制的利潤分配規則提高了新雇人員的質量門檻，因而在企業質量難以觀察的情況下，起到了傳遞企業信息質量的作用。不同於以上解釋，莫里森和威爾蒙（Morrison & Wilhelm, 2004）強調了隱形（Tacit）人力資本的重要性，即投資銀行的很多知識需要採取師徒關係的形式傳遞，但師徒關係難以簽約，在這種情況下，合夥制是激勵師傅帶徒弟的一種恰當的制度安排。根據合夥人的範圍，西方合夥制投資銀行又經歷了家族合夥制和有外部人參與的合夥制兩個階段。

1. 家族合夥制投資銀行

家族合夥制投資銀行是由從事貿易融資的個體商人和金匠家族的商人業務中分離出來的專門從事金融業務的家族企業。其中合夥人是以血緣關係為紐帶聯結起來的家族成員，他們共同經營、共享利益、共擔風險。這種家族合夥制投資銀行是早期投資銀行典型的組織形態。家族合夥制投資銀行的主要特點是：規模小，業務範圍狹窄，合夥人幾乎都是家族成員，在經營決策的重大問題上通常由家族中具有較高威望的合夥人主持召開家族會議來管理和運作。

家族合夥制投資銀行的優點是：①由於身處同一個家族，合夥人有着基本一致的利益關係，從而使合夥制比其他企業更為團結，委託代理問題不明顯；②為了維護家族的財富和地位，合夥制投資銀行不會採取個人英雄主義式的賭博投機活動，從而使企業經營趨於保守和穩健；③以家族地位為基礎建立起來的管理架構具有天然的穩健性，這種穩健性使企業成員專註於自己的工作；④家族企業的合夥人彼此非常熟悉，信息溝通比較通暢，知人善任這一原則比別的形式的企業更容易實現；⑤由於採取無限責任制，債權人的債務能得到最大限度的保護，因而使投資銀行具有較好的聲譽。

家族合夥制投資銀行在初創階段具有優越性，但缺點也是明顯的：即企業的發展維系於家族內部人才的管理能力，從而使公司的未來發展面臨較大的局限性。

2. 有外部人參與的合夥制投資銀行

隨著投資銀行的業務不斷增多，規模不斷擴大，並且開始在各個貿易中心和金融中心設立分支機構，家族合夥制投資銀行已經無法滿足投資銀行進一步發展的需要，於是在這一階段出現了更為一般的合夥制投資銀行。家族以外的一些傑出的人士開始加入投資銀行的經營管理當中，成為合夥制投資銀行的合夥人。

普通合夥制投資銀行對家族合夥制投資銀行的替代，在一定程度上滿足了投資銀行業務擴張和規模擴大的需求，有助於其改善經營管理和提高經營效率。但是合夥制在證券市場迅速發展、公司立法不斷完善和投資銀行競爭日益激烈的條件下，開始暴露出其弱點：

（1）資金擴張速度緩慢。合夥制投資銀行的資本金來源主要是合夥人投入的資本，但由於合夥人的數量有限，導致資本金擴張速度緩慢。

（2）缺乏科學的決策機制和內部制衡機制。合夥制投資銀行一般都採取集權式的直線組織結構管理，缺乏合理的授權機制和內部制衡機制。由於缺乏組織上的監督約束機制和民主決策機制，因此合夥制投資銀行難以保證決策的科學性和合理性。

（3）缺乏持續的補充管理精英的機制。合夥制投資銀行為了保持合夥人的絕對控制地位，關鍵崗位一般是由合夥人擔任，非合夥人即使有很強的管理能力，也很難參與投資銀行的經營管理，因此缺乏持續的補充管理精英的機制，容易使管理人員平庸化，從而阻礙了投資銀行的進一步發展。

（4）風險較大。合夥制投資銀行由於缺乏有效的風險管理手段，並且合夥人承擔的是無限責任，使合夥人和投資銀行都面臨著較大的風險。隨著各種金融產品的創新，特別是各種金融衍生工具的交易，有效地規避和控制風險便成為投資銀行開展業務順利經營的關鍵。

由於以上原因，自 20 世紀 70 年代以來，許多大型的投資銀行紛紛轉變組織形態，實現了合夥制向公司制的轉變，並先後成為上市公司。如摩根斯坦利添惠於 1970 年改制、1986 年上市，美林於 1971 年上市，貝爾斯登於 1985 年上市，高盛於 1999 年上市。

（二）公司制投資銀行

與傳統的合夥制投資銀行相比，公司制投資銀行具有如下優勢：

1. 具有獨立的法人地位

公司法人制度賦予公司獨立的法人地位和獨立的法人財產權。法人財產權不同於合夥企業的財產權，它是指企業法人對其投資和投資增值在內的全部財產所享有的權利，包括占有、使用、收益權和處置的權利。

公司制投資銀行具有獨立法人地位，並且以其法人財產權來避免包括股東在內的其他個人和機構對投資銀行業務經營進行干預，從而使投資銀行的組織結構更為穩定。

2. 增強籌資能力

公司制投資銀行不僅可以通過提取公積金、轉增資本金等內部方式積累資本，還可以通過公募和私募途徑向社會發行股票和債券，從而實現內部融資與外部融資的有機結合，滿足投資銀行業務擴張、規模擴大的龐大資金需求，克服合夥制投資銀行的資金"瓶頸"問題。

3. 推動和加速投資銀行之間的併購，促進投資銀行業的資源優化配置

資本市場為投資銀行之間的兼併收購提供了便利條件，公司制投資銀行往往用換股收購等股權手段來收購和兼併其他企業，或者以股權互持等方式與其他企業建立戰略了聯盟。如 1995 年美林公司出資 8.4 億美元收購英國最大的獨立經紀公司——兆福公司，成為世界上最大的股票經紀公司。

值得註意的是，並非所有的投資銀行都能在一個較短的時間內成為公眾公司。比如高盛 1999 年才上市，是較晚上市的投資銀行。莫里森和威爾蒙（Morrison & Wilhelm, 2008）對此做出了一個解釋，認為投資銀行上市決策受到信息技術進步與金融創新兩方面的影響。20 世紀 70 年代，由於計算機技術的發展，使得實時計算成為可能，進而導致金融工程技術的大規模使用。它產生了兩個效果：①增加了技術技巧的重要性，而這些技巧可能在學校課堂上學到；②由於進入衍生品及其他市場成本的減少，導致做市商買賣價差的縮小，從而增加了做市商業務的金融資本需求。這兩方面的原因導致合夥制越來越不合時

宜，最終導致投資銀行放棄合夥制，選擇公開上市。

（三）金融控股公司

1999年11月美國《金融服務現代化法案》取消了分業經營的限制，同時許多國家也進行了一系列的金融改革，混業經營成爲了國際金融業的大趨勢，而且兼併收購成爲國際金融業的大潮流。正是在混業經營和併購浪潮的推動下，公司制投資銀行的組織形態得到進一步的創新，金融控股集團公司應運而生。金融控股公司便成爲國際大型投資銀行組織形態的典型模式。如美林集團是一個典型的金融控股集團公司，其主要的子公司有美林國際、美林政府證券、美林證券經紀交易公司、美林資本服務公司和美林資產管理公司等。而日興證券更是一個既提供金融服務，又提供計算機軟件和信息服務，由20多家子公司組成的大型金融控股集團公司。

金融控股公司具有規模經濟和範圍經濟的好處。從規模經濟角度看，金融控股公司使業務量增多，經營成本降低。從範圍經濟角度看，業務範圍的擴大降低了投資銀行運營成本和經營風險。

資料12-1：高盛從合夥制走向公開上市的歷程

高盛創始人馬可斯·戈德門（Marcus Goldman）系德國巴伐利亞州到美國的移民，1869年在紐約曼哈頓南部鬆樹街一間緊靠煤礦滑道的狹窄的底層建築里掛出招牌"馬可斯·戈德門"，主要從事票據買賣業務。在很長一段時間里，馬可斯·戈德門獨自經營公司。爲了將公司做大，1882年，馬可斯邀請女婿薩姆·沙克斯（Sam Sachs）加入他的公司，並將公司更名爲M. 戈德門和沙克斯公司（M. Goldman and Sachs）。1885年，馬克斯讓自己的兒子亨利·戈德門（Henry Goldman）和另一個女婿路德維希·杰非斯（Ludwig DreyFuss）加入自己的公司並成爲合夥人，從這一年開始，公司採用現在的名稱：高盛公司（Goldman Sachs & Co.）。

進入20世紀後，隨著高盛的不斷成長，其規模越來越大，高盛家族發現僅僅吸納家族內部成員擔任合夥人顯然已經不能適應公司的發展了；此外，越來越多的非高盛家族成員爲公司的發展作出了貢獻，他們不斷要求公司給予更高的待遇乃至合夥人資格。在這種條件下，高盛開始吸收家族外成員成爲合夥人，所有高盛的員工只要：①工作滿3年；②爲高盛作出了突出的貢獻等並且滿足其他標準的就可以成爲高盛的合夥人。自此，高盛不再是高盛家族的高盛，而是高盛人的高盛了。

20世紀80年代以後，華爾街上的競爭日趨激烈，迫於資本壓力，高盛開始吸納住友銀行等機構投資者。自1986年開始，圍繞着保留合夥制還是公開上市，高盛內部高層進行了長達12年的爭論，在美林、摩根斯坦利等多家競爭對手已經上市的背景下，至1998年，高盛合夥人終於決定放棄合夥制而選擇公開上市。

資料來源：陳勝權，詹武. 解讀高盛 [M]. 北京：中國金融出版社，2009.

第二節　投資銀行治理結構

一、投資銀行治理結構的目標

公司治理問題伴隨著股份制公司的產生而出現。形成公司治理問題的一個重要原因是公司所有權與管理權分離後產生的委託代理問題，且該問題不能通過建立一個能夠完全事前有效的代理合同來進行解決。公司治理問題形成的另一個原因是股東之間的"搭便車"問題，即單個小股東並不具有足夠的動機去監管管理者，而更傾向於搭便車。

目前有關公司治理的定義較多，希萊弗和威希尼（Shleifer & Vishny，1997）認為公司治理主要是處理向公司提供資金的人如何確保投資取得回報的方式問題。梯若爾（Tirole，2001）則認為公司治理應考慮所有利益相關者（Stakeholder）的保護問題。希萊弗和威希尼（1997）的觀點適用於美國和英國的公司制度，這些國家的公司制度強調了股東利益最大化；而梯若爾的觀點則更適合於以德國為代表的公司制度，因為以德國為代表的公司制度要求平衡股東和公司雇員及其他利益相關者的利益。

作為金融企業，投資銀行公司治理結構的首要目標是解決如何保證投資銀行股東獲得回報，即如何解決所有者與經營者之間的委託代理關係問題。其次則要考慮員工、債權人、政府等相關者的利益。

二、投資銀行治理結構的特殊性

與一般實體企業相比，投資銀行由於以下原因，而表現出治理結構的特殊性：

（一）投資銀行特殊的經營目標

投資銀行是金融體系中重要的一環，有着特殊的經營目標，即投資銀行不僅僅是通過各種業務和服務來實現股東利益的最大化，而且要維護自身的資產安全、客戶資產的安全以及金融體系的穩定等。因此治理結構要加強其風險控制能力。

（二）委託—代理關係複雜

對於一般公司而言，信息不對稱主要表現在股東和公司之間，委託—代理關係表現在股東與董事會、董事會與經理層之間。而投資銀行的信息不對稱則表現在多個方面，即投資者與投資銀行之間、股東與投資銀行之間、監管者與投資銀行之間、投資人與融資人之間均存在不同程度的信息不對稱問題，由此導致投資銀行的治理結構較一般公司的治理難度加大。除了一般公司治理所需解決的問題之外，投資銀行的治理還需要解決投資人、融資人、監管者與投資銀行的信息不對稱問題。

（三）政府救助的負面效應

在投資銀行面臨危機時，政府面臨兩難境地。一方面，由於"太大而不能倒"，為了防止金融危機蔓延，政府不得不施以援手；但另一方面，政府救助會使股東和投資銀行的管理層更有衝動進行風險更高的業務活動，從而損害了債權人等利益相關者的利益。另外，國家救助弱化了債權人對投資銀行的監督機制。

例如，國家動用外匯儲備，通過中央匯金公司分別對風險隱患很大的中國銀河證券和申銀萬國證券注入70億元人民幣和40億元人民幣以緩解這兩家投資銀行的風險，這種做法在客觀上減少了違規經營的投資銀行的壓力，甚至使得違規公司認為"窟窿越大，獲得救助的可能越大"從而產生負面影響。而這對規範經營的公司來講，則是一種不公平，從而減小了它們規範經營的動力，增加了它們違規經營的衝動。由此可見，投資銀行治理要考慮政府救助其負面效應帶來的後果。

(四) 股東資格限制

根據我國規定，未經中國證監會批準，除發起人股東外，任何機構或個人不得直接或間接持有公司5%以上股份，否則應限期改正；未改正前，相應股份不得行使表決權。

三、投資銀行治理機制

(一) 股東大會與股權結構

股東大會是現代公司制投資銀行的最高權力機構。股權的結構特徵通常影響到股東大會行使權力的程度，直接影響到投資銀行的公司治理，因此，股權結構特徵通常決定着股東大會的監督力量。衡量股權結構特徵的主要指標有：

1. 機構投資者的股權比重

美國投資銀行的股權結構中，機構投資者股東雖然占有較大的比重，卻被眾多的機構投資者所分散。2000年，摩根斯坦利添惠的機構投資者持股比重為54%，但這部分股權分散在1 822個機構投資者手中。根據2000年9月12日的數據，高盛機構投資者比例為14%，但分散在591個機構投資者手中。

2. 個人投資者的股權比重

個人通過各種方式所持有的股權占所有股權的比重。華爾街十大投資銀行的個人投資者平均持股比例為53.5%，高盛的個人投資者持股比例則高達86%。

3. 股權集中度

股權集中度是重要的公司治理變量，可以通過第一大股東、前五大股東、前十大股東持股比例或者赫爾芬達（Herfindahl）指數來衡量投資銀行的股權集中度。現代公司治理理論認為，股權集中度有助於解決小股東的"搭便車"問題，從而有助於公司控制的加強和企業價值的提升，但過於集中又將導致大股東損害小股東的利益，從而又導致企業價值的降低。

4. 股權流動股份比例

股權流動股份比例指投資銀行發行在外的股票中，扣除公司高層管理人員和員工的內部持股以及其他在交易上受到限制的股票占總股本的比重。根據2000年9月12日的數據，美國十大投資銀行流動股份比例平均比重爲68.8%，華爾街前五大投資銀行流動股份比例平均比重爲74.9%，其中摩根斯坦利流動股份比例平均比重高達98.2%，相比之下高盛比重只有21.7%，高盛股權流動股份比例較低的原因在於高盛內部持股比重較其他投資銀行高。

在所有投資銀行中，高盛的股權結構較爲特別，表現爲個人投資者持股比例較高，但股權集中度較低，流動股份比例較低，反應了高盛從合夥制轉向公司制後，多個合夥人持股的事實。

（二）董事會

董事會是股東大會的常設機構，是投資銀行的最高決策機構，主要負責投資銀行的經營管理的戰略決策問題。其中董事由內部董事和外部董事組成。內部董事通常由股東代表組成，並在董事會中擔任要職。而外部董事是非執行董事，又稱爲獨立董事，一般由某個方面具有獨特專長或者擁有廣泛關係的某個領域的資深專家組成，他們積極參加投資銀行重大經營決策的會議與監督，既不代表出資人，也不代表公司管理層，主要起到協調各方利益的作用。投資銀行董事會裡的獨立董事人數一般要多於內部董事。以華爾街爲例，華爾街十大投資銀行的獨立董事比例接近70%，摩根斯坦利董事會11位成員中有9位是獨立董事；美林董事會16位董事成員中，有11位是獨立董事。

（三）委員會

在一些大型投資銀行中，董事會和總裁下面會設立一些專門的委員會，如審計委員會、風險管理委員會、執行委員會和薪酬委員會，以協助董事會進行決策和監督，改善公司的內部管理。

審計委員會主要負責監督投資銀行內部審計程序和財務控制存在的問題，並與外部審計監督機構的監督審計相結合，共同保證投資銀行的運作滿足有關法律法規的要求。風險管理委員會主要負責投資銀行內部各種風險的識別、防範與控制，從而將投資銀行的整體風險控制在合理的水平上。薪酬委員會主要負責制定投資銀行高級管理人員的薪酬水平和分配方案，並參與激勵機制的設計。執行委員會是所有委員會中最重要的委員會，通常由少數資歷較長，經驗豐富的董事和總裁組成，一般每個月舉行幾次會議，對投資銀行經營過程中出現的問題進行討論，形成研究報告，並向董事會提出必要的建議。除了一些專門的委員會的監督執行之外，一些投資銀行還設立監事會，獨立地行使監督權，並向股東大會匯報。

（四）總裁

總裁是由董事會任命的，是投資銀行日常經營業務和內部管理的最主要的執行者。總裁的主要工作有：執行董事會決議；對經營活動進行決策、管理與控制；制定年度預算和長期規劃；定期向董事會及其下設的執行委員會報告等。美國一些大型的投資銀行已經形成對經理層較爲完善的激勵約束機制，爲公司制投資銀行的發展形成重要的制度保證。在約束制度方面，主要是通過內部控制制度和外部市場力量的結合來實現；而在激勵機制方面，主要通過採取高工資、高獎金爲主的短期激勵與以股票期權爲主的長期激勵相結合，制訂從年輕員工到資深專家的多層次的激勵計劃,並對高層管理人員實行重點傾斜的激勵制度設計來完成。

美國次貸金融危機表明,美國投資銀行治理機制仍存在諸多問題,表現為:

(1) 董事會失靈。無論從管理層報酬還是風險控制角度來看,董事會在金融危機中的表現都是令人失望的。導致這一局面的原因包括董事不專業、管理層選擇性提供信息、董事會務虛不務實以及獨立董事的"表面獨立"等。有效的董事會既要保持與管理層的良好溝通與信任,更要營造"積極的緊張關係"(Productive Tension),否則將流於懈怠。

(2) 期權激勵雖然提高了管理層與股東利益一致的程度,但也加劇了管理層行為的短期化和過度投機傾向。據研究,美國六大投行管理層的固定報酬僅占其總報酬的2%,而歐洲投行的對應比例為20%~35%。其浮動報酬比例過高,導致了高管置股東利益於不顧的賭徒心態。

(3) 美國六大投行普遍存在董事長兼任首席執行官的現象,導致首席執行官權力過於集中,使得其他董事很難發出獨立的聲音。

(4) 股東被動參與。股權過於分散也帶來了小股東"搭便車"(Free Ride) 後導致的內部人控制問題。股東雖然理論上可以提名和選舉董事,但是實際上董事提名掌控在管理層手中,管理層將選擇與管理層配合的董事,其公司治理效力自然大打折扣。

四、投資銀行治理結構的國際比較

由於各國的經濟發展過程、生產力水平、政治體制、文化環境等因素不盡相同,在投資銀行治理結構的具體表現形式上存在着較大的差異。從表12-2中我們可以看出:

表12-2　　　　　　　　投資銀行治理結構的國際比較

	中國	德、日	英、美
股權結構	高度集中,特殊的背景使得政府和國有銀行在其產權結構中占據主導地位	股權相對集中。在德國多是大銀行直接持股;日本則是公司間環形交叉持股	股權高度分散
董事會結構	基本上都建立了股東會、董事會、監事會的公司治理架構。董事會履行職責的動力和能力不足;監事會的監督作用有限	股東大會下面設有董事會和監事會,董事會是決策機構,監事會是監督機構。監事會成員一般由公司內部產生,多數董事由公司各部門的行政領導人兼任,外部董事占董事會的比例很低	一般不設監事會,監督的職能由董事會履行。董事會一般由內部董事和外部董事組成,外部董事所占比例較高
激勵機制	普遍缺乏有效的激勵機制,主要的激勵機制僅局限於薪酬激勵、培訓開發和工作激勵,短期行為嚴重	經理的報酬設計主要是年薪而非股票和股票期權制	激勵手段多樣化:工資、獎金作為短期激勵,同時運用股票期權等多種金融工具來強化中長期激勵

(1) 我國投資銀行股權結構的特點和德、日兩國投資股權結構的特點相似，都表現爲股權集中，而英、美兩國投資銀行的股權很分散並具有較高的流動性。

(2) 因爲董事會擁有較大比例的獨立董事，美、英雖未單獨設立監事會，但其具有德、日監事會的職能。我國證券公司在建立時效仿了德、日模式，建立了"兩會制"結構。

(3) 美、英模式對經理人員採取股票期權制度進行激勵，而德、日模式對經理的報酬設計主要是年薪而非股票和股票期權。我國的證券公司在激勵機制方面同德、日模式一樣，主要是年薪激勵，而不是股票期權，激勵目標顯得過於短期化，無法使經營人員自身的利益與公司的長遠利益有機地結合起來，不利於公司的長期發展。

案例 12-1：中信證券公司治理結構

圖 12-1 爲中信證券股份有限公司 2007 年的股權結構。截至 2007 年 3 月 31 日，中信證券股份有限公司股本總額爲 29.815 億股，其中中信集團持股比例爲 24.88%，人壽股份持股比例爲 11.89%，人壽集團持股比例爲 5.32%，雅戈爾集團持股比例爲 5.12%，其他社會股東爲 52.79%。股權較爲集中。

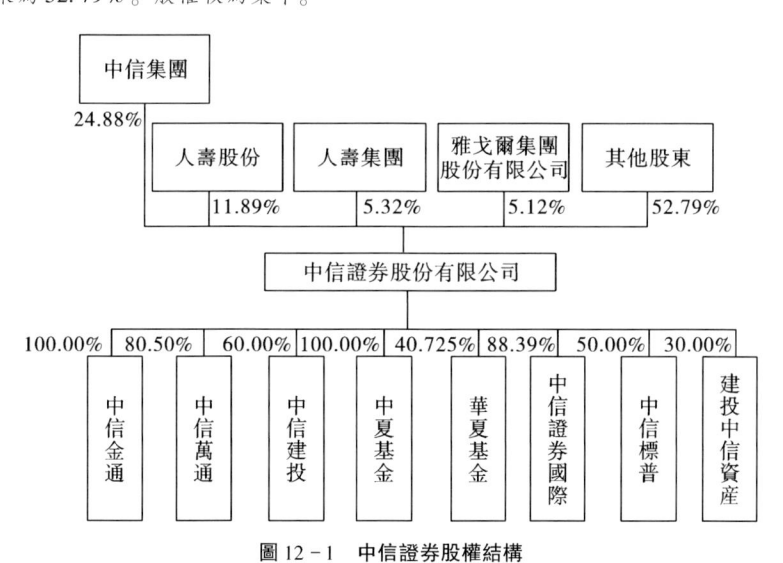

圖 12-1　中信證券股權結構

註：圖中的百分比表示持股比例

圖 12-2 爲中信證券股份有限公司的董事會結構，從圖中可以看出公司的最高權力機構爲股東大會，其下爲董事會，股東大會與董事會之間爲監事會，董事會設薪酬考核委員會、風險管理委員會、提名委員會、審計委員會與發展戰略委員會。

```
                    ┌─────────┐
                    │ 股東大會 │
                    └────┬────┘
         ┌─────────┐     │
         │ 監事會  ├─────┤
         └─────────┘     │                  ┌──────────────────┐
         ┌─────────┐     │              ╱╱╱╱│ 薪酬與考核委員會 │
         │稽核合規部│    │             ╱ ╱╱ └──────────────────┘
         └─────────┘     │            ╱  ╱╱ ┌──────────────────┐
                         │           ╱  ╱╱  │ 風險管理委員會   │
         ┌─────────┐  ┌──┴────┐    ╱  ╱╱    └──────────────────┘
         │董事會辦公室├──│ 董事會├────────── ┌──────────────────┐
         └─────────┘  └──┬────┘    ╲  ╲╲    │ 提名委員會       │
                         │           ╲ ╲╲   └──────────────────┘
                         │            ╲ ╲╲  ┌──────────────────┐
                         │             ╲ ╲╲ │ 審計委員會       │
                         │              ╲╲╲╲└──────────────────┘
                         │               ╲╲╲┌──────────────────┐
                         │                  │ 發展戰略委員會   │
                         │                  └──────────────────┘
                    ┌────┴────────┐
                    │ 經營管理團隊│
                    └─────────────┘
```

圖 12-2　中信證券公司治理結構

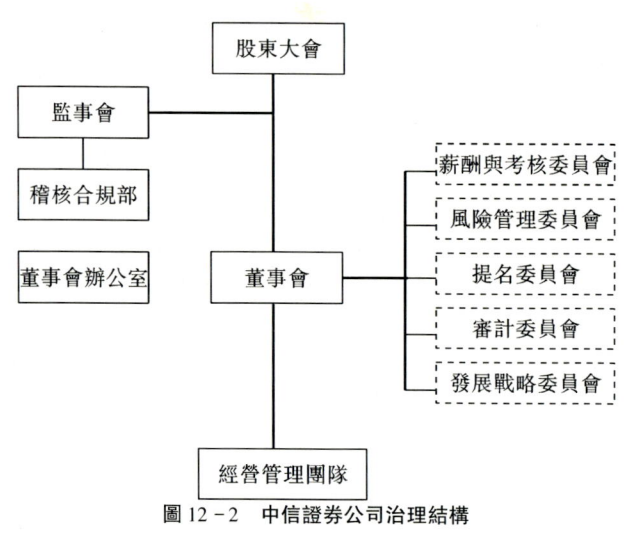

資料來源：根據 2007 年中信證券股份有限公司增發招股意向書相關內容整理

第二節　投資銀行組織結構

一、組織結構理論

（一）組織結構決定要素

企業組織結構（Organizational Architecture）是企業成功與否的重要決定因素。組織結構關心三個問題：①企業內部決策權的分配問題；②對員工的報酬激勵機制問題；③員工或商業單元業績評價問題（見圖 12-3）。

經濟組織的基本目標是以盡可能低的成本生產出顧客所需要的產品。然而由於經濟決策的重要信息掌握在不同的個人手中，且信息難以傳遞，使得完成該目標變得複雜化；此外，即使有相關信息，決策者可能缺乏合適的激勵機制而不能做出更有效的決定。因此，企業和經濟系統的基本挑戰就是最大化決策者具有做出好決定的相關信息的同時，具有有效率地利用信息的激勵的可能性。

企業採取何種組織結構將受到企業戰略的影響，而企業戰略又取決於企業的外部環境。外部環境包括技術、市場條件和政府的規制。以美國大公司為例，多年以來，ITT、IBM、GM 等許多公司的產品面臨著有限的競爭。因此公司具有較少的動力促進產品發展、改進產品質量，公司組織也趨於高度官僚化，決策權高度集中，激勵機制不足。然而在 20

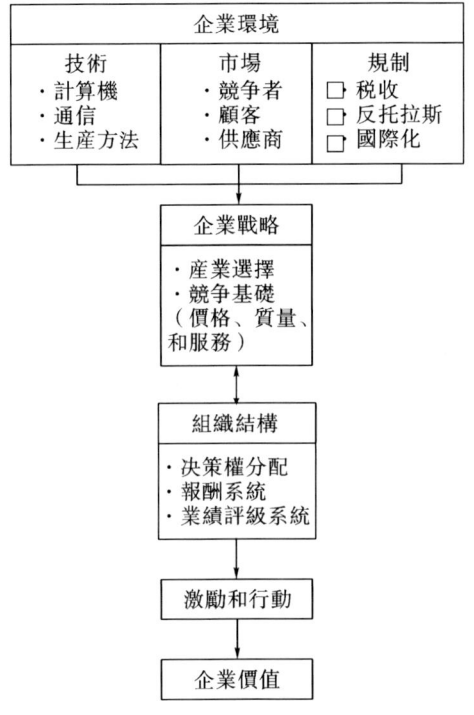

```
┌─────────────────────────────┐
│          企業環境            │
│  技術      市場      規制    │
│ ·計算機  ·競爭者   □稅收    │
│ ·通信    ·顧客     □反托拉斯 │
│ ·生產方法 ·供應商   □國際化  │
└─────────────────────────────┘
              ↓
      ┌──────────────┐
      │   企業戰略    │
      │ ·產業選擇    │
      │ ·競爭基礎    │
      │ （價格、質量、│
      │   和服務）   │
      └──────────────┘
              ↓
      ┌──────────────┐
      │   組織結構    │
      │ ·決策權分配  │
      │ ·報酬系統    │
      │ ·業績評級系統│
      └──────────────┘
              ↓
      ┌──────────────┐
      │  激勵和行動   │
      └──────────────┘
              ↓
      ┌──────────────┐
      │   企業價值    │
      └──────────────┘
```

圖 12-3　組織結構決定要素圖

世紀八九十年代，國際競爭出現，促使這些企業重新思考它們的戰略，重視質量、顧客服務及價格。為了實現這些目標，這些企業不得不改變組織結構，將決策權下移，並推出旨在提高質量和顧客服務水平的激勵措施和業績評價方法。

組織結構決定了企業的激勵和行動，激勵和行動結果決定了企業價值。企業組織結構對企業戰略具有反作用，如果一個企業的決策和控制系統適合從事新的事業，則這個公司可能決定進入新的市場。此外，企業戰略對環境也具有反饋作用，比如微軟通過發展軟件改變了它所面臨的技術環境，大的企業可能通過政治力量影響政府的規制環境。雖然如此，在一般情況下，企業經理仍應將環境視為既定的。

（二）決策權的分配

企業生產過程涉及多項任務。組織結構的一項重要工作是將組織的總體任務分解為小的模塊，然後將它們分配給具體的人或團隊。任務組合（Bundle）後形成某個個體或團隊的工作。工作至少具有兩個維度，一是必須完成的任務的多樣性；二是確定什麼時候、以什麼方式完成這些任務的決策權。

大多數決策權分配的討論主要集中在是集權還是分權的問題上。分權的成本與收益見

表12-3。分權的收益主要表現在：①可以對地方信息更有效地利用，減少信息傳輸與處理成本，從而更好地掌握客戶的需求與價格敏感度；②減少高級管理人員的時間佔用，方便其做更多的戰略思考；③激發地方經理的工作積極性。

分權的成本主要表現在：①激勵問題，即地方經理可能利用手中權力做出有損公司價值的行爲；②不同經理之間的協調成本；③各個經理信息受限，對中央信息利用不足。

表12-3　　　　　　　　　　　　分權的收益與成本表

收益	成本
對地方信息更有效地利用	激勵問題
減少高級人員的時間佔用	協調成本
激發地方經理的工作積極性	中央信息利用不足

資料來源：布瑞克利，等．管理經濟學與組織結構（英文版）［M］．2版．北京：清華大學出版社，2001：292

環境對決策權分配的一般規律爲，在非規制、市場條件和生產技術頻繁改變的條件下，應採取分權；而在穩定的環境中，公司可以通過集權實現規模效益。如果企業提供多種產品，經理將缺乏各種產品的詳細知識，因而分權更爲適合。當企業規模因爲縱向併購或地理擴張而增大，導致更多的決策時，出於時間和智力的考慮，分權更爲適合。當需要進行行動協調時，集權更有優勢，比如銀行櫃員機業務將需要企業進行統一協調。克瑞斯蒂等（Christie et al, 2003）發現具有更多地方專業信息、更高的分散性和更少規制的人的企業更可能面臨着更大程度的分權。

近年來，全球競爭促使企業更加重視產品成本、質量和客戶需求，而這些信息一般掌握在組織的底層，因此全球競爭提高了分權的好處。技術變革一方面要求企業快速響應，從而要求企業分權，但另一方面，技術進步改變了信息傳輸成本，因而提高了集權的可能性。

(三) 工作分組

任務分配可以採取專業分工的方式，也可以採取混合的方式，專業方式要求員工從事單一專業的任務，比如銷售或服務，混合方式則要求員工執行多種專業的任務。任務組合後形成工作，不同工作的組合形成企業的下屬單元，如部門、分支等。下屬單元可以根據功能劃分，也可以根據產品或地理劃分，或者結合前兩者進行劃分。基本的結構包括U形結構、M形結構和矩形結構，在一個大的企業可能採取多種結構。

1. U形結構

根據功能劃分的下屬單元又稱爲U形結構（見圖12-14），其特點是單項工作具有單項任務，高級經理的職責是制定戰略、做出重要的運營決策及部分之間的協調工作。

U形結構的好處是有利於促進職能内部的有效協調以及職能内部知識技能的提高，缺點是在職能部門之間需要占用高級經理大量的時間進行協調工作。U形結構適合於具有同質產品或市場的小企業，適合於環境比較穩定的企業。

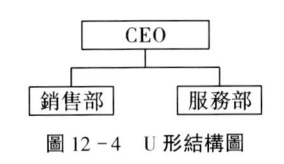

```
        CEO
       /    \
    銷售部   服務部
```
圖 12-4　U 形結構圖

2. M 形結構

根據產品或地理劃分的下屬單元又稱爲 M 形結構（圖 12-5）。其特點是產品供貨和定價等經營決策權被分權到下層經營單元。高級經理主要負責重大的戰略決定，包括組織架構和資本配置。

M 形結構的好處是將經營決策權下放到商業單元，從而可以更加有效地利用信息，此外減輕了高級經理的協調工作。M 形機構的缺點是各個經營單元只將注意力集中於自己部門的經營業績，缺乏協調和全局觀念，因此只適合於產品需求和成本相互獨立的情況。M 形結構適合於具有多樣化產品的大企業，適合於環境變化較快的企業（見圖 12-5）。

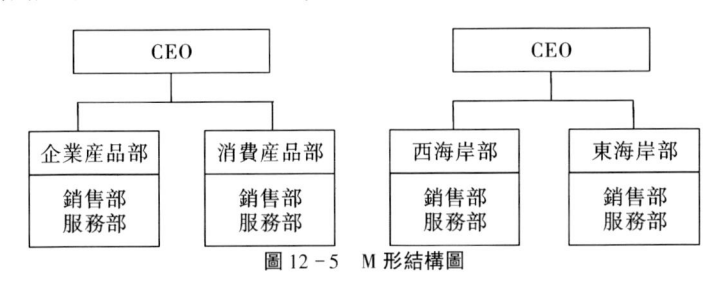

```
        CEO                        CEO
       /    \                     /    \
  企業產品部  消費產品部        西海岸部   東海岸部
    銷售部     銷售部             銷售部    銷售部
    服務部     服務部             服務部    服務部
```
圖 12-5　M 形結構圖

3. 矩形結構

矩形結構具有各種功能部門，但功能部門的員工又根據產品或者地區不同分配到不同的商業單元（見圖 12-6）。矩形結構的特點是存在功能部門與產品部門的權力交叉，各個員工對功能部門經理和產品部門經理分別匯報工作。矩形結構試圖獲得 U 形結構和 M 形結構的優點，主要用於建築、管理諮詢等行業（圖 12-6）。

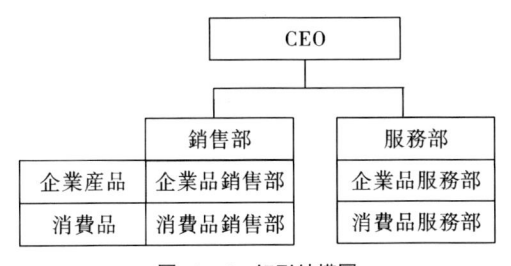

```
                CEO
               /    \
            銷售部   服務部
   企業產品 | 企業品銷售部 | 企業品服務部
   消費品   | 消費品銷售部 | 消費品服務部
```
圖 12-6　矩形結構圖

(四) 員工的報酬激勵機制問題

組織結構設計除了考慮決策權的分配問題之外，還要考慮員工的報酬激勵機制問題。報酬激勵機制的目標是：①吸引和保留合格的員工；②激勵員工發揮主觀能動性，使企業生產力提高。

員工的報酬激勵機制涉及的理論包括：人力資本理論、效率工資理論、內部勞動力市場理論、效率工資理論、員工對工資和小額優惠（Fringe Benefits）的偏好理論、激勵理論等。長期雇傭關係存在的原因包括：①促進員工進行企業專有人力資本投資；②鼓勵員工努力工作；③更好地獲得員工能力的信息。因此在專有知識很重要的企業，企業將更多使用長期雇傭合同及內部資本市場。

效率工資指給予員工的高出市場水平的工資，它激勵員工與企業保持長期關係，對那些具有特定人力資本的員工來說，效率工資是很重要的激勵手段。

單身員工更偏好現金收入，而有家庭的員工更偏好小額優惠收益（如健康保險等）。因此企業想吸引單身員工，應提高更多的現金收入、較少的小額優惠收益的組合；要吸引有家庭的員工，應提供較高的小額優惠、較少的工資的收益組合。

激勵機制包括以下幾個方面：①按件計酬；②對好的表現發放獎金；③對競賽優勝者進行獎勵（如假期）；④根據業績上調工資；⑤根據業績晉升職位；⑥股權及利潤分享計劃；⑦對業績較差的員工進行解雇和懲罰等。

(五) 員工或商業單元業績評價問題

激勵機制建立在評價體系上。員工或商業單元業績評價問題涉及的理論包括業績評價理論、相對業績合同最優權重理論等。評價方法包括主管評價方法和客觀評價方法。主管評價方法包括五級評級系統等，客觀評價方法主要有產出或銷售等指標。在組織中，大多數評級方法綜合了這兩種方法。比如投資銀行在評價員工時，既考慮了員工取得的收入，也考慮了交易的質量。

二、投資銀行組織結構基本形式

(一) U 形組織結構

在這種結構中，整個公司分為若干個功能部門，每個部門的員工從事相同或類似的工作。職能部門包括人力資源部、稽核部、財務部、法律部、風險管理部、信息技術服務部及其他各種業務部門。該結構又稱為功能性組織結構，其優點是專業分工細、組織效率高，缺點是部門之間的溝通需要上級機構進行協調（見圖 12-7）。

(二) M 形組織結構

在這種結構中，投資銀行將決策權下放到下屬公司，下屬公司可以根據提供的產品或服務來劃分，也可以根據地域來劃分。其優點是下屬公司具有經營決策權，從而具有較大的工作積極性和更加有效地利用信息，增強公司跟蹤和服務市場的能力。其缺點是各個部

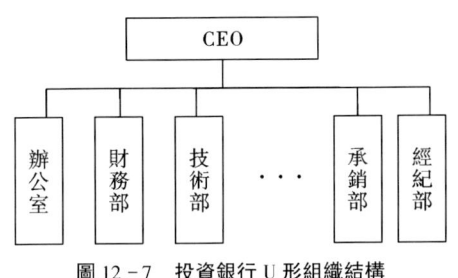

图 12-7　投資銀行 U 形組織結構

門可能只關註自己部門的經營業績，缺乏協調和全局觀念（見圖 12-8）。

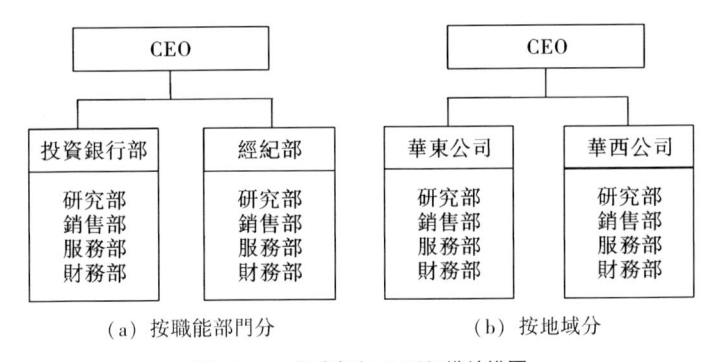

(a) 按職能部門分　　　(b) 按地域分

圖 12-8　投資銀行 M 形組織結構圖

（三）矩形結構

該結構包含兩種組織策略，比如研發部、技術支持部、財務部、人事部等功能結構，然後與各種業務部門進行交叉，各個員工則受兩個部門的雙重領導（見圖 12-9）。

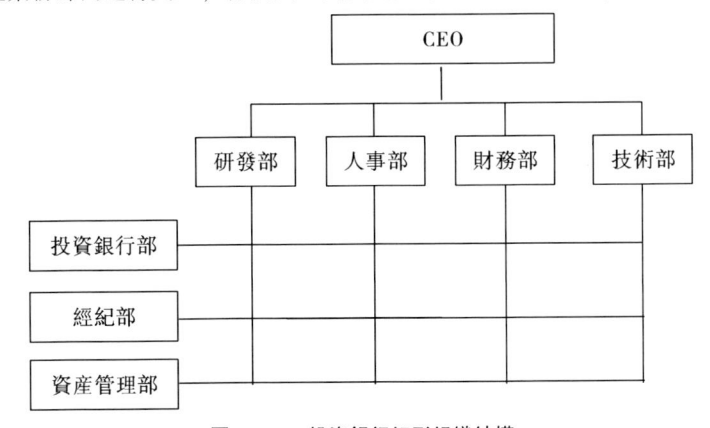

圖 12-9　投資銀行矩形組織結構

273

以上是投資銀行組織結構的基本形式，實際情況將更為複雜。

案例12-2：山西證券組織結構

圖12-10為山西證券股份有限公司2010年的組織結構圖。從圖中可以看出，公司執行層包括企業融資決策委員會、投資管理決策委員會、經紀業務決策委員會、資產管理業務決策委員會、創業業務決策委員會、風險管理執行委員會及經紀業務部、投資管理部等17個職能部門，以及2個控股子公司。該圖顯示山西證券採取了U形組織結構。

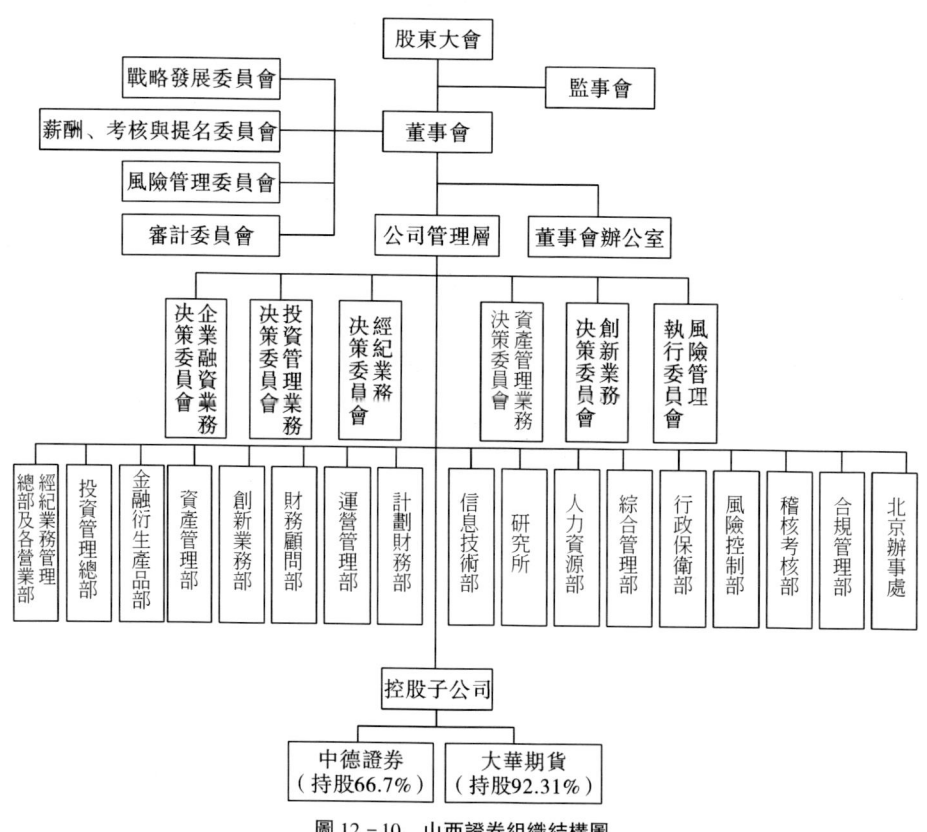

圖12-10 山西證券組織結構圖

1. 經紀業務管理總部

經紀業務管理總部主要負責經紀業務的具體運作，具體履行公司經紀業務的網點管理、行銷管理、客戶服務、業務支持等職能，並負責公司IB業務及融資融券業務等創新業務的推進工作及對各證券營業部進行業務指導。

2. 投資管理總部

投資管理總部主要負責以公司自有資金通過公司自營帳戶爲公司買賣上市證券以及中國證監會認定的其他證券品種，實現公司授權投資的自有資金保值與增值。

3. 資產管理總部

資產管理總部主要負責開展公司資產管理業務的日常運作，根據資產管理合同約定的方式、條件、要求及限制，對客戶委託資產進行經營運作，爲客戶提供證券及其他金融產品的投資管理服務。

4. 創新業務部

創新業務部主要負責非上市股份公司報價轉讓業務，同時根據公司發展目標擬訂創新業務及與創新相關的其他業務的總體發展規劃並組織實施的工作。

5. 財務顧問部

財務顧問部主要負責爲企業提供私募融資、上市公司重大資產重組等財務顧問業務的組織實施工作。

6. 金融衍生產品部

金融衍生產品部主要負責在規定的金融衍生產品操作規模、風險限額內和金融衍生產品業務證券庫的範圍內執行金融衍生產品業務的具體操作。

7. 運營管理部

運營管理部主要負責公司客戶資產的管理和監督，履行法人結算職能，負責各項業務的運營管理及客戶帳戶管理。

8. 計劃財務部

計劃財務部主要負責公司財務收支計劃、預算方案和財務決算方案的擬訂，負責公司的財務管理及會計核算工作，並對分支機構財務管理工作進行指導和監督，負責健全公司財務管理相關的內控制度並組織實施等工作。

9. 董事會辦公室

董事會辦公室主要負責與股東單位、董事、監事的信息溝通及日常服務工作以及股東大會、董事會、監事會等各類會議的組織、安排、協調工作，負責公司對外的信息披露工作和投資者關係管理，負責與中國證監會、證券業協會以及證券交易所等機構進行聯絡、溝通等工作。

10. 信息技術部

信息技術部負責公司信息系統規劃、建設和管理工作，結合公司戰略和業務實際情況，規劃公司信息系統，並且承擔開發、建設和系統維護等工作，保障其高效安全運行。

11. 研究所

研究所主要負責國家宏觀經濟政策、產業政策、行業及上市公司的研究；負責金融創新和新產品開發研究；負責證券市場發展方向以及公司發展戰略研究；通過研究產品的銷售、多渠道開發公募、私募基金等機構投資者。

12. 人力資源部

人力資源部主要負責制定公司人力資源戰略、進行人力資源配置、員工培訓、薪酬管理、人事服務等工作，爲實現公司各項戰略目標提供人力資源保障。

13. 綜合管理部

綜合管理部主要負責協助公司管理層組織公司日常辦公及有關活動安排，負責公司重要工作信息的收集、匯總、上報，各類文件、合同、協議、會議紀要的歸檔和管理，負責公司各類會議、重要活動的組織籌備等工作。

14. 風險控制部

風險控制部主要負責對公司業務進行風險監控、風險評估等，負責對淨資本和流動性進行動態監測、預警，對流動性狀況進行敏感性分析和壓力測試，配合計劃財務部制定公司淨資本的應急預案，確保業務活動與管理能力相適應、業務規模與淨資本相匹配。

15. 稽核考核部

稽核考核部主要負責公司的財務稽核、業務稽核、管理稽核、合規檢查等監督檢查工作，負責公司績效考核方案的設計和組織實施等工作。

16. 合規管理部

合規管理部主要負責協助合規總監對公司及員工的經營管理和執業行爲的合規性進行審查、監督和檢查。合規管理部主要監管合規風險和法律風險，爲各部門和員工提供合規諮詢，幫助各部門管理好合規風險和法律風險，側重於事前和實時或及時的參與和預防。

資料來源：2010 年山西證券股份有限公司招股意向書。

三、投資銀行組織結構創新的原則要求

根據組織結構理論，在投資銀行的組織結構創新過程中，暢通的信息溝通機制是投資銀行組織設計的一大原則要求。同時，由於投資銀行是一個高度創新型的行業，因此要求組織結構採取廣泛的授權方式，而其高風險性又要求在內部建立相互制衡的機制，因此分權與制衡原則成爲其第二個原則要求。投資銀行是一個知識密集型的行業，專業化分工和協作是其組織結構設計的第三個原則要求。此外，投資銀行組織結構創新不是爲了創新而創新，其目的是爲了業務創新的需要。

（一）暢通的信息溝通機制

信息在投資銀行的經營中發揮着重要的作用，暢通的信息溝通機制是投資銀行高效率經營管理的重要保證。投資銀行的信息溝通機制可以分爲橫向信息共享機制和縱向信息傳遞機制。橫向信息的充分共享，將有利於投資銀行爲單一客戶提供"一站式"服務，提高其服務的效率和質量，建立起與客戶之間良好的關係。縱向信息傳遞是指信息在決策層、職能層和業務層之間的傳遞。合理的縱向信息傳遞機制將及時傳遞內部各個層次的信息，

使業務部門能夠及時根據管理層決策信息順利地進行業務的開展和創新，管理層能夠根據業務部門和職能部門反饋的信息及時調整決策，從而使決策層、職能層和業務層在決策和執行上保持協調一致。

（二）分權與制衡原則

由於金融技術和金融工具的不斷創新，投資銀行業涉及的領域將越來越廣泛，市場環境也越來越複雜。沒有一個領導者有充分的時間和精力來瞭解和掌握所有的業務領域和技術手段，這就要求投資銀行採取合理的授權方式，從而有助於決策層進行戰略思考和規劃，發揮業務部門開拓進取的精神。同時，在授予業務部門及其人員權力時，也應賦予其對等的責任，建立起有效的崗位制約機制，從而降低投資銀行的經營風險。

（三）專業化分工與協作原則

投資銀行業專業性很強，需要大量的專業知識和專業操作技能。這種專業性要求投資銀行根據業務的性質進行分析和歸類，形成以專業化為基礎的組織結構。投資銀行的專業分工固然很重要，但是部門及員工之間的協作也是必不可少的，特別是當組織目標是特定金融產品或服務時，不同專業技能的專家相互協作則成為必需。以業務為導向的投資銀行組織結構傾向於專業分工，而以產品為導向的組織結構則傾向於協作，分工與協作是投資銀行組織結構設計的依據。

（四）為業務創新服務的原則

業務創新是投資銀行持續發展的動力源泉，創新業務的開拓則需要組織上的保障。適宜的投資銀行組織結構安排，將形成更多的業務創新，促進證券市場廣度和深度的拓展。因此，投資銀行在進行組織結構設計時，應考慮自身各項業務規模和所處的證券市場容量，設計出較為靈活的組織結構，適時地根據市場環境的變化，進行組織結構創新，以降低組織成本，形成組織優勢[①]。

本章小結

1. 許多公司在創業初期往往採取個人業主制或合夥制，發展到一定階段後，才選擇公司制形式。公司制是現代企業的普遍形式。

2. 投資銀行組織形式的選擇與其資本規模、業務定位和市場環境等因素有密切的關係。以美國為代表的西方投資銀行組織形式大致上經歷了一個由合夥制、公司制到金融控股公司的演變過程。

3. 與一般實體企業相比，投資銀行表現出治理結構的特殊性：特殊的經營目標、委

---

① 本部分內容參照：李子白. 投資銀行學 [M]. 北京：清華大學出版社，2005.

託代理關係複雜、政府救助的負面效應、股東資格限制。

4. 美國次貸金融危機表明，美國投資銀行治理機制仍存在諸多問題，表現為：董事會失靈、期權激勵兩面性、董事長兼任 CEO、股東被動參與。

5. 組織結構關心三個問題：①企業內部決策權的分配問題；②員工的報酬激勵機制問題；③員工或商業單元業績評價問題。

6. 投資銀行組織結構基本形式包括：U 形組織結構、M 形組織結構和矩形結構。

拓展閱讀

1. 為了更深入地瞭解投資銀行為什麼要從合夥制轉向公司制，參閱：

Morrison, Alan D., William J. Wilhelm. The Demise of Investment Banking Partnerships: Theory and Evidence [J]. Journal of Finance, 2008, 63 (1): 311 – 350.

2. 為了更多瞭解公司治理結構的重要文獻，參閱：

Shleifer, Andrei, Vishny, Robert W. A Survey of Corporate Governance [J]. Journal of Finance, 1997, 52 (2): 737 – 783.

Tirole, Jean. Corporate Governance [J]. Econometrica, 2001, 69 (1): 1 – 35.

3. 為了更深入地瞭解企業分權與集權方面的理論，參閱：

Christie, Andrew A., Joye, Marc P., Watts, Ross L. Decentralization of the Firm: Theory and Evidence [J]. Journal of Corporate Finance, 2003, 9 (1): 3 – 36.

思考題

1. 投資銀行組織形式演變歷程是怎樣的？
2. 與一般實體企業相比，投資銀行公司治理結構的特殊性在哪裡？
3. 目前我國投資銀行治理結構還存在哪些問題？
4. 投資銀行一般採取哪些組織結構形式？

第十三章　投資銀行社會責任、聲譽與誠信問題

學習目標

在社會責任概念基礎上,把握投資銀行社會責任的主要內容,理解聲譽與誠信對投資銀行的重要性及建立途徑。

學習內容

■　投資銀行社會責任
■　投資銀行聲譽及誠信問題

投資銀行是現代金融體系中非常重要的金融機構,美國次貸危機及華爾街著名投資銀行雷曼兄弟的破產表明了投資銀行的社會責任感和誠信問題的重要性。爲了自己的長期利益,投資銀行應具有社會責任感,註重誠信經營,建立持久聲譽。

第一節　投資銀行社會責任

一、社會責任概念

1924 年謝爾登(Sheldon)首次提出企業社會責任(Corporate Social Responsibility,CSR)概念,1953 年波文(Bowen)出版專著《商人的社會責任》(Social Responsibility of the Businessman)被認爲是現代企業社會責任理論研究的開端。波文(Bowen)認爲企業社會責任是"商人按照社會普遍認可的社會目標和價值觀來追求相應的政策,作出相應的決策或遵循相應的行動標準"。卡羅爾(Carroll,1979)認爲企業社會責任是整個社會希

望其履行義務的總和,包括經濟責任、法律責任、倫理責任和自由決定的責任四個維度。綜合其他西方學者的觀點,西方國家所強調的企業社會責任包括:經濟責任、法律責任、環境保護、顧客至上、股東利益、員工發展、平等和社會捐贈/慈善事業。

近年來,我國理論界和實務界十分關注企業的社會責任問題,至今,我國已經發布的企業社會責任規範或指導意見主要有:《中國紡織企業社會責任管理體系》(2005)、《深圳證券交易所上市公司社會責任指引》(2006)、《中央企業履行社會責任的指導意見》(2008)、《中國工業企業及工業協會社會責任指南》(2008)。這些文件的發布充分反應了我國政府和行業協會對企業社會責任的重視和決心。

基於我國的人文特點,徐尚昆、楊汝岱(2007)以實驗經濟學的歸納分析方法,通過對12個省區市,630位企業總經理(或企業所有者)進行開放式調查的2 811個關於企業社會責任的事件描述,得到了我國企業社會責任的9個維度,具體包括:經濟責任、法律責任、環境保護、顧客導向、以人為本、公益事業、就業、商業道德、社會穩定與進步。其中就業、行業道德、社會穩定與進步是我國有別於西方國家的維度[①](見表13-1)。

表13-1　　　　　　　　　中國企業社會責任範圍

經濟責任	● 提高經濟效益、創造財富 ● 有效率的提供合格產品和服務 ● 促進國家和地方經濟發展 ● 企業可持續發展 ● 強調技術與創新
法律責任	● 遵守國家各項法律法規/合法經營 ● 納稅
環境保護	● 加強環保,減少污染 ● 加強環境污染治理 ● 節約資源,提高資源利用率
客戶導向	● 產品質量和安全 ● 質量是企業之本 ● 消費者權益 ● 貨真價實
以人為本	● 安全生產與職業健康 ● 員工學習與教育 ● 禁用童工 ● 員工合法權益、福利、保險 ● 最低工資標準及工資及時發放 ● 工會、人權

---

① 徐尚昆,楊汝岱. 企業社會責任概念範疇的歸納性分析[J]. 中國工業經濟,2007(5):71-79.

表13-1(續)

公益事業	● 捐助和慈善事業 ● 支持和參加社會公益事業 ● 關心弱勢群體、希望小學
就業	● 增加就業機會 ● 安排下崗就業人員 ● 緩解國家就業壓力 ● 給殘疾人提供就業崗位
商業道德	● 遵守商業道德 ● 誠信經營、守合同
社會穩定與進步	● 保證社會穩定與和諧 ● 服務和回饋社會、促進社會進步 ● 支持文化科教事業 ● 愛國主義、促進國家繁榮

　　以上企業社會責任範圍適合產品製造等工業企業，但對金融企業不一定適用，比如金融企業一般不會產生環境污染的問題，因此環境保護問題就不是金融企業所面臨的主要社會責任。金融是現代經濟的核心，它承擔著資源配置、經濟調節、風險管理等諸多功能。金融企業對整個金融體系的有序運轉、安全運行、促進資源優化配置具有非常重要的作用，因而金融企業具有不同於一般製造業的企業社會責任內容。

二、投資銀行社會責任的內容

　　投資銀行是重要的金融企業，其社會責任既有與一般企業相同的地方，但也存在不同的地方，即投資銀行企業社會責任不僅包括經濟責任、法律責任、客戶導向、商業道德、員工福利等方面，還包括促進資本市場的有效運行、維護金融體系穩定等（見表13-2）。

　　（一）經濟責任

　　經濟責任指投資銀行要為社會提供有價值的金融產品和服務，通過金融服務，創造財富和利潤，在創造企業財富的過程中，為國家的經濟發展作出貢獻。以中信證券為例，2010年，中信證券實現營業收入278億元，增長26.30%；淨資產704億元，增長14.34%；淨資產收益率17.28%，較上年增加1.90個百分點，高於全行業的14.8%。2010年，公司繳納所得稅、營業稅及附加等總計51.46億元；公司及控股證券公司合計繳納證券投資者保護基金2.83億元。公司實現每股收益1.14元，每股社會貢獻值為2.06元〔每股增值額＝（年內上繳稅收＋支付員工工資＋向債權人給付的借款利息＋公司對外捐贈額＋證券投資者保護基金－因環境污染等造成的其他社會成本）÷股份〕。

　　（二）法律責任

　　法律責任指投資銀行應嚴格遵守國家各項法律法規，合法經營，照章納稅。具體地，在我國投資銀行需要遵守《證券法》《公司法》等法律及各類業務規章制度。在我國，因爲違規經營，過去曾發生多起證券公司被撤銷或被託管的案例。2002—2004年期間，在證監會的清理整頓中，鞍山證券、南方證券、德恒證券、恒信證券、中富證券、漢唐證券及閩發證券因挪用客戶保證金等嚴重違規行爲被其他證券公司託管，佳木斯證券、新華證券兩家證券公司被撤銷。

（三）保護股東利益

保護股東利益指投資銀行需要建立完善治理結構保護股東利益，特別是中小股東的利益。具體地，投資銀行應按照相關規定召集、召開股東大會，確保所有股東，特別是中小股東享有平等的地位，能夠充分行使自己的權利。第一大股東能夠按照法律、法規及公司章程的規定行使其享有的權利，不出現超越股東大會直接或間接干預公司的決策和經營活動的情況，不出現占用公司資金或要求爲其擔保或爲他人擔保的情況，在人員、資產、財務、機構和業務方面與公司做到明確分開。此外，投資銀行應結合自身的實際情況，形成了一套公正、透明的績效評價與激勵約束制度。

（四）服務顧客

服務顧客指投資銀行應提高產品、服務的質量，滿足客戶需求。在目前階段，公司進一步提高經紀業務客戶服務水平，提升客戶價值，大力推進融資融券、股指期貨業務，滿足客戶創新業務需求。

（五）關愛員工

關愛員工指投資銀行在發展過程中，應關註員工身心健康與工作安全、員工技能開發與培訓、事業發展和晉升機會、建立保障體系以及穩定的收入機制。充分調動和挖掘員工的潛能，激發員工的工作熱情，凝聚員工對公司的歸屬感，實現公司與員工共同成長。

（六）開展慈善事業、公益活動

投資銀行需要積極開展慈善活動，積極參與慈善事業，關註社會弱勢群體、支持教育和文化藝術事業的發展。

（七）促進資本市場有效運行

資本市場的主要職能是籌集資金、配置資源，而投資銀行在資源配置過程中具有非常重要的作用。在社會責任方面，投資銀行應該運用市場經濟理論武裝自己，倡導科學和理性、弘揚良好的股權文化，促進資本市場的有效運行及社會資源的優化配置。

經過多年發展，我國資本市場仍未形成良好的股權文化。從投資者角度，主要變現爲：①投機、短線操作，賭博心理很重；②只希望漲，不希望跌；③對風險心理準備不足，在市場低迷時期望政府進行干預，而政府往往也迫於社會民意的壓力，不得不採取救市的措施。

從融資者角度看，主要表現在：①誠信意識較差，部分公司在上市前存在虛假包裝現象；②在融資之後，對投資者的投資回報意識較差。在這種情況下，我國投資銀行負有教育投資者和融資者，使其對金融市場樹立正確的認識，建立健康的股權文化的社會責任。

（八）維護金融體系穩定

金融機構是一類特殊的企業，一方面他們採取企業的組織形式，通過向客戶提供金融服務而獲取收益，並追求利潤的最大化，從而表現出普通企業的特徵；但另一方面，它們處於金融體系中，如果其經營出現問題，往往影響到其他金融企業甚至造成整個金融體系的穩定，在"太大而不能倒（too big to fail）"的情況下，政府不得不出面相救，從而金融機構行爲表現出極大的外部性。從社會責任角度看，金融機構具有維護金融穩定的社會責任。

發端於 2006 年春季，並在 2007 年 8 月席捲美國、歐盟和日本等世界主要金融市場的美國次貸危機，不僅引起了美國經濟的衰退，還在全世界範圍內引起了金融市場的混亂和經濟問題。從事後看，美國發生次貸危機的一個重要原因是，投資銀行開發的基於住房按揭貸款的衍生產品距離原生證券太長，由於中間間隔了多重委託代理關係，導致中間出現的風險缺乏監督，進而導致風險的積聚和金融危機的最終爆發。因此，爲了社會的利益，同時也爲了投資銀行自身的利益，投資銀行具有維護金融體系穩定的社會責任。（見表 13-2）

表 13-2　　　　　　　　　　投資銀行社會責任的內容表

經濟責任	●創造財富和利潤 ●爲社會提供有價值的產品和服務 ●經濟增長與效率 ●確保企業可持續發展
法律責任	●遵守國家各項法律法規/合法經營 ●納稅 ●在法律允許的範圍內經營
保護股東利益	●爲股東創造利潤 ●信息透明、防止交易腐敗 ●保護中小股東利益 ●完善治理結構
服務顧客	●產品、服務的質量 ●產品使用過程中的消費者安全 ●不提供虛假廣告，信息公開
關愛員工	●員工健康與工作安全 ●員工技能開發與培訓 ●工作滿意感 ●事業發展和晉升機會 ●保障體系以及穩定的收入

表13-2(續)

社會捐贈、慈善事業	● 積極開展慈善活動 ● 積極參與慈善事業 ● 關註社會弱勢群體 ● 支持教育和文化藝術事業
促進資本市場的有效運行	● 倡導科學和理性 ● 弘揚良好的股權文化
維護金融體系穩定	● 註重風險控制和預警 ● 減少道德風險

資料 13-1：希臘債務危機：成也高盛，敗也高盛

越來越多的輿論指責高盛在希臘債務危機中扮演了不光彩的角色。高盛公司被指利用貨幣掉期交易和信用違約掉期合約兩項金融工具導演了希臘債務危機。

2001年，希臘正在爲加入歐元區而犯愁，因爲根據希臘當時的債務情況，希臘不符合歐元區成員的要求。根據歐盟1992年簽署的《馬斯特里赫特條約》，歐洲經濟貨幣同盟成員國必須符合兩個關鍵標準——預算赤字不能超過國內生產總值（GDP）的3%和負債率低於國內生產總值的60%。但是當時的希臘不能滿足這兩個條件。

處於困境中的希臘慾請一個"高手"來解決這一問題，於是高盛爲希臘量身定做出一套"貨幣掉期交易"方式，爲其掩蓋了一筆高達10億歐元的公共債務，以符合歐元區成員國的標準。

這種被稱作是高盛"金融創新"的貨幣掉期交易的流程是：高盛讓希臘的政府債務先用美元等其他貨幣發行，再在未來某一特定時候交換回歐元債務，債務到期後，高盛再將其換回美元。這裏邊牽涉兩種貨幣之間的匯率，如果按照市場匯率來比兌的話，這裏面就無法做手腳。因此，高盛給希臘設定一個優惠的匯率，使希臘獲得更多歐元。也就是說，高盛向希臘借貸10億歐元，約定一個低匯率，希臘還貸期限爲十年甚至更長，因此就衝減了希臘政府的公共負債率，不體現在加入歐元區所需要統計的公共負債率裏面，使國家公共負債率得以維持在《馬斯特里赫特條約》規定的占GDP 3%以下的水平。高盛的這一"幫忙"讓國家預算赤字從帳面上看僅爲GDP的1.5%。

根據歐盟官員最近披露的事實，高盛在2001年爲希臘進行此項貨幣掉期的複雜安排中，獲得了3億美元的巨額傭金。而事實上，2004年經歐盟統計局重新計算後發現，希臘國債赤字實際上高達3.7%，超出了標準。據最近透露出來的消息表明，當時希臘真正的預算赤字占其GDP的5.2%，遠遠超過歐盟規定的3%以下。

作弊僅僅是掩蓋了問題，債務本身並不會消失。希臘不得不製造更多的貨幣掉期交易掩飾債務、掩飾赤字。這就加重了希臘的債務負擔，使希臘深陷壞帳漩渦而無法自拔。

据参与2001年交易的人士称，希臘和高盛之间的交易涉及将价值超过100亿欧元（合136.9亿美元）的以美元、日元计价的希臘国债换为欧元，付息时间延续到2019年。这些人士称，后一届希臘政府又将付息时间延长到了2037年。高盛还为希臘设计了多种敛财却不会使负债率上升的方法。如牵线希臘与15家银行达成货币掉期协议，帮助希臘掩盖其真实赤字状况，使得10年来，希臘一再低报其预算赤字数目，直至爆发债务危机。

然而纸包不住火，全球金融危机使希臘债务"炸弹"在被隐藏十年后轰然炸响。随着全球金融危机导致融资愈加困难，融资成本愈发昂贵，希臘债务链无法延续。2010年10月初，希臘政府突然宣布，2009年政府财政赤字和公共债务占国内生产总值的比例预计将分别达到12.7%和113%，远超欧盟《稳定与增长公约》规定的3%和60%的上限。

一时间，希臘债务链全线崩溃，不仅相关银行被波及，有类似弱点的国家主权债务都受到影响，希臘债务危机震动了世界金融市场。

资料来源：曾德金．成也高盛，败也高盛：希臘债务危机［N］．经济参考报，2010-03-08．

资料13-2：华尔街笑到了最后

研究发现，收入差距扩大不仅会导致经济上的失衡，而且也会导致政治上的失衡。当经济上的失衡扩大到既得利益集团利用其掌控的经济资源可以轻易左右或俘获决策者的时候，经济不均衡就会与政治不均衡一起陷入恶性循环，任何试图打破此种循环的改革都将遭遇强大的阻力。

美国布鲁金斯学者、范德比尔特大学法学院玛格丽特·布莱尔教授认为，过去几十年，金融行业与其他行业之间收入差距不断扩大。金融领域占整个国民收入和财富比重过大。最严重的是，它们用这些财富影响政策和抵制改革，而放松监管又进一步恶化了这种差距。从这个意义上来说，收入不平等可能会持续，因为它们更能影响华盛顿的权力和监管机构。这些人通过政治影响力阻挠改革和推动放松监管的立法，而放松监管又进一步加剧了金融行业杠杆的过度使用，美国家庭过度负债，更多过度冒险的金融创新，从而创造了更多资产泡沫和虚幻财富。金融行业从中能够获得更大份额的收入和财富，进一步加剧收入和贫富差距，加深了美国社会危机和政治危机。

根据布莱尔的研究，金融创新导致杠杆的滥用，形成资产泡沫，掩盖了过度负债，并给人以财富增长的虚幻感觉，这就带来了两个结果：一是金融行业以工资、费用和奖金形式获得的国民收入份额日渐增长，在2007年，金融行业占GDP份额保持在1980年水平，而金融保险行业获得的收入的占比当年达到顶峰，占GDP的7.9%，而1980年只占4.9%。也就是说，2007年金融行业多拿走了3个百分点，大约4 120亿美元，与1980年相比，相当于从每个美国人手中转移了1 365美元的财富给金融行业的人。金融行业每个雇员的报酬从1980年每年2万美元上涨到最近几年每年10万美元（包括秘书和职员）。

這種收入差距的擴大在泡沫持續膨脹時期不會引起人們對其合法性的質疑。因爲，通脹能使資產增值，金融行業的從業者在整個泡沫膨脹期間，都能夠展示他們管理組合產生的帳面收益大大超過了支付給他們的報酬，投資者自然樂意支付高額的費用、薪水、傭金和獎金。只要泡沫不破裂，價值創造的虛幻就讓投資者接受更高槓桿，讓金融行業從業者獲得特別優厚報酬合法化；二是經濟上重複泡沫和崩潰循環的效應，已經成爲推動金融行業薪酬上升的齒輪，並進一步擴大了美國財富和收入的差距。按照聯儲統計，從 2008 年 7 月到 2009 年 3 月，美國損失了 3.4 萬億美元不動產財富。這大體相當於每個美國家庭 30 300 美元。同一時期，美國損失了 7.4 萬億美元股票財富，按照美聯儲統計，平攤到美國每個家庭大約是 66 200 美元。

華爾街掌握的巨大財富在金融改革立法中轉化爲巨大的政治能量。據統計，在過去 10 年，金融業在影響華盛頓上花費的錢比任何行業都多，達到了 39 億美元。在金融改革立法過程中，金融行業爲阻止和削弱金融改革的力度，在 2009 年和 2010 年第一季度花費在遊說上的費用就高達 13 億美元。據美國一個民間組織統計，在金融改革立法過程中，金融業 2009 年花費在華盛頓遊說上的金錢爲 4.65 億美元，比 2008 年多了 800 萬美元。也就是說，2009 年每天用於遊說的開支爲 140 萬美元；花在每個國會議員身上的錢爲 100 萬美元。金融行業總共雇傭了國會 70 名成員和 940 名前聯邦雇員代表其進行遊說。

華爾街六家最大銀行——高盛、美國銀行、JP 摩根蔡思、花旗集團、摩根斯坦利和威爾斯·法戈（Wells Fargo），主要負責這些遊說活動。這 6 家大銀行和它們控制的協會共雇傭了 243 名遊說者。這些人過去都在聯邦政府工作，202 人是原國會工作人員，其餘在白宮、財政部和相關聯邦機構，相當於每個銀行有 44 名說客。這些人員中包括 33 名前主管、54 名衆議院金融服務委員會職員和參議院銀行委員會職員（或目前委員會成員）和 28 名立法主任。他們都是能夠在背後給參衆兩院重量級議員施加影響的人。參議院銀行委員會主席克里斯托弗·多德有 5 名助手充當了大銀行的說客，銀行委員會的理查德謝比和成員恰克斯卡莫爾和蒂姆約翰森每個人都有 4 名原職員在爲大銀行遊說。六大銀行和協會自美聯儲救助貝爾斯登時起，花費在遊說和影響華盛頓（通過遊說、政治捐款、協會政治公關活動）的費用就達到了 6 億美元的規模。到 2010 年，金融改革立法進入最後衝刺階段（兩院進行協調和最後定稿期間），金融行業加強了遊說的攻勢。在 2010 年第一季度，最大的 25 家銀行總共花費了 1 100 萬美元，比上年同期增長了 5%。

除了強大的遊說攻勢外，金融行業還利用美國 2010 年國會中期選舉對美國議員施加影響。2008 年，金融、保險和不動產行業爲爭奪 2010 年國會中期選舉候選人，在選舉中花了創記錄的 4.75 億美元捐款。34 名提出削弱消費者保護的衆議院議員 2009 年總共從金融行業獲得了 380 萬美元（按照消費者組織提供的數據）的政治捐款。2009 年 12 月，就在衆議院委員會投票表決時，因爲法案允許各州在消費者保護上規定比聯邦政府更嚴厲的標準，伊利諾伊斯州衆議員梅麗莎·賓（Melissa Bean）就威脅將阻止該法案，除非法案明確規定，聯邦消費者保護法效力高於州法。這正是金融業所要求的，其目的是排除在消費者保護上標準更高的州法的適用性。後有人揭露，實在 2009 年因爲其中期選擧而從金融服務行業獲得了 393 000 美元捐助，是其籌措競選經費總額的一半。

華爾街的銀彈攻勢對金融改革立法產生了極大的影響，迫使奧巴馬政府和國會在許多關鍵問題上，如消費者保護、衍生交易等監管改革上一再妥協，金融改革力度大打折扣。《國際投資者》雜誌的一篇評論就一針見血地指出："金融改革如果讓華爾街哭泣的話，那一定是驚喜的眼淚。華爾街最害怕的是交易工具受到限制。有爭議的沃爾克規則，最終也被消解了。銀行過了將近 12 年的時間才最終放棄自營業務和對衝基金投資。法案要求對 39 個問題進行研究，從如何改革信用評級機構到自營交易概念的界定，而當某個問題被列入進一步研究時，通常就不會再被提及。"

資料來源：賀紹奇. 華爾街笑到了最後 [N]. 經濟觀察報，2010 - 11 - 07.

第二節　投資銀行聲譽及誠信問題

一、聲譽對投資銀行的重要性

聲譽對實體企業來說非常重要，對以提供金融服務爲主要收入來源的投資銀行來說，良好的社會聲譽更成爲公司生存的基石。正如一位華爾街內部人士所說："這是一個講究信譽的行業。信譽是這個行業的關鍵資產之一。如果華爾街失去了它，將不得不投資找回它，重建它。沒有信譽將沒有一切。"[①] 倫敦交易所的宗旨是 "我的言詞就是我的債券"，對投資銀行來說，在聲譽上的投資是一種規模經濟，這種規模經濟源於經常參與資本市場。投資銀行存在的理由是投資銀行能夠以低於籌資公司內部證券發行部門的成本幫助公司進行籌資。由於投資銀行時時處於市場之中，因此公衆知道投資銀行爲維護聲譽而誠實可信。此外，由於投資銀行承攬業務的能力和業績取決於它們業已建立起來的信譽，投資銀行具有維護信譽的經濟動機，投資銀行爲證券發行企業提供的不僅僅是市場專業知識，而且向公衆提供了證券發行者 "經認可" 的標記。

然而事實表明，許多投資銀行更關心短期的利潤，而不是長久的聲譽。但是 20 世紀 90 年代後期的繁榮以及 2000—2002 年經歷的高技術泡沫破滅後，公衆對股票市場及首次募股公司失去興趣的教訓使華爾街的投資銀行意識到它們浪費了一種寶貴的資產——聲譽資產，必須予以重建。

---

① 原文爲："This is an industry of trust; it's one of its key assets. If (Wall Street) loses it, it is going to have to invest in getting (that trust) back and putting in the controls to rebuild it. Without that trust, there's nothing." 源自：How Corrupt Is Wall Street? [J]. Business Week, May 13, 2002. http://www.businessweek.com/magazine/content/02＿19/b3782001.htm.

二、近年來影響投資銀行聲譽的重要事件

(一) 影響國外投資銀行聲譽的事件

1. 次貸危機

美國次貸危機2006年發端於美國,不僅引起了美國國內的金融危機和大量金融機構破產,而且蔓延到全世界,對其他國家一些金融機構造成了重大損失。自金融危機以來,華爾街金融機構就一直被指責"濫發金融衍生品",更有指責認為它們就是此次危機的元兇。

一場橫掃美國的金融危機,帶給普通投資者的是災難,然而就在衆多美國家庭因危機而財產貶值、失業甚至住房被拍賣的同時,參與製造危機的華爾街則不僅得到政府的慷慨救助,更從危機中獲得超額利潤,並大肆派發獎金。

得到政府巨資救助的高盛迅速從危機中復蘇,2009年淨利達到134億美元。美國監管當局的分析報告顯示,美國23家金融機構在2008年向員工支付的獎金高達1 170億美元,其中,虧損277億美元的花旗銀行的21名高管獲得了集團1 860萬美元的獎金,738名員工拿到總數為100萬美元以上的獎金。虧損276億美元的美林集團,有696名員工拿到總計100萬美元以上的獎金。[①] 這些虧損企業在危機期間一邊靠政府扶持,一邊維持高薪,給普通民衆留下了貪婪、不負責任的形象。

2. 高盛欺詐門

2010年4月16日,美國證券交易委員會向紐約曼哈頓聯邦法院提起民事訴訟,指控高盛集團在涉及次級抵押貸款業務金融產品問題上涉嫌欺詐投資者。身為全球最具聲望的國際投行,高盛被美國證券交易委員會以涉嫌欺詐而起訴,引起了市場極大關註。

幾年前,高盛公司31歲的副總裁法布里斯·圖爾,在美國房地產市場開始陷入衰退時,設計了一種基於房貸業務的抵押債務債券(即CDO,一種固定收益證券,其標的資產通常是信貸資產或債券,有較高的現金流預測性)。

美國證券交易委員會稱,高盛在出售該產品時向投資者隱瞞了保爾森對沖基金參與該產品設計,並做空這一產品的"關鍵性信息"。即高盛一方面允許客戶(此案中指保爾森對沖基金)做空該金融產品,另一方面卻向其他投資者承諾,該產品由獨立、客觀的第三方ACA公司(獨立信貸顧問機構)推出。該委員會估計,投資該產品的投資者的損失可能超過10億美元,並認為高盛和圖爾觸犯了美國《證券法》,該委員會將謀求向高盛及圖爾施加剝奪非法獲利、罰款等處罰。

一時間,高盛這家被業界譽為"道德標杆"的投行帝國陷入其創建141年以來最為嚴重的誠信危機。首席執行官勞爾德·貝蘭克梵表示,將設立審查機構進行"嚴格的自省",

---

① 數據援引自:儲昭根.奧巴馬金融改革啓示 [J].小康,2011 (5).

並帶領團隊重建高盛的聲譽①。

3. 融資對賭協議

融資對賭協議，也稱估值調整協議，實際上是一種期權的形式。指投資方與擁有控制權的企業管理層（融資方）在達成協議時，基於未來業績不確定情況進行的一種約定。如果約定條件出現，投資方可以行使一種對自身有利的權利，用以補償高估企業價值的損失；否則融資方就可以行使另一種對自身有利的權利，以補償企業價值被低估的損失。

對賭協議主要包括三個要素：對賭的主體、對賭的主要內容和對賭的對象。如對賭對象，對賭協議大多以股權、期權認購權、投資額等作為對賭的對象。如果達到事先約定的標準，投資者無償或以較低的價格轉讓一定股權給管理層，或者管理層獲得一定的期權認購權等；如果沒有達到標準，則管理層轉讓一定股權給投資者，或者管理層溢價收回投資方所持股票，或者投資方增加在董事會的席位等。

近年來，國內多家商業地產、飲料等行業的企業，因與高盛等國外投資銀行簽訂了對賭協議而損失慘重。雖然直到目前，還很難證明高盛等投資銀行涉嫌欺詐問題，但它們贏多輸少的事實，使處於局外的公眾有理由懷疑它們制定了有利於自己的遊戲規則。

案例 13 - 1：太子奶"對賭門"慘敗

1996 年，李途純創建湖南太子奶集團生物科技發展責任公司，主打發酵乳酸菌乳飲料產品。"太子奶"三個字亦曾是全國的馳名商標，公司更是所在地株洲市政府的納稅大戶。但在太子奶成立十年後，一切開始發生變化。

2006 年 11 月，英聯投資與太子奶集團合資成立離岸公司中國太子奶（開曼）控股有限公司，註資 4 000 萬美元，同時其他兩大外資股東摩根士丹利、高盛分別註資 1 800 萬美元和 1 500 萬美元。公開信息顯示，在雙方 7 300 萬美元的融資協議條款中，暗藏如下內容：在收到 7 300 萬美元註資後的前 3 年，如果太子奶集團業績增長超過 50%，就可調整（降低）對方股權；如完不成 30% 的業績增長，太子奶集團董事長李途純將會失去控股權。

而在當時，太子奶連續 10 年的複合增長率超過 100%，確實給了李途純很大的底氣。但是李途純以賭徒的心態與國外私募基金對賭，籌資到手後又盲目激進，先後在湖北、江蘇、四川等地投入 15 億元建設生產基地，市場戰線也隨之越拉越長，其間，遭國家宏觀調控和銀根緊縮以及金融危機的影響，再加上三聚氰胺事件爆發，太子奶受行業低迷拖累，李途純的做大謀略和上市夢遭遇重挫。

截至 2008 年 7 月 28 日，太子奶全國銷售額只完成了當年計劃 36 億元的 26.75%。太子奶很快陷入了嚴重的債務危機中。據株洲市政府組建的第三個太子奶問題調研小組的調

---

① 資料來源：曾德金. 美證交會指控高盛欺詐投資者 [N]. 經濟參考報，2010 - 04 - 19.

查評估，太子奶的總負債額已高達26億元之多。2008年10月23日，在投行的壓力下，李途純終於在一份"不可撤銷協議"上簽字，約定雙方必須在一個月內完成股權轉讓。

資料來源：孫昌，等．高盛的中國對賭遊戲［N］．羊城晚報，2010-06-13．

（二）影響國內投資銀行聲譽的事件

1. 超募現象

據《證券日報》金融機構中心和WIND統計數據顯示，2010年上半年共有176只新股上市，預計募集資金829.9億元，實際募資2 132.3億元，超募資金多達1 302.4億元。

從三大板塊看，滬市主板的超募比例只有26%；而中小板預計募集資金731億元，實際募集資金1 634億元，超募比例高達123%；創業板預計募集資金257億元，實際募集資金747億元，超募比例高達190%。

爲什麼會發生超募現象？目前尚未找出真實的原因。由於券商的承銷費用與超募金額相聯繫，人們普遍質疑券商爲了更多獲得承銷費收入，而故意推高發行價，損害股票投資者的利益。

2. 新股上市後不久業績大幅下滑

2010年《證券日報》市場研究中心的統計數據顯示，新股上市一年左右業績出現較大變化的股票占比達到20%。在59家公司中，有28家的淨利潤降幅達20%以上，17家淨利降幅在10%~20%之間，14家淨利降幅在10%以下。有6家公司的年淨利下降幅度超50%，最高下降幅度爲91.16%。

雖然公司業績受宏觀經濟等多重影響，但被券商保薦的公司業績下降幅度之大，發生下降的時間距離上市時間之近，使市場人士普遍質疑券商的保薦能力以及包裝公司客戶上市的可能性。

3. 新股破發

根據《投資者報》數據研究部的統計，截至2011年6月7日，在已經上市的145只新股中，已經有111只跌破了發行價，占2011年所發新股總量的76.6%。

從破發程度來看，破發10%以上的公司有77家，占今年新股總量的半數以上。更有9家公司的破發程度超過30%。從行業特徵來看，破發公司主要集中在機械設備、石油化工和信息技術等三大行業中，破發股共有61只，占全部破發股的54%。其中，又以機械設備類股票最多，有31家，占全部破發股的近3成。

新股發行定價是一個複雜的問題，發行後股票價格長期表現不佳是一個世界性現象，但上市當天就下跌的現象比較少見，在一定程度上反應了券商定價能力存在問題。

三、建立投資銀行聲譽的途徑

（一）從思想上認識聲譽的重要性

投資銀行必須從思想上認識到聲譽是公司最重要的資產，是公司長期收益和競爭性的基礎。在信息不對稱的環境下，克瑞普斯、米爾格羅姆、羅伯茨和威爾遜（Kreps, Milgrom, Roberts, & Wilson, KMRW, 1982 年）構建了 KMRW 聲譽模型。該模型闡述了重複博弈條件下不同經濟主體之間合作行爲的可信性問題。即在重複的交易與合作過程中，如果一方一旦做出損害另一方的行爲，就會暴露出自己的聲譽類型，並且觸發另一方"以牙還牙"的"冷酷策略"，從而使自己失去獲得長期收益的可能。因此，爲使自己獲得最大化的長期收益，市場參與各方應該約束短期行爲，使交易對手對自己形成穩定的良好的預期，贏得長期收益。

"三聚氰胺"事件及雙匯"瘦肉精"事件表明，公司聲譽或形象的喪失對公司經營的打擊是巨大的。前者直接導致"三鹿奶粉"公司破產和重要當事人入獄。後者在瘦肉精事件曝光後，據媒體估計，全部（直接和間接）損失將會超過 100 億元，甚至可能接近 200 億元。雙匯發展 2011 年 6 月 22 日發布 2011 年半年度業績預告稱，因爲瘦肉精事件及其他因素影響，公司預計淨利潤與去年同期相比下降 80% ~ 90%。

公司聲譽喪失不僅立即給公司價值造成損失，還在於一旦失去將非常難以彌補或者要花很大的成本才能彌補，從而給公司造成長期甚至永久性傷害。因此投資銀行若爲一時之利而造成聲譽損失，將是非常愚蠢和昂貴的投機行爲。

（二）在公司內部構建重視聲譽的文化

認識到聲譽的重要性之後，投資銀行應該在公司內部從上至下構建一種誠實守信的文化氛圍，追求客戶價值，始終把客戶的利益放在第一位，同時要具有爲國家和社會經濟發展作出貢獻的社會責任之心。摒棄投機取巧，損害客戶利益，損害社會利益的做法。

公司文化是企業的靈魂，具有誠實守信、正直向上、開拓進取性格的投資銀行在與客戶的長期交往中，必然會贏得客戶的尊重和公司價值的增加。

（三）在公司內部構建重視聲譽的激勵機制

雖然聲譽對投資銀行的長期價值很重要，但聲譽的建立在本質上是公司層面的一種集體投資行爲，根據現代企業理論，如果沒有相應的所有權安排和激勵機制，投資銀行將不可能構建聲譽機制的制度安排。

現代企業理論的一個核心觀點是，企業是一系列契約的有機組合，是人們交易產權的一種形式。現代企業理論主要有兩個分支：交易成本理論和代理成本理論。交易成本理論主要研究企業與市場的關係，代理理論主要研究企業內部組織結構及企業成員之間的代理關係。

張維迎（1995）總結了現代企業理論的幾個重要觀點：①控制權與剩餘索取權應盡可能匹配，即權力與責任（風險）的分布盡可能對稱，否則控制權將變成廉價投票權。②剩餘索取權應盡可能分配給最重要的成員，因爲他們的積極性最爲關鍵；③剩餘索取權應盡可能分配給企業中最具有信息優勢、最難以監督的成員，因爲他們最爲有效的監督方法是讓他們自己監督自己。

雖然聲譽關係到投資銀行的長期收益，但由於委託代理問題，代理人可能只關心短期利益並做出急功近利的損害公司聲譽的行爲。現代企業理論對於投資銀行建立聲譽的啓示在於：應給予投資銀行管理層所有權或者期股激勵的方式，使其行爲與投資銀行的長久聲譽聯繫起來。

本章小結

1. 企業社會責任是商人按照社會普遍認可的社會目標和價值觀來追求相應的政策，作出相應的決策或遵循相應的行動標準。

2. 投資銀行企業社會責任，不僅包括經濟責任、法律責任、客戶導向、商業道德、員工福利等方面，還包括促進資本市場的有效運行、維護金融體系穩定等。

3. 聲譽對實體企業來說很重要，對提供金融服務的投資銀行來說，維持良好的聲譽更爲重要。

4. 建立投資銀行聲譽的途徑包括：從思想上認識聲譽的重要性、在公司內部構建重視聲譽的文化、在公司內部構建重視聲譽的激勵機制。

拓展閱讀

1. 爲了更深入地瞭解聲譽模型，參閱：
Kreps, D. Milgrom, P., Roberts, J., Wilson, R. Rational Cooperation in the Finitely Repeated Prisoners' Dilemma ［J］. Journal of Economic Theory, 1982（27）：245－52.

2. 爲了更系統地獲得企業理論基礎知識，參閱：
張維迎. 博弈論與信息經濟學 ［M］. 上海：上海三聯書店, 1996.
張維迎. 企業理論與中國企業改革 ［M］. 北京：北京大學出版社, 1999.

思考題

1. 什麽是企業社會責任？
2. 投資銀行企業社會責任包括哪些方面？
3. 爲什麽說聲譽對投資銀行非常重要？
4. 投資銀行應該怎樣建立自己的聲譽？

第十四章　投資銀行自身風險管理

學習目標

掌握我國投資銀行面臨的風險種類及監控和管理措施，瞭解投資銀行風險管理組織架構和風險管理運行體系。

學習內容

- 投資銀行面臨的風險種類
- 風險管理組織架構
- 風險管理運行體系
- 主要風險的監控和管理

自20世紀90年代以來，各種金融危機層出不窮，世界金融市場更加動盪不安，投資銀行危機不斷。早期巴林銀行、山一證券、香港百富勤的倒閉以及近期次貸危機中著名投資銀行的破產或改組事件，使投資銀行進一步認識到自身風險管理的重要性。

第一節　投資銀行面臨的風險種類

關於風險具體劃分的種類和依據很多，國際證券委員會組織（IOSCO）將投資銀行所面臨的風險分為市場風險、信用風險、流動性風險、操作風險、法律風險和系統風險。我國證券公司（投資銀行）面臨的風險主要包括市場風險、流動性風險、承銷風險、信息系統風險、操作風險、合規風險等。

一、市場風險

市場風險指投資銀行權益類投資、固定收益類投資、衍生產品類投資以及在集合資產管理計劃中投入的自有資產因價格波動發生損失的可能性。市場風險是投資銀行最基本的風險之一，是風險管理的重點內容。

二、流動性風險

流動性風險，指投資銀行不能以合理的價格迅速賣出而使其遭受損失的可能性，或者資金不足、資金周轉出現問題而產生的風險。對於投資銀行而言，流動性風險至關重要，許多投資銀行的失敗就是因爲出現了嚴重的流動性問題。

三、承銷風險

承銷風險，主要指投資銀行因對企業改制上市方案、經營前景判斷出現失誤，推薦企業發行證券失敗而遭受的財務損失和信譽損失；或者因對股票、債券市場走勢判斷錯誤、股票發行價格偏高、企業債券利率和期限設計不符合投資者需求引發包銷而產生財務損失的可能性。

四、信息系統風險

隨著證券行業對信息技術的依賴度愈來愈高，信息系統已成爲支撐證券公司各項業務發展的物理平臺，其運行穩定和安全是公司風險管理的重要內容。信息系統風險是指信息系統出現故障或遭受病毒、黑客攻擊等導致的法律訴訟或財產損失的風險。

五、操作風險

操作風險是指操作規程不當或操作失誤對公司造成的風險，如操作流程設計不當或矛盾，操作執行發生疏漏、內部控制未落實等。巴林銀行破產案是投資銀行忽視操作風險而導致重大損失的典型案例。

六、合規風險

合規是指公司及全體員工的經營管理和執業行爲符合法律、法規、規章及其他規範性文件、行業規範和自律規則、公司內部規章制度以及行業公認並普遍遵守的職業道德和行爲準則。合規風險是指因公司或員工的經營管理或執業行爲違反法律、法規和準則而使公司受到法律制裁、被採取監管措施、遭受財產損失或聲譽損失的風險。

第二節　風險管理組織架構

投資銀行股東大會、董事會、監事會、經營管理層及合規總監、風險管理部門及各部門風險管理崗位構成了從上到下的風險管理組織架構。我國《公司法》、《證券法》、《證券公司監督管理條例》、《證券公司管理辦法》等相關法律法規對證券公司風險管理組織架構進行了規範和說明。

一、股東大會

股東大會是投資銀行公司治理的最高權力機構，依照法律和公司章程行使職權。

二、董事會及其專門委員會

投資銀行董事會下設風險管理委員會、審計委員會，具體代表董事會行使監控公司各項業務風險的職能，負責制定公司的風險策略，監督、稽核公司各項風險控制制度的執行情況，以及對公司各項業務的合法性、合規性進行評估和稽核審計，並在業務上對公司內部風險管理部門進行指導。

三、監事會

本公司設立監事會，對公司財務以及公司董事、經理層人員履行職責的合法合規性進行監督，並向股東大會負責。

四、公司經理層、各委員會及合規總監

（一）公司經理層

公司經理層根據董事會授權行使主持公司經營管理工作的權利，組織實施董事會決議；組織實施公司年度經營計劃和投資方案；組織實施各類風險的識別和評估；組織建立健全有效的內部控制制度和機制，及時處理或糾正內部控制中存在的缺陷或問題。總經理辦公會是公司經理層最高決策機構。

（二）風險管理執行委員會

公司設立執行層面的風險管理執行委員會，對公司新產品、新業務的開發和推廣，淨資本風險控制指標的負向變動情況等重大事項進行審議和風險評估，爲公司管理層決策提供支持，對公司總經理負責。

（三）分管副總經理和各業務決策委員會

有的公司根據業務分類，設立了投資管理業務、資產管理業務、企業融資業務、經紀

業務和創新業務等決策委員會，各決策委員會是公司經營決策的重要環節，各決策委員會在人員、職能上相對獨立，分別履行各項業務的審議、決策職能，對公司總經理負責。各決策委員會分別獨立行使決策職能。決策委員會通過的議案，總經理辦公會可以否決；決策委員會否決的議案，不得提交總經理辦公會審核通過。

（四）合規總監

合規總監是公司合規負責人，對公司及員工的經營管理和執業行爲的合規性進行審查、監督和檢查。不兼任與合規管理職責相衝突的職務，不分管與合規管理職責相衝突的部門。

五、風險管理部門

（一）合規管理部

合規管理部主要監管合規風險和法律風險，爲各部門和員工提供合規諮詢，幫助各部門管理好合規風險和法律風險，側重於事前的參與和預防。合規人員及時判定、評估和監督公司所面臨的合規風險，並就合規風險向公司管理層和董事會提出諮詢建議和報告。同時，通過執行系統的合規措施或程序，在事前識別合規風險和發現違規行爲，從而最大限度地減少違規行爲實際發生的可能性。

（二）風險控制部

風險控制部獨立於公司的業務活動，主要履行風險監督、風險評估的職責，協助公司各級管理人員對業務經營活動中的各類相關風險進行識別、評估和管理控制，主要監管市場風險、信用風險和流動性風險等。風險監測與風險評估的主要內容包括：參與內控制度、操作規程的制定與完善；對公司淨資本和流動性的動態監測、預警，做到業務活動與管理能力相適應、業務規模與淨資本相匹配；對各項業務進行同步、全過程的風險監控預警；監控各級經營管理授權，監控員工操作權限授權；協助公司管理層制定、推動和執行風險控制政策；新業務、新產品的風險監控等。

（三）稽核考核部

稽核考核部負責對公司內控機制、內控制度的建立和執行情況進行定期的事後稽核檢查與評價，提出內部控制缺陷的改進建議，督促有關責任部門及時改進，側重於事後監督。稽核考核部制定稽核審計制度、稽核審計工作流程和審計規程，稽核審計的範圍覆蓋全公司的經營管理、重要業務、重大事項和重要風險環節等。稽核審計的方法多樣，充分利用公司現有的內控、財務、交易、結算等電子化的運行與監管平臺，提高風險控制與稽核工作的效率，增強稽核監督的滲透力。爲加強稽核考核部的工作權威性，公司授權稽核部門行使處罰權，並將稽核審計結果與各部門的績效考核掛勾。

六、各部門風險管理崗

公司可在各部門設立風險管理崗位，獨立或協助履行風險管理職責。其中公司在業務部門和重要職能部門設置專職合規專員或監理（合規聯絡人），履行風險控制與合規管理職責，接受風險控制部與合規管理部的指導與管理。

第三節　風險管理運行體系

我國投資銀行風險管理運行體系一般包括風險管理制度體系、以淨資本爲核心的風險管理指標體系和風控、稽核、合規三部門的風險管理協作機制。

一、風險管理制度體系

風險管理制度體系由投資銀行公司章程及相關議事規則、公司基本管理制度、公司一般管理制度、公司部門（業務）規章（實施細則或工作流程）、崗位職責五個層次構成（見圖 14-1）。

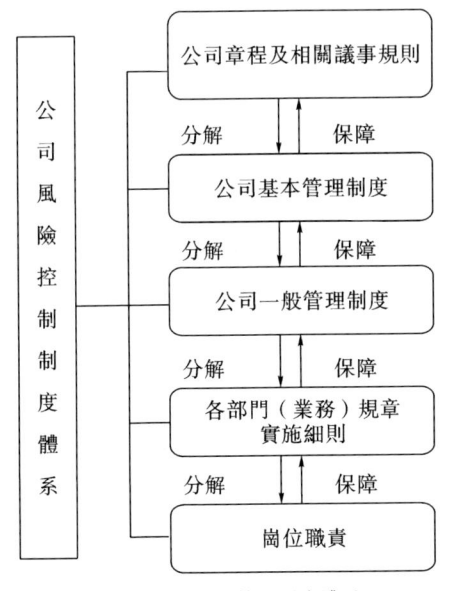

圖 14-1　風險管理制度體系

(一) 公司章程及相關議事規則

公司章程是制定各項制度的基礎和依據。章程對公司、股東、董事、監事、總經理具有約束力。公司相關議事規則主要包括股東會議事規則、董事會議事規則、監事會議事規則、董事會專業委員會議事規則、獨立董事工作制度等涉及公司法人治理層面的規則、制度。

(二) 基本管理制度

公司的基本管理制度包括財務管理制度、人力資源管理制度、授權管理制度、合規管理制度、風險控制制度等，對公司人事、財務、授權等基本事項進行管理和風險控制，是公司經營管理和風險控制的基礎。

(三) 公司一般管理制度

公司的一般管理制度主要包括各項業務管理辦法、資金管理辦法、結算管理制度、信息技術管理辦法、內部審計制度、保密制度、反洗錢制度、會議制度等，涉及公司業務、資金、財務、審計監督及綜合管理各個方面，將綜合管理和風險控制貫穿在公司日常經營當中，進一步規範公司的風險管理。

(四) 公司部門（業務）規章

爲正常履行各項管理制度，並將各項工作的風險降低到可查、可控的狀態，依據業務特點和相關法律法規，各部門在《公司章程》和《風險控制大綱》的框架內，將各項管理制度和業務規則分解落實、細化固化進業務流程中，實現了業務流程和工作流程的規範化和制度化。公司同時對各應用技術系統的操作和使用分別制定權限管理辦法，使技術系統的使用人員在既定的權限內工作，權限變更必須履行一定的審批手續，至少有三人以上的聯簽、二人同時進入系統才能修改權限設置，起到了職責分離、相互制衡的作用。

(五) 崗位職責

崗位職責明確了崗位目標、權限和職責等事項。

二、以淨資本爲核心的風險控制指標體系

投資銀行根據發展戰略，確定公司未來業務發展的戰略方向，合理配比淨資本對各項業務的支撐比例，按照公司風險管理目標，設定淨資本在各項業務的配比比例的預警值。

計劃財務部主要負責對各項淨資本指標和風險控制指標進行計算並定期上報，同時負責對流動性風險進行評價、改善和報告等。

風險控制部主要負責對各項淨資本指標和風險控制指標進行監控和報告。公司淨資本監控系統以淨資本風險控制指標爲核心，着眼於監控，立足於預警，能夠監控淨資本的變化及各項業務是否符合淨資本的合規要求。

公司淨資本的補足機制包括內部補足機制和外部補足機制。內部補足機制有：提高盈利能力、調整利潤分配規模、調整資產結構等；外部補足機制有：老股東增資、引入新股

東、資本市場融資等。

三、風險管理協作機制

合規管理部與風險控制部、稽核考核部是公司內部控制系統的重要組成部分，從不同側面分別行使內控管理職責，工作既有分工，又相互協作，並建立經常性溝通協作機制。

風險控制部負責識別、評估包括自身合規風險在內的公司其他業務風險，及時將相關風險信息及控制措施抄報合規管理部。

合規管理部也應將發現的風險事項及時告知風險控制部，並在必要的情況下與其共同制定補救措施。風險控制部與合規管理部協作，從不同的風險角度向管理層提供相關信息。

稽核考核部負責對公司各部門的經營活動包括合規管理的有效性進行全面的審計稽核，並將審計稽核報告及時抄報合規管理部，並對發現的合規問題提出合規管理建議。合規管理部和風險控制部定期接受稽核考核部的審計，稽核考核部的風險評估方法應包括對合規風險的評估。稽核考核部可參與涉及合規問題的專題復查、合規薄弱環節和違規問題的調查等。

第四節　主要風險的監控和管理

一、市場風險的管理

市場風險管理是識別、計量、監測和管理市場風險的全過程。市場風險管理的目標是通過科學的市場風險管理方法，將風險控制在公司可以承受的合理範圍內，實現經風險調整後收益率的最大化。

（一）市場風險管理的主要內容

1. 風險限額管理

限額管理是重要的市場風險量化管理手段，主要包括交易限額、風險限額、止損限額等。投資銀行需要對投資業務實行集中管理，分級授權，明確投資業務人員的工作權限，建立限額管理指標。投資業務相關部門對所屬關鍵業務崗位的授權在範圍和額度上不得超越公司對投資業務的授權權限。風險控制部通過內控平臺固化交易限額，同時監測投資部門對風險限額、止損限額的遵守情況，報告超限額情況。

2. 風險監控與預警

投資銀行通過實時監控、風險提示、風險警示、風險揭示等方法，強化風險預警體系，能夠及時對投資過程中的風險進行揭示和管理，並將可能的損失控制在預定風險限額內。

（二）市場風險管理的流程

市場風險管理的流程主要包括事前市場風險收益評估、事中市場風險狀況實時跟蹤和監測控制、事後市場風險管理的績效評定，並由風險控制部對流程的各個環節提出總體評價意見，提交總經理辦公會審議，並由總經理辦公會對市場風險管理提出指導性意見。

通過對市場風險進行風險識別、風險評估、壓力測試和情景分析，並出具風險評估報告，提出建議，進行事前風險/收益評估。通過對公司投資組合的交易和風險/收益狀況進行監測，採用風險價值（VAR）模型測量等分析方法與壓力測試相結合，對市場風險進行事中監控，如遇超限額情況，可按照公司投資管理辦法報告公司管理層進行強制止盈或止損操作，進行事中市場風險實時跟蹤和監測。

在投資過程結束後，對投資組合進行市場風險評定，出具績效評估報告，並計算經過風險調整後的收益率；進行回溯測試，將前期對市場風險的估算結果與實際發生的損益進行比較，以檢驗計量方法或模型的準確性、可靠性，並據此對計量方法或模型進行調整和改進。

二、流動性風險管理

（一）流動性風險管理的主要內容

（1）堅持資金運營安全性、流動性和效益性相統一的經營原則，強化資金的集中統一管理制度，各分支機構不得自行從事資金的拆借、借貸、抵押、擔保等融資活動。

（2）嚴格資金業務的授權批準制度，強化重大資金投向的集體決策制度。對外開辦的每一筆資金業務都要按業務授權進行審核批準，對特別授權的資金業務要經過特別批準。

（3）建立健全風險控制指標動態監控體系，在風險可控、可測、可承受前提下開展各項業務。通過動態監控淨資本變化，負債淨資本率、流動比率等，並建立淨資本補足機制，確保各項風險控制指標在任一時點都符合監管標準。

（二）自營投資組合和資產管理業務的流動性風險管理

（1）建立投資管理及資產管理業務投資風險實時監控系統，風險控制部負責對投資管理及資產管理業務的流動性風險進行動態風險監測，對超過警戒值和突發性風險放大情況，應及時向公司管理層匯報，並通知相關部門及時處理。

（2）公司通過設定一系列的監控與預警指標，對投資組合的流動性風險進行評估，主要包括投資策略、規模、品種、結構以及期限等指標。公司通過以上指標，來衡量自營投資組合的流動性風險，進而採取相應的風險控制措施管理投資組合的流動性風險。

三、承銷風險管理

投資銀行對承銷業務的風險管理措施包括：交易錄入與衝突消除、立項評審、客戶接納、項目內核和項目發行階段控制等。

（一）交易錄入與衝突消除

交易錄入與衝突消除在項目立項前完成。其目的在於對承銷業務進行監控，並識別和解決投資銀行內部或與股東發生衝突的情況。如果出現衝突，將由衝突消除委員會決定如何對衝突進行處置。

（二）立項評審

投資銀行在向客戶做出任何形式承諾之前，所有項目必須先通過立項評審委員會批准。每次項目立項時，項目負責人應向立項評審委員會陳述開展業務的理由，此外，項目組也應識別項目中的風險，包括聲譽或資本以及可能導致交易失敗的潛在問題等，以確保有明確的計劃、具備充分的風險緩釋工具及相應的解決方案。立項評審委員對項目情況進行全面分析，對重點問題進行討論，提出意見，投票表決是否立項。

（三）客戶接納

客戶接納程序需在與客戶簽訂聘用函前完成。其目的在於確保投資銀行能夠深入瞭解客戶，並開展所有相關背景調查與盡職調查。項目組從客戶方面獲取了所有必要信息後，簽署新客戶接納表，由合規部負責人進行審批，經批準後，客戶被正式接納為公司客戶。

（四）項目內核

在公司向監管部門提交申報材料之前舉行內核委員會會議。內核委員會旨在支持和指導項目組，並確保獨立審核有關承銷業務的聲譽、法律、市場和合規方面風險。內核委員會將審核由項目組提交的內核委員會備忘錄及匯總的證券公司、律師、會計師和其他顧問所開展的盡職調查資料及其他申報材料。內核委員對申報材料進行整體分析，對重點問題進行討論，提出意見，投票表決是否決定通過內核。項目組根據內核委員會的意見結果，修改完善材料，提交內核委員復核，無異議後，將申報材料上報中國證監會。

（五）項目發行階段控制

在項目發行階段，投資銀行通過路演，與機構投資者進行充分交流溝通，積極推薦項目企業的優勢、行業地位、未來發展前景等；認真分析研判宏觀政策、市場走勢、資金流動性等因素；通過詢價及累計投標配售等工作，確定發行價格；選擇較好的發行時機，從而做到有效控制項目的包銷風險。

四、信息風險管理

為管理信息風險，投資銀行應對信息系統採取集中管理模式，即設立獨立部門對信息系統的規劃、維護、運行統一管理，持續完善信息系統的管理制度、操作流程、崗位手冊。同時，將信息系統運行維護人員與業務人員分開獨立管理，建立了重要崗位定期輪換制度，在各信息系統之間採用網路隔離的技術手段，實現在物理上、邏輯上完全獨立，有效避免病毒、黑客攻擊等風險在網路間的傳遞和蔓延。

五、操作風險管理

投資銀行對操作風險的管理，可從以下幾個方面着手：

（一）業務流程控制

首先，合規管理部和風險控制部相關人員參與各相關部門業務流程設計，出具合規、風控專人意見，從業務流程設計上對操作風險進行把控。其次，對相關部門提交的業務操作流程進行審核，審查相關部門業務流程設計是否能夠有效控制業務操作風險。最後，內控部門通過現場及非現場手段，監督、監控各相關部門是否嚴格按照業務操作流程辦理相關業務。通過以上手段、方式對相關業務從流程上予以控制，力求從源頭上發現並消除風險因素。

（二）權限管理控制

業務權限分為基本類權限、限制類權限，風險較大的業務權限均由總部直接授權。風險控制部對全公司業務系統的權限使用進行監督、監控，督促相關部門及時取消臨時授權權限，防範權限使用不當導致的業務操作風險。

（三）兩級控制

在兩級監控模式中，第一級為各相關業務部門監理（合規風控聯絡人）對各自部門操作業務進行全面監控和現場風險控制，即履行"監督與控制"的雙重職能；第二級為風險控制部監控專人對各相關業務部門操作業務通過監控系統進行非現場的實時監控。風險控制部監控專人根據事先設定的預警閾值，對預警的風險業務根據風險級別的大小，通過批註信息、電話、風險提示等方式向相關業務部門進行提示，要求相關業務部門對預警業務核查並反饋。相關業務部門合規風控聯絡人對所在部門的業務操作進行監控，發現預警事項進行核查的同時進行現場風險控制處理。

六、合規風險管理

合規管理是公司全面風險管理的一項核心內容，也是實施有效內部控制的基礎工作。公司在制度建設和業務流程設計上，通過完善相關管理制度、機制和制定合規手冊等方式，使合規管理、合規經營、合規操作理念覆蓋公司所有業務、各個部門和分支機構、全體員工，貫穿決策、執行、監督、反饋等各個環節。

公司需要建立完善的合規管理組織體系，設立合規總監和獨立的合規管理部來履行合規風險管理的職能。合規總監為公司高級管理人員，是公司的合規負責人，對公司及員工的經營管理和執業行為的合規性進行審查、監督和檢查。

合規總監應主要履行以下合規職責：評估法律、法規和準則發生變動後對公司合規管理的影響，及時建議公司董事會或高級管理層並督導公司有關部門，修改、完善有關管理制度和業務流程；對公司內部管理制度、重大決策、新產品和新業務方案等進行合規審查並出具審查意見，對監管機構和自律組織要求合規總監出具意見的專項報告、申請材料或出具合規審查意見；組織實施公司反洗錢和信息隔離牆制度，按照公司規定爲高級管理人員、各部門和分支機構提供合規諮詢，組織合規培訓，處理涉及公司和員工違法違規行爲的投訴和舉報；發現公司存在違法違規行爲或合規風險隱患的，應當按公司規定及時向公司總經理和董事會報告，同時向公司住所地證監會派出機構報告，有關行爲違反行業規範和自律規則的，還應當向行業自律組織報告；保持與監管機構和行業自律組織的聯繫和溝通，主動配合證券監管機構和行業自律組織的工作；法律法規或公司章程規定的其他合規職責。

本章小結

1. 我國證券公司面臨的風險主要包括市場風險、流動性風險、承銷風險、信息系統風險、操作風險、合規風險等。

2. 投資銀行股東大會、董事會、監事會、經營管理層及合規總監、風險管理部門及各部門風險管理崗構成了從上到下的風險管理組織架構。

3. 我國投資銀行風險管理運行體系一般包括風險管理制度體系、以淨資本爲核心的風險管理指標體系和風險控制、稽核、合規三個部門的風險管理協作機制。

拓展閱讀

爲更多瞭解風險管理的技術性知識，參閱：

米歇爾・科羅赫，等. 風險管理 [M]. 曾剛，等，譯. 北京：中國財政經濟出版社，2005.

思考題

1. 我國證券公司主要面臨哪些風險？
2. 投資銀行風險管理組織架構是什麼？
3. 我國投資銀行風險管理運行體系是什麼？
4. 市場風險、流動性風險、承銷風險、信息系統風險、操作風險、合規風險管理的主要方法分別是什麼？

第十五章 投資銀行業的監管

學習目標

瞭解監管理論，掌握投資銀行的監管模式和監管內容。

學習內容

- 監管理論
- 投資銀行監管模式
- 投資銀行監管內容

金融體系是監管最爲嚴格的行業之一，而銀行業處於更嚴格的監管之下。投資銀行的規範、安全運行關係到投資者、其他金融機構的利益，乃至整個金融體系的安全，因此必須進行嚴格監管。目前有關監管的理論主要針對商業銀行，但其中的許多觀點對投資銀行的監管也具有借鑒作用。

第一節 監管理論

一、支持監管的觀點

支持對銀行和其他金融機構進行監管的觀點來自科斯（Coase，1988），他認爲未受到管制的私人行爲導致的結果是社會邊際成本大於私人邊際成本。監管的理由有三個方面：①消費者缺乏市場談判力量，容易被銀行的壟斷行爲剝削和利用；②存款人信息不靈，無法監督銀行從而獲得保護；③需要通過監管來確保銀行體系的安全穩健；④未保險的存款人沒有能力也沒有激勵監督銀行（Dewatripont & Tirole，1993）；⑤未保險的存款人更有可能選擇擠兌而非監督銀行（Diamond & Dybvig，1983）；⑥存款保險雖然有助於防止擠兌，但一旦存款人獲得保險，將使其不再有動力去監督銀行；⑦巴塔恰亞（Bhattacharya，1998）認爲由於存款保險的存在，銀行爲了盈利將忍不住要冒過度的資產風險並持有更少的準備金。

二、反對監管的觀點

支持自由銀行體制的第一個理由是：既然自由貿易和自由競爭帶來的福利高於貿易限制、競爭限制，那麼爲什麼自由銀行體制就一定比中央銀行監管體制差呢？按照史密斯（Smith，1936）的說法，中央銀行不是市場自發產生的，而是政府支持設立的特權機構。歷史表明，自由銀行體制下的銀行資本比率遠高於中央銀行監管下的資本比率。此外，政府設立存款保險的干預對資本比率將起到反作用。自由銀行學派認爲，正是由於存在爲存款人提供保險所形成的道德風險的壞的影響，才產生了對監管的需求。

第二個理由出自於對中央銀行貨幣管理的不信任，因爲中央銀行管理是通過壟斷權力，並受到來自政府的政治干預。歷史證明，中央銀行爲政府舉債提供資金的做法導致了貨幣貶值。自由銀行學派聲稱，貨幣穩定是銀行穩定的前提（Benston & Kaufman，1996）。在美國，未預期通貨膨脹所造成的存款人購買力的損失遠遠大於銀行倒閉的損失。

三、銀行監管內容

（一）銀行持有資產的限制和銀行資本金要求

與政府保障措施相聯繫的道德風險會鼓勵銀行從事更多的風險活動。即使沒有政府保障措施，銀行仍有動機冒過多的風險。由於信息不對稱，大多數存款人無法限制銀行從事高風險活動。對銀行持有資產的限制和銀行資本金規定的目的是降低銀行的道德風險，比如限制銀行不能持有普通股等風險資產，鼓勵銀行資產多樣化，規定最低槓桿化比率等。

（二）註冊與審查

監督誰來經營銀行以及怎樣經營銀行，即謹慎監管是減少銀行業務中逆向選擇和道德風險的重要方法。註冊銀行需要批準，防止不合適的人控制銀行。常規的審查包括監督銀行是否遵守了資本金要求和限制持有資產的規定。

（三）信息披露要求

爲了確保存款人和市場掌握更好的信息，監管機構可以要求銀行遵循一定的通用會計準則，並且披露那些有利於市場評估銀行資產組合資料和風險頭寸數額的信息，可以使股東、貸款人和存款人更好地評估和監督銀行。

（四）對競爭的限制

不斷增強的競爭會增加銀行從事風險更大的活動的道德風險動機。爲了弱化銀行之間的競爭，美國採取兩種形式：第一種形式是對設立分支機構的限制，第二種則採取禁止非銀行與銀行競爭的方式。

第二節 投資銀行監管模式

一、政府主導監管模式

政府主導監管模式又稱爲國家集中統一監管模式，是指國家通過制定專門的法律，設立隸屬於政府或者直接隸屬於立法機關的全國性證券監管機構對投資銀行業進行集中統一管理。採取這一模式的國家有美國、日本、韓國等。

(一) 集中統一監管的特點

(1) 集中立法，有一套投資銀行業監管的專門性法律。比如美國有《證券法》(1933)、《證券交易法》(1934)、《投資公司法》(1940)、《證券投資保護》等。

(2) 有全國性監管機構。比如美國，投資銀行由專門的證券管理機構——證券交易委員會 (SEC) 管理，它直接隸屬於國會，獨立於政府。該委員會負責對全國證券發行、證券商、投資公司等依法實行全面監管。

(二) 集中統一監管的優缺點

集中統一監管的優點是：①具有統一的證券法律和專門的法規，提高了監管的權威性；②監管者的地位超脫，有足夠的權威來維護證券市場的正常運行。

集中統一監管的缺點是：①監管者脫離於市場，可能導致監管脫離市場，缺乏效率；②可能產生對證券市場的過多干預。

二、自律型監管模式

自律型監管模式對投資銀行業通過自律組織和自身進行自我監管。採取這種模式的國家或地區包括英國、荷蘭、愛爾蘭、中國香港等。

(一) 自律型監管模式的特點

(1) 沒有專門針對投資銀行業和證券市場的法律，而是通過一些間接的法律法規來規範證券市場的活動。

(2) 沒有專門的全國性監管機構，而是依靠市場參與者，如證券商協會、證券交易所等自律組織進行監管。英國一貫強調金融機構的自律管理。監管工作主要通過以英國證券交易所協會和證券業理事會爲核心的非政府機構進行自我監管。

(二) 自律型監管模式的優缺點

自律型監管模式的優點是：①在保護投資者利益的同時，能夠發揮市場的創新和競爭意識，有利於活躍市場；②允許投資銀行參與制定市場監管規則，從而使監管更符合實際，更爲靈活和更有效率；③能對市場發生的違規行爲作出迅速而有力的反應。

自律型監管模式的缺點是：①監管重點通常放在保護市場有效運轉和組織成員的利益上，對投資者利益難以提供充分的保障；②對違法行爲缺乏強有力的法律約束，影響了監管的權威性。

三、綜合型監管模式

綜合型監管模式是政府主導與自律監管模式相結合的模式，這種模式既有專門性立法和政府監管機構，又設有自律性組織進行自我管理。目前世界上大多數實行政府主導或自律監管型的國家都在逐漸向綜合型監管模式轉變。

四、我國證券業監管模式

根據《公司法》《證券法》《證券公司監督管理條例》等相關法律法規規定，目前我國證券行業形成了以中國證監會依法對全國證券市場進行集中統一監督管理爲主、證券業協會和交易所等自律性組織對會員實施自律管理爲輔的管理體制。

（一）中國證監會的集中統一監督管理

根據《證券法》的規定，國務院證券監督管理機構依法對證券市場實行監督管理，維護證券市場秩序，保障其合法運行。經國務院授權，中國證監會及其派出機構依法對全國證券期貨市場進行集中統一監管。中國證監會在對證券市場實施監督管理中承擔如下職能：

（1）依法制定有關證券市場監督管理的規章、規則，並依法行使審批或者核準權；

（2）依法對證券的發行、上市、交易、登記、存管、結算進行監督管理；

（3）依法對證券發行人、上市公司、證券公司、證券投資基金管理公司、證券服務機構、證券交易所、證券登記結算機構的證券業務活動進行監督管理；

（4）依法制定從事證券業務人員的資格標準和行爲準則，並監督實施；

（5）依法監督檢查證券發行、上市和交易的信息公開情況；

（6）依法對證券業協會的活動進行指導和監督；

（7）依法對違反證券市場監督管理法律、行政法規的行爲進行查處；

（8）可以和其他國家或者地區的證券監督管理機構建立監督管理合作機制，實施跨境監督管理；

（9）法律、行政法規規定的其他職責。

（二）中國證券業協會和證券交易所等的自律管理

中國證券業協會是證券業的自律性組織，是社會團體法人，通過證券公司等全體會員組成的會員大會對證券行業實施自律管理，履行如下職責：

（1）教育和組織會員遵守證券法律、行政法規；

（2）依法維護會員的合法權益，向證券監督管理機構反應會員的建議和要求；

（3）收集整理證券信息，爲會員提供服務；

（4）制定會員應遵守的規則，組織會員單位的從業人員的業務培訓，開展會員間的業務交流；

（5）對會員之間、會員與客户之間發生的證券業務糾紛進行調解；

（6）組織會員就證券業的發展、運作及有關內容進行研究；

（7）監督、檢查會員行爲，對違反法律、行政法規或者協會章程的，按照規定給予紀律處分；

（8）證券業協會章程規定的其他職責。

根據《證券法》的規定，證券交易所是爲證券集中交易提供場所和設施，組織和監督證券交易，實行自律管理的法人。進入證券交易所參與集中交易的，必須是證券交易所的會員。證券交易所對證券交易實行實時監控，並按照國務院證券監督管理機構的要求，對異常的交易情況提出報告。證券交易所和證券業協會的自律管理，與中國證監會及其派出機構實施的集中監管相結合，構成了我國證券市場集中監管體制的有機組成部分，形成了全方位、多層次的監管體系。

第三節　投資銀行監管內容

一、市場準入的監管

市場準入的監管實際上是對投資資格的監管。由於國情不同以及對市場認識程度不同，各國在對投資銀行設立審批上存在差異，目前主要分爲兩種：註册制和特許制。

（一）註册制

在以美國爲代表的註册制下，投資銀行只要符合法律規定的設立條件，在相應的證券監管部分和證券部門註册後便可設立。美國《證券交易法》規定，投資銀行必須取得 SEC 的註册批準，並且成爲證券交易所或全國證券業協會的會員才能開展經營活動。註册制更多的強調市場機制的作用，其前提是市場經濟較爲成熟和完善。

（二）特許制

在特許制下，經營證券業務需先獲得政府頒發的經營許可證書。具體地，投資銀行設立之前必須向有關監管機構提出申請，經監管機構核準之後才能設立；同時，監管機構還將根據市場競爭情況、投資銀行實力狀況等考慮批準經營何種業務。與註册制相比，特許制對投資銀行的市場準入條件更爲嚴格，行政色彩更爲濃厚。

二、投資銀行業務的監管

（一）業務範圍的監管

對業務範圍的監管指對投資銀行的業務範圍進行限定。在以德國、日本爲代表的全能銀行制度模式下，商業銀行既可以經營信貸業務，也可以經營證券業務，集商業銀行與投資銀行職能於一身。在以英、美爲代表的分業管理模式下，投資銀行只能從事跟證券市場有關的業務，不能從事商業銀行業務。美國於 1999 年通過了《金融服務現代化法案》，廢除了 1933 年《格拉斯—斯蒂格爾法》，實際上在法律上擴大了投資銀行的業務範圍。

（二）對具體業務的監管

對具體業務的監管指對投資銀行業務，如證券承銷、證券經紀、證券自營、金融衍生品等業務的具體規定。

三、日常經營活動的監管

日常經營活動的監管包括定期報告制度、資本比率限制等規定。比如美國投資銀行必須向證券交易委員會上交年報、季報和月報三種經營報告。美國 SEC 規定，美國投資銀行的淨資本與其負債的比例不得低於 1：15。我國《證券公司管理辦法》規定，證券公司淨資本不得低於其對外負債的 8%。

四、我國對投資銀行的監管內容

目前，我國已經建立了一套較爲完整的證券業監管法律法規體系，主要包括基本法律法規和行業規章兩大部分。基本法律法規主要包括《公司法》《證券法》《證券公司監督管理條例》、《證券公司風險處置條例》等。行業規章主要包括中國證監會頒布的部門規章、規範性文件和自律機構制定的規則、準則等，涉及行業管理、公司治理、業務操作和信息披露等方面。其中對證券公司的監管主要體現在以下幾個方面：

（一）市場準入和業務許可

《證券法》《證券公司監督管理條例》《證券公司管理辦法》以及《證券公司業務範圍審批暫行規定》等法律法規規定了設立證券公司應當具備的條件、證券公司的股東資格、證券公司的業務範圍等，並規定設立證券公司必須經國務院證券監督管理機構審查批準，證券公司經營證券業務應經國務院證券監督管理機構批準。未經國務院證券監督管理機構批準，任何單位和個人不得經營證券業務。《外資參股證券公司設立規則》規定了境外證券公司在我國設立證券經營機構的條件。由此可見，我國投資銀行設立實行特許制。

（二）證券公司分類管理

隨著新修訂的《公司法》《證券法》在 2006 年付諸實施，我國證券行業已形成創新類證券公司和規範類證券公司爲主導的競爭格局。爲了進一步推動我國證券公司的發展，降低行業系統性風險，2007 年 8 月，中國證監會頒布的《證券公司分類監管工作指引（試行）》正式實施，該指引根據證券公司風險管理能力、市場影響力等標準，將證券公司劃分為 A（AAA、AA、A）、B（BBB、BB、B）、C（CCC、CC、C）、D、E5 大類 11 個級別。

（三）證券公司業務監管

我國證券公司從事證券業務受到諸多法律法規的監管。《證券法》《證券公司監督管理條例》《證券公司風險處置條例》《證券公司管理辦法》《證券發行與承銷管理辦法》《證券發行上市保薦業務管理辦法》《證券經營機構證券自營業務管理辦法》《證券公司客戶資產管理業務試行辦法》《證券公司融資融券業務試點管理辦法》等法律法規和政策文件，對證券公司從事各種業務的資格、程序、責任及處罰措施等都做了相應的規定，是證券公司開展業務的基本規範。

（四）證券公司日常管理

《證券法》《證券公司監督管理條例》《證券公司管理辦法》《證券公司治理準則（試行）》《證券公司風險控制指標管理辦法》《證券公司內部控制指引》等法律法規對證券公司的日常運營，包括分支機構的設立、公司治理、內控制度、財務風險控制指標和日常監督檢查等作了嚴格的規定。《證券公司董事、監事和高級管理人員任職資格監管辦法》《證券業從業人員資格管理辦法》對證券公司董事、監事和高級管理人員的任職資格以及在證券公司從事證券業務的專業人員的從業資格做了詳細規定。

本章小結

1. 對於金融機構的監管，目前存在兩種態度：一種態度是支持，另一種態度則持反對意見。

2. 投資銀行監管模式包括：政府主導監管模式、自律型監管模式和綜合型監管模式。

3. 目前我國證券行業形成了以中國證監會依法對全國證券市場進行集中統一監督管理為主、證券業協會和交易所等自律性組織對會員實施自律管理為輔的管理體制。

4. 對投資銀行的監管內容包括：市場準入監管和投資銀行業務監管。

5. 目前我國對證券公司的監管主要體現在以下幾個方面：市場準入和業務許可、證券公司分類管理、證券公司業務監管、證券公司日常管理。

拓展閱讀

爲更多瞭解投資銀行業監管方面的理論，參閱：

米什金，埃金斯. 金融市場與金融機構 [M]. 5 版. 張瑩，劉波，譯. 北京：機械工業出版社，2008.

馬修斯，湯姆森. 銀行經濟學 [M]. 蔡相，譯. 北京：機械工業出版社，2008.

思考題

1. 投資銀行監管模式有哪些？
2. 目前我國證券業監管體制是什麼？
3. 對投資銀行的監管一般包括哪些內容？
4. 目前我國對證券公司的監管主要體現在哪些方面？

國家圖書館出版品預行編目(CIP)資料

投資銀行學 / 趙洪江 編著. -- 第二版.
-- 臺北市：財經錢線文化出版：崧博發行，2018.11
　面；　公分

ISBN 978-957-680-264-5(平裝)

1.投資銀行 2.銀行經營

562.69　　　　107018646

書　名：投資銀行學
作　者：趙洪江 編著
發行人：黃振庭
出版者：財經錢線文化事業有限公司
發行者：崧博出版事業有限公司
E-mail：sonbookservice@gmail.com
粉絲頁　　　　　網　址：
地　址：台北市中正區延平南路六十一號五樓一室
8F.-815, No.61, Sec. 1, Chongqing S. Rd., Zhongzheng Dist., Taipei City 100, Taiwan (R.O.C.)
電　話：(02)2370-3310　傳　真：(02) 2370-3210
總經銷：紅螞蟻圖書有限公司
地　址：台北市內湖區舊宗路二段 121 巷 19 號
電　話：02-2795-3656　傳真：02-2795-4100　網址：
印　刷：京峯彩色印刷有限公司（京峰數位）

　　本書版權為西南財經大學出版社所有授權崧博出版事業有限公司獨家發行電子書及繁體書繁體版。若有其他相關權利及授權需求請與本公司聯繫。
定價：600元
發行日期：2018 年 11 月第二版
◎ 本書以POD印製發行